F. A. C. Gren

Systematisches Handbuch der gesammten Chemie

Zum Gebrauche seiner Vorlesungen entworfen

F. A. C. Gren

Systematisches Handbuch der gesammten Chemie
Zum Gebrauche seiner Vorlesungen entworfen

ISBN/EAN: 9783744676731

Hergestellt in Europa, USA, Kanada, Australien, Japan

Cover: Foto ©Andreas Hilbeck / pixelio.de

Weitere Bücher finden Sie auf **www.hansebooks.com**

Systematisches

Handbuch

der

gesammten

Chemie

Zum
Gebrauche seiner Vorlesungen
entworfen

von

Friedrich Albrecht Carl Gren,

der Arzneygelahrtheit und Weltweisheit Doctor, und ordentlichem
öffentlichen Lehrer zu Halle.

Des zweyten Theiles erster Band.

Halle,
im Verlage der Waisenhaus-Buchhandlung.
1789.

Vorrede.

Der gütige Beyfall, welchen das chemische
Publikum dem ersten Theile dieses Hand-
buchs schenkte, läßt mich auch für diesen zweyten
Theil eine günstige Aufnahme hoffen. Ich bin
ganz dem Plane getreu geblieben, den ich in der
Vorrede zum ersten Theile angab: nämlich ein
System der Chemie, — und kein Wörterbuch
— abzufassen, bekannte Thatsachen zu ordnen,
und mit den daraus gezogenen Folgerungen und
Schlüssen in ein zusammenhängendes Ganzes zu
bringen, um so einen Leitfaden zur wissenschaftlichen Erlernung für den Anfänger; aber auch

* 2   selbst

selbst für den Geübtern eine bequemere Uebersicht
des Lehrgebäudes der Chemie zu liefern. Der
gegenwärtige Theil hat mir wegen des Mangel=
haften in den Erfahrungen bey allem Reich=
thum an Gegenständen, und wegen der Wider=
sprüche in den Folgerungen und Lehrmeynungen
mehr Mühe gemacht, als der vorhergehende. —
Gewisse Personen, welche sich an diese oder jene
andere Theorie gewöhnt haben, und welche für
ihre Meynung mit mehr oder weniger Grund ein=
genommen sind, werden vielleicht eben deswegen
mein Buch tadeln, weil ich in mehrern Stücken
anders denke als sie; allein denen gebe ich zu be=
denken, daß der Werth unserer gegenwärtigen
Wissenschaft nicht von den darin herrschenden
Meynungen, sondern von den Thatsachen abhängt,
die man nicht wegräsonniren kann; und daß ein
großer Unterschied zwischen wirklichen Dingen und
den Erfindungen der menschlichen Einbildungs=
kraft statt findet. Jene werden nach den ewigen
Gesetzen der Natur stets bleiben, was sie sind,
wenn diese längst von ihren Nachfolgerinnen zu dem
Chaos der Vergangenen gedrängt worden sind;
jene müssen durch Mühe und Arbeit erkannt und

unter=

untersucht werden, und belohnen nur den Fleiß
des Naturforschers; diese zeigen oft die Schwäche
des menschlichen Verstandes und verleiten den,
welcher ihnen blindlings folgt, in Irrthum. —
Ich habe offenherzig die Lücken angezeigt, die sich
in der chemischen Kenntniß so vieler Stoffe finden,
— und welche künftigen Chemisten ein weites
Feld zu ihrer Bearbeitung darbieten.   So erin-
nere ich auch bey denen in diesem und im vorhergehenden Theile aufgeführten doppelten Wahlver-
wandtschaften der Neutral= und Mittelsalze unter
einander ein für allemal, daß sie noch nicht alle
geprüft, sondern, daß sie nur problematisch auf=
gestellt sind, und daß es künftigen Erfahrungen
überlassen bleibt, sie näher zu berichtigen.   Man
hat in den chemischen Lehrbüchern bisher auf alle
mögliche Zersetzungen durch doppelte Wahlver-
wandtschaften nicht so viel Rücksicht genommen,
als es die Wichtigkeit der Sache verdient, und
eben deswegen schon glaube ich nichts ganz Unnü=
tzes unternommen zu haben, — wenn auch gleich
vieles durch wirkliche Erfahrungen erst näher aus=
gemacht werden muß.

            * 3   Der

Vorrede.

Der zwepte Band dieſes zwepten Theiles erſcheint künftige Michaelismeſſe unfehlbar, und
wird die Unterſuchungen der Erdharze und die
Metalle, nebſt dem vollſtändigen Regiſter über
das ganze Werk enthalten. Halle, den 6. April
1789.

F. A. C. Gren.

Inhalt
des zweyten Theiles ersten Bandes.

Sechster Abschnitt. Untersuchung der Körper des Gewächs- und Thierreiches, in Rücksicht ihrer entferntern Bestandtheile. S. 1 — 284.

  Einleitung. S. 1 — 3.

I. Abtheilung.

  Untersuchung der organischen Körper überhaupt auf trocknem Wege. S. 3 — 102.

  Rösten. Brennen. Ruß. S. 3.

a) Trockne Destillation vegetabilischer Körper überhaupt. Empyreumatisches Oel. Brenzlichte Geister. Brennbare Luft. S. 7.

  Theer. S. 23.

  Pflanzenkohle. S. 25.

  Einäschern der Pflanzen. Asche. Vegetabilisches Laugensalz. Pottasche. Soda. S. 34.

  Pflanzenerde. S. 48.

* 4   b) Trock-

b) Trockne Destillation thierischer Körper überhaupt. S. 49.

Dippels thierisches Oel. S. 55.

Thierische Kohle. Knochenerde. S. 68.

Knochensäure oder Phosphorsäure. S. 60. Phosphorsäure Neutralsalze. S. 65. Phosphorsaure Mittelsalze. S. 68.

Phosphorsaure Neutral- und Mittelsalze mit Vitriolsäure. S. 73. mit Salpetersäure. S. 75. mit Küchensalzsäure. S. 77. mit Flußspathsäure. S. 78. mit Boraxsäure. S. 79.

Phosphorsäure und brennbares Wesen. Phosphorus. S. 81. Phosphorluft. S. 97.

Uebersicht der auf trocknem Wege zu erhaltenden entfernern Bestandtheile der Pflanzen und thierischen Körper. S. 102.

II. Abtheilung.

Zergliederung der nähern Bestandtheile organischer Körper durch Feuer und schickliche Auflösungsmittel. S. 103 — 184.

a) Pflanzenstoffe.

Zergliederung des Weinsteins. S. 103. Neutralsalze aus Weinstein. Tartarisirter Weinstein. S. 105. Seignettesalz. S. 108. Auflöslicher Weinstein. S. 109.

Weinsteinsäure. S. 111. Weinsteinsaure Neutralsalze. S. 116. Weinsteinsaure Mittelsalze. S. 118.
Wein-

Weinsteinsaure Neutral = und Mittelsalze mit Vitriol=
säure, S. 123.   mit Salpetersäure. S. 127.
mit Küchensalzsäure. S. 129.   mit Flußspathsäure.
S. 130.   mit Boraxsäure. S. 132.   mit Phos=
phorsäure. S. 133.

Zergliederung des Zuckers.   Zuckersäure. S. 134.
Zuckersaure Neutralsalze. S. 141.   Zuckersaure
Mittelsalze. S. 143.

Zuckersaure Neutral = und Mittelsalze mit Vitriolsäure.
S. 145.   mit Salpetersäure. S. 147.   mit Kü=
chensalzsäure. S. 148.   mit Flußspathsäure. S.
149.   mit Boraxsäure. S. 150.   mit Phosphor=
säure. S. 151.   mit Weinsteinsäure. S. 152.

Zergliederung anderer zuckerartiger Stoffe des Pflan=
zenreiches. S. 153.

Zergliederung des Sauerkleesalzes. S. 153.

Zergliederung anderer Pflanzensäuren.   Zitronensäure.
Aepfelsäure. S. 157.   Andere saure Pflanzensäfte.
S. 160.

Zergliederung des Gummi und Schleimes. S. 162.

Zergliederung des Mehles und seiner Bestandtheile.
S. 165.

Zergliederung der Harze. S. 168.

Benzoesäure. 170.   Benzoesaure Neutralsalze. S. 174.
Benzoesaure Mittelsalze. S. 175.

Benzoesaure Neutral = und Mittelsalze mit den bisher
erwähnten Salzen. S. 177.

Zerglie=

Zergliederung des Federharzes. S. 178.

Zergliederung der milden Oele und des Wachses. S. 180.

Zergliederung der ätherischen Oele. S. 189.

Stufenfolge der nähern Bestandtheile der Pflanzen in Rücksicht ihrer relativen Menge an Phlogiston. S. 193.

Zergliederung des Kamphers. S. 195.

Zergliederung des zusammenziehenden Stoffes der Pflanzen. S. 200.

b) Thierische Stoffe.

Zergliederung der Gallerte und des Leimes. S. 205.

Zergliederung des thierischen Fettes. S. 207. Fettsäure. S. 210.

Zergliederung des Milchzuckers. Milchzuckersäure. S. 212.

Zergliederung des Käse der Milch. S. 218.

Zergliederung des Blutes und seiner nähern Bestandtheile. S. 219.

Blutlauge. Berlinerblau. S. 225.

Zergliederung der Galle und Gallensteine. S. 255.

Zergliederung des menschlichen Harnes. Harnsalz. S. 260.

Zergliederung des Blasensteines. S. 273.

Zerglie-

Zergliederung fester thierischer Theile. S. 282.

Ameisensäure. S. 283.

Siebenter Abschnitt. Von selbst erfolgende Veränderung der Mischung vegetabilischer und thierischer Körper. S. 285 — 471.

Gährung überhaupt. S. 285.

Weingährung. Wein. S. 286. Hefen. S. 295. Andere weinartige Getränke. S. 290. Gährungsmittel. S. 299. Bier. S. 301.

Zergliederung des Weines und der weinartigen Getränke. Weingeist. S. 305.

Weinsteintinctur. S. 321. Geistige Tincturen. Lackfirnisse. S. 324. Weingeist und ätherische Oele. S. 329. Weinigte Salmiakgeister. S. 332. Weingeist und einige andere Körper. S. 333.

Versüßte Säuren. Aether. Vitrioläther. S. 336. Salpeteräther. S. 345. Versüßte Küchensalzsäure. S. 354. Andere versüßte Säuren. S. 359.

Zergliederung des Weingeistes. S. 362.

Zergliederung des Aethers. Theorie seiner Erzeugung. S. 373.

Essiggährung. S. 380. Essigbereitung. S. 385. Essigsäure. S. 390. Destillirter Essig. S. 392. Concentrirte Essigsäure. S. 394. Essigsaure Neutralsalze. S. 398. Essigsaure Mittelsalze. S. 404.

Essigsaure Neutral- und Mittelsalze mit Vitriolsäure. S. 406. mit Salpetersäure. S. 407. mit Küchen-

Küchensalzsäure. S. 408. mit Flußspathsäure. S. 409. mit Boraxsäure. S. 410. mit Phosphorsäure. S. 411. mit Weinsteinsäure. S. 412. mit Zuckersäure. S. 413. mit Benzoesäure. S. 414.

Essigsäure und andere Körper. Kräuteressige. S. 414.

Versüßte Essigsäure. Essigäther. S. 416.

Theorie der Wein- und Essiggährung. S. 420.

Andere hierher gehörige Arten der Gährung. S. 431. Reifen des Obstes. S. 432. Brodgährung. S. 433. Stärkebereitung. S. 435. Indig. S. 438. Lackmuß. S. 445. Orlean. S. 447. Ranzichtwerden der Oele. S. 447. Eitererzeugung. S. 448.

Fäulniß und Verwesung. S. 457. Antiseptische Mittel. S. 466. Dammerde. Dünger. S. 468. Salpetererzeugung. S. 469.

Sechster Abschnitt.

Untersuchung der Körper des Gewächs- und Thierreiches, in Rücksicht ihrer entfernteren Bestandtheile.

§. 1085.

Entferntere Bestandtheile der organischen Körper nenne ich die einfacheren Stoffe, aus welchen die verschiedenen und mannichfaltigen nähern Bestandtheile (§. 22.) der Pflanzen und thierischen Körper, (§. 373 : 584.) gemischt und zusammengesetzt sind.

§. 1086.

Wenn uns die Kenntniß der Mischung der Körper in den Stand setzt, die Natur und Eigenschaften derselben beurtheilen zu können, so leuchtet es auch wohl von selbst ein, daß die Bekanntschaft mit den Urstoffen und Bestandtheilen der Producte der organischen Körper nicht anders, als sehr lehrreich und nützlich für uns seyn kann, und daß wir ohne dieselbe von den Veränderungen, die sie zu erleiden fähig sind, keinen zureichenden Grund anzugeben im Stande sind. — Allein wenn zur vollständigen chemischen Kenntniß eines Körpers nicht allein das Was? seiner Bestandtheile, sondern auch das Wie viel? derselben und das Verhältniß ihrer Vereinigung unter einander nothwendig ist (§. 1.) so

müſſen wir gleich Anfangs geſtehen, daß unſere Kenntniß der Miſchung der nähern Beſtandtheile der organiſchen Körper noch weit von ihrer Vollkommenheit entfernt iſt. — Die Natur ſcheint überhaupt bey den organiſchen Weſen die feinern Stoffe ſo innig mit einander verbunden, die Verhältniſſe derſelben ſo ſehr unter
einander abgeändert und verfälſchet zu haben, und ſie
ſind ſelbſt unter den Händen des Arbeiters ſo wandelbar,
daß wir uns begnügen müſſen, in manchen Fällen nur
angeben zu können, was für entferntere Beſtandtheile
und Urſtoffe ſie enthalten; daß wir aber die Menge und
Proportion derſelben nicht entſcheidend darzuthun im
Stande ſind. So lange man auch noch nicht vermö-
gend iſt, jene nähern Beſtandtheile der organiſchen Körper aus denen aus ihnen erhaltenen entferntern zuſam-
menzuſetzen, ſo iſt es immer noch dem Skeptizismus zu
verzeihen, wenn er dieſe einfachern Stoffe nicht in allen
Fällen für Educte anſehen kann.

§. 1087.

Bey dem allen darf uns dieß nicht abſchrecken, Unterſuchungen dieſer Art ſo weit zu treiben, als möglich iſt.
Denn eben darinn, daß bis jetzt nur ein geringer Theil
der Chemiſten Intereſſe dafür hatte und daß ſo wenig
darinn gearbeitet iſt, liegt der Grund unſrer mangelnden Kenntniß. Der Weg, welchen die ältern Chemiſten einſchlugen, die Zergliederung der Pflanzen und
thieriſchen Stoffe auf trocknem Wege durchs Feuer,
war nicht der rechte, ſondern vielmehr unzureichend und
trügeriſch; die darauf erhaltenen Beſtandtheile ſind nicht
immer die wahren, ſondern oft Producte der Operation,
durch die ſie erzwungen wurden, ſind neue Verbindungen von Stoffen, die in dieſer Geſtalt ohnmöglich in
dem unterſuchten Körper präexiſtirt haben konnten.
Schon das hätte ſie von ihrer oft mühſamen Arbeit abhalten

halten ſollen, daß die Körper, die in ihren Wirkungen und Eigenſchaften himmelweit von einander verſchieden waren, auf dieſem Wege einerley und ganz ähnliche Producte lieferten, aus denen man alſo nicht auf die Miſchung des unterſuchten Körpers zurückſchlieſſen durfte.

§. 1088.

Sicherer, aber mühſamer und langweiliger, iſt der Weg der naſſen Scheidung durch Auflöſungsmittel, freylich bis jetzt nur von wenigen betreten; aber auch ſchon ſehr fruchtbar an Entdeckungen, und belehrend und aufmunternd für diejenigen, die künftig ihn zu folgen Willens ſind. Nichts deſtoweniger können wir die Unterſuchung der organiſchen Weſen auf trocknem Wege (§. 1087.) für nicht überflüßig halten, da ſie uns vielmehr ſelbſt in Verbindung mit jener ſchätzbare Aufſchlüſſe giebt, und uns Producte und Beſtandtheile kennen und darzuſtellen lehrt, die fürs Menſchengeſchlecht überaus nützlich, und für den Naturforſcher wichtig ſind. Wir wollen uns demnach hier mit beyden beſchäftigen.

Erſte Abtheilung.

Unterſuchung der organiſchen Körper überhaupt, auf trocknem Wege.

Röſten. Brennen. Ruß.

§. 1089.

Wenn friſche Körper aus dem Thierreiche oder Pflanzenreiche einer mäßigen Wärme ausgeſetzt werden, die nicht bis über den Siedepunkt des Waſſers hinausgeht, ſo werden ſie dabey ausgedrocknet oder gedörrt (exſiccantur). Daß hierbey die in ihnen ſteckenden wäſſ=

ſerich=

ſerichten und andere Theile, die bey der Siedhiße des
Waſſers flüchtig ſind und ſchwach mit den übrigen zu-
ſammenhängen, fortgehen, erhellet daraus, daß man
dieſe Theile bey einer mit dergleichen Körpern ohne Zuſaß von Waſſer angeſtellten Deſtillation im Marienbade
übertreiben kann.

§. 1090.

Dieß aus den Pflanzen und thieriſchen Körpern
erhaltene Waſſer iſt oft ſehr rein, ſonſt aber kann es auch,
nach dem Unterſchiede der Pflanzen, mit ätheriſchem Oele
oder mit dem äßenden oder narcotiſchen Principio verbunden ſeyn. Die organiſchen Körper, welche auf die ange-
zeigte Art (§. 1089.) ausgetrocknet ſind, haben dadurch
noch keine Veränderung ihrer organiſchen Structur
erlitten.

§. 1091.

Uebrigens erhellet zugleich auch hieraus die Regel:
daß diejenigen Pflanzen, deren Würkſamkeit in flüchtigen ätheriſchen Oeltheilen, oder im äßenden oder narcotiſchen Stoffe beruhet, durch das Austrocknen von
ihrer Kraft verlieren; daß ſie friſch angewendet, kräftiger ſeyn müſſen; und daß ſie mit aller Behutſamkeit getrocknet, und kühl aufbewahrt werden ſollen.

§. 1092.

Da eine trockene Luft den Pflanzen ebenfalls dieſe
wäſſerichten und flüchtigen Theile entzieht, und auch die
Sonnenwärme ſie natürlicherweiſe aus ihnen austreibt,
ſo wendet man, außer der künſtlichen Hiße, jene ebenfalls an, um Pflanzenkörper von ihrer Feuchtigkeit zu
befreyen. Aromatiſche Arzneykräuter und auch Farbe-
gewächſe, deren Pigmente durch die ſtärkere Hiße der
Sonne und des Küchenfeuers verändert werden könnten,

werden

werden im Schatten an der luft getrocknet; bey andern
hingegen, die durchs Austrocknen nichts als bloßes Waß:
ser verlieren, wendet man die Sonnenhitze und künstli=
che Wärme der Oefen an. Thierische Theile sind aus
andern Gründen gar zu leicht einer gänzlichen innern
Veränderung ihrer Mischung beym langsamen Austrock=
nen ausgesetzt, und man muß sie daher von ihrem wäs=
serigen Antheil so bald als möglich durch eine stärkere
Wärme zu befreyen suchen. Zu dem Austrocknen vege=
tabilischer Körper durch künstliche Hitze im Großen be=
dient man sich auch eigener Darröfen, wovon die Obst=
Krapp= und Malz=Darren Beyspiele geben können.

§. 1093.

In einer Hitze, die zwischen dem Siedepunkt des
Wassers und des Quecksilbers ist, erfahren die organi=
schen Körper schon eine merklichere Veränderung. Sie
werden nun geröstet, und dabey nicht bloß trockner, son=
dern sie verlieren auch andere Bestandtheile, die beym
bloßen Austrocknen nicht davon gehen; ihre Mischung
wird augenscheinlich verändert, und es treten entferntere
Bestandtheile derselben zu neuen Producten zusammen,
wie schon daraus abzunehmen ist, daß die nach diesen
Rösten (tostio) zurückbleibenden Theile einen eigenen
brenzlichten Geruch und Geschmack (empyreuma)
erlangt haben, der vorher nicht wahrzunehmen war.

§. 1094.

In einer noch größern Hitze, die bis zum Glühen
geht, oder beym Brennen der Körper (ustio) erfolgt
die Zerlegung derselben noch stärker; es wird ein dicker
Rauch (fumus) aus ihnen getrieben, der durch seinen
Reiz auf die Augen schon die Salztheile zu erkennen
giebt, die sich hiebey mit losreissen, und der den brenz=

A 3 lichten

fichten Geruch vorzüglich stark besitzt. Ist die Erhitzung groß genug, und kann die freye Luft hinzutreten, so bricht der Rauch in eine Flamme aus, und der Körper wird, bey übrigens günstigen Umständen, in einem so hohen Grade zerlegt, daß nur die feuerbeständigen Theile desselben allein noch übrig bleiben.

§. 1095.

Dieß Verbrennen der organischen Körper, daß sie sammt und sonders zeigen, beweist schon, daß das Phlogiston einen wesentlichen Bestandtheil von ihnen ausmache. In der Hitze des brennenden Körpers erheben sich alle flüchtigen Theile mit, die, wenn sie selbst entzündlich sind, eben die Flamme bilden.

§. 1096.

Der Rauch überzieht andere Körper, gegen welche er schlägt, mit dem Ruße (fuligo); eine mehr oder weniger zusammenhängende und feste Materie, von einer schwarzbraunen oder schwarzen Farbe, einem bittern branzichten Geschmacke, und widrigen Geruche, die das Wasser braungelb färbt, und selbst in der Hitze sich noch entzündet und verbrennt. Er entsteht offenbar aus den flüchtigen festen Theilen des verbrennenden Körpers, die als Rauch fortgingen, oder ist derjenige Theil der Flamme, der wegen des verhinderten hinlänglichen Zutritt der Luft sich nicht zugleich entzünden konnte. Daß aber auch selbst feuerbeständige Theile in dem Rauche mit fortgerissen werden können, zeigt die weitere Zergliederung des Rußes.

§. 1097.

Man wird wohl leicht einsehen, daß der Unterschied der Mischung der verschiedenen organischen Körper und ihrer Producte auch eine große Verschiedenheit

in

in den Bestandtheilen des Rußes, in seiner Farbe und
seinem Gewebe hervorbringen kann; aber auch die ver=
schiedene Art der Verbrennung und der höher oder tiefer
gelegene Ort, wo sich der Ruß sammlet, können die Be=
schaffenheit des Rußes ändern, wie der Flatter= und
Glanzruß der Schornsteine beweist. Dieser Holzruß ist
weit mehr salzicht von Geschmack, als der Oelruß oder
Kühnruß. Jener dient als Wassermahlerfarbe, nachdem
man ihn mit Wasser sorgfältig geschlemmt und getrock=
net hat, unter dem Nahmen Rußbraun oder Biester.
Der Kühnruß wird wegen seiner schwarzen Farbe, be=
sonders zu Oel= und Pastellfarben gebraucht, nachdem
man ihn in verschloßnen Gefäßen für sich hat durchglü=
hen lassen. Er wird von denen bey den Harzsieden übrig
bleibenden Kühnstöcken erhalten, die man in einem Ofen
verbrennt, dessen langer schiefliegender Schlott sich in
einer brettern verschlossenen Kammer endigt, die oben
statt der Decke mit einem leinenen Sacke geschlossen
ist, in welchem sich der Ruß sammlet.

Trockne Destillation vegetabilischer Körper über= haupt. empyreumatisches Oel. Brenzlichte Geister. Brennbare Luft.

§. 1098.

Alle diejenigen Theile, welche bey dem Verbrennen
thierischer und pflanzenartiger Körper im Freyen als
Rauch fortgehen, und die Flamme, so wie den Ruß
bilden helfen, kurz alles, was dabey verflüchtiget wird,
lassen sich durch eine trockne Destillation, die ohne Zu=
satz einer flüßigen Materie in hinlänglich starker Hitze
geschiehet, auffangen und solchergestalt näher untersuchen.

§. 1099.

Man unternimmt dieſe trocknen Deſtillationen im Kleinen in gläſernen Retorten im Sandbade oder in irdenen im freyen Feuer; im Großen aber in eiſernen oder irdenen beſchlagenen Retorten im Reverberir⸗ oder Galeerenofen. Man zerſtückt die Körper vorher mehr oder weniger, und da ſich manche ſehr in der Hitze aufblähen, ſo pflegt man ihnen auch, um dieß zu verhindern, vorher Sand beyzumiſchen, wodurch, wie die Erfahrung lehrt, nichts Weſentliches bey der Arbeit geändert wird. Da auch aus allen organiſchen Körpern durch die Wirkung des Feuers luftförmige Stoffe entwickelt werden, ſo muß man dieſe entweder beſonders heraustreten laſſen, oder ſich hüten, die Vorlagen nicht zu genau mit dem Halſe der Retorte gleich anfangs zu verkütten, und das Feuer überhaupt nur behutſam verſtärken.

§. 1100.

Was ſonſt bey dieſen Deſtillationen ausgetrieben wird, und ſich in der Vorlage verdickt und ſammlet, beſteht in den Salztheilen, die ſich in dem weſentlichen Waſſer des Körpers aufgelöſt haben, und damit einen ſogenannten Spiritus bilden, oder ſich auch in concreter Geſtalt in der Vorlage anlegen; und dann in einem nach den Verbrennen riechenden branzichten Oele (oleum empyreumaticum), die beyde einander in etwas verunreinigen. Sie gehen in Geſtalt weißgrauer oder gelblichter oder bräunlicher Dämpfe in die Vorlage über, und ſind eben das, was den Rauch und die Flamme beym Verbrennen im Freyen bildet, aus denen nach dem Verfliegen des Wäſſerichten der Ruß entſteht.

§. 1101.

In Rückſicht der übergehenden Salztheile (§. 1100.) findet ſich aber nach Beſchaffenheit der Körper ein beträcht⸗

trächtlicher Unterschied. Die mehresten thierischen Stoffe verhalten sich anders, als die pflanzenartigen Körper gewöhnlich thun; aber auch unter den Pflanzen und thierischen Stoffen selbst finden sich Verschiedenheiten, wie uns die nähere Betrachtung derselben lehren wird.

§. 1102.

Man nehme Spähne von Büchenholze, fülle damit eine irdene beschlagene Retorte bis zur Hälfte an, kütte eine lange blecherne Röhre luftdicht an ihren Hals, lege jene in einen Windofen, bringe die Mündung der Röhre unter den Trichter der mit heißem Wasser gefüllten Wanne des pneumatisch-chemischen Apparats, und gebe gelindes Feuer, das man nach und nach bis zum Glühen der Retorte verstärkt. Anfangs entweicht die atmosphärische Luft, die in der Röhre und in der Retorte eingeschlossen ist, durch Hülfe der Wärme; dann geht bey stärkerer Erhitzung das wesentliche Wasser des Holzes über, das sich mit dem Wasser der Wanne vermischt, und zugleich entwickeln sich bey dem gehörigen Grad der Hitze die übrigen flüchtigen Theile, die man aber, bis auf die Luftarten, bey dieser Vorrichtung, freylich nicht besonders auffangen kann. Die Luft, welche in die Vorlagen durch das Wasser hindurch übergeht, ist mit Dämpfen begleitet, die sich nach und nach niederschlagen. Man unterhält das Feuer bis keine Luftblasen mehr zum Vorschein kommen.

§. 1103.

Die Menge der Luft, welche hierbey ausgetrieben wird, ist beträchtlich groß, in Vergleichung des Voluminis des angewendeten Holzes, so daß diß schon zeigt, daß sie nicht als Luft in den Zwischenräumen desselben könne gesteckt haben, sondern erst in und während der Operation erzeugt seyn müsse. Ein großer Theil der

A 5 über-

übergegangnen Luft ist Luftsäure, deren Einsaugung in das Wasser der Wanne und der Vorlage man dadurch verhütet, daß man dieß immer heiß genug erhält. Durch Kalkwasser und Kalkmilch kann man diese Luftsäure leicht von der übrigen scheiden; und auf die schon bekannte Art dadurch ihre Menge und ihr Volumen bestimmen, das sie vorher eingenommen hatte.

§. 1104.

Die Luft, welche nach dem Waschen mit Kalkwasser bey dieser Operation übrig bleibt, unterscheidet sich von allen bisher erwähnten luftförmigen Flüßigkeiten. Sie ist 1) irrespirabel und Thiere tödtend; 2) sie ist nicht fähig, aus den brennenden Körpern Brennstoff zu entwickeln, sondern sie löscht das Feuer aus, und ein brennender Wachsstock, oder eine brennende Kohle in sie getaucht, verlöscht ganz und gar, wie in der Luftsäure oder Salpeterluft. Aber 3) an der Fläche, wo sie die atmosphärische Luft berührt, läßt sie sich selbst entzünden und brennt mit einer bläulichen Flamme ohne Rauch. Ist die Oeffnung der Flasche, worinn man sie abbrennt, klein genug, so verlöscht sie auch wohl wieder von selbst; bey einer großen Oeffnung aber steigt die Flamme größer, lodernder und schneller hinab. Nach dem Abbrennen ist das Glas mit wässrigen Dünsten ganz erfüllt. Vermischt man atmosphärische Luft damit, so brennt sie lebhafter, und immer um desto schneller ab, je größer die Menge von jener ist; noch schneller mit dephlegistisirter Luft. Ein Theil dieser brennbaren Luft mit 16 Theilen atmosphärischer, oder 4 bis 5 Theilen dephlogistisirter vermischt, giebt wegen der schnellen Entzündung einigen Schlag, der aber dem beym Abbrennen der brennbaren metallischen Luft in gehörigem Verhältnisse mit reiner Luft zusammengemischt, nie an Stärke und Heftigkeit gleich kömmt. Auch durch den electrischen Funken läßt sie sich entzünden,

den, wenn sie mit atmosphärischer oder bephlogistirter Luft vermischt ist, sonst aber für sich allein in verschlossenen Gefässen nicht. 4) Sie besitzt einen eigenen unangenehmen, brenzlichten Geruch. 5) Sie hat, wenn sie hinlänglich mit Kalkwasser gewaschen ist, keine Spur einer Säure an sich, und röthet die Lackmustinctur nicht. 5) Mit Wasser läßt sie sich nicht vermischen. Daß es diejenige thut, die noch nicht von ihrer Luftsäure befreiet ist (§. 1103.), ist kein Wunder. 6) Sie löst sich in allen Luftarten auf, ohne in Dampf verwandelt zu werden. Die Salpeterluft wird nicht durch sie zersetzt. 7) Sie ist nach sorgfältigem Waschen ohngefähr $\frac{3}{4}$ leichter als eine gleich große Menge atmosphärischer Luft. 8) Sie widersteht in etwas der Fäulniß, aber nicht so stark als die Luftsäure und Salpeterluft. 9) Pflanzen sterben nicht in ihr, und sie wird von ihnen eingesogen. Durch das Aufbewahren verliert sie aber ihre Entzündlichkeit keinesweges. 10) Mit bephlogistirter Salzsäure vermischt brennt sie ebenfalls ab, und zwar mit einem Knalle, wenn jene in hinlänglicher Menge da ist. Die übrigbleibenden Dämpfe sind gemeine Salzsäure. Auch in den Dämpfen der Salpetersäure läßt sie sich nach Priestley entzünden.

§. 1105.

Diese Luftart führt mit Recht den Nahmen der entzündbaren, inflammabeln oder brennbaren Luft oder Gasart (aër inflammabilis, gas inflammabile). Van Helmont erwähnt sie schon unter dem Nahmen gas carbonum, pingue, flammeum, und sie war auch ältern Naturforschern als entzündlicher Schwaden unterirdischer Höhlen und Gruben bekannt. Hales entband sie schon künstlich aus verschiedenen Stoffen; aber Hr. Priestley zeigte insbesondere ihre mannigfaltige Darstellung.

HELMONT *complex. atque miſt. elem. figm.* §. 28. 29.; *de flatibus* §. 4. 62.; HALES *ſtatique des vegetaux.* Exp. 55. ff.

§. 1106.

Die brennbare Luft iſt ſonſt noch auf mannichfaltige andere Arten zu erhalten, wie im Folgenden noch angeführt werden wird. Die organiſchen Körper liefern ſie alle ſammt und ſonders bey der trocknen Deſtillation. Es findet ſich aber unter dieſen verſchiedenen brennbaren Luftarten ein auffallender Unterſchied in der Schwere, in der Brennbarkeit, im Geruch, und in der knallenden Eigenſchaft mit reiner Luft. Sie unterſcheidet ſich hierinn von allen übrigen Luftarten. Dieſe Unterſchiede der brennbaren Luft aber ſind nicht nicht zufällig, und rühren nicht von anhängenden fremdartigen Theilen her, ſondern ſind weſentlich. Auch ſchon nach der Bereitungsart ändern ſich ihre Eigenſchaften ab, und bey der eben angeführten Operation erhält man mehr fire Luft und weniger brennbare, wenn man langſam die organiſchen Körper erhitzt; mehr brennbare und weniger fire, wenn man ſie ſchnell zum Glühen bringt.

Achards chem. phyſ. Schriften S. 377.
Mémoire ſur l'air inflammable tiré de differents ſubſtances, redigé par M. *Minkelers*. Louvain. 1784.

§. 1107.

Was die brennbare Luft ſey, wie und woraus ſie erzeugt werde, darüber hat man ſich verſchiedentlich geſtritten und thut es noch. Man hielt ſie bald mit Chaußier für brennbares Weſen an reine Luft gebunden, bald mit Scheelen für Phlogiſton mit Hitze bereiniget, bald für Phlogiſton mit erdigen Theilen oder auch nach Hrn. Sennebier mit ſalzigter Materie verbunden, und ſolchergeſtalt die verſchiedenen brennbaren Luftarten nicht zufällig, ſondern weſentlich, verſchieden. Hr. Kirwan hat die Meynung
auf

aufgebracht, die mehrere Chemisten auf Treu und Glauben jetzt annehmen, daß die brennbare Luft das Phlogiston sey, im luftförmigen Zustande, und daß ihre Verschiedenheiten von fremden Beymischungen herrühreten. Alles, was man zum Beweise dieser Behauptung anführt, zeigt freylich, daß die brennbare Luft Phlogiston enthalte, aber bey weitem nicht, daß sie nichts als eigentliches Phlogiston sey. Das Phlogiston ist sich in allen drey Reichen der Natur gleich, die brennbare Luft ist höchst verschieden nach Maasgabe der Producte, aus denen sie erhalten wird; manche Stoffe, wie die Aetherarten, das flüchtige Laugensalz, ($. 960. 961.) verwandeln sich ihrer ganzen Substanz nach durch Verdunstung in brennbare Luft; wo bleiben also da ihre übrigen Bestandtheile, die vorher im tropfbaren oder festen Zustande mit dem Phlogiston vereinigt waren? Die Säuren, welche mit Metallen brennbare Luft geben, besitzen so große Verwandtschaft zum Phlogiston, und hier sollen sie in der brennbaren Luft keine Vereinigung damit eingehen? Aber, was endlich mich ganz von dem Falschen in Kirwans Behauptung überzeugt, ist, daß die entzündliche Luft jedesmal und in allen Umständen mit Flamme verbrennt. Die Bildung der Flamme aber setzt mehr als Phlogiston voraus, nämlich Theile, die einen Dampf oder Rauch bilden könne, ($. 312.). Reines Phlogiston und Wärmestoff allein können nimmermehr Flamme machen.

Macquers chem. Wörterbuch. Th. II. S. 489. *Sennebier* essays analytique sur l'air inflammable. à Geneve. 1784. 8. übers. von Crell. Lpz. 1785. 8. Kirwans Vers. und Beob. über die verschiedenen Salzarten. St. I. S. 24.

$. 1108.

Die Verbindungen, welche das Phlogiston eingehen, und die Verhältnisse, nach welchen dies geschehen kann,

kann, ſind ſo mannichfaltig, daß daher auch die Mi-
ſchungen der brennbaren Luftarten ſo äußerſt verſchieden
ſeyn können, und daß ſich eben deswegen nicht im Allgemeinen, wie bey den übrigen Luftarten, ihre Beſtandtheile angeben laſſen. Alle enthalten ſie brennbares
Weſen, Waſſer und einen ſalzigten Stoff, der eben
von höchſt verſchiedener Art ſeyn kann, wie wir in der
Folge noch ſehen werden. Dieſe Beſtandtheile ſind zuſammen durch die Vereinigung mit der Materie der Wärme
in den Zuſtand einer Luft gebracht. Die Luft, von
welcher hier die Rede iſt, und welche aus allen organiſchen Stoffen durchs Feuer gezogen werden kann, iſt
nichts anders, als empyreumatiſches Oel in luftförmiger Geſtalt. Das zeigen ihre Entſtehung, ihre Eigenſchaften, und ihre Zerlegung. Wenn man ſie in ver-
ſchloßnen Gefäßen mit reiner oder atmosphäriſcher Luft
über Kalkwaſſer verbrennt, ſo wird dieß ſogleich niedergeſchlagen, was durch bloßes Schütteln der reinen brennbaren Luft damit nicht geſchahe; eben ſo wird dann auch
die Lackmustinctur geröthet, kurz es kommt bey ihrem
Verbrennen jedesmal Luftſäure zum Vorſchein, die alſo
einen Beſtandtheil in ihr ausgemacht haben muß. Aus
der metalliſchen brennbaren Luft erhält man keine Spur
von Luftſäure bey dem Verbrennen derſelben, wie manche Chemiſten geſehen haben wollen. Da die Luftſäure
aber ein Beſtandtheil der Säure des empyreumatiſchen
Oels iſt, ſo kann ſie auch nur für eine entferntern, nicht
für einen nähern Theil unſrer brennbaren Luft gehalten
werden. Außerdem erhält man bey jedem Verbrennen
der brennbaren Luft eine beträchtliche Menge Waſſer-
dampf, der ſich niederſchlägt. Die aus vegetabiliſchen
Stoffen enthaltene brennbare Luft hat alſo Phlogiſton,
Waſſer und Pflanzenſäure, nebſt der gehörigen Menge
des Wärmefluidums zu ihren nächſten Beſtandtheilen.
Die Luftſäure iſt ein Beſtandtheil der Pflanzenſäure,
alſo nur ein entfernter Beſtandtheil der brennbaren Luft.

§. 1109.

§. 1109.

Die reine und atmosphärische Luft wird durch das Verbrennen der brennbaren Luft eben so vermindert, wie in jedem andern Falle, wo sie Phlogiston aufnimmt und dadurch in ihrem absoluten Gewichte abnimmt. Da die brennbare Luft durch das Verbrennen gänzlich zersetzt wird, indem ihr Phlogiston an die reine Luft tritt, ihr Wasser und ihre Säure sich niederschlägt, und ihr vorher gebundener Wärmestoff entweicht, folglich der Raum, den ihre im luftigen Zustande befindlichen Bestandtheile einnahmen, sehr schwinden muß; und da auch die reine, mit ihr vermischte, Luft durch die Phlogistisirung ebenfalls vermindert wird, so schloß man mit Hrn. Lavoisier, de la Place, Cavendish und Watt aus dieser Verminderung des Raums, die sich jene Naturforscher aus andern Gründen nicht erklären konnten, sehr voreilig, daß aus brennbarer und Lebensluft Wasser erzeugt werde, daß das Wasser aus beyden Luftarten, oder nach andern, aus Phlogiston und dem Stoff der dephlogistisirten Luft zusammengesetzt, daß dephlogistisirte Luft entbrennbares Wasser sey; daß in den phlogistischen Prozessen die Verminderung der respirablen Luft vom Niederschlage des Wassers durchs Phlogiston geschehe, u. s. w. Aller dieser paradoxen Sätze bedürfen wir nicht, um uns jene Phänomene zu erklären; und sie fließen auch nicht daraus. Die reine Luft geht beym Verbrennen der brennbaren Luft mit ihr nicht verlohren, sondern bleibt als phlogistisirte Luft übrig; freylich in desto geringeren Gewicht, je reiner sie war, weil sie dann mehr Phlogiston aufnehmen konnte; und das Wasser, das zum Vorschein kommt, ist nicht erzeugt, sondern aus der brennbaren Luft abgeschieden, wenn diese zersetzt wird. Daß man aber beynahe soviel Wasser erhalten hat, als beyde Luftarten dem Gewichte nach betrugen,

trugen, oder, daß das Waſſer mehr wog, als die brennbare Luft allein, wird den nicht wundern, der da weiß,
daß Phlogiſton und Wärmeſtoff abſolute Leichtigkeit beſitzen, und mit entgegengeſetzten Größen bekannt iſt.

S. Me oben (§. 371.) angef. Schriften. Weſtrumb El. chem.
Abhandl. B. II. H. 1. S. 1.

§. 1110.

Ueberhaupt erhellet aus dem Angeführten der Unterſchied zwiſchen phlogiſtiſirter und brennbarer Luft, und
wir brauchen wohl nicht, um uns die Entzündlichkeit
der letztern zu erklären, anzunehmen, daß ſie noch nicht
mit Phlogiſton geſättigt, jene hingegen ganz damit geſättigt ſey. — Warum aber brennbare Luft ohne Zutritt der reinen Luft brennende Körper auslöſcht, da ſie
doch ſelbſt entzündbar iſt, bedarf auch wohl keiner weitern Erläuterung, ſo wenig, als warum eine Kerze in
entzündliches Terpenthinöl getaucht, darinn verlöſcht.

§. 1111.

Um die flüchtigen Theile, die ſonſt aus dem Holze
durch die Glühehitze ausgetrieben werden, beſſer aufzufangen (§. 1102.), dient der pneumatiſch-chemiſche Apparat nicht, ſondern man küttet unter den angeführten
(§. 1099.) Vorſichtigkeitsregeln eine geräumige Vorlage
vor, und ſtellt die Deſtillation bey allmählichem und langſam bis zum Glühen der Retorte verſtärkten Feuer an.
Die Vorlage wird ſehr bald mit grauen und weißlichen
Nebeln erfüllt, die ſich durchs Abkühlen nach und nach
verdicken. Man ſetzt die Deſtillation ſo lange fort, bis
ſich keine Dämpfe mehr entwickeln, und nimmt die Vorlage ab, wenn alles abgekühlt worden iſt.

§. 1112.

Was hierbey zuerſt bey gelinderem Feuer übergeht
iſt eine wäſſerige Feuchtigkeit, die bey vermehrtem

Feuer

Feuer offenbar sauer und röthlich wird. Sie hat einen brenzlichen Geruch; und mit ihr geht sogleich ein Antheil eines flüssigen Oels über. Die Säure wird von Zeit zu Zeit stärker, brenzlichter und dunkler, und das Oel schwärzer und dicker, und zuletzt gewissermaßen harzicht und pechartig, so daß es nur schwer aus dem Retortenhalse herabfließt. Das Oel schwimmt in der Vorlage auf dem sauren Geiste (spiritus acidus empyreumaticus), und kann vermittelst eines Trichters, oder eines naßgemachten Löschpapiers geschieden werden, durch welches die saure Feuchtigkeit allein fließt, da dann das zurückbleibende Oel in ein anderes Gefäß abgelassen werden kann.

§. 1113.

Der erhaltene saure Geist des Holzes ist immer mit einem beträchtlichen Antheile des brandigten Oeles verunreiniget, und hat davon Geruch, Geschmack und Farbe. Durch eine Rectification für sich allein aus einer Retorte im Sandbade oder aus einem Kolben mit dem Helm läßt er sich heller und weißer machen, aber dadurch doch nie von dem brandigten Geruche befreyen. Er hat übrigens alle Kennzeichen einer Säure, die ich aber nicht unter dem Namen der Holzsäure (acidum ligni) für eine eigenthümliche des Pflanzenreichs halten kann, sondern, ihre zufällige Verbindung mit den brenzlichten Oeltheilen ausgenommen, für wirkliche Essigsäure mit Weinsteinsäure vermischt anerkennen muß, von der in der Folge erst gehandelt werden kann. Ihre Verhältnisse, ihre Verwandschaften, und ihre Verbindungen mit laugensalzen, Erden und Metallen, zu Neutral-Mittel und metallischen Salzen sind mit diesen einerley; folglich verdient sie in dieser Rücksicht hier keine besondere Betrachtung. Hr. Göttling hat sich besonders mit ihrer Reinigung und mit ihrer Concentrirung beschäftigt, und seine Versuche

ſprechen mehr für als wider meine Behauptung, daß ſie
keine eigene Säure des Pflanzenreichs ſey. Man kann
ſie ſehr concentrirt erhalten, wenn man ſie erſt mit
feuerbeſtändigem laugenſalze ſättigt, das nach dem
Durchſeihen und Abrauchen erhaltene Neutralſalz in einer Tubulatretorte durch ſoviel ſtarkes Vitriolöl zerſetzt,
als zur Sättigung des angewendeten laugenſalzes erforderlich iſt, und die entwickelten Dämpfe in einer
Vorlage bey wohl verklebten Fugen durch Hülfe des
Sandbades übertreibt. Die auf dieſe Art concentrirte
Säure aus der Birkenrinde hatte nach Hrn. Göttling
einen vollkommnen Knoblauchsgeruch.

> Göttling chymiſche Verſuche mit der Holzſäure in Abſicht ver-
> mittelſt derſelben eine Naphtha zu verfertigen, in Crells
> chem. Journal, Th. II. S. 39.

§. 1114.

Alle Hölzer, alle ſchleimigte, ſüße, zuſammenziehende, ſäuerliche, herbe und harzigte Pflanzen, und
ihre Theile dieſer Art, als Rinden, Blätter, Blumen,
Früchte, Wurzeln ꝛc., ferner die Schleime und Gummi's, die Harze und Gummiharze, das Caoutchouk,
das Stärkenmehl, die ſüßen und ſauren weſentliche Salze, die Extracte, der Honig, die Manna, der zuſammenziehende Stoff, die fetten Oele, das Wachs —
geben bey der trockenen Deſtillation ſolche ſaure Geiſter,
die nach der Rectification und Befreyung von den anklebenden Oeltheilen nicht ſo ſehr von einander verſchieden ſind, daß ſie als eigenthümliche Säuren
des Pflanzenreichs aufgeführt zu werden verdienten.
Bey Pflanzen, die viel ätheriſches Oel haben, oder den
ſcharfen Grundſtoff bey ſich führen, iſt der zuerſt übergehende Antheil auch damit beladen. Sonſt findet ſich
bey den verſchiedenen Pflanzenſtoffen jener Art auch in der
Menge der erhaltenen Säure und des Oeles ein Unterſchied.

schieb. Den Franzosenholzgeist (spiritus ligni Guaiaci) und das Franzosenholzöl (oleum empyreum. lign.
Guaiaci) der Officinen können eben so würksam aus andern harten oder harzigten Holzarten, nach der vorher
angezeigten Art, erhalten werden. Um die beym Verbrennen des Holzes und anderer Körper sich erhebende
Säure, die zum öconomischen Gebrauch als Beiße nützlich gebraucht werden kann, vortheilhaft aufzufangen,
hat Nordenskiöld eine eigene Vorrichtung angegeben.

> Macquers chym. Wörterbuch, Th. II. S. 302. Chemische
> Untersuchung des Reises, von Crell; in dessen neuen
> Entd. der Chemie, Th. III. S. 67.

> C. Fr. Nordenskiöld Beschreibung eines Ofens mit dessen
> zugehörigen Röhren, wodurch sich der Rauch von allerhand
> verbrennlichen Dingen auffangen läßt und in eine Säure
> zusammengerinnt; in der Abh. der königl. schwed. Ac.
> der Wissensch. XXVIII. B. S. 122.

§. 1115.

Diejenigen Pflanzen oder ihre Theile, worin die
thierisch-vegetabilische Materie (§. 388.) einen vorwal-
tenden Bestandtheil ausmacht, z. B. die weißen Maul-
beerblätter; ferner die sogenannten kreuzförmigen (cruci-
formes) Pflanzen, als Löffelkraut, Brunnenkresse, Kohl,
Rettig, u. a., die Crambe Tataria ausgenommen, die
scharfen, als Zwiebeln, Knoblauch, Senf, Meerrettig,
dann der Taback, die schwarze Nieswurzel, der Schierling,
die Belladonna, und die Schwämme, geben keinen sauren Geist, sondern wo nicht gleich Anfangs, doch gegen
das Ende der Destillation, nebst dem stinkenden brandigten Oele, einen flüchtig alkalinischen Geist, und auch
wohl flüchtiges Laugensalz in trockener Gestalt, das
sich in der Vorlage sublimiert. Das ist freylich auch
gewiß, daß, wie Hr. Rose erinnert, verschiedene Chemisten das Scharfe und Reitzende der kreuzförmigen

Pflan-

Pflanzen, und anderer, wie des Senfs, Meerrettigs, Knoblauchs, für ein flüchtiges Laugensalz gehalten haben, was es doch nicht ist. Bey der trocknen Destillation jener Pflanzen entwickeln sich übrigens ebenfalls außer den wesentlichen Wasser ihre andern flüchtigen Theile, nebst brennbarer und fixer Luft; und die Destillation wird ganz auf eine ähnliche Art verrichtet.

> Jacquins medic. Chemie, S. 73. Altmanns Analyse der antiscorbutischen Pflanzen, und Versuche über die Präexistenz eines flüchtigen Laugensalzes in denselben; in Mosens Versuch einiger Beyträge zur Chemie. Wien 1778. 8. S. 113. ff.

§. 1116.

Vielleicht enthalten aber alle Pflanzen flüchtiges Laugensalz in sich, nur daß es sich wegen des Uebermaßes der Säure bey der trocknen Destillation nicht als solches zeigen kann. Bey der Holzsäure wird es nach Hr. Macquer merklich, wenn man jene mit einer hinreichenden Menge von feuerbeständigem Alkali bestillirt. Die Saamen der Getreidearten, das Brodt, das Mehl geben zwar auch einen sauren Geist, der aber ebenfalls durch den Zusatz vom feuerbeständigen Laugensalze flüchtiges Alkali entwickelt. Der Ruß von verbranntem Holze giebt wirklich durch die trockne Destillation einen urinösen Geist, den Rußspiritus (spiritus fuliginis), den man von öftern damit übergehenden und ihn verunreinigenden Oeltheilen durch eine wiederhohlte Rectification scheiden kann.

> Ge. Wolfg. Wedelii specimen de sale volatili plantarum. Jen. 1682. 12. Godofr Henr. Burghards experimentum, salem volatilem plantis denegari non posse; in den Satyr. medicor. Silesiacor. Specim. IV. Obf. 2. S. 11.; Jo. Frid. Cartheuser de salibus plantarum nativis praesertim volatilibus. Francof. 1741. 4.

§. 1117.

§. 1117.

Die brandigten Oele (§. 1100.), welche man bey der trocknen Destillation aller Pflanzenstoffe erhält, haben sämmtlich einen häßlichen, angebrannten Geruch, und heißen deswegen auch zum Unterschiede der ätherischen Oele, destillirte stinkende Oele (olea destillata foetida), ferner einen herben scharfen bitterlichen Geschmack, sind innerlich genommen außerordentlich erhitzend, und besitzen eine desto dunklere Farbe und dickere Consistenz, je später und heißer sie übergezogen sind. Nur die zuerst übergehenden Antheile dieses Oels können noch den Geruch der Pflanze haben, von der sie herrühren; das zuletzt überbestillirte unterscheidet sich aber nicht von einem andern, es mag aus einer riechenden oder geruchlosen Pflanze ausgetrieben seyn; und man kann solchergestalt diese Oele der verschiedenen Pflanzen nicht von einander unterscheiden.

§. 1118.

Destillirt man die brandigten Oele zu wiederhohltenmalen aus einer neuen Retorte im Sandbade, unter der Vorsicht, daß beym Eingießen in die Retorte nichts von dem Oele in dem Halse oder Gewölbe derselben hängen bleibt, bey behutsamer Regierung des Feuers, so werden sie immer flüßiger, indem sie bey jeder Destillation etwas Säure absetzen, und eine dünne kohligte Rinde in der Retorte zurücklassen. Sie können dadurch der Natur ätherischer Oele immer näher gebracht werden, so daß sie ungefärbt erscheinen, ihren brenzlichen Geruch fast ganz verlieren, und ihnen bloß ein stechender und durchdringlicher Geruch übrig bleibt, der allen auf diese Art behandelten Oelen gemein zu seyn scheint; und sich bey der Siedhitze des Wassers verflüchtigen, und im Weingeiste auflösen lassen.

§. 1119.

Wenn man die brenzlichten Oele für sich allein oder besser mit Sande oder Thon vermischt aus einer irdenen oder gläsernen beschlagenen Retorte bey etwas starkem Feuer in Verbindung mit dem pneumatisch-chemischen Apparat destillirt, so erhält man daraus Luftsäure und brennbare Luft; und wenn man sie über Kalkwasser abbrennt, so schlagen sie dieses nieder, und röthen auch die lackmustinctur. Die Luftsäure ist also ein wesentlicher Bestandtheil von ihnen. Mit Salpetersäure in einer Tubulatretorte behandelt, läßt sich ebenfalls die luftsäure ausscheiden, die mit der Salpeterluft zusammen übergeht. Mit rauchender Salpetersäure lassen sie sich anzünden (§. 866.).

§. 1120.

Ein großer Theil der Chemisten sieht die brandigten Oele überhaupt als ein Gemisch der Oeltheile der destillirten Körper an, die in einem gewissen Grad verbronnt, und dadurch, und durch Verbindung mit andern salzichten, erdichten Stoffen in Farbe, Geruch, Geschmack und andern Eigenschaften verändert wären; und man schließt deswegen auch aus dem bey den trocknen Destillationen der Körper zum Vorschein kommenden brandigten Oele, ja auch schon aus der bloßen brenzlichen Beschaffenheit (empyreuma) auf das Daseyn wirklicher Oeltheile in den Körpern. — Ich kann nicht dieser Meinung seyn, weil man auf andern Wegen aus sehr vielen Stoffen nicht eine Spur eines Oeles ausziehen und darin nichts darthun kann, wie z. B. aus dem Schleime, dem Zucker; aus denen man doch durch trockne Destillation brandigtes Oel gewinnt. Ich sehe vielmehr alle diese Oele als Producte (§. 28.) an, die erst durch die Einwirkung des Feuers aus der wesentlichen

lichen Säure des Körpers und dem brennbaren Wesen erzeugt werden. Dieß erhellet aus ihrer Zerlegung
(§. 1118. 1119.), und die anderweitige künstliche Hervorbringung von Oelen und harzigten Gemischen aus Säu-
re und brennbarem Wesen macht es noch wahrscheinlicher.
Anfangs verhindert das wesentliche Wasser, daß das
Oel nicht so harzigt wird, als bey mehrerer Concentrirung der Säure gegen das Ende der Destillation. Die
Luftsäure, welche bey dem Verbrennen des Oeles zum
Vorschein kömmt (§. 1119.), ist ein Bestandtheil der
Pflanzensäure, folglich ein entfernter des Oels. Daß
auch die Pflanzen, welche einen flüchtig alkalinischen
Geist durch trockne Destillation geben, ein brandigtes
Oel liefern, widerspricht meiner Behauptung nicht, weil
auch diese wirklich die Säure enthalten, die zur Bil-
dung des empyreumatischen Oeles nothwendig ist, und
ihr alkalinischer Geist eigentlich nur mit flüchtigem
Laugensalze übersättigte Pflanzensäure ist.

Jo. Fr. Cartheuser diss. de oleo empyreumatico. Francof.
de Viadr. 1744. 4.; *F. C. Merz* diss. de oleis in genere
et speciatim de empyreumaticis. Giess. 1781. 4.

Theer.

§. 1121.

Hieher gehört auch die Bereitung des **Theers**
(pix liquida, Cedria), oder die **Theerschweleley**. Das
Theer ist ein schwarzer, harziger und noch mit einigen säuerlichen Theilen vermischter brenzlicht-öligter Saft, der aus
einigen harzigen Nadelhölzern, wie aus der Tanne (pinus
picea), der Kiefer (pinus sylvestris) und der Fichte (pinus abies), durch eine unterwärts gehende Destillation
(§. 156. 162.) bey den Brennen erhalten wird. Man
verrichtet diese entweder in einem eigenen Ofen, der in
Gestalt eines abgekürzten Kegels aus Backsteinen auf-

ge-

geführet, unten mit einem kegelförmig ausgemauerten
Boden, oben mit einer Oefnung, dem Setzloch, und
unten zur Seite mit einer andern, dem Kohlenloch,
verſehen iſt. Unter dem letztern iſt eine Röhre,
in welcher das Theer abfließt. Um den Ofen herum
iſt in einer Entfernung von einigen Schuhen, ein
Mantel angebracht, der mit ihm oben zuſammengeht,
daſelbſt Zuglöcher hat, und unten vor dem Kohlenloche
des Ofens mit den Schürlöchern verſehen iſt. Das
Kühnholz wird in dem inwendigen Ofen durch das Kohlenloch und Setzloch aufrecht geſtellt, dieſe löcher werden vermauert, und dann wird in den äußern Ofen oder
Mantel durch die Schürlöcher das Feuer angemacht,
deſſen Hitze das Harz des Holzes ausſchmilzt, aber auch
zugleich zum Theil zerlegt, ſo daß man durch die Rinne
des innern Ofens in den untergeſetzten Vorlagen nicht
allein ein dünneres reineres Harz, ſondern auch ein
ſäuerliches Waſſer (Schweiß, Sauerwaſſer, Theer-
galle) (acetum, ſpiritus lignorum), und zuletzt ein
ſchwarzes empyreumatiſches pechartiges Oel, das Theer
erhält. An einigen Orten, wie z. B. in Schweden,
bereitet man das Theer in Gruben, auf einem thonig-
ten Boden, welche kegelförmig gegraben, inwendig mit
Taunenrinde ausgekleidet und mit einem loche unterwärts verſehen ſind, durch welches der aus den trocknen und unter der Decke von Thon oder Turf glimmen-
den Nadelhölzern ausſchmelzende Saft in ein untergeſetz-
ſetztes Gefäß fließt. — Aus den erhaltenen dünnern
Harzen verfertigt man nachher durch eine neue Deſtillation das Kienöl (oleum pini, oleum templinum),
ein wahres ätheriſches Oel (§. 468.); das weiße Theer
dickt man durchs Einkochen zum weißen, das ſchwarze Theer dadurch zum ſchwarzen Pech ein. Durchs
Aufgießen und Digeriren zieht man auch aus dem Theer

re ein säuerliches empyreumatisches Wasser, das unter
dem Namen des Theerwassers sonst in der Arzneykunst
sehr gebraucht wurde.

S. Macquers chem. Wörterb. Th. V. S. 271. Beckmanns
Technologie. S. 316.

Pflanzenkohle.

§. 1122.

Was nach dem Brennen eines organischen Körpers ohne Zutritt der freyen Luft übrig bleibt, und also
auch der Todtenkopf unserer trocknen Destillation des
Holzes nach §. 1102. und 1111. heißt eine Kohle (carbo).
Es ist eine schwarze, trockne, spröde, unschmelzbare,
in Wasser völlig unauflösbare, geruch- und geschmack-
lose Materie, die, wenn sie aus festen Körpern herrührt, auch noch merklich das Gewebe und die Structur
desselben an sich hat.

§. 1123.

In verschlossenen Gefäßen leidet die Kohle durch
das heftigste Feuer keine Veränderung, an freyer Luft
hingegen verbrennt sie in der Hitze mit bloßem Glühen,
ohne Rauch und Ruß, und auch nicht einmal mit
Flamme, wenn sie keine Theile hat, die durch trockne
Destillation daraus noch abgesondert werden könnten,
oder keine Feuchtigkeit in ihr ist.

§. 1124.

Die Luft, worin die Kohle brennt, wird in einem
hohen Grade phlogistisirt, und zugleich mit Luftsäure
beladen. Man kann dieß leicht auf die oben (§. 320.)
angegebene Weise zeigen. In dephlogistisirter Luft
brennt die Kohle mit einem merklich stärkern und hellern
Glanze, als in atmosphärischer Luft, und die Vermind-
rung

rung derſelben iſt auch beträchtlich größer. Gleichwol
läßt ſich aus der friſchbereiteten Kohle, die durch und
durch Kohle iſt, d. h. nichts enthält, was ſie zum Verbrennen mit Flamme geſchickt macht, oder was bey der
trocknen Deſtillation als Dampf übergetrieben werden
könnte, wenn man ſie im heftigen Feuer in Verbindung
mit dem pneumatiſch = chemiſchen Apparat behandelt,
nichts von Luftſäure, und auch keine andere luftart darſtellen. Wenn ſie hingegen vorher erſt zum Glimmen
gebracht, und dann ausgelöſcht worden iſt, ſo giebt ſie
nach meinen wiederhohlten Erfahrungen durch trockne
Deſtillation Luftſäure. Wenn ferner die Kohle angefeuchtet wird, oder der feuchten Luft eine Zeitlang exponirt war, ſo kann man durch trockne Deſtillation vermittelſt des pneumatiſch = chemiſchen Apparats nebſt der
luftſäure, brennbare Luft austreiben. Eben dieſe erhält
man auch, wenn man eine irdene oder metallene Röhre
mit Kohlenſtaub füllt, dieſe Röhre zum Glühen bringt,
und Waſſerdämpfe durchgehen läßt. Die Kohle findet
man nach vollendeter Arbeit ganz oder zum Theil in
Aſche verwandelt.

§. 1125.

Da ein jedes Oel mit Rauch und Ruß verbrennt,
ſo kann man in der Kohle ſelbſt kein Oel, als die Urſach des Brennens annehmen, ſo wie ſich dergleichen
aus der reinen und wahren Kohle nie abſcheiden läßt.
Weil vielmehr auch die Oele eine Kohle geben, ſo muß
man das reine Phlogiſton als die Urſach und die Quelle
des Feuers in der Kohle anſehen, aus deſſen Beytritt
an die reſpirabele luft, worin die Kohle brennt, ſich
die Verminderung und die fürs Athemhohlen ſo ſchädliche
Phlogiſtiſirung derſelben erklären läßt, die auch ſtatt
findet, wenn die Kohlen nicht dampfen. Dieß Phlogiſton iſt durch die übrigen Beſtandtheile der Kohlen gebunden;

bunden; daß es sich aber durch das Feuer in verschlossenen Gefäßen nicht trennen läßt, ist kein Wunder, weil
hier das Auflösungsmittel desselbigen fehlt, die respirabele Luft. Wenn aber beide Feuer und reine Luft mit
vereinigten Kräften darauf wirken, so wird sie zerstört.
Offenbar ist die Kohle eine Substanz, welche aus einer
Zersetzung der Gemische, von denen sie herkömmt, entspringt; und sie entsteht aus der innigen Verbindung
der feuerbeständigen erdigten und salzigten Grundstoffe
des Gemisches mit dem Phlogiston, nachdem die übrigen flüchtigen Theile mit einem andern Antheile Phlogiston durchs Feuer verjagt sind. Nach der verschiedenen Menge der feuerbeständig salzigten Theile der Kohlen und ihrer Verwandschaft zum Phlogiston, findet
sich auch deswegen ein beträchtlicher Unterschied in der
Entzündlichkeit, und in der Fähigkeit derselben, das
Feuer zu unterhalten.

> Die Phosphorsäure macht bey den Holzkohlen einen salzigten
> Bestandtheil mit aus.

§ 1126.

Die fixe Luft, die auch reine Holzkohlen beym
Verbrennen geben, ist als ein wesentlicher Bestandtheil
derselben anzusehen, deren Abscheidung nicht eher geschehen kann, bis sie nicht durch Entweichung des Phlogistons in ihrer Mischung völlig aufgeschlossen sind.
Dieß ist auch der Grund, warum die Kohlen nach
vorhergegangenen Glimmen und Auslöschen durch trockene Destillation luftsäure geben können, die sie vorher
nicht lieferten; und wenn sie bey dieser Destillation keine weitere geben, sie nach wiederhohlten Aufschließen
durch Glimmen wieder zeigen. Das Phlogiston ist in
der Kohle das Bindmittel der übrigen Bestandtheile,
und diese können nicht eher dargestellt werden, bis jenes
geschieden ist. Wir brauchen also auch nicht die wun-
derliche

berliche Meynung von Lavoiſier, daß die beym Verbren=
nen der Kohlen zum Vorſchein kommende Luftſäure erſt
aus einem eigenen, von der Kohle verſchiedenen, Kohlen=
ſtoff und der baſe oxygine der reinen Luft erzeugt wer=
den, noch die von Kirwan, anzunehmen, daß Brenn=
bares und reine Luft die Luftſäure zuſammenſetzten, die
vielmehr phlogiſtiſirte Luft erzeugen. Die Luftſäure iſt
vielmehr ein Educt und kein Product der Kohlen.

§. 1127.

Die Entwickelung der brennbaren Luft aus den
Kohlen (§. 1124.) beweißt mir gar nicht, daß dieſe
darin präexiſtirt habe, und noch weniger, daß das
Waſſer darin zerlegt werde; ſondern die unreine Koh=
le enthält vielmehr noch Theile, die bey der trocknen
Deſtillation als empyreumatiſches Oel übergehen kön=
nen, das bey der Glühehitze nothwendig, luftförmig
werden, und alſo brennbare Luft darſtellen muß (§.
1108.). Wenn aber Waſſerdämpfe durch glühende
verſchloſſene Kohlen gehen, ſo entreißen ſie ihnen, wäh=
rend daß ſie durch die Glühehitze luftförmig werden,
das Brennbare und Säure (Phosphorſäure), und bil=
den ſo die brennbare Luft, die, wie wir ſchon oben (§.
1107.) erwieſen haben, nicht brennbares Weſen allein
ſeyn kann. Auf eine ähnliche Art liefern auch feuchte
Kohlen etwas brennbare Luft durch trockne Deſtillation.

§. 1128.

Die Holzkohlen ziehen ſehr ſtark die Feuchtigkeiten
aus der Luft an. Die concretirte Vitriolſäure wirkt
zwar nach Beaume' auf die Kohlen, wenn man ſie
darüber abzieht, und wird in Schwefelſäure verwan=
delt; aber ganz kann ſie dieſelbe doch nicht von ihrem
Phlogiſton befreyen, und weißes Vitriolöl wird durch
Koh=

Kohlenstaub in der Käke nicht braun gefärbt. Stär=
kere Wirkung zeigt die concentrirte Salpetersäure. Sie
bewirkt deutlich nach Macquer ein Aufspallen, und nach
Priestley giebt sie darüber abgezogen, Salpeterluft (§.
871.), die aber mit luftsäure verunreiniget ist. Uebri=
gens aber hält die völlige Zerlegung der Kohlen durch
Salpetersäure auf nassem Wege nach Hrn. Westrumbs'
Erfahrungen äußerst schwer. Drey Pfund reine rau=
chende Salpetersäure machen nach den Versuchen die=
ses verdienten Chemisten 1 loth Holzkohlen noch nicht
zu einem ganz farbenlosen Körper, ob sie schon dadurch
größtentheils im Wasser, theils auch im Weingeist,
auflöslich wird. — Hr. Proust hat die Kohlen doch
durch sehr starke rauchende Salpetersäure zur Entzün=
dung gebracht. Die gewöhnliche Salzsäure äußert kei=
ne zerlegende Kraft auf die Kohlen; die dephlogistisirte
hingegen verdient allerdings eine nähere Untersuchung
damit.

Macquer chym. Wörterb. Th. III. S. 234; Priestley Vers.
und Beob. Th. II. S. 139; Westrumb, in Crells chem.
Annalen. Jahrg. 1787. B. I. S. 542. Proust im Journal de Medicine, jouillet 1778.

§. 1129.

Auf trocknem Wege hingegen äußern die Vitriol=
und Salpetersäure eine stärkere zerstöhrende Kraft auf
die Kohlen; und die Verwandlung der mit Kohlen ge=
glüheten vitriolischen Neutral= und Mittelsalz in
Schwefelleber (§. 776. 780. 783. 790.), so wie das
Verpuffen der Kohlen mit den salpetersauren Salzen
(§. 892.), läßt sich daraus erklären. Merkwürdig ist
es nach Rouellens Entdeckung, daß die Schwefelleber
die Kohlen auflöst, und zwar auf trocknem und nassem
Wege. Die Auflösung ist grünlich. Daher sehen auch
die

die Solutionen der mit Kohlen bereiteten Schwefelleber grün oder grüngelb aus.

Rouelle im Journ. de Medicin. 1762.

§. 1130.

Höchst interessant und von ungemeinem Nußen ist die vom Hrn. Lowiß entdeckte dephlogistisirende Eigenschaft der Kohlen auf dem nassen Wege gegen phlogistische, salzigte und andere Auflösungen, denen man dadurch ihre gelbliche und bräunliche Farbe entziehen kann, wenn man sie mit Kohlenstaub eine Zeitlang digerirt, und dann wieder durchseihet. Die Auflösungen der wesentlichen sowol süßen, als sauren Salze, der Neutralsalze und Mittelsalze aus Säuren, deren schleimigte oder phlogistische Theile sie gelb färben, die ausgepreßten Säfte, so gar die milden Oele, die Auflösung des Honigs im Wasser, so wie des Syrups, die empyreumatischen Säuren, werden auf diese Art entfärbt und helle. Noch mangelt es zur Zeit an hinlänglichen Untersuchungen, durch welchen Bestandtheil der Kohlen eigentlich diese Dephlogistisirung bewürkt werde. Das feuerbeständige Laugensalz kann nicht der Grund seyn, so wenig als der Braunstein, da es auch solche Kohlenarten thun, in welchen man diese Stoffe nicht antrift. Sollte wol die Phosphorsäure der Kohlen etwas dazu beytragen?

Nachricht von der Entdeckung des Brandig= und Braunwerdden der Flüßigkeit von der wesentlichen Weinsteinsäure selbst, bey einem sehr starken Grade des Feuers gänzlich zu verhüten, nebst einer Anwendung dieser Entdeckung auf die Bereitung der geblätterten Weinsteinerde, von Hrn. Lowiß; in Crells chem. Annalen. J. 1786. B. I. S. 293. Neue Beweise der starken Verwandschaft der Kohlen zu dem Brennbaren, von Ebendemselben; ebendaselbst, J. 1788. B. II. S. 36, Fortsetzung, S. 131.

§. 1131.

§. 1131.

Sollte die starke Verminderung der Luft, welche eben ausgelöschte Holzkohlen nach Fontana's Entdeckung bewirken, nicht von der Phlogistisirung durch das den eben verlöschten Kohlen schwach und locker anhängende Phlogiston herrühren? Oder sollten sie wirklich Luft in Substanz verschlingen? Auf welche Art benehmen sie dieser denn den luftförmigen Aggregatzustand? Durch Entziehung des Wärmestoffs? welcher Bestandtheil in ihnen bewirkt dieß?

Versuch einer neuen Art, einen leeren Raum hervorzubringen, in Ingenhouß vermischten Schriften, B. I. S. 431.

§. 1132.

Nach der Beschaffenheit und Mischung der Körper, aus welchen die Kohle nach den Brennen zurück bleibt, zum Theil auch nach der beym Brennen des Körpers mehr oder weniger angewandten Hitze und dem verstatteten Zutritt der freyen Luft, findet sich ein beträchtlicher Unterschied in dem Gewebe, der Dichtigkeit und Schwere der Kohlen, so wie in der Verbrennlichkeit derselben und der Stärke des Feuers, das sie liefern. Darauf beruhet denn auch ihre verschiedene Anwendung und Brauchbarkeit zum mechanischen und ökonomischen Gebrauch; wie z. B. die der Linden und Haselzweige zum Reißen und Zeichnen, der Pfirsich- und Aprikosenkerne zur Tusche, und der Weinreben oder häufiger der Weintrestern und Weinhefen zur Frankfurter Schwärze. Ueber die Verschiedenheiten mehrerer Holzkohlenarten in Rücksicht ihrer Schwere, ihres brennbaren Antheils, ihrer Aschenmenge, hat Hr. Hielm schöne Versuche angestellt.

Einige Anleitungen zur Erforschungen der Bestandtheile der Stein- und Holzkohlen, von Peter Jac. Hielm, aus den neuen

neuen Abh. der ſchwed. Akademie, B. II. J. 1781.
S. 84. überſ. in Crells chem. Annalen, J. 1784. B. I.
S. 432.

Hr. Kleim fand die eigenthümliche Schwere der eiche=
nen Kohlen 0,332; der birkenen 0,542; der föhrnen
0,280; der tannenen 0,441; der verkohlten Steinkohlen
0,744, gegen reines Waſſer; — zum vollkommnen Ver=
puffen von 100 Theilen Salpeter wurden nach einer Mit=
telzahl erfordert 35 Theile eichene Kohlen; 22 Theile bir=
kene, 29 Theile föhrne, 33 Theile tannene, 19 Theile
verkohlte Steinkohlen, daß alſo hiernach die letztern und
birkenen Kohlen das mehreſte brennbare Weſen, die eichenen
das wenigſte haben müſſen. — Ferner gleich große Stücke
trocknes Holz

	wogen vor	und nach dem Verkohlen,	und gaben
eichene	289 ℔	80 ℔	$\frac{1}{4}$ ℔ Aſche
birkene	294 —	$63\frac{1}{2}$ —	$1\frac{1}{8}$ —
föhrne	215 —	49 —	$\frac{7}{8}$ —
tannene	206 —	47 —	$\frac{11}{16}$ —

Die Angaben der Kohlenmenge, die eine gewiſſe Holzart
giebt, ſind aber ſehr verſchieden, wegen der mannichfaltigen
Veränderlichkeit der Umſtände.

§. 1133.

Die Verfertigung der gemeinen Holzkohlen im
Großen, das Kohlenbrennen, iſt der trocknen De=
ſtillation ziemlich ähnlich. Man hat dabey die Abſicht,
diejenigen Theile des Holzes, welche bey dem Verbren=
nen im Freyen den Rauch, Ruß, und die Flamme
bilden, davon zu ſcheiden, ohne das brennbare Weſen
gänzlich zu verjagen; und die ganze Arbeit gründet ſich
darauf, daß ohne Zutritt der freyen Luft, als des Auf=
löſungsmittels, die Zerlegung des brennbaren Weſens
nicht geſchiehet; man ſucht alſo zu dem zu verkohlenden
Holze nur ſoviel Luft zuzulaſſen, als zum Glimmen
und Erhitzen, nicht zum völligen Verbrennen hinrei=
chend iſt, und das entſtandene Feuer dann wieder zu
verlöſchen, wenn jene Theile abgeſchieden ſind.

§. 1134.

§. 1134.

Man richtet zu dem Ende auf einem ebenen und
kreisrunden abgemessenen Plaße, der weder einen zu
naſſen, noch zu trocknen Boden hat, in der Mitte eine
oder auch zwey oben verbundene lange Stangen (die
Quandelpfähle) auf, um welche die Holzſcheite senk=
recht, gemeiniglich in drey Schichten ohne große Zwi=
ſchenräume gehörig dicht an einander kegelförmig auf=
geſeßt werden. Dieſer Haufen (ſtehende Meiler) wird
mit Reißholz, Laub, Moos, Stroh, oder Raſen be=
deckt, und das Holz entweder durch ein am Fuß des
Meilers angebrachtes Zündloch, oder auch von oben
durch eine in der Are des Meilers angebrachte Höh=
lung (das Steckloch) dadurch angeſteckt, daß man an
die um den Quandelpfahl gelegten Späne vermittelſt
einer Stange (der Steckruthe) brennendes Harz oder
brennende Birkenrinde bringt. Wenn alles in gehöri=
gen Brand gekommen iſt, ſo regiert man das Feuer
in dem Meiler durch Verſtopfung der Zündöffnungen
und Riße mit Leimen, durch allmählige Bewerfung
des Meilers mit Erde (Geſtübe), durch Beſchüßung
wider den Wind, und durch Nachfüllen deſſelben durch
die Haube, wenn ſich der mittlere höhere Theil nieder=
geſenkt hat, mit neüen Scheiten oder Holzbränden,
und erneuerten Bedeckungen, und ſieht darauf, daß
nirgends eine Flamme durchbrechen könne; verhütet
aber auch das gänzliche Erſticken des Feuers durch Oeff=
nungen, die abwärts vom Winde in die Bewerfungen
gemacht werden (Räunte). Wenn der Meiler ganz
durchgebrannt, oder gahr iſt, ſo wird das Feuer er=
ſtickt, und nach genugſamer Abkühlung die Kohlen
ausgeladen und ſortirt. — Bey den liegenden Mei=
lern werden die Scheite parallel über einander gelegt.

L'art du charbonnier par Mr. *du Hamel du Monceau.* à Paris 1761. fol. überſ. im Schaupl. der K. u. Handwerker, B. I. S. 1. Obſervation ſur la deſcription de l'art du charbonnier, à Paris 1767. fol. Addition à l'art du charbonnier, par Mr. *du Hamel de Monceau*, à Paris 1771. fol. J. Ant. Scopoli Abhandl. vom Kohlenbrennen. Bern 1773. 8. Joh. Beckmann vom Verkohlen des Holzes, in den Bemerkungen der churpfälz. Geſ., vom J. 1774. S. 299. Beckmanns Technologie, S. 323; Bornemanns Verſuch einer ſyſtematiſchen Abh. von Kohlen. Göttingen 1776. 8.

Einäſchern der Pflanzen. Aſche. Vegetabiliſches Laugenſalz. Pottaſche. Soda.

§. 1135.

Das gänzliche Verbrennen der organiſchen Körper, und alſo auch das der Kohlen, heißt das Einäſchern (incineratio). Es bleibt dabey mehr oder weniger Aſche ($\bar{\Psi}$, cinis) zurück, ein weißliches oder weißgraues, nicht weiter zur Unterhaltung des Feuers geſchicktes Pulver, das die feuerbeſtändigen Theile des Körpers ohne weitern Zuſammenhang in ſich enthält, nachdem die bindenden Stoffe durch die Hitze des Verbrennens verzehrt und herausgetrieben ſind. — Man darf ſich daher wohl nicht einfallen laſſen, in der Aſche oder ihren Beſtandtheilen die äußere Geſtalt oder organiſche Structur des Körpers, aus dem ſie entſtanden war, durch die Palingeneſie, wieder hervorzubringen.

§. 1136.

Das Einäſchern der verſchiedenen Pflanzen und Kohlen geſchiehet wegen der verſchiedenen Verwandſchaft der zurückbleibenden feuerbeſtändigen Theilen der Aſche zum Phlogiſton nicht mit gleicher Leichtigkeit; und es iſt wohl eben ſo leicht einzuſehen, daß die Beſtandtheile

theile der Asche von mannichfaltiger Zusammensetzung
und verschiedenem Gehalte seyn können. Ihre salzigten
Theile lassen sich durch Auflösen im Wasser, und Auslaugen von den erdigten und andern darin unauflösbaren trennen und so weiter untersuchen.

§. 1137.

Wenn man solchergestalt auf die Asche, die von
dem Verbrennen der Kohlen des Büchenholzes (§. 1122.)
zurückbleibt, in einem geräumigen Zuckerglase kal-es
destillirtes Wasser gießt, das Gemenge wohl umrührt,
eine Zeitlang stehen läßt, und dann durchseihet, so findet man an der Lauge einen laugenhaften Geschmack,
und die Kennzeichen eines feuerbeständigen Laugensalzes
(§. 209-212.). Durch wiederhohltes Aufgießen des
Wassers auf die Asche und Durchseihen, kann man so
alle Salztheile scheiden. Nach dem Abrauchen der Lauge in einem glasurten irdenen, oder auch reinen eisernen
Geschirre, bleibt ein bräunliches Salz übrig, das durchs
Brennen und Calciniren weiß wird, und sich in allen
Stücken als vegetabilisches Laugensalz (§. 214. 215.)
zeigt.

§. 1138.

Die meisten Pflanzen liefern in der Asche
ein solches Laugensalz, das eben daher den Namen
des Pflanzenalkali, oder des vegetabilischen Laugensalzes erhalten hat. Sie geben es aber nicht in
gleicher Menge und Reinigkeit. Die Bäume pflegen es
um so reichlicher zu geben, je härter und fester ihr Gewebe ist. Manche Kräuter geben aber doch verhältnißmäßig mehr, als die Bäume, und das ästige Farren-
kraut (Pteris aquilina) mehr als irgend eine bekannte
Pflanze. Je frischer die Pflanzen und Bäume sind,
desto mehr Laugensalz enthält die Asche verhältnißmäßig;

desto

deſto weniger, je mehr ſie der luft, den Regen und
Sonnenſchein, nach ihrer Entwurzelung ausgeſetzt geweſen ſind. Vermodertes Holz liefert wenig oder gar
nichts, ſo wie dasjenige, das man einem ſehr ſtarken
Abkochen vorher unterwarf. Die §. 1115. angeführten
Pflanzen, geben in der Aſche ebenfalls wenig oder nichts
vom laugenſalz. Bey einem gelinden Verbrennen erhält man übrigens mehr laugenſalz aus der Aſche,
als bey einem heftigen Verbrennen und Calciniren
derſelben.

Nach Erfahrungen der Leipz. Ökon. Societät folgen die hier
verzeichneten Pflanzen der Menge des Laugenſalzes nach,
das in der Aſche war, ſo auf einander: Sonnenblumen-
ſtengel, Maysſtengel, Weinreben, Ulmen, Weiden, Bux-
baum, Eichen, Buchen, Hagebuchen, Aspen, am wenig-
ſten giebt Rothtannen —

Ein ℔ Aſche von		gab	℥ Laugenſ.
Fuchsſchwanz	33		
Schöllkraut	25		
Nachtſchatten	27		
ſtinkender Melde	41		
Sennenblume	40		
Calmuswurzeln	45		

§. 1139.

Das aus der Aſche der Pflanzen erhaltene laugenſalz enthält immer luftſäure, die es beym Verbrennen
des Körpers nicht völlig fahren läßt. Es iſt daher auch
um ſo ätzender, je ſtärker die Hitze war, in welcher die
Aſche entſtand, und je anhaltender und ſtärker die Calcination des laugenſalzes geſchah. In der größern
luftſäure liegt auch der Grund, warum man bey einem
gelinden Verbrennen mehr laugenſalz aus der Aſche erhält (§. 1138.).

§. 1140.

Sonſt aber iſt das nach gewöhnlicher Art aus der
Einäſcherung vegetabiliſcher Körper erhaltene laugenſalz,

falz, nicht von dem Grade der Reinigkeit, als es genaue chemische Versuche erfordern; sondern enthält gewöhnlich, außer dem anhängenden brennbaren Wesen, das ihm eine bräunliche oder gelbliche Farbe giebt, 1) mehr oder weniger fremdartige Salztheile, die durchs Feuer nicht zerstört wurden, und entweder einen Bestandtheil des Gewächses vor dem Verbrennen ausmachten, oder erst aus ihren Bestandtheilen beym Verbrennen zusammentreten. Dahin gehören: vitriolisirter Weinstein, Digestivsalz, Kochsalz, Glaubersalz, manchmal wohl etwas mineralisches Laugensalz. Der Salpeter kann aus leicht einzusehenden Ursachen wohl nie darin seyn; 2) erdigte Stoffe, besonders Kieselerde, die mit dem Laugensalz, zumal auf trocknem Wege, so nah verwandt ist (§. 591.); und 3) etwas Eisen.

§. 1141.

Eine vorsichtige und anhaltende Calcination kann das anhängende Brennbare dem Laugensalz der Asche zwar entziehen; allein, wenn man sie in irdenen Gefäßen und bey starker Hitze vornimmt, so giebt man dadurch nur mehr Gelegenheit zur Auflösung und Verbindung der Kieselerde der Gefäße mit dem Laugensalze, und in dieser Rücksicht sind eiserne Tiegel vorzuziehen, die aber auch leicht zur mehrern Verunreinigung mit Eisen beytragen. Das von Hrn. Lowitz vorgeschlagene Mittel, der Kohlenstaub zu der Lauge gesetzt (§. 1130.), verdient daher Vorzüge vor der Calcination.

§. 1142.

Um das Laugensalz von den beygemengten Salztheilen (§. 1040.) zu befreyen, hat man vorgeschlagen, es mit so wenigem kalten Wasser aufzulösen als möglich, indem es weniger Wasser zur Auflösung erfordert, als die genannten Salze; hierauf die Lauge klar durch-

C 3　　　　zuse-

zuſetzen, und in einem glaſurten irdenen oder porzellänen Geſchirr, bis zur Trockniß wieder abzurauchen.
Das Waſſer löſt aber doch immer, wie genaue Erfahrungen lehren, nebenher etwas von den erwähnten Salzen auf. Eben ſo unzureichend, obgleich bequemer, iſt
die Methode, die Laugenſalze in heißem Waſſer aufzulöſen, und durchs Cryſtalliſiren beym unmerklichen oder
künſtlichen Abdünſten, die fremdartigen Salze zu ſcheiden. Das einzige, aber koſtbare Mittel, dieſe Reinigung vollſtändig zu bewürken, iſt die Kryſtalliſirung
des nach der gewöhnlichen Art ſchon gereinigten Laugenſalzes durch Hülfe der Luftſäure (§. 266.), wiederhohltes Auflöſen der erhaltenen Kryſtalle im reinen
deſtillirten Waſſer, abermaliges Anſchießen. —
Dieß bewirkt auch die möglichſte vollkommene Reinigung von Erden, die vom völlig luftſauren Alkali nicht
aufgelöſt werden, und vom Eiſen.

Weigel Anſchießen des Gewächslaugenſalzes, in ſeinen chem.
mineral. Beob. Th. II. S. 123; deſſelben Kryſtalliſirung eines aus dem Laugenſalze des Gewächsreiches und
dem Vitriolſauren beſtehenden Mittelſalzes aus der Pottaſche; ebendaſ. S. 144.

§. 1143.

Das gehörig gereinigte vegetabiliſche Laugenſalz
unterſcheidet ſich nicht von einander, es mag aus einer
Pflanze erhalten ſeyn, aus welcher es wolle. Die gif-
tigſte und die heilſamſte, die gemeinſte und die koſtbar-
ſte Pflanze giebt einerley Gewächsalkali, ſo daß, wie
Jacquin ſagt, das theurſte Zimmtſalz vor dem wohlfeilern Saubohnenſalz, nichts voraus hat. Es ſetzt
wahrhaftig wenig chemiſche Kenntniß des Arztes voraus, wenn er in dem Laugenſalz der Pflanzen noch eigenthümliche Wirkungen der letztern erwartet, oder gar
die Kräfte der Pflanzen in dem Laugenſalz concentrirt
glaubt.

glaubt. Die ganze Schaar der Pflanzensalze, die man sonst in den Officinen aufbewahrte, und die auch leider einige öffentliche authorisirte Dispensatoria noch vorschreiben, kann solchergestalt wegfallen, und reines Weinsteinsalz kann die Stelle aller vertreten. Dahin gehören z. B. Wermuthsalz (sal abſynthii), Sal carduibenedicti, Centaurii minoris, das aus mehreren Arzneypflanzen durchs Einäschern und Auslaugen erhaltene sogenannte sal plantarum, u. v. a. m.

§. 1144.

Wegen der großen Menge, in welcher das Gewächslaugensalz in den Künsten gebraucht wird, bemühet man sich, es aus Materien zu ziehen, die es überflüßig und mit wenig Kosten darreichen. In den nördlichen Gegenden, wo das Holz sehr wohlfeil ist, z. B. in Schweden, Pohlen und Rußland, verbrennt man das Holz dazu mit Fleiß, um aus seiner Asche das vegetabilische Laugensalz zu gewinnen, das man Pottasche, Waidasche (cineres clavellati) nennt. Die Asche wird in den Pottaschsiedereyen in hölzernen Kübeln oder Aeschern erst mit kaltem, hernach mit heißem Wasser ausgelaugt, und die genugsam gesättigte Lauge in kupfernen oder eisernen Kesseln bis zur Trockne eingesotten. Die zurückbleibende Salzmasse ist die gemeine Pottasche, die wegen des anhängenden Brennbaren noch bräunlich oder schwärzlich aussieht. Sie wird in einem eigenen Ofen unter öftern Wenden so lange geglüet, bis sie weiß geworden ist, da sie denn calcinirte Pottasche genannt wird.

Io. *Mitchel* of the preparation and uses of the various Kind of Pott-aſh; in den philoſ. Tranſ. n. 489; Genuine account of the manner of making the beſt Ruſſia Pot-aſhes, by *Pet. Warren*, Lond. 1753. 4. The method and plain ſucceſs for making Pot-aſh aqual,

of not ſuperior, to the beſt foreige pot - aſh, by *Thom.*
Seephens, Lond. 1755. 4.; Beſchreibung von allerlei
Verſuchen zur Beſtimmung des wahren Gehalts verſchiede=
ner Baum= und Holzarten, Pflanzen und brennbarer Sub=
ſtanzen an Pottaſche ꝛc., von Hrn. Wildenhayn; in den
Schr. der Leipz. ökonomiſchen Societät, B. I. S. 211.
Abhandlungen vom Pottaſchſieden, von Wildenhayn,
Dresd. 1771. 8. Die Kunſt, rohe und calcinirte Pott=
aſche zu machen, durch die Generalverwalter des Pulvers
und Salpeters bekannt gemacht, a. d. Franz. überſ. von
Chriſtoph Fr. Kausler, Stuttg. 1780. 8. Beckmanns
Technologie, S. 332.
Vom Calcinirofen bey Pottaſchſiedereyen, ſ. Schlüter vom
Hüttenweſen, S. 601. und Taf. LV. fig. F-L. Boſe
d'Antic, in ſeinen Oevvres T. II. S. 138.

§. 1145.

Die calcinirte Pottaſche iſt aber noch mit vielen
frembartigen Dingen verunreiniget (§. 1140.), beſon=
ders mit vitrioliſirtem Weinſtein, Digeſtivſalz, Gyps,
und kann deswegen nicht als reines Gewächsalkali an=
geſehen werden. Iſt ſie aber davon nach §. 1142. be=
freyet, ſo unterſcheidet ſie ſich von andern vegetabili=
ſchen Alkali durch nichts, und kann immer für Wein=
ſteinſalz genommen werden. — Sonſt gehen bey der
Bereitung der Pottaſche noch allerley Betrügereyen
vor, die ſie ſehr verunreinigen können; dahin gehört
vorzüglich der Zuſatz von Sand beym Calciniren der
Pottaſche, der damit zuſammenflieſt, und auch dann
im Waſſer auflösbar wird (§. 600.), wie die Kieſel=
feuchtigkeit. Dieſer Betrug iſt zu entdecken, wenn man
zu der concentrirten klaren Auflöſung der Pottaſche eine
Säure ſetzt, da ſich die Kieſelerde niederſchlägt (§.
602.). — Das ganz eigene und beſondere Salz, was
Hr. Bernigau in der Pottaſche gefunden haben wollte,
fand ſich bey genauer Unterſuchung doch als vitrioliſir=
ter Weinſtein und Selenit.

Meyer,

Meyer, in den Beschäftigungen der berl. Gesellsch. na=
turf. Freunde, B. I. S. 267 f.

Von dem Mittelsalze, so gewöhnlich in der Pottasche angetrof=
fen, und für vitriolisirten Weinstein gehalten wird; in
Crells neueste Entd. Th. 3. S. 78 f.; von dem in der
Pottasche befindlichen Mittelsalz, als einen wirklichen vi=
triolisirten Weinstein, von Hrn. Lichtenstein; ebendas.
Th. 6. S. 108 f.

§. 1146.

Sonst benutzt man auch die Heerd= und Ofenasche
zur Gewinnung des vegetabilischen Laugensalzes. In
England hat man vor einiger Zeit so gar Mistlacke vor=
geschlagen, daraus durchs Abrauchen und Einäschern
Pottasche zu machen. In südlichern Gegenden wendet
man auch Weinreben, und besonders auch Weinhefen
an, die in ihrer Asche sehr viel und sehr reines Gewächs=
alkali (cendres gravellées) geben.

§. 1147.

Diejenigen Laugensalze, die man nach dem aller=
langsamsten Verbrennen der Pflanzen in der geringsten
Hitze aus der übrigbleibenden Asche auslaugt, nennt
man von ihrem Erfinder Tachenische Salze (salia Ta=
cheniana). Sie sind zum Arzneygebrauch bestimmt,
stellen aber keine reine Laugensalze vor. Das Verfah=
ren, sie zu verfertigen, besteht darin, daß man die vor=
geschriebene Pflanze getrocknet in einem eisernen Topfe
bis zum Glühen erhitzt, den Ausbruch der Flamme
aber durchs Verschließen mit einem Deckel hindert, die
so verkohlten Pflanzen bey gelindem Feuer gänzlich un=
ter beständigem Umrühren einäschert, die erhaltene
Asche mit kochendem Wasser auslaugt, und das beym
Abrauchen der Lauge zu erhaltende Salz trocknet, nicht
glühet. Je brauner die Farbe des Salzes sey, desto
mehr entspreche es seiner Bestimmung.

C 5 §. 1148.

§. 1148.

Man irrt ſich aber, wenn man glaubt, daß dieſe Salze ſeifenartiger Natur wären, da die braune Farbe mehr vom Brennbaren, als vom Oeligten herrührt; und noch mehr, wenn man wähnt, daß die Arzneykräfte der Pflanze in denenſelben noch zu finden wären. Sie ſind vielmehr, wie geſagt, nichts mehr, als unreine Laugenſalze, denen noch andere weſentliche Salze der Pflanze ankleben können, und die nach der gehörigen Reinigung ſich von andern gemeinen Laugenſalzen ganz und gar nicht unterſcheiden. — Es würde unnütz ſeyn, hier die von manchen Diſpenſatorien vorgeſchriebenen ſachſeniſchen Pflanzenſalze nur zu erwähnen.

Otton. *Tacheni̇i* Hippocrates chemicus. S. 169. *Jo. Gottfr. Brendelii* progr. de ſale Tacheniano Boerhavii. Goett. 1747. 4.; und im I. B. ſeiner opuſc. S. 53.

§. 1149.

Noch unnützer iſt die Arbeit, wenn nach der Vorſchrift einiger Diſpenſatorien, Schwefel über dieſe Pflanzenſalze abgebrannt werden ſoll. Sie werden dadurch ganz oder zum Theil in vitrioliſirten Weinſtein verwandelt (§. 774.).

§. 1150.

Die Aſche, welche man durchs Verbrennen mehrerer am geſalzenen Meeresufer wachſenden Pflanzen erhält, unterſcheidet ſich ſehr von der unſrigen, und liefert durchs Auslaugen vielmehr mineraliſches Laugenſalz (§. 216.). Die Sode (Soda) iſt eine ſolche, aus dergleichen Pflanzen durch Verbrennen erhaltene Aſche (nicht Salz), die das mineraliſche Alkali, neben andern ſalzigten, erdigten und fremdartigen Theilen in ſich enthält. Sie kömmt in ſteinharten Maſſen, von graublauer

blauer Farbe, mit kleinen weißen Körnern und weiß-
licher Salzauswitterung zu uns, und riecht schwefelle-
berartig.

§. 1151.

Man bereitet diese Sode vorzüglich im südlichen
Europa aus mehreren am Meeresstrande wachsenden
Pflanzen, die auch wohl in dieser Absicht gebauet werden, durchs Verbrennen in Gruben, und giebt ihr die
feste Consistenz dadurch, daß man unmittelbar nach der
Verbrennung die noch recht glühende Asche so stark als
möglich und so weit erhitzt, daß sie in Fluß zu kommen
anfängt, dadurch, daß sie mit großen Stangen stark
umgerührt und zusammengestoßen wird. Die beste
Sode führt den Namen der Alexandrinischen, Spanischen, Alicantischen, Languedocker Sode, oder
Sode de Barille, und wird an den verschiedenen Orten auch aus verschiedenen Pflanzen gemacht; besonders
aus der Salicornia europaea, herbacea und fruticulo-
sa, Salsola Soda, Salsola Kali, Salsola Tragus,
Mesembryanthemum copticum, und noctiflorum,
Chenopodium maritimum, Reaumuria vermiculata,
u. a. Diese Sode ist aber auch selbst in ihrer Güte
verschieden, und immer um desto besser, je mehr sie
mineralisches Laugensalz enthält. Eine schlechtere Sorte der Sode ist die Sode de Varech, die man hauptsächlich in der Normandie, durch das Verbrennen der
Seegräser und verschiedener Arten des Seetangs, besonders des Fucus vesiculosus gewinnt, und die mit
dem auf einigen Schottischen und den Scillyinseln durchs
Einäschern mehrerer Seegrasarten erhaltenen Kelp über-
einkömmt.

A. Cl. Büchner resp. Henr. Guil. Schmidt de soda hispanica.
Hall. 1758. 4.; Phil. Jac. Imlin diss. de soda et inde
obtinendo peculiari sale. Argentor. 1760. 4.; Premier
Mé-

Mémoire sur le Varech, par Mrs. *Fougeroux de Bondaroy* et *Tillet*; in den *Mém. de l'ac. roy. des sc. de Paris.* 1771. S. 307. f.; Second Mémoire, par *les Mêmes*; ebendas. 1772. S. 55.; *Fr. de Jean* diss. historia analysis chemica, origo, et usus oeconomicus sodae hispanicae. Lugd. Bat. 1773. 4.; Macquers chym. Wörterb. Th. V. S. 79. f. und 84. f.; Ferbers neue Beyträge. B. I. S. 450.

§. 1152.

Das mineralische Laugensalz in der Sode ist zwar immer mit fremdartigen Salzen verunreinigt, allein es läßt sich doch, wegen seiner Krystallisirbarkeit leichter von den andern Salzen scheiden, als das Gewächsalkali der Pottasche. Die Sode wird zu dem Ende gepulvert, mit genugsamen Wasser zu wiederhohltenmalen ausgekocht, die Lauge durchgeseihet, (zur Reinigung vom Brennbaren mit Kohlenstaub digerirt,) wieder durchgeseihet, und nach gehörigem Abrauchen krystallisirt. Oft muß die Lauge lange stehen, ehe sie krystallisiren will, und der Grund scheint mir im Mangel der nöthigen Luftsäure zu liegen. Das erhaltene und von fremden Salzen freye Sodesalz (sal Sodae, Rochettae) ist von anderm reinen mineralischen Laugensalze nicht verschieden, und man kann sich dieses wohlfeiler nach §. 660. und §. 946. bereiten.

§. 1153.

Die frisch bereitete Sode enthält immer einen Theil ätzendes Mineralalkali, das durch die Erhitzung seine Luftsäure verlohr, sonst aber, außer den erdigten Theilen, auch etwas vegetabilisches Laugensalz, Glaubersalz, vitriolisirten Weinstein, Kochsalz und Digestivsalz, unzerstörte Kohle und Schwefelleber. Von der letztern rührt ihr hepatischer Geruch her, der sich noch mehr beym Auskochen und beym Zusatz einer Säure ent-

entwickelt. Auch das aus der Sode zu erhaltende laus
gensalz ist, nach Macquers und Poullelier's de la
Salle Untersuchungen, vorher in der Pflanze nicht als
ein näherer Bestandtheil gegenwärtig, sondern mit Vitriolsäure zum Glaubersalz und vitriolisirtem Weinstein
verbunden, die sich beym Einäschern mit dem Brennbaren der Pflanze zum Schwefel, und so weiter mit
dem Laugensalz zur Schwefelleber verwandelt, durch das
Calciniren aber als Schwefelsäure zum Theil wieder verjagt wird, und so das freye Laugensalz zurückläßt. Nach
Du Hamel's Erfahrungen liefern auch die zur Sode
geschickten Pflanzen kein mineralisches Laugensalz in ihrer Asche, wenn sie in einem nicht salzigen Boden entfernt vom Meere wachsen; und hingegen liefern Pflanzen in unsern Gegenden an der Nachbarschaft gesalzener
Oerter und Seen wirklich Mineralalkali durchs Einäschern.

Observations sur les sels, qu'on retire des cendres des vegetaux, par Mr. *Du Hamel;* in den *Mem. de l'acad. roy.
des sc. de Paris.* 1767. S. 233. 239. Analyse de la sou-
de de Varech, par Mr. *Cadet;* ebendas. S. 487.; *H.
Hagen* phys. chem. Betrachtungen über die Herkunft und
Abstammung des feuerbeständigen mineralischen Laugensal
zes. Königsb. 1769. 4.; Macquer's chem. Wörterb. Th. V.
S. 84.; *Jacquins* medic. Chemie. §. 160.

§. 1154.

Da man überhaupt die feuerbeständigen Laugensalze vor dem Einäschern in den Pflanzen nicht antraf,
so glaubte man eine geraume Zeit her, daß die Vegetabilien nur die zur Erzeugung der Laugensalze nothwendigen und geschickten Materialien, sie aber nicht selbst enthalten, daß die Alkalien bey dem Einäschern erst hervorgebracht würden, und also Producte des Feuers wären.
Daß die Theile, woraus das Feuer diese Laugensalze
zusammensetze, außer der Erde, das saure wesentliche
Salz

Salz der Pflanzen und etwas Oeligtes ſey, folgerte man daraus, 1) daß wenn die Vegetabilien, welche eine an Alkali reiche Aſche geben, durch jedes andere Mittel, als durch die Verbrennung aus ihrer Miſchung geſetzt würden, daraus zwar ſaure weſentliche Salze, aber kein laugenſalz erhalten werden; 2) daß wenn man den Pflanzen einen Theil ihrer Säure durchs Ausziehen nähme, aus ihrer Aſche nachher um ſo viel weniger laugenſalz erhalten werde; 3) daß unter allen nähern Theilen der Pflanze die Extracte und die ſauren weſentlichen Salze die größte Menge Alkali beym Einäſchern geben; 4) daß die Pflanzen, welche eine ſehr flüchtige oder gar keine Säure führten (§. 1115.), in ihrer Aſche nur eine faſt unmerkliche Spur eines feuerbeſtändigen laugenſalzes übrig laſſen, 5) und daß ein Körper immer um deſto weniger laugenſalz beym Einäſchern gebe, je mehr er vermodert ſey (§. 1138.).

Dan. Coxe Diſcourſe denying the praeexiſtence of alcali-zate or fixed ſalt in any ſubiect, before et ware expoſed to the action of the fire; in den *philoſ. Tranſ.* Vol. IX. N. 107. S. 150. ſ. Macquers chem. Wörterb. Th. 1. S. 147. ff.

§. 1155.

Dieſe Einwürfe laſſen ſich nicht allein leicht heben, wenn man annimmt, daß das laugenſalz zwar nicht als freyes laugenſalz in den Pflanzen präexiſtirt, ſondern mit den Pflanzen- oder einer andern Säure verbunden als Neutralſalz, oder mit der erſtern überſättigt als weſentliches ſaures Salz darin ſteckt, folglich nicht als laugenſalz wahrgenommen werden könne, daß es durchs Ausziehen der ſalzichten Theile mit ausgezogen werde; in den Extracten eben deswegen in der größten Menge anzutreffen ſey; und weil beym Vermodern die luft und das Waſſer den Extractibſtoff der Pflan-

ze

ze rauben, mit verlohren gehen müsse; — sondern sie
werden auch ganz dadurch widerlegt, daß Hr. Marggraf und vor ihm schon Rouelle durch Erfahrungen gezeigt hat, daß man auch ohne Hülfe des Feuers aus
vegetabilischen Dingen ein wirkliches Laugensalz erhalten
könne, Hr. Wiegleb aber durch ähnliche, zahlreiche
Versuche weiter dargethan hat, daß diese Salze wirklich
schon ganz fertig, obgleich nicht frey, in den Pflanzen
verborgen liegen. Die wesentlichen sauren festen Salze
der Pflanzen, wie der Weinstein, Sauerkleesalz, sind
auch nicht Säure durch Oeligtes im den concreten Zustand gebracht, sondern Neutralsalze mit ihrer Säure
übersättigt; und aus dem bey der trocknen Destillation
derselben zum Vorschein kommenden empyreumatischen
Oele hat man fälschlich auf eine öligte Natur oder auf
die Präexistenz des Oeles geschlossen (§. 1120.). Noch
niemand hat bis jetzt die feuerbeständigen Laugensalze
in jene angenommene Bestandtheile (§. 1154.) zerlegen,
oder aus bloßer Pflanzensäure, Oel und Erde, Laugensalz zusammensetzen können. Es ist freylich wahrscheinlich, daß die feuerbeständigen Laugensalze noch aus ungleichartigen Bestandtheilen gemischt bestehen, aber so
lange man diese nicht darthun kann, müssen wir jene
auch noch für chemisch einfach halten. Die Versuche,
welche die Verwandlung dieser Alkalien in Erde durch
anhaltendes Calciniren beweisen sollen, haben eine falla-
ciam causae zum Grunde.

Andr. Sigm. Marggraf Erweiß, daß die Salia alcolina
fixa auch ohne Glühfeuer aus dem Weinsteine durch Hülfe
der Acidorum zu ziehen seyen; in seinen chym. Schriften,
II. B. S. 49. ff.; Joh. Christ. Wiegleb chemische Versuche über die alkalinischen Salze. Berlin 1774. 8. 1781 8.;
Rouelle im Journal de Medecine, Juillet 1773. S. 87.
und Rozier observat. et memoires, T. I. 1773. Janv. S.
13. 16.; übers. in Crells neuesten Entdeck. Th. XI. S.
148. f., und Beytr. zu den Annalen. B. I. S. 124. f.
Beobach-

Beobachtungen über die Zeugung des Salpeters, Glauberfalzes und mineralischen Alkali von Hrn. Hoffmann, in Crells Beyträgen zur Chemie. B. III. S. 288.

Pflanzenerde.

§. 1156.

Nach dem völligen Auslaugen der Pflanzenasche (§. 1137.) mit Wasser und der Auszieung aller Salztheile, bleiben die erdigten Theile der Pflanzen zurück, die durchs Feuer nicht mit fortgeriffen worden sind, und die gegen das ganze Gewicht der Pflanzen immer nur sehr wenig betragen. Es ist wohl leicht einzusehen, daß diese Erde nach Beschaffenheit des Bodens, worauf die Pflanze wuchs, von verschiedener Beschaffenheit und Mischung seyn kann, und deswegen nicht zu verwundern, daß die chemischen Schriftsteller die Natur dieser Erde so verschieden bestimmen. Beaumé hält sie für thonigt und kalkartig; Hr. Achard ganz für kalkartig; andere halten sie für kieselartig; Bergmann hingegen fand Kalkerde, Schwererde, Bittersalzerde, Thon, Kieselerde, ja so gar Knochenerde, und außer dem Eisen auch Spuren von Braunstein; Hr. Westrumb traf in der Asche des Klees Kieselerde, Kalkerde, Thonerde, Eisen und phosphorgesäuertes Eisen an. Ueberhaupt ist die Zerlegung einer Pflanzenasche schwer, und kann hier noch nicht vorgetragen werden. Die unten vorzutragende Phosphorsäure ist häufiger ein Bestandtheil derselben, als man glaubt; und besonders in der schwer einzuäschernden Pflanzenkohle anzutreffen. Die Erde, welche Model in der Rhabarber durch Reiben mit Wasser als Gyps entdeckte, ist nach Scheelens Untersuchung Sauerkleesalzsäure mit Kalkerde.

Untersuchung von Beschaffenheit der Erde aus Pflanzen und Thieren, von Joh. Gottsch. Wallerius; in der Abhandl.

der

der königl. schwed. Akadem. d. W. 1760. S. 141. 188.;
über die Natur der vegetabilischen und mineralischen Erde,
in Achards chem. phys. Schr. S. 265. ff.; Reuß chem.
Versuche mit der Asche verschiedener verbrannter Vegetabilien; in den Abh. der böhm. Gesellsch. der Wissensch.
J. 1785; Eines ungenannten Antwort auf die Frage: kann
man sich zur Verbesserung der Aecker und Anger in unsern
Landen der Holz- und Topfasche bedienen; aus den Abhandl. der Gesellsch. zur Beförderung des Landbaues
zu Amsterdam, J. 1778. S. 135. ff.; übers. in Crells
neuesten Entd. Th. XII. S. 166. ff.; J. B. de Beunie
chymische Versuch über die Erden, als Grundlage zum
Anbau der Helden, aus den Schriften der kays. königl.
Akadem. zu Brüssel. J. 1780. T. II. S. 389., übers.
in Crells chem. Annalen, J. 1784. B. I. S. 163.;
Bergmann in den Anmerk. zu Schäffers chem. Vorlesungen. S. 172.; Westrumb chemische Versuche mit grünen Klee; in Crells chem. Annalen, J. 1787. B. I. S.
215. ff. 319. ff.; Model Entdeckung des Seleniten in der
Rhabarbererde. Petersb. 1774.; Scheele über eine besondere Erde in der Rhabarber und ihre Beschaffenheit; in
Crells chem. Annal. J. 1785. B. I. S. 19.

Trockene Destillation thierischer Körper überhaupt.

§. 1157.

Wenn man frische thierische Theile, einige scharfe
Insecten und das Fett ausgenommen, einer trocknen
Destillation unterwirft, so erhält man bey der Wärme,
die den Siedepunkt des Wassers nicht übersteigt, ihr
wesentliches Wasser, das immer einen, mehrentheils
eckelhaften, Geruch hat, und leicht in Fäulniß übergeht;
bey verstärkter Hitze, Luftsäure, brennbare Luft, einen
flüchtig alkalinischen Geist, flüchtiges alkalisches Salz
in concreter Gestalt, und ein empyreumatisches Oel.
Wir wollen hier frische Knochen als Beyspiel wählen.

§. 1158.

Wenn man eine beſchlagene irbene Retorte mit
Stücken von friſchen Knochen, die von dem anhängen=
den Mark gehörig gereinigt ſind, anfüllt, eine blecherne
Röhre an die Mündung der Retorte ankittet, und ih=
re untere Oefnung mit der Wanne des pneumatiſch=
chemiſchen Apparats verbindet, wie oben (§. 1102.) bey
der trocknen Deſtillation des Holzes erwähnt worden iſt,
und dann ſtufenweis bis zum Glühen erhitzt, ſo ent=
wickelt ſich hierbey ebenfalls eine ſehr beträchtliche Men=
ge Luftſäure und brennbare Luft (§. 1099.), die mit
grauen und gelblichen Nebeln zugleich in die Vorlage
übergehen, und durch Waſchen mit Kalkwaſſer von ein=
ander getrennt werden können. Der Geruch dieſer ge=
waſchenen brennbaren Luft iſt ebenfalls brandigt und un=
angenehm, unterſcheidet ſich aber doch von dem der vor=
her (§. 1104.) erwähnten; in ihren übrigen Eigenſchaf=
ten kömmt ſie dieſer aber ziemlich gleich.

§. 1159.

Unternimmt man dieſe Deſtillation unter denen oben
(§. 1099.) angeführten Vorſichtigkeitsregeln aus einer
Retorte und Vorlage, in welcher ſich die Dämpfe gehö=
rig ſammlen können, ſo erhält man einen urinöſen oder
flüchtig alkaliniſchen Geiſt der mit dem empyreuma=
tiſchen Oel zugleich übergeht, dadurch bräunlich ge=
färbt wird, und den empyreumatiſchen Geruch erhält;
und zuletzt legt ſich bey verſtärkter Hitze flüchtiges Lau=
genſalz in concreter Geſtalt an den Wänden der Vorlage
an. Den Geiſt und das Oel ſcheidet man vermittelſt
eines Scheidetrichters, oder durch naßgemachtes Löſch=
papier.

§. 1160.

§. 1160.

Dieser urinöse Geist entsteht offenbar aus der Auflösung des flüchtigen Laugensalzes in dem wesentlichen Wasser der Knochen; und es kömmt das letztere in concreter Gestalt zum Vorschein, wenn nicht wässerigte Theile genug mehr da sind, es aufzulösen. Der erhaltene urinöse Geist braust mit Säuren auf, und erhält das flüchtige Laugensalz in luftsauren Zustande, und muß es auch, da sich die Luftsäure zugleich mit entwickelt (§. 1158.). Ohne diese würde auch das flüchtige Laugensalz nicht in fester Gestalt erhalten werden können, sondern es würde flüchtig alkalinische Luft bilden.

§. 1161.

Das erhaltene flüchtige Laugensalz unterscheidet sich, wenn es von den anklebenden empyreumatischen Oeltheilen gehörig gereiniget ist, durch nichts von einem andern reinen, milden, flüchtigen Alkali (§. 219.). Beyde der urinöse Geist und das flüchtige Laugensalz können von dem ihnen anklebenden empyreumatischen Oele durch eine Rectification aus einem gläsernen Kolben mit dem Helme, oder einer Retorte im Sandbade bey gelindem Feuer und wohl verwahrten Fugen, entweder für sich allein, oder mit Kreide, gereiniget werden. Das wirksamste Mittel aber, sie zu reinigen, besteht darin, daß man sie in ein Ammoniaksalz durch Zusatz einer mineralischen Säure verwandele, und das durch Krystallisiren gehörig gereinigte Salz wieder durch feuerbeständiges Laugensalz zersetze, wie oben beym Salmiak (§. 950.) gelehrt worden ist. Zum Arzneygebrauch ist indessen etwas weniges anhängendes empyreumatisches Oel nicht zweckwidrig, und es würde oft ein Fehler seyn, den flüchtigen urinösen Geist oder das flüchtige Laugensalz zu diesem Zwecke bis zur höchsten Reinigkeit zu bringen.

D 2 §. 1162.

§. 1162.

Im Großen unternimmt man die Deſtillation der Knochen u. a. Subſtanzen, um daraus flüchtiges laugenſalz zu erhalten, aus großen beſchlagenen irdenen, oder tubulirten eiſernen Retorten im Reverberirfeuer eines Galeerenofens, füllt die Retorten bis an den Hals mit den klein geſägten Knochen und Hörnern an, und klebt einen Vorſtoß mit einer recht großen Vorlage vor. Man verwechſelt auch wohl die Vorlage mit einer neuen, wenn ſich der erſte Antheil des flüchtigen laugenſalzes angelegt hat, ehe nemlich das noch nachfolgende ſchwarze, brandige, obgleich noch mit vielem laugen ſalze geſchwängerte, Oel es zu ſtark verunreiniget.

§. 1163.

Die allermehreſten thieriſchen Stoffe geben bey der trocknen Deſtillation die angeführten Producte (§. 1158. 1159.), dahin gehören: die Knochen aller warmblütigen Thiere, die Klauen, Nägel und Hörner, die Haare und Federn, die Muskeln, Flechſen, ligamente, Knorpel, die Gerippe der Fiſche und Knorpelthiere, und alle ihre feſten Theile; die Häute und das Zellgewebe; die Gallerte, die lymphe, das Blut, der Käſe der Milch, daß Eyweiß, die Seide, die ganze Claſſe der Gewürme, ſelbſt die Zoophyten nicht ausgenommen, und ſehr viele Inſecten.

§. 1164.

Da die urinöſen Geiſter aller dieſer Subſtanzen, und ihr flüchtiges laugenſalz nicht weſentlich von einander verſchieden ſind, ſo kann auch, ohne Nachtheil zum Arzneygebrauch, der urinöſe Geiſt und das flüchtige Salz der Knochen ſtatt des Hirſchhorngeiſtes und Salzes (Spiritus, Sal volatile, Cornu Cervi), des Elfenbeinſpiritus (Spiritus eboris), des Seidenſpiri tus

tus oder der englischen Tropfen, des Vipernspiritus
(spiritus viperarum), des Regenwürmerspiritus
(spiritus lumbricorum) u. a. m. gebraucht und substi-
tuirt werden.

§. 1165.

Da ferner auch das flüchtige Laugensalz, wenn es
rein ist, durchgehends einerley Beschaffenheit hat, so
kann man zum medicinischen Gebrauch das Hirschhorn-
salz und den Geist desselben sich eben so wirksam auf eine
wohlfeile Art dadurch verschaffen, daß man zu dem Gemische, aus welchem man sonst das flüchtige Alkali aus
dem Salmiak entbindet (§. 950. 951. 957.), etwas
weniges von dem empyreumatischen Oele des Hirsch-
horns oder der Knochen mengt, und dann die Destillation oder Sublimation eben so anstellt.

§. 1166.

Das Fett der Thiere, die Butter und die Molken
der Milch, die Gallensteine, und verschiedene Insecten,
z. B. die Ameisen, geben bey der trocknen Destillation
keinen urinösen, sondern einen wirklich sauren Geist;
wie wir in der Folge noch weiter sehen werden. Von
der den Ameisen und den Maywürmern anhängenden
Säure haben wir schon oben (§. 577.—581.) gehandelt. Einige Insecten, wie die spanischen Fliegen, die
gemeinen Fliegen, verschiedene Schmetterlinge, geben
einen Geist, der wenigstens urinös und sauer zugleich
oder ammoniakalischer Natur ist, und aus den Maywürmern erhielt Hr. Dehne ebenfalls einen solchen. Die
Ameisen liefern auch einen wirklich urinösen Geist, wenn
ihre Säure erst abdestillirt worden ist. Ueberhaupt ist
bis jetzt in der Zergliederung der Insecten noch sehr wenig gethan, und diese zahlreiche Classe von Thieren würde
bey genauerer Untersuchung auch den Chemisten gewiß
manche wichtige Entdeckung darbieten.

D 3 Jo.

Jo. Afzel Arwidſon reſp. Petr. Oelm de acido formicarum. Upſal. 1777. 4.; Rud. Forſten diſſ. exhibens cantharidum hiſtoriam naturalem, chemicam et medicam. Lugd. Bat. 1775. gr. 4.; Oehme Erfahrungen und chem. Verſuche mit den Maywürmern; in Crells Ausw. der neueſten Entd. Th. IV. S. 166.; Ebendeſſelben Verſuch einer vollſtändigen Abhandlung vom Maywurme und deſſen Anwendung
in der Wuth und Waſſerſcheu, I. II. Th. Leipz. 1788. 8.

§. 1167.

Das empyreumatiſche Oel, welches man bey der Deſtillation der Knochen (§. 1159.), ſo wie aller der übrigen thieriſchen Subſtanzen (§. 1163.) erhält, beſitzt, wie das aus den Pflanzen gezogene (§. 1117.), ei-
nen übeln Geruch und Geſchmack, iſt deſto brauner oder ſchwärzer von Farbe, deſto dicker von Conſiſtenz, und deſto brandiger von Geruch, je ſpäter es überdeſtillirt wurde. Es ſcheint aber doch zwiſchen dieſem thieriſchen und dem vorher erwähnten begetabiliſchen brandigen Oele ein Unterſchied in der Miſchung ſtatt zu finden.

§. 1168.

Die thieriſchen empyreumatiſchen Oele liefern zwar auch, wenn man ſie verbrennt, Luftſäure, wie die pflanzenartigen (§. 1119.); aber bey der Deſtillation für ſich oder mit Sande ſetzen ſie keine Säure, ſondern flüchtiges laugenſalz ab, ſo daß dieß einen weſentlichen Beſtandtheil von ihnen auszumachen ſcheint. Uebrigens bin ich überzeugt, daß auch dieſe thieriſche bran-
digte Oele Producte der zu ihrer Gewinnung angewandt-
ten Hitze, und nicht Educte ſind, und ebenfalls aus brennbaren Weſen, Waſſer und Säure (Phosphorſäure), nebſt luftſäure, bey der Operation zuſammen-
geſetzt werden.

Dippels

Dippels thierisches Oel.

§. 1169.

Durch mehrere wiederhohlte Destillationen erhalten diese brandigten Oele ebenfalls eine immer größere Reinigkeit, und werden endlich hell und klar von Farbe, durchdringend und balsamisch und nicht mehr brandigt vom Geruch, auch minder scharf und eckelhaft vom Geschmack, so flüchtig und leicht entzündbar, als die ätherischen Oele, und ungemein dünne. Ein solches gereinigtes und ungefärbtes Oel ist Dippels thierisches Oel (oleum animale Dippelii).

§. 1170.

Um es zu bereiten braucht man dazu nicht das Oel vom Blute anzuwenden, wie es der Erfinder that, sondern alle empyreumatischen Oele der genannten animalischen Stoffe (§. 1163.) liefern es durch Rectification; — auch hat man jetzt nicht nöthig, die Destillation bey der Verfertigung desselben so oft mühsam zu wiederhohlen, sondern man kann nach Models Erfindung durch einen leichten Handgriff bey der ersten Destillation sogleich ein weißes Oel erhalten, wenn man sich nemlich beym Eingießen des zu rectificirenden Oels in die Retorte hütet, daß nichts davon in dem Halse oder Gewölbe derselben hängen bleibt, wozu eine lange und krumgebogene blecherne Röhre dient, durch welche man das Oel auf den Boden des Gefäßes gießen kann; daß man ferner das gelindeste Feuer im Sandbade unterhält, und nur das zuerst Uebergehende nimmt. — Oder man kann auch nach Hrn. Tiboel das brenzlichte Oel einigemal mit 3 — 4 Theilen warm Wasser vermischen und 24 Stunden lang digeriren, und dann, wie vorher angezeigt, destilliren. — Hr. Dehne hat Models Verfahrungsart dadurch verbessert, daß er die

De-

Deſtillation des Oels aus einem Kolben mit dem Helme anzuſtellen anräth; ein Handgriff, den doch auch ſchon Schulze angegeben hat. Uebrigens hat ſchon Homberg vor Dippeln dieß Oel aus Menſchenkoth zubereitet.

Chriſt. Democritii (Dippelii) vita animalis, morbus et medicina. Lugd. Bat. 1711.; Joh. Georg. Models kurze und leichte Art, Dippels animaliſches Oel zu verfertigen; in ſeinen chym. Nebenſtunden. S. 1.; Gotth. Dav. Loeber diſſ. de praeparatione olei animalis Chriſt. Democriti. Goett. 1747. 4.; Sam. Andr. Dreſſelt diſſ. de olei animalis faciliori praeparatione. Erford. 1748. 4.; Boudewyn Tiboels Abh. über die Bereitungsart von Dippels thieriſchen Oele; aus den Abh. der Harlemer Geſ. Th. XII. S. 121.; überſ. in Crells u. Ento. Th. IV. S. 158.; Ueber Dippels thieriſches Oel von Dehne; in Crells chem. Journ. Th. I. S. 113.; Schulze praelect. ad diſpenſ. Brandenb. p. 366. — Hombergs oben (§. 788.) angeführte Abhandl.

§. 1171.

Das hierbey zuerſt übergehende Oel iſt, wenn die Deſtillation geſinde genug angeſtellt wird, völlig weiß und helle; das Nachfolgende wird immer gelblicher, dann bräunlich und zuletzt ſchwarz, und in der Retorte bleibt etwas Kohle, zugleich entwickelt ſich auch immer etwas urinöſer Geiſt gleich Anfangs mit. Auch das weißeſte thieriſche Oel verliert in kurzer Zeit an der freyen Luft ſeine weiße Farbe und Klarheit, und ſeine Annehmlichkeit im Geruche und Geſchmacke. Es muß daher ſorgfältig aufbewahrt werden; am beſten ſo, daß man kleine Gläſer bis zu zwey Drittel damit anfüllt, den übrigen Raum mit deſtillirtem Waſſer vollmacht, zuſtopft und umgekehrt aufbewahrt, ſo, daß das Oel den Stöpſel nicht berührt.

§. 1172.

Dippels Oel löſt ſich, ſo wie die ätheriſchen Oele, zum Theil im Waſſer, im Weingeiſte aber gänzlich auf. Nach Parmentiers Erfahrungen theilt es dem Waſſer, auch nach wiederhohlten Waſchen, die Kraft mit, den Veilchenſaft grün zu färben. Das Federharz wird dadurch erweicht, ſo, daß es ſich zwiſchen den Fingern kneten läßt; von dem ätzenden Laugenſalze wird es nicht aufgelöſt, und verbindet ſich damit nicht zur Seife; durch rauchenden Salpetergeiſt läſt es ſich entzünden. Die mineraliſchen Säuren verdicken es, und machen es braun. Vom ätzenden Salmiakgeiſt hingegen wird es nach Demachy nicht gefärbt.

§. 1173.

Ein großer Theil der Chemiſten glaubt, daß dieß dippelſche Oel ſchon einen weſentlichen Beſtandtheil der thieriſchen Gallerte ausmache, und alſo nur ein Educt ſey. Die brenzlichten Oele der Pflanzen, welche durch trockne Deſtillation eine Säure geben, liefern es wenigſtens keinesweges. Ich halte es für ein Product, und für neu erzeugt aus brennbarem Weſen, Waſſer und thieriſcher Säure (Phosphorſäure), die ſich in und während der Operation durch die Hitze vereinigen. Die verſchiedenen Stufen der Conſiſtenz und Farben vom dippelſchen Oele bis zum zuletzt übergehenden ſchwarzen pechartigen, entſpringen aus der ſtufenweiſen Concentrirung der Säure, die, weil ſie zuletzt waſſerfreyer wird, auch ſtärker auf das brennbare wirkt. Das flüchtige Laugenſalz ſcheint ihm nur mechaniſch anzukleben; der Stoff der Luftſäure aber iſt gewiß ein weſentlicher Beſtandtheil deſſelben.

Daß die Phosphorſäure wirklich ein Beſtandtheil dieſes Oels ſey, werde ich unten beweiſen.

D 5 §. 1174.

§. 1174.

Die Urſachen ſeiner Farbenveränderung an der luft ſind noch nicht ganz ins licht geſetzt. Mir ſcheint es nach Scheelen dabey eine Dephlogiſtiſirung zu erlei- den; ſo daß nun das Verhältniß ſeiner Beſtandtheile verändert und ſeine weſentliche Säure mehr frey wird, die nun auf das übrige, wie eine andere freye Säure wirkt (§. 1172.). Nach Demachy ſind ſaure Dünſte in der luft der Grund von der Veränderung ſeiner Farbe.

Jac. Franc. Demachy de oleorum ex animatibus rectifica- torum colorationis vera cauſa; in den *nov. act. acad. nat. curioſ.* T. V. S. 196. Scheele von luft und Feuer. §. 44.

Thieriſche Kohle. Knochenerde.

§. 1175.

Aus der Verbindung des Phlogiſtons mit den feuerbeſtändigen Theilen der Knochen, entſpringt bey der trocknen Deſtillation derſelben (§. 1158. 1159.) eben- falls eine Kohle. Sie iſt, wie die Pflanzenkohle, ſchwarz, geruch- und geſchmacklos, im Waſſer völlig unauflösbar, in verſchloſſenen Gefäßen im Feuer nicht weiter zu zerſtören, zerreiblich und ſpröde, und hat noch die organiſche Structur der Knochen, woraus ſie ent- ſtand. Sonſt aber iſt ſie keinesweges ſo entzündlich, wie die Pflanzenkohle, und brennt niemals wie dieſe, allein. Wenn ſie bey ihrer Entſtehung nur lange ge- nug im Feuer geweſen iſt, ſo liefert ſie durch trockne Deſtillation, in Verbindung mit dem pneumatiſch-che- miſchen Apparat weder brennbare, noch fixe luft.

§. 1176.

Die Kohlen aller der oben (§. 1163.) genannten thieriſchen Stoffe, kommen darin mit einander über-

ein,

ein, daß sie sich äußerst schwer in Asche verwandeln lassen, und nicht geschickt sind, für sich allein das Feuer
zu unterhalten. Zum öconomischen Gebrauch benutzt
man sie wenig, und es ist nur die Kohle der Knochen
wegen ihrer dunkeln schwarzen Farbe, als Beinschwarz,
und die des Elfenbeins aus gleichem Grunde, gebräuchlich.

§. 1177.

Das Einäschern der Kohlen aus Knochen geschiehet am besten so, daß man sie nur zwischen glühenden
Pflanzenkohlen in einem Windofen calcinirt. Sie
brennen dann ohne Rauch und Ruß, und es bleibt eine
ganz weiße Erde von ihnen übrig, die nicht, wie die
Pflanzenasche, locker und staubig ist, sondern noch Zusammenhang genug hat, um die organische Structur
der Knochen zu zeigen.

§. 1178.

Diese Knochenasche zeigt beym Auslaugen mit
Wasser keine Spur von feuerbeständigem Laugensalze,
wie die Pflanzenasche (§. 1137.). Das Wasser kann
vielmehr gar nichts salzigtes aus ihr ausziehen. Lange
stand man in der Meynung, daß sie eine Kalkerde wäre,
und es giebt auch noch unchemische Aerzte genug, welche weiß gebranntes Hirschhorn (C. C. ustum), El-
fenbein (Ebur ustum), und mehrere dergleichen Aschen
knochenartiger Substanzen, als absorbirende und Säure
schluckende Erden innerlich geben.

§. 1179.

Die Knochenasche kömmt vielmehr mit der oben
erwähnten (§. 553.), und auf nassem Wege erhaltenen
Knochenerde oder thierischen Erde (terra animalis)
völlig überein. Sie braust zwar mit den Säuren auf,
und

und entwickelt Luftsäure, löst sich aber weit sparsamer
auf, als die Kalkerde, verwandelt sich beym Brennen
nicht in ungelöschten Kalk, wird auch dadurch nicht im
Wasser auflösbar, und zersetzt den Salmiak nicht,
oder nur sehr wenig. Es hängt derjenigen, die aus
Knochen und den Knochen ähnlichen Materien erhalten
wird, zwar immer etwas rohe Kalkerde an, allein in
nicht sehr beträchtlicher Menge. Die Knochenerde ist
äußerst strengflüssig; nur im stärksten Feuer der dephlogistisirten Luft vor dem Löthrohr fließt sie nach Hrn.
Ehrmann zu einem gelblichten Glase. Mit dem 4ten Theil
feuerbeständigen Laugensalze läßt sie sich zwar im Weiss-
glühefeuer schmelzen, giebt aber damit kein durchsichti-
ges Glas, sondern eine opalfarbene Masse.

Ehrmanns Schmelzkunst §. 214. Achard über die Natur
der vegetabil. und mineralischen Erde; in seinen chem.
physischen Schrift, S. 265.

Knochensäure oder Phosphorussäure.

§. 1180.

Hr. Gahn und Scheele haben uns die wahre
Natur und Mischung der Knochenerde erst kennen gelehrt, und gezeigt, daß sie aus Kalkerde und einer eigenthümlichen Säure, die man schon vorher unter dem
Namen der Phosphorsäure (acidum phosphori, ♆
☿) kannte, und nachher auch Knochensäure genannt
hat, zusammengesetzt sey. Wir wollen hier erst die Zergliederung der Knochen und die Abscheidung ihrer Säure vortragen, und dann die Eigenschaften und Verhältnisse der letztern näher untersuchen.

Gahn, in den medicinischen Commentarien einer Gesellschaft
Aerzte in Edinburg, Th. III. St. 1. Altenb. 1776. S.
47 ff.

§. 1181.

§. 1181.

Man löst nämlich nach Scheelens Vorschrift reine, weißgebrannte und gepulverte Knochen vermittelst der Wärme in Salpetersäure auf, so daß die Auflösung gesättigt ist, verdünnt diese hierauf mit dreymal so vielem Wasser, seihet sie durch, und setzt nach und nach Vitriolöl hinzu. Es schlägt sich dann ein häufiger Selenit nieder. Man fährt mit den Zutröpfeln der Vitriolsäure fort, bis kein weißer Niederschlag mehr erfolgt. Denn die Vitriolsäure hat nicht nur eine nähere Verwandschaft zur Kalkerde, als die Salpetersäure, sondern auch als die Phosphorsäure dagegen hat. Die Flüssigkeit scheidet man durch Abgießen, Durchseihen und Auslaugen von dem entstandenen Selenit, und dampft sie in einer offenen gläsernen oder porzellänen Schale so lange ab, bis sich die Salpetersäure durch den Geruch bemerken läßt, da man diese nach wiederhohlten Durchseihen vollends aus einer gläsernen Retorte im Sandbade von der damit verbundenen Phosphorussäure abdestillirt, und das Abziehen bis zur Trockniß fortsetzt.

§. 1182.

Da aber hierbey die zurückbleibende Knochensäure immer noch einen beträchtlichen Antheil Gyps und Kalkerde enthält, so muß man nach Hrn. Wieglebs Vorschlag den Rückstand der erwähnten Destillation nochmals im Wasser auflösen, und zu der Auflösung so lange aufgelöstes flüchtiges mildes Alkali setzen, bis sich keine Erde mehr präcipitirt. Nachdem diese durch ein Filtrum sorgfältig abgeschieden, und ausgesüßt worden ist, wird die durchgeseihete Lauge abermals bis zur Trockniß abgeraucht, und die Salzmasse in einem porzellänen Tiegel, erst bey gelindemem und nachher bey verstärktem Feuer so lange geschmolzen, bis alles flüchtige Laugensalz wieder

der verflogen ist und die Maſſe nicht mehr ſchäumt, ſondern ruhig fließt. Man gießt ſie dann auf ein erwärmtes polirtes Blech aus. Man erhält eine durchſichtige glasähnliche Subſtanz von einem ſehr ſaurem Geſchmack, welche die Feuchtigkeit der Luft ſehr ſtark anzieht. Dieß iſt die reine Knochenſäure oder Phosphorſäure.

§. 1183.

Sonſt kann man aber auch nach Hrn. Morveau durch bloße Vitriolſäure die Phosphorſäure aus den Knochen ſcheiden, und zwar folge ich hierbey Hrn. Dollfuß Verfahrungsart. Man verdünnt nämlich durch 12 Pf. Waſſer in einem zinnernen Keſſel unter der gehörigen Vorſicht ein Pfund Vitriolöl, und ſtreuet in dieſe Miſchung nach und nach 1½ Pf. gepulverte und weißgebrannte Knochen. Die Vitriolſäure verbindet ſich unter mäßigem Aufbrauſen mit der Kalkerde zum Selenit, den man, nach gehörigem Umrühren des Gemenges mit einer Glasröhre, durch ein Filtrum von Leinwand, von der übrigen Flüſſigkeit ſcheidet, und mit Waſſer hinlänglich auslaugt. Die durchgelaufene Flüſſigkeit enthält die von der Kalkerde der Knochen geſchiedene Phosphorſäure, die aber ebenfalls noch Gyps und Kalkerde aufgelöſt in ſich hat. Man kann ſie davon nach der vorher angezeigten Art (§. 1182.), vermittelſt des flüchtigen milden Laugenſalzes befreyen, und dann weiter durchs Abrauchen im Feuer bis zur Trockniß bringen.

Morveau, Maret, Durande Auf. der theoret. und pract. Chemie, Th. III. S. 82. Dollfuß pharmaceutiſch-chemiſche Erfahrungen. Leipz. 1787. 8. S. 60. ff.

§. 1184.

Nach Hrn. Nicolas Entdeckung kann man ſich auch der Kohle aus den Knochen oder der ſchwarz gebrann=

brannten Knochen noch mit mehrerem Vortheil zur Ge=
winnung der Säure bedienen, wenn man sie auf die
vorher erwähnten Arten (§. 1181 — 1183.) behandelt.

Nicolas, in Rozier Journ. de physique T. XII. 1778.
Vol. II. S. 449.

§. 1185.

Die aus den Knochen erhaltene und nach der an=
gezeigten Weise von aller anhänglien Kalkerde (§.
1182.) gereinigte Säure, unterscheidet sich von allen
bisher erwähnten Säuren dergestalt, daß gar kein Zwei=
fel weiter gegen ihre Eigenthümlichkeit statt finden kann.
Sie hat alle angegebene Kennzeichen einer Säure (§.
204. 212. 220.). Ihr saurer Geschmack ist sehr stark,
wenn sie trocken ist, nicht unangenehm wenn man sie
mit Wasser verdünnt hat, dem der Vitriolsäure ähn=
lich, aber characteristisch und merkwürdig ist ihre große
Feuerbeständigkeit. Sie fließt nämlich in der Hitze zu
einer Art von durchsichtigem Glas (§. 1182.), und
kann das Glühefeuer vertragen, ohne verflüchtigt zu
werden. Das eigenthümliche Gewicht dieser verglasten
Phosphorsäure ist nach Bergmann 2,687. Sie zieht
an der Luft sehr bald wieder Feuchtigkeit an, und zer=
fließt. Man muß sie daher in einem wohlverstopften
trocknem Glase vor dem Zugang der Luft bewahren.
Mit Wasser erhitzt sich die trockne Säure bey der Auf=
lösung. So feuerbeständig aber die reine Knochensäu=
re ist, so läßt sie sich doch durch Zusatz des Brennbaren
leicht verflüchtigen, wie wir in der Folge noch sehen
werden.

§. 1186.

Wenn die Knochensäure noch Gyps und Kalkerde
enthält, so fließt sie damit im Feuer zu einem harten,
mehr oder weniger durchsichtigen Glase, das um desto
weni=

weniger auflösbar im Waſſer und zerfließend iſt, je
unreiner es iſt, oder je mehr Kalk und Gyps es enthält. Eine ſolche unreine Phosphorſäure war es, welche Hrn. Crell ein ſo hartes Glas gab, daß es das gemeine Glas ritzte, deſſen eigenthümliche Schwere gegen
das Waſſer = 3,000 war, und ſich ſelbſt in kochendem Waſſer nur wenig auflöſte. Ein ähnliches Glas
aus ſolcher unreinen Knochenſäure verleitete auch Hrn.
Prouſt, anzunehmen, daß die Knochenſäure eine von
der reinen Phosphorſäure weſentlich verſchiedene enthalte.

Lettre ſur un verre blanc, retirée de l'acide phosphorique
des os, par Mr. *Prouſt*; in *Rozier* obſervat. ſur la phyſique, Nov. 1777; ingl. ebendaſ. Fevrier 1781. S. 145.
Verſuche aus menſchl. Knochen einen Phosphorus zu bereiten, von Crell; in deſſen chem. Journal Th. I. S. 32;
Fortſetzung der Verſuche, ebendaſ. Th. II. S. 137. Chemiſche Unterſuchung der aus den Knochen gezogenen Phosphorſäure, in Abſicht ihrer verglaſenden Eigenſchaften von
Wiegleb; in Crells n. Entd. Th. II. S. 5. Sage Erfahrungen, um zu zeigen, daß die nach Scheelens Art aus
verkalkten Knochen gezogene ſo genannte feſte Phosphorſäure keine bloße Säure, ſondern ein im Waſſer unauflösliches
thieriſches Glas iſt; aus den *M. m. de l'ac. des ſc. de Paris*, J. 1777. S. 321. überſ. in Crells neueſten Entdeck.
Th. 7. S. 98.

§. 1187.

Die Phosphorſäure macht nicht allein einen Beſtandtheil der Knochen der Menſchen, und aller warmblütigen Thiere aus, ſondern ſie findet ſich auch in der
Aſche aller der §. 1163. genannten thieriſchen Subſtanzen. Man glaubte ſonſt, daß ſie im thieriſchen Körper erſt erzeugt, und durch Animaliſirung der Nahrungsmittel hervorgebracht würde, und ſiehet ſie auch
deswegen vorzüglich als eine Säure des Thierreichs
(§. 208.) an; allein wir wiſſen jetzt, daß ſie auch einen
Beſtand-

Bestandtheil der Gewächse, besonders der Colla oder
der thierisch=vegetabilischen Materie ausmacht, und
brauchen daher keine solche Erzeugung dieser Säure in
dem thierischen Körper anzunehmen, um uns ihren Ur=
sprung zu erklären. Auch im Mineralreiche ist sie schon
häufig angetroffen worden, wie Gahns, Meyers,
Klaproths und Proust's Entdeckungen beweisen.

> Hieher gehören Gahn's phosphorsaures Bleyerz, der Zschop=
> pauer grüne Bleyspath und Apatit nach Hrn. Klaproth,
> das Wassereisen nach Hrn. Meyer und Klaproth; und
> die natürliche Knochenerde nach Proust.

> Alle verbrennliche Substanzen, welche mit feuerbeständigem
> Laugensalze durchs Calciniren Blutlauge geben, haben die
> Phosphorsäure als Bestandtheil in sich, wie Hrn. West=
> rumbs schöne Entdeckungen beweisen, und jenes kann da=
> her als Probierstein für die Phosphorsäure dienen.

Phosphorsaure Neutralsalze.

§. 1188.

Der Unterschied der Phosphorsäure von allen übri=
gen bekannten Säuren erhellet besonders aus ihren Ver=
bindungen zu Neutral= und Mittelsalzen, und aus
ihren Verwandtschaften. Die flüssige Phosphorsäure
braust mit allen milden Laugensalzen und rohen Erden
auf und entbindet die Luftsäure.

§. 1189.

Mit dem Gewächslaugensalze vereiniget sich die
Phosphorsäure zu einem leicht auflöslichen Neutralsalze,
Gewächsphosphorsalz, vegetabilisches Phosphor=
salz (alkali vegetabile phosphoratum, tartarus phos=
phoratus), das sich durchs Abkühlen krystallisiren läßt.
Die Krystalle sind vierseitig, säulenförmig, und endigen
sich in eine vierseitige Pyramide, deren Seitenflächen
auf den Flächen der Säule aufgesetzt sind. Nach

Lavoiſier enthält es ein Uebermaaß von Säure. Im Feuer ſchäumt es nach Wenzel auf, wie Borax, und fließt endlich in eine durchſichtige glasähnliche Maſſe, die ſich nach Morveau wieder im Waſſer auflöſen läßt.

Lavoiſier über das Verbrennen des Kunkelſchen Phosphorus, und die Natur der Säure, welche bey dieſem Verbrennen entſteht; aus den *Mem. de l'ac. roy. des ſc. de Paris* 1777. S. 65; überſ. in Crells neueſten Entd. Th. V. S. 144; Wenzel von der Verwandtſch. d. Körp. S. 214; Morveau Anfangsgr. der th. u. pr. Chemie, Th. III. S. 91.

§. 1190.

Mit dem mineraliſchen Laugenſalz genau geſättiget, giebt die Phosphorſäure beym Abrauchen und Abkühlen keine Kryſtallen, ſondern eine gummigte zähe durchſichtige Maſſe, von einem dem Küchenſalz ähnlichen Geſchmacke. Hingegen bey einem Ueberſchuſſe des Mineralalkali läßt ſie ſich nach Morveau kryſtalliſiren. Die Kryſtalle ſind irreguläre vierſeitige plattgedrückte Säulen, wovon die eine Endſpitze zweyſeitig iſt und deren Seitenflächen eine der Quere durchſchnittene Rhomboide vorſtellen. Eben dieſe Kryſtalle erhält man auch nach Wenzel, wenn man zu der erwähnten ſchmierigen Maſſe Salmiakgeiſt ſetzt. Die Kryſtalle dieſes mineraliſchen Phosphorſalzes (alkali minerale phosphoratum, ſoda phosphorata) ſind im Waſſer leicht auflöslich, an der Luft nach Wenzel beſtändig, und ſchmelzen im Feuer, ohne vorher viel aufzuſchäumen, zu einer durchſichtigen, glasähnlichen Maſſe zuſammen, ohne zerſetzt zu werden. Dieß Neutralſalz findet ſich auch natürlich im menſchlichen Harne.

Lavoiſier a. a. O. S. 144. Wenzel a. a. O. S. 215. Morveau a. a. O. S. 91.

§. 1191.

§. 1191.

Ob das mineralische Phosphorsalz durch vegetabilisches Laugensalz zerlegt, und die Säure eine nähere
Verwandtschaft gegen dieses als gegen das Mineralalkali
habe, ist noch nicht ausgemacht. Bergmann stellt indessen in seiner Verwandtschaftstafel der Phosphorsäure
das Gewächsalkali vor dem mineralischen.

§. 1192.

Aus der Vereinigung der Phosphorsäure mit dem
flüchtigen Laugensalze entspringt der Phosphorsalmiak
(alkali volatile phosphoratum, sal ammoniacum
phosphoreum), der salmiakartig schmeckt, an der Luft
beständig ist, und in spießigten, vierseitig säulenförmi-
gen, nach dem Unterschiede des Abdampfens aber auch
in rhomboidalischen, Krystallen anschießt. Er löst sich im
Wasser nicht schwer auf, erfordert vom kalten Wasser
5 — 6 Theile, und läßt sich durchs Abkühlen krystallisiren. An der Luft sind die Krystalle beständig. Nach
Wenzel enthält das ganz trockne Salz $\frac{7}{24}$ flüchtiges Laugensalz; und $\frac{17}{24}$ Phosphorsäure. Wegen der Feuerbeständigkeit seines sauren Grundtheils läßt es sich nicht
sublimiren; sondern im Feuer blähet es sich auf, und
wird zersetzt; das flüchtige Laugensalz entweicht in äßen-
der Gestalt, und die reine Phosphorsäure bleibt zurück,
wie wir vorher schon bey der Bereitung und Reinigung
der letztern angeführt haben (§. 1182.). Dieß Salz
findet sich auch natürlich im Harne, und macht einen
Bestandtheil des sogenannten Harnsalzes oder mikro-
kosmischen Salzes (sal urinae, sal microcosmicum)
aus, das auch wegen seiner Schmelzbarkeit im Feuer,
schmelzbares Harnsalz (sal fusibile urinae) genannt
worden ist.

Wenzel

Wenzel a. a. O. S. 220. Morveau a. a. O. S. 92. Andr. Sigm. Marggraf chemiſche Unterſuchung eines ſehr merk- würdigen Urinſalzes; im 1. B. ſeiner chemiſchen Schrif- ten, S. 80.

§. 1193.

Beyde feuerbeſtändige laugenſalze zerſetzen wegen ihrer näheren Verwandtſchaft mit der Phosphorſäure den Phosphorſalmiak, und entbinden das flüchtige laugen- ſalz deſſelben in ätzender oder luftſauren Beſchaffenheit, je nachdem ſie ſelbſt ätzend oder luftſauer ſind.

Phosphorſaure Mittelſalze.

§. 1194.

Mit der Kalkerde geſättigt, giebt die Phosphor- ſäure eine Verbindung, die ganz im Waſſer unauf- löslich, und daher auch nicht kryſtalliſirbar iſt. Dieſer Phosphorſelenit, phosphorſaure Kalk (calx phos- phorata, ſal calcareum phosphoreum) kömmt mit der thieriſchen oder Knochenerde überein, nur daß der Knochenaſche noch immer rohe Kalkerde anhängt. Am beſten macht man dieß Mittelſalz aus Phosphor- ſäure und Kalkwaſſer, aus welchem durch erſtere ſo- gleich der Phosphorſelenit als ein weißes Pulver niederge- ſchlagen wird. Der Phosphorſelenit iſt ganz geſchmack- los, und verhält ſich im Feuer, wie die Knochenerde.

§. 1195.

Durch einen Ueberſchuß von Phosphorſäure läßt ſich der Phosphorſelenit im Waſſer auflösbar machen. Er zeigt dann aber auch einen ſäuerlichen Geſchmack und röthet die lackmustinctur. Nach dem Abrauchen der wäſſerigen Auflöſung ſchießt er zu einem blätterigen ſäuerlichen Salze an. Die gebrannten Knochen kön- nen durch Digerirung mit ihrer aufgelösten Säure ſolcher solchergestalt ebenfalls im Waſſer auflösbar gemacht werden; und der Phosphorſelenit iſt darin dem Glas=ſelenit (§. 695.) ähnlich, der im Waſſer ſo ſchwer auf=löslich iſt, bey einem Ueberſchuß von Säure aber, als Alaun, das Gegentheil zeigt.

Crells Fortſetzung der Verſuche mit dem Phosphorusſalze; im chem. Journal, Th. IV. S. 88.

§. 1196.

Die Phosphorſäure iſt mit der reinen Kalkerde näher verwandt, als mit dem reinen feuerbeſtändigen und flüchtigen laugenſalze. Aetzende laugenſalze zer=ſetzen weder auf trocknem, noch auf naſſem Wege den Phosphorſelenit oder die Knochenerde. Hingegen ſchlägt die luftleere Kalkerde, wie das Kalkwaſſer, aus der Auf=löſung des phosphorſauren Neutralſalzes ſogleich einen Phosphorſelenit nieder, und die laugenſalze werden in ätzender Geſtalt getrennt. Die ätzenden feuerbeſtändi=gen laugenſalze, und auch das flüchtige, bringen zwar aus der wäſſerigen Auflöſung des mit Säure überſät=tigten Phosphorſelenits einen Niederſchlag zu Wege, der aber nicht Kalkerde, ſondern völlig geſättigter Phos=phorſelenit iſt. Die laugenſalze entziehen alſo hier nur den Ueberſchuß der freyen Säure, trennen aber die Kalkerde nicht von der übrigen Säure.

§. 1197.

Durch milde oder luftſaure laugenſalze läßt ſich die Kalkerde von der Phosphorſäure trennen; aber hier geht auch eine doppelte Wahlverwandtſchaft vor, in=dem die Kalkerde die luftſäure der laugenſalze und die Phosphorſäure die reinen laugenſalze ergreift, und es beweißt dieß keinesweges eine nähere Verwandtſchaft der Phosphorſäure zu den laugenſalzen als zur Kalker=de, wie Morveau und Lavoiſier meynen.

Morveau a. a. O. S. 90; Lavoiſier a. a. O. S. 142.

E 3 §. 1198.

§. 1198.

Aus dieſem Grunde kann man auch aus den Knochen die Phosphorſäure durch milde Laugenſalze abſondern; wenn man z. B. ein Gemenge aus einem Theil Knochenerde und 2 Theilen mildem feuerbeſtändigen Laugenſalze im Feuer calcinirt, die ſalzige Maſſe nach dem Erkalten pulvert, und mit heißem Waſſer auslaugt. Es bleibt dann rohe Kalkerde im Filtro zurück, und die Phosphorſäure hat ſich mit dem Laugenſalz vereinigt, freylich, daß hier das Laugenſalz bey weitem überſchüſſig iſt, und die Knochenerde doch nicht gänzlich zerlege wird.

§. 1199.

Auch vermittelſt des milden flüchtigen Laugenſalzes kann man nach Hrn. Crell auf naſſem Wege den Phosphorſelenit zerſetzen, und ſolchergeſtalt auch die Phosphorſäure aus den Knochen abſcheiden, und in Phosphorſalmiak verwandeln. Man digerirt nämlich gepulverte gebrannte Knochen einige Tage lang im Sandbade in einem Kolben mit (milden) Salmiakgeiſt, deſtillirt nachher durch einen darauf geſetzten Helm den überflüſſigen Spiritus gelinde ab, verdünnt das zurückbleibende Gemiſch mit noch etwas kochendem Waſſer, und läßt die durchgeſeihete Lauge gelinde abdampfen, und den Phosphorſalmiak kryſtalliſiren.

Lor. Cr ll Bemerkungen über den Phosphorus, und deſſen Salz; in den act. acad. el. Mogunt. 1778. und 1779. S. 60; und im chem. Journ. Th. II. S. 137.

§. 1200.

Auch aus der wäſſerigen Auflöſung des mit ſeiner Säure überſättigten kalkerdigten Phosphorſalzes (§. 1195.) läßt ſich die Kalkerde durch (mildes) flüchtiges Laugenſalz, ſo wie durch feuerbeſtändiges niederſchlagen. Dieß wäre in der That, nach Hrn. Crell, ein beque-

bequemer Weg, das Harnsalz und die Säure im Grof-
sen zu bereiten, wenn man nämlich erst die gebrannten
Knochen in schon vorräthiger Säure vermittelst der
Wärme auflöste, und aus der durchgeseiheten Auflösung
die Kalkerde wieder mit mildem flüchtigen Laugensalze
niederschlüge; — wenn nur nicht das Laugensalz zuerst
die freye Säure angriffe, und nun der übrige Phosphorselenit als unauflösbar niederfiele, und so der Nutzen wieder verschwände.

Crell a. a. O. des chem. Journ. Th. IV. S. 100.

§. 1201.

Die Verbindung der Bittersalzerde mit der Phosphorsäure schlägt sich bey ihrer Entstehung, wie der
Phosphorselenit, ebenfalls gleich nieder, indem sie ein
im Wasser sehr schwer aufzulösendes bittersalzerdigtes
Phosphorsalz, (phosphorsaure Bittersalzerde)
(magnesia phosphorata) ausmacht. Durch einen
Ueberschuß der Säure erhält man bey dem Abrauchen
eine gummiartige Masse. Wenn man aber erst die
Bittersalzerde in Essig auflöst und dann Phosphorsäure zusetzt, so erhält man daraus nach Bergmann, durchs
unmerkliche Abdunsten, ansehnlichere Krystalle dieses
Mittelsalzes. Lavoisier erhielt aus der Auflösung der
Bittersalzerde in Phosphorsäure sehr feine, etwas glatte, einige Linien lange, und an beyden Enden schief ab-
gestumpfte Nadeln, die nachher zu Staub zerfielen.
Sonst ist die phosphorsaure Bittersalzerde im Feuer
schmelzbar, und fließt zu einem durchsichtigen Glase.

Bergmann de magnesia; in seinen *Opusc. phys. chem.* Vol. I.
S. 390. Lavoisier, a. a. O. S. 143. Wenzel a. a. O.
S. 765.

§. 1202.

Bergmann stellt in seiner Verwandtschaftstafel der
Phosphorsäure die Bittersalzerde vor die feuerbeständi-

gen Laugenſalze; er ſagt aber ſelbſt, daß dieſe nähere Verwandtſchaft noch nicht ganz ausgemacht wäre. Milde Laugenſalze, ſowohl feuerbeſtändige, als flüchtige, zerſetzen freylich, aber durch eine doppelte Wahlverwandtſchaft, beym Digeriren oder Kochen auf naſſem Wege, und die feuerbeſtändigen beym Kalciniren, das bitterſalzerdigte Phosphorſalz.

Bergmann de attractionibus electivis; in ſeinen Opuſc. Vol. III. S. 380.

§. 1203.

Gegen die Kalkerde iſt nach **Bergmanns** Muthmaßung die Verwandtſchaft der Phosphorſäure ſtärker, als gegen die Bitterſalzerde; und in der That wird das Bitterſalzerdigte Phosphorſalz durch Kochen mit Kalkwaſſer zerſetzt, nur daß freylich der entſtehende Phosphorſelenit ſich mit der befreyten Bitterſalzerde vermengt, niederſchlägt.

§. 1204.

Die Alaunerde wird von der Phosphorſäure auf naſſem Wege durch Digeriren leicht aufgelöſt; der entſtehende Phosphoralaun, oder das alaunerdigte Phosphorſalz, (argilla phosphorata) läſſt ſich aber nicht wohl kryſtalliſiren, ſondern giebt nach **Morveau** nach dem Abrauchen eine gummiartige Maſſe, die an der Luft zerflieſſt. Sollte aber hieran nicht vielleicht eine Ueberſättigung mit Säure ſchuld ſeyn? — Auf trocknem Wege flieſſt die Phosphorſäure mit der Alaunerde leicht zu einem durchſichtigen Glaſe, oder bey weniger Säure zu einer porcellänartigen Maſſe.

Morveau a. a. O. S. 89. **Wenzel** a. a. O. S. 238.

§. 1205.

Die reinen Laugenſalze, das Kalkwaſſer, und die reine Bitterſalzerde ſondern die Alaunerde von der Phos-

phor-

phorſäure wieder ab, die alſo entfernter damit verwandt
iſt, als mit jenen Subſtanzen. Milde laugenſalze
thun es wegen der doppelten Wahlverwandtſchaft deſto
leichter.

§. 1206.

Mit der Schwererde giebt die Phosphorusſäure
ebenfalls eine im Waſſer faſt unauflösbare Verbindung,
die man ſchwererdigtes Phosphorussalz, phosphor=
ſaure Schwererde (terra ponderoſa phosphorata)
nennen könnte. Sie iſt geſchmacklos, und giebt wegen
ihrer Unauflösbarkeit im Waſſer keine Kryſtallen. Auf
trocknem Wege fließt die Schwererde mit der Phos=
phorſäure zu einem porcellänartigen, oder auch glasar=
tigen Körper zuſammen. In der Stufenfolge der ein=
fachen Wahlverwandtſchaft der Phosphorusſäure ſtelle
Bergmann die Laugenſalze und Bitterſalzerde nach der
Schwererde, die Kalkerde aber vor; was aber freylich
noch durch nähere Erfahrungen entſchieden werden muß.

§. 1207.

Die Kieſelerde wird auf naſſem Wege keineswe=
ges von der Phosphorſäure angegriffen; auf trocknem
Wege ſchmelzt ſie damit ſehr ſchwer zu einer glasähn=
lichen Maſſe zuſammen, die um deſto mehr der Ein=
wirkung der Laugenſalze beym Kochen mit Waſſer und
dem Zerfließen an der Luft widerſteht, je geringer die
Menge der Phosphorſäure gegen die Kieſelerde iſt.

Bergmann de tubo ferruminator. §. XVI. in ſeinen opuſc.
V. II. S. 475.

Phosphorſaure Neutral= und Mittelſalze mit Vitriolſäure.

§. 1208.

Da die Vitriolſäure die Knochenerde zerlegt und
die Phosphorſäure davon abſondert (§. 1181. 1183.),

ſo muß die Kalkerde auf naſſem Wege näher mit der Vitriolſäure verwandt ſeyn, als mit der Phosphorſäure. Da dieſe ferner näher mit der Kalkerde verwandt iſt, als mit den laugenſalzen und übrigen Erden (§. 1196. 1201. 1205. 1206.), ſo muß die Vitriolſäure ſie auch von dieſen auf naſſem Wege trennen können. Aus der Auflöſung des Bitterſalzes ſchlägt, nach meinen Erfahrungen, auch die reine Phosphorſäure ſo wenig etwas nieder, als aus der Alaunauflöſung und dem Gypſe. Auf trocknem Wege hingegen verhält ſich die Sache anders, und hier kömmt die Feuerbeſtändigkeit der Phosphorſäure zu Hülfe, ſo daß ſie die vitrioliſchen Neutral= und Mittelſalze im Feuer wirklich zerlegt, und die Vitriolſäure austreibt.

§. 1209.

Wenn die in dem Vorhergehenden angegebene Verwandtſchaften der Phosphorſäure zu den laugenſalzen und Erden ihre Richtigkeit haben, ſo laſſen ſich in Vergleichung der Verwandtſchaft der Vitriolſäure zu dieſen Subſtanzen folgende Zerſetzungen auf dem naſſen Wege durch doppelte Verwandtſchaft annehmen. Das Gewächsphosphorſalz wird zerſetzt durch Glauberſalz, geheimen Salmiak, Bitterſalz, Alaun, nicht durch vitrioliſirten Weinſtein, Gyps und Schwerſpath; das mineraliſche Phosphorſalz wird zerſetzt durch geheimen Salmiak, Bitterſalz, Alaun, nicht durch vitrioliſirten Weinſtein, Glauberſalz, Gyps und Schwerſpath; der Phosphorſalmiak durch Alaun und Bitterſalz, nicht durch vitrioliſirten Weinſtein, Glauberſalz, geheimen Salmiak, Gyps und Schwerſpath; Phosphorſelenit würde zerlegt werden durch vitrioliſirten Weinſtein, Glauberſalz, geheimen Salmiak, Bitterſalz und Alaun, wenn die Unauflösbarkeit deſſelben im Waſſer die Würkung der doppelten Wahlverwandtſchaft beſſer zulieſſe.

Indeſ=

Indeſſen wäre der Verſuch zu machen, und Knochenerde mit geheimen Salmiak und Waſſer heiß und lange genug zu digeriren, um zu ſehen, ob ſich auf dieſe
Art nicht vielleicht Phosphorſalmiak und Gyps erzeugte.
Phosphorſaure Bitterſalzerde würde zerlegt werden
durch Alaun, und vielleicht durch geheimen Salmiak;
phosphorſaure Alaunerde aber durch keines der vitrioliſchen Neutral-Mittelſalze; phosphorſaure Schwererde hingegen durch alle vitriolische Neutral- und Mittelſalze (der Schwerspath natürlicherweiſe ausgenommen), wenn die Schwerauflöslichkeit dieſer phosphorſauren Schwererde nicht Hinderniſſe entgegenſetzte.

Phosphorſaure Neutral- und Mittelſalze mit Salpeterſäure.

§. 1210.

Die Laugenſalze ſind auf naſſem Wege mit der
Phosphorſäure nicht ſo nahe verwandt, als mit der
Salpeterſäure, und dieſe zerſetzt daher alle phosphorſauren Neutralſalze. In der Stufenfolge der Verwandtſchaft der Kalkerde, Bitterſalzerde, und Schwererde
ſetzt hingegen Bergmann die Phosphorſäure noch vor
der Salpeterſäure. Nach Lavoiſier hingegen ſteht ſie
dieſer nach; und nach meinen eigenen Erfahrungen kann
auch die reine Phosphorſäure weder aus der ſalpeterſauren Kalkerde, noch ſalpeterſauren Schwererde und
Bitterſalzerde etwas niederſchlagen. Gegen die Alaunerde hat die Phosphorſäure auch keine ſo ſtarke Verwandtſchaft, als die Salpeterſäure. Dieſemnach wird
die Salpeterſäure die Knochenerde nicht allein bloß auflöſen, ſondern auch wirklich zerſetzen, und eben ſo auch
die übrigen phosphorſauren Mittelſalze.

Lavoiſier a. a. O. S. 142.

§. 1211.

§. 1211.

Solchergeſtalt würden nach denen im Vorhergehen=
den angeführten Verwandtſchaften der Laugenſalze und
Erden zur Phosphorſäure, in Vergleichung mit denen zur
Salpeterſäure, folgende doppelte Wahlverwandtſchaft
auf naſſem Wege ſtatt finden müſſen: Gewächsphos=
phorſalz wird zerſetzt durch Rhomboidalſalpeter, Sal=
peterſalmiak, Kalkſalpeter, Bitterſalpeter, und Alaun=
ſalpeter; nicht durch gemeinen und ſchwererdigten Sal=
peter; mineraliſches Phosphorſalz durch Salpeterſal=
miak, Kalkſalpeter, Bitterſalpeter und Alaunſalpeter;
nicht durch gemeinen, rhomboidaliſchen und ſchwerer=
digten Salpeter; Phosphorſalmiak durch alaunerdig=
ten, und vielleicht bitterſalzerdigten? Phosphorſelenit
durch Salpeterſalmiak, bitterſalzerdigten und alauner=
digten Salpeter; bitterſalzerdigtes Phosphorſalz
durch alaunerdigten Salpeter; alaunerdigtes Phos=
phorſalz durch gar kein ſalpeterſaures Neutral= und Mit=
telſalz; und die phosphorſaure Schwererde durch alle,
ausgenommen den ſchwererdigten Salpeter.

§. 1212.

Auf trocknem Wege iſt wegen der Feuerbeſtändig=
keit der Phosphorſäure die Verwandtſchaft der Laugen=
ſalze und Erden zu derſelben größer, als zur Salpeter=
ſäure, und in der That treibt auch die Phosphorſäure
im Feuer aus allen ſalpeterſauren Neutral= und Mit=
telſalzen die Salpeterſäure aus. Wenn man daher
prismatiſchen oder Rhomboidalſalpeter mit Phosphor=
ſäure aus einer gläſernen Retorte im Sandbade bey ei=
nem bis zum Glühen erhitzten Feuer deſtillirt, ſo kann
man in der Vorlage einen Salpetergeiſt und aus dem
Rückſtande vegetabiliſches oder mineraliſches Phosphor=
ſalz erhalten.

Phos=

Phosphorſaure Neutral- und Mittelſalze mit Küchenſalzſäure.

§. 1213.

Von den Laugenſalzen iſt es entſchieden, daß ſie auf naſſem Wege näher mit der Salzſäure verwandt ſind, als mit der Phosphorſäure, und daß die Salzſäure alle phosphorſauren Neutralſalze zerlegt, und die Phosphorſäure abſcheidet. Von den Erden hingegen iſt es noch nicht ſo ausgemacht. Bergmann ſetzt, freylich nur muthmaßlich, in der Stufenfolge der einfachen Wahlverwandtſchaft der Kalkerde, Bitterſalzerde und Schwererde die Phosphorſäure vor die Küchenſalzſäure, daß ſolchergeſtalt letztere, die aus jenen Erden und der Phosphorſäure bereiteten Mittelſalze nicht zerlegen würde. Nach eigner Erfahrung zerſetzt die Phosphorſäure die ſalzſaure Kalkerde und Bitterſalzerde nicht, ſondern nur die ſalzſaure Schwererde, welches letztere auch Morveau beſtätigt. Die ſalzſaure Alaunerde wird durch die reine Phosphorſäure nicht zerlegt.

§. 1214.

Dieſemnach ſollte auf naſſem Wege vermöge der doppelten Wahlverwandtſchaft zerſetzt werden: das Gewächsphosphorſalz durch gemeines Küchenſalz, Salmiak, küchenſalzſaure Kalkerde, küchenſalzſaure Bitterſalzerde, küchenſalzſaure Schwererde und küchenſalzſaure Alaunerde; das mineraliſche Phosphorſalz durch Salmiak, und alle küchenſalzſauren Mittelſalze; der Phosphorſalmiak durch küchenſalzſaure Schwererde und Alaunerde, vielleicht auch küchenſalzſaure Bitterſalzerde? die phosphorſaure Kalkerde durch Salmiak, küchenſalzſaure Bitterſalzerde, Alaunerde und Schwererde; die phosphorſaure Bitterſalzerde durch küchenſalzsalzsaure Alaunerde und Schwererde; die phosphorsaure Schwererde durch kein küchensalzsaures Neutral- und Mittelsalz; die phosphorsaure Alaunerde durch küchensalzsaure Schwererde.

§. 1215.

Auf trocknem Wege muß die Küchensalzsäure freylich der Phosphorsäure in der Verwandtschaft der Laugensalze und Erden zu derselbigen weichen. Wirklich kann man auch aus dem Kochsalze vermittelst der Phosphorsäure im Feuer die Säure austreiben, da dann der alkalische Grundtheil des Kochsalzes mit der Phosphorsäure verbunden zurückbleibt.

Phosphorsaure Neutral- und Mittelsalze mit Flußspathsäure.

§. 1216.

Nach Bergmann haben die Laugensalze und Erden, ausgenommen die Kalkerde und Bittersalzerde, auf nassem Wege eine nähere Verwandtschaft gegen die Flußspathsäure, als gegen die Phosphorsäure. Die Flußspathsäure würde solchergestalt die phosphorsauren Neutralsalze, so wie die phosphorsaure Schwererde und Alaunerde auf nassem Wege zersetzen; die Phosphorsäure hinwiederum die flußspathsaure Kalk- und Bittersalzerde. Wiederhohlte Erfahrungen müssen dieß bestätigen.

§. 1217.

Wenn die nach Bergmann angegebene Stufenfolge der Verwandtschaft der Flußspathsäure gegen die Laugensalze und Erden, so wie die vorher angeführte der Phosphorsäure, ihre Richtigkeit hat, und die Schwerauflöslichkeit mancher flußspathsauren und phosphorsauren Mittel-

Mittelsalze Würkungen der Verwandtschaft auf nassem
Wege zuließe, so würde der Theorie nach auf nassem
Wege zersetzt werden: Gewächsphosphorsalz durch
flußspathsaures Mineralalkali, Flußspathsalmiak, Flußspath, flußspathsaure Bittersalzerde und Alaunerde, nicht
durch flußspathsaures Gewächsalkali und flußspathsaure
Schwererde; das phosphorsaure Mineralalkali durch
Flußspathsalmiak, Flußspath, flußspathsaure Bittersalzerde und Alaunerde, nicht durch flußspathsaures
Gewächs = und Mineralalkali und flußspathsaure
Schwererde; der Phosphorsalmiak durch Flußspath,
flußspathsaure Bittersalzerde und Alaunerde; der Phosphorselenit durch keines der flußspathsauren Neutral-
und Mittelsalze, die phosphorsaure Bittersalzerde
ebenfalls nicht, außer durch Flußspath, wenn sie beyde
im Wasser auflöslich wären; und dann auch die phosphorsaure Schwererde durch alle flußspathsauren Neu-
tral= und Mittelsalze, schwererdigter Flußspath natürlicherweise ausgenommen.

§. 1218.

Auf trocknem Wege findet, wie bey den vorher
angezeigten Fällen, eine nähere Verwandtschaft der laugensalze und Erden zur Phosphorsäure statt, als zur
Flußspathsäure; und jene treibt im Feuer aus den flußspathsauren Neutral= und Mittelsalzen die Säure aus,
und verbindet sich mit dem alkalischen Grundtheil derselben.

Phosphorsaure Neutral = und Mittelsalze mit Boraxsäure.

§. 1219.

Die Boraxsäure steht in der Stufenfolge der Verwandtschaft der Erden und laugensalze auf nassem Wege
der

der Phosphorsäure nach; und diese entbindet auch aus der Auflösung des Boraxes und der übrigen Boraxsalze das Sedativsalz.

§. 1220.

In Vergleichung der Verwandtschaftsfolge der laugensalze und Erden zur Boraxsäure mit der zur Phosphorsäure würde auf nassem Wege zersetzt: das phosphorsaure Gewächsalkali durch Kalkborax, borarsaure Schwererde und Bittersalzerde, nicht durch die übrigen; das phosphorsaure Mineralalkali durch Gewächsborax und die vorhergenannten; der Phosphorsalmiak durch Gewächsborax, gemeinen Borax und die vorigen; der Phosphorselenit durch keines der boraxsauren Neutral- und Mittelsalze; die phosphorsaure Bittersalzerde durch Kalkborax und borarsaure Schwererde, sonst durch keines; die phosphorsaure Alaunerde durch alle boraxsaure Neutral- und Mittelsalze, alaunerdigten Borax natürlicherweise ausgenommen; die phosphorsaure Schwererde bloß durch Kalkborax, sonst durch keine andere.

§. 1221.

Auf trocknem Wege kann die Phosphorsäure die Säure des Boraxes von dem alkalischen Grundtheil freylich nicht austreiben, weil diese so feuerbeständig ist, als jene (§. 1039.). Da aber der Borax mit trockener Phosphorsäure gemengt und mit etwas Wasser befeuchtet in der Hitze Sedativsalz giebt, das sich mit den Wasserdämpfen sublimirt (§. 1039.), so muß billig die Säure des Boraxes in der Verwandtschaftsfolge auf trocknem Wege zu den Erden und laugensalzen der Phosphorsäure nachstehen, wenn anders hier überhaupt eine Stufenfolge statt findet.

Phos-

Phosphorſäure und brennbares Weſen.
Phosphorus.

§. 1222.

Die Phosphorſäure zeigt auf naſſem Wege keine
beträchtliche Verwandtſchaft zum Phlogiſton. Wenn
ſie concentrirt genug iſt, ſo erhitzt ſie ſich oder doch mit
den Oelen und verdickt ſie. Am ſtärkſten erhitzt ſie ſich
nach Cornette mit den ätheriſchen Oelen, die ſie zähe und
bräunlich macht. Auf die milden Oele wirkt ſie ſchwächer, und verändert ihre Farbe kaum, ob ſie ſie auch
gleich ebenfalls verdickt.

Cornette über die Würkungen der Phosphorſäure auf Oehle,
und ihre Verbindung mit Weingeiſt; aus den *Mém. de l'ac.
roy. des ſc. de Paris.* 1782. S. 219.; überſ. in Crells
chem. Annalen. 1788. B. II. S. 237.

§. 1223.

Auf trocknem Wege hingegen iſt die Verwandtſchaft der Phosphorſäure zum Brennbaren ſehr groß,
und ſie zeigt damit höchſt merkwürdige und intereſſante
Verbindungen. Wenn man nemlich drey Theile reine
Phosphorſäure in einem heſſiſchen Tiegel ſchmelzt, einen
Theil feines Kohlenpulver darunter rührt, das noch
warme Gemenge in einem ſteinernen Mörſer pulvert,
in eine kleine gut beſchlagene irdene Retorte füllt, an
welche man mit einem fetten Kütte eine gläſerne Vorlage, die ſo weit mit Waſſer gefüllt iſt, daß die Oeffnung des Retortenhalſes beynahe ins Waſſer reicht, angekittet hat, und in einem Reverberirofen erſt bey gelindem, und nachher bis zum gänzlichen Glühen der
Retorte nach und nach verſtärktem Feuer deſtillirt, ſo
verbindet ſich die Säure mit dem Brennbaren der Kohlen, und geht, ohngeachtet ihrer ſonſt großen Feuerbeſtändigkeit, zuerſt als ein im Dunkeln leuchtender Dampf
von einem eigenen knoblauchartigen Geruche und nach-

her als Tropfen über, die im Dunkeln leuchten, und
theils unter dem vorgeſchlagenen Waſſer zu einer zähen
weißgelblichen Materie gerinnen, theils auf dem Waſſer als eine rothgelbe wachsartige Maſſe ſchwimmend
bleiben. Man endigt die Deſtillation, wenn keine
Tropfen mehr beym ſtärkſten Feuer zum Vorſchein kommen, nimmt die Gefäße aus einander, ſo bald ſie völlig erkaltet ſind, bringt die Mündung der Retorte unter
Waſſer in einer Schaale, kratzt mit einem Meſſer die
noch darin hängende Theile der überdeſtillirten Maſſe ab,
läßt von dieſer und der in der Vorlage geſammleten
Menge, vermittelſt eines gläſernen Trichters, das Waſſer
ablaufen. Um dieſe Maſſe zuſammenzuſchmelzen und
in die Form kleiner Stangen zu bringen, thut man ſie in
einen gläſernen Trichter, deſſen untere Oefnung mit einem
Kork zugeſtopft iſt, gießt etwas Waſſer oben auf, ſtellt den
Trichter in kochendes Waſſer, und rührt die Maſſe in
der Röhre mit einer warmen Glasröhre untereinander.
Sie ſchmelzt alsdann in der Röhre des Trichters zuſammen, man ſtellt dieſen hierauf in kaltes Waſſer, da
die Maſſe wieder erhärtet, und aus dem umgekehrten
Trichter leicht herausgeſtoßen werden kann.

Dollfuß a. a. O. S. 54. ff. Einige Bemerkungen über die
Phosphorbereitung aus Knochen, von Hr. Schiller; in
Crells chem. Annalen. 1787. S. II. S. 439.

§. 1224.

Dieſe erhaltene merkwürdige Materie iſt zähe von
Conſiſtenz, und wenn ſie rein iſt, durchſcheinend und
weislich von Farbe. Sie leuchtet im Dunkeln, entzündet ſich bey einer Erwärmung von 76° Fahrenhei-
tiſch beym Zutritt der freyen Luft von ſelbſt, und brennt
mit einer beträchtlichen Flamme, und einem ſtarken weißen Rauche. Man bewahrt ſie deswegen unter Waſſer auf. Man nennt dieſen Körper Phosphorus, und

zum

zum Unterschiede von andern leuchtenden Materien auch Harn-Phosphorus (Phosphorus urinae, ♄). Sollte der nach der vorher (§. 1223.) angezeigten Art erhaltene Phosphorus unrein und schwärzlich seyn, so kann man ihn rectificiren, indem man ihn aus einer kleinen gläsernen Retorte mit weitem Halse, worinn er mit Wasser übergossen ist, in eine mit Wasser angefüllte Vorlage aus dem Sandbade destillirt.

§. 1225.

Ein gewisser verunglückter Hamburgischer Kaufmann, Namens Brandt, der sich durchs Goldmachen bereichern wollte, und sich einfallen ließ, den Stoff zum Golde im Harne zu suchen, erfand diesen Phosphorus zufälligerweise, im Jahr 1669, nach Leibnitz um das Jahr 1677. Kunkel bemühte sich vergeblich die Verfertigung des Phosphorus von Brandten zu erfahren, der sich einem Doct. Kraft für 200 Rthlr. durch Ueberredung endlich verbindlich gemacht hatte, Kunkeln nichts davon zu entdecken. Kraft ging mit dem Phosphorus an vielen Orten umher, und ließ ihn sehen. Da Kunkel aber wußte, daß Brandt den Phosphorus aus dem Harne erhalten hatte, so fing er diesen mit so vieler Anstrengung und Beharrlichkeit zu bearbeiten an, daß es ihm endlich glückte, Phosphorus zu machen; und erfand ihn daher selbst zum zweytenmale. Daher rühren die Namen: Brandtischer Phosphorus, Kunkelischer Phosphorus. Leibnitz hat zwar Kunkeln die Erfindung streitig zu machen gesucht; allein die ganze Geschichte, so wie sie der ehrliche Kunkel selbst erzählt, mit Stahls Zeugniß verglichen, lassen uns Kunkels Erfindung nicht mehr bezweifeln. Dem berühmten Robert Boyle schreiben einige ebenfalls die Ehre dieser Entdeckung zu; allein Stahl versichert nach Krafts eigener

F 2   gener

gener Ausſage, daß letzterer **Boyle**'n die **Brandtiſche**
Verfahrungsart bekannt gemacht habe.   **Boyle** theilte
den Prozeß einem Deutſchen, Namens **Gottfried Hank-**
witz mit, der den Phosphorus in London darnach verfertigte, und in = und außerhalb landes verkaufen ließ.
Obgleich nachher verſchiedene Vorſchriften zur Bereitung des Phosphorus bekannt wurden, ſo waren dieſe
entweder nicht umſtändlich gezeigt, oder das Verfahren ſelbſt war zu mühſam und koſtbar, daß Kunkel und
insbeſondere Hankwitz, faſt allein, den Phosphorus für
die damaligen Naturforſcher bereiteten.   Man nennt
deswegen den Phosphorus auch beſonders engliſchen
Phosphorus.   Selbſt die Bereitungsart, welche die
pariſer Academie im Jahr 1737. durch **Hellot** bekannt
machen ließ, war ſo langweilig und koſtſpielig, daß ſie
kaum der Mühe verlohnte.   Der gelehrte und gründ-
liche **Marggraf** gab endlich im Jahr 1743. ein neues ſehr
gutes Verfahren an, nach welchem man mit leichter
Mühe, in kürzerer Zeit und mit weniger Koſten, den
Phosphorus erhalten könne, zeigte zuerſt, welcher Beſtandtheil im Harne es ſey, der zur Entſtehung des
Phosphorus beytrage, und worauf es bey der Verfertigung deſſelben eigentlich ankomme, daß nämlich nur die
bisher unbekannte Phosphorusſäure dazu nöthig ſey, die
in Verbindung mit brennlichen Dingen deſtillirt, allemal
Phosphorus gebe; und kürzte in der Folge die Operation dadurch ſehr glücklich ab, daß er das natürliche
Harnſalz, oder den Phosphorſalmiak (§. 1192.) dazu
vorſchlug.   Die Entdeckung der Phosphorſäure in den
Knochen in neuern Zeiten hat nun auch die Anwendung
und eckelhafte Bearbeitung des Harnes entbehrlich gemacht; und es kann uns dieß zum abermaligen Beweiſe
dienen, daß die Vervollkommung der Theorie auch die
der Praxis zur Folge habe.

An

An account of four forts of factitious shining substances; in den philof. Transl. n. 135 ; *Jo. Sigism. Elsholz* de phosphoris. Berol. 1681. 4.; *Jo. Chph. Klettwich* praef. *B. Albino* de phosphoro liquido et solido. Frfrt. 1688. 4.; Manière de faire le phosphore brulant de Kunkel par Mr. *Homberg*; in den *Mém. de l'acad. roy. des sc.* J. 1692. S. 101.; C. G. L. (*Leibnitii*) hiftoria inventionis phosphori; in den *Miscell. berolin.* T. I. S. 83.; A paper of the hon. *Rob. Boyle*, beeing an account of his making the phosphorus; in den philof. Transact. n. 196. S. 583.; *Jo. Heinr. Cobausen* novum lumen phosphori accensum. Amst. 1616. 8.; *Kunkel* Laborator. chemic. S. 660.; *Stahls* Exp. CCC. n. 301. p. 393.; *Frid. Hoffmanni* experimenta circa phosphorum anglicanum; in feinen *obs. phys. chem.* L. III. S. 304.; *Jo. Jac. Sachs*, refpond. *Flechtner* de phosphoro folido anglicano. Argentor. 1731. 4.; *Ambrof. Godofr. Haukwitz* of fome experiments upon the phosphorus urinae; in den *Philof. Transact.* n. 428. Le phosphore de *Kunkel* et l'analyfe de l'urine, par Mr. *Hallos*; in den *Mémoire de l'ac. roy. des sc. de Paris.* 1737. S. 342. Andr. Sigism. Marggraf Abhandlung, wie man den Phosphorum nicht allein leicht verfertigen, fondern auch folchen fehr rein und gefchwinde vermittelft des brennlichen Wefens und einem befondern Salze aus dem Urine darftellen könne; im I. B. ftiner chym. Schr, S. 57. und in den *Misc. berolinenf.* T. VII. S. 324. Mart. Heint. Klaproth Abhandl. von den Phosphoren; in den allerneueften Mannichfaltigkeiten. Erftes Jahr. Quart. I. S. 5. und 33.

§. 1226.

Die eine Weife den Phosphorus aus dem Urin zu machen, befteht nach Marggrafs Verbefferung darin; daß man 9 bis 10 Theile bis zur Honigdicke eingekochten und faulen Urin mit dem Zufatz von Hornbley, das nach der Deftillation eines Gemenges von 4 Theilen Mennige und 2 Theilen gepulverten Salmiak zurückbleibt, und ½ Theil Kohlen, welches man zufammen in einem eifernen Keffel über dem Feuer durch Abraus

chen

chen und Umrühren in ein Pulver verwandelt hat, aus
einer irdenen beſchlagenen Retorte bey ſtarker Hitze und
bey einer mit Waſſer angefüllten Vorlage überdeſtillirt.
Der erhaltene Phoſphor bedarf aber gewöhnlich einer
Rectification zu ſeiner Reinigung (§. 1224.).

Der Zuſatz des Hornbleyes, deſſen Wirkung ſich Marggraf
nicht erklären konnte, iſt hiebey allerdings dadurch nützlich,
daß die Kochſalzſäure deſſelbigen aus dem im Harne befindlichen phosphorſauren Mineralalkali die Phoſphorſäure
frey macht, die zwar an den Bleykalk tritt, aber durch die
Einwirkung und Verbindung des Phlogiſtons davon wieder
in der Hitze losgemacht wird, und ſo die Menge des Phosphorus vermehren hilft. Denn aus dem phosphorſauren Mineralalkali läßt ſich, wie wir in der Folge anführen werden,
die Phosphorſäure durchs Brennbare nicht entbinden.

§. 1227.

Weniger beſchwerlich und weitläuftig iſt der andere
Marggrafiſche Prozeß, den Phosphorus aus dem weſentlichen Harnſalze (§. 1192.) zu verfertigen. Man
vermengt nämlich vier Theile von wohl gereinigtem Phosphorſalmiak mit einem Theile zartem und in einem verſchloſſenen Gefäße wohl ausgeglüheten Kühnruße, wozu man noch vier Theile zartgeriebenen weißen Sand
ſetzt. Man deſtillirt hierauf von dieſem Gemiſche in
einer irdenen beſchlagenen Retorte zuerſt bey mäßigem
Feuer den urinöſen Geiſt ab, kittet hierauf eine andere
Vorlage mit Waſſer gefüllt an den Retortenhals, giebt
ſtufenweis Feuer, und verfährt, wie vorhin bey der
Deſtillation des Phosphorus gemeldet worden iſt.

§. 1228.

In Pulver läßt ſich der Phosphorus allein nicht
wohl reiben; indeſſen läßt er ſich nach Fordyce fein zer-
theilen, wenn man ihn in einer faſt bis Dreyviertel mit
Waſſer angefüllten Phiole in heißem Waſſer ſo lange erwärmt,

wärme, bis er schmelzt, und alsdann die Phiole wohl
verstopft schnell und heftig bis zum Erkalten schüttelt.

Geo. Fordyce, in den *philos. Transf.* V. LXVI. S. 584.

§. 1229.

An der Luft entwickelt der Phosphorus auf seiner
ganzen Oberfläche einen weißen Rauch, und zwar um
desto stärker, je wärmer die Luft ist. Dieser Rauch hat
einen starken Knoblauchsgeruch, und leuchtet im Fin-
stern. Schreibt man mit einem Stück Phosphorus
auf Holz oder Papier, so erscheint die Schrift an
einem dunkeln Ort hellleuchtend, und verschwindet
bald darauf ganz. — Dieß Leuchten des Phosphorus ist in der That ein wirkliches schwaches Verbrennen desselbigen, die Luft wird ebenfalls dadurch phlogistisirt und vermindert, und der Phosphorus zerfließt
zu einer sauren Feuchtigkeit.

§. 1230.

Diese durchs Zerfließen verfertigte Phosphorsäure,
(acidum phosphori per deliquium) unterscheidet sich,
von der reinen Knochensäure gar nicht, und giebt mit
brennbaren Dingen im Feuer behandelt wieder Phosphorus. Aus einer Unze Phosphorus erhielt Hr. Morveau durchs Zerfließen ohngefähr drey Unzen Säure.
Da der Phosphorus beym Zerfließen bald von der sauren
Feuchtigkeit bedeckt, der Zugang der Luft also abgehalten, und er selbst dadurch vor dem weitern Zerfließen
geschützt wird, so muß man, um den Phosphorus ganz
zum Zerfließen zu bringen, in einem gläsernen Trichter,
der in einer Flasche steckt, eine Glasröhre so befestigen,
daß sie nicht die ganze Trichter-Röhre zu genau aus-
füllt, auch in dem Trichter noch etwas in die Höhe ragt,
und den Phosphorus in nicht zu kleinen Stücken in dem
Trichter der kühlen Luft ausstellen, da dann die flüssige

Säure zwiſchen der Glasröhre und der Trichterröhre
immer abfließt. Wenn man zu dem ſchon etwas zer-
floßnen Phoephorus kaltes Waſſer ſprützt, ſo kann er
ſich von ſelbſt entzünden, wegen der Erhitzung des Waſſers mit der anhängenden Säure.

Rozier Journ de phyſique. 1781, Fevr. S. 145. De
Laſſone und Cornette über eine von ſelbſt erfolgte Entzün-
dung des Phosphorus; aus den Pariſ. *Mem.* J. 1780,
S. 508., überſ. in Crells chem. Annal. 1786. B. II.
S. 461.

§. 1231.

Wenn man dieſe Vorrichtung mit dem Phosphorus unter einen Glascylinder bringt, der mit Waſſer
geſperrt iſt, ſo ſteigt das Waſſer in den Cylinder in die
Höhe, die Luft wird vermindert, ſo wie der Phosphorus
zerfließt, und endlich ganz phlogiſtiſirt. Dann hört
aber der Phosphorus zu zerfließen auf, und leuchtet
auch im Dunkeln nicht mehr, als bis man wieder friſche
Luft hinzugebracht hat. In der dephlogiſtiſirten Luft
leuchtet er ſtärker. Er vermindert ſie ebenfalls, obgleich
weit mehr, als die atmosphäriſche Luft, und verwandelt
ſie endlich auch ganz in phlogiſtiſirte.

§. 1232.

Dieß ſogenannte Zerfließen des Phosphorus oder
ſein Leuchten, iſt ein ſchwaches und langſames Verbrennen, wobey die Entwickelung des Phlogiſtons in ſo geringem Maaße geſchiehet, daß die frey werdende Wärme deſſelben nicht fühlbar iſt, und das entbundene Licht
nur im Dunkeln vom Auge wahrgenommen werden
kann. Die reſpirable Luft bindet das entwickelte Phlogiſton, wird dadurch phlogiſtiſirt und zugleich im abſoluten Gewichte vermindert. Die frey gewordene Säure des Phosphorus zerfließt in der Feuchtigkeit der Luft,
aber davon allein iſt nicht die Zunahme ihres abſoluten

Ge-

Gewichts herzuleiten, weil auch nach dem Versagen
des Wäſſerigen die verglaſte Säure mehr wiegt, als der
Phosphorus, aus dem ſie entſtand; ſondern der Abgang des abſolut leichten Phlogiſtons muß nothwendig
jene Zunahme zur Folge haben, ſo wie die Abnahme
der Luft mit der Phlogiſtiſirung verknüpft iſt.

Unerklärbar iſt es mir bis jetzt, daß der Phosphorus auch in
Luftſäure leuchtet (S. Weſtrumbs Beob. über die Dunſt-
höhle zu Pyrmont. S. 217.) und auch darin fortbrennen
ſoll.

§. 1233.

Wenn der Phosphorus durch freye Wärme oder
durch Reiben ſtärker erhitzt wird, ſo entzündet er ſich
alsdann von ſelbſt mit vieler Heftigkeit, und verbrennt
mit Kniſtern, mit einer ſtarken, ſehr lebhaften weißlichen, mit Gelb und Grün vermiſchten Flamme, und
einem häufigen weißen Rauche, der in der Dunkelheit
leuchtend iſt, und einen knoblauchartigen Geruch beſitzt. Er läßt bey dieſem Verbrennen eine dickliche röthlich weiße Materie zurück, die einige gar für die Erde
des zerſetzten Brennbaren gehalten haben, die aber
phlogiſtiſirte Säure des Phosphorus, und zwar nicht
weiter entzündlich iſt, aber doch an der Luft gänzlich zerfließt, und der vorher erwähnten Säure völlig gleich
kömmt, wenn ſie ihres noch anhängenden Phlogiſtons
gänzlich beraubt iſt. Der entzündete Phosphorus läßt
ſich nicht durch Reiben auslöſchen und nicht austreten. Das beſte Mittel iſt, ihn unters Waſſer zu
tauchen.

§. 1234.

Wenn man trocknen Phosphorus unter einer
Glasflocke, die mit Queckſilber geſperrt worden iſt, ver-
mittelſt eines Brennglaſes, oder ſonſt durch angebrachte
Wärme in atmoſphäriſcher Luft entzündt, ſo findet man,

F 5 daß

daß in einem beſtimmten Raume von Luft auch nur eine
determinirte Menge des Phosphorus verbrennen kann;
daß auf einen Gran trocknen Phosphorus 16 bis 18
Pariſer Cubiczoll Luft erfordert werden; das mehrerer
Phosphorus darin keinesweges in Brandt geſetzt wer-
den kann; daß die Luft $\frac{1}{6}$ oder $\frac{1}{5}$ im Umfange und Gewicht abnimmt, und ganz phlogiſtiſirt iſt. Der Rauch,
der hierbey vom brennenden Phosphorus aufſteigt, legt
ſich als trockne weiße Blumen an die Wände der Glocke
an, die höchſt ſauer ſind, bey Berührung der freyen
Luft bald zerfließen, und dann eine reine Phosphorſäure
vorſtellen. Wenn man hierbey eine hinreichende Menge von Luft anwendet, ſo daß aller Phosphorus verbrennen kann, ſo findet man, daß dieſe trockenen ſau-
ten Blumen, als Phosphorus mit dem trocknen Rückſtande deſſelbigen, auch ehe ſie an der Luft zerfloſſen
ſind, mehr wiegen, als der Phosphorus vor dem Verbrennen, nämlich 5 Gran, wenn dieſer 2 Gran wog,
und daß die Verminderung des Gewichtes der Luft faſt
ſo viel ausmacht, als dieſe Zunahme. In der dephlogiſtiſirten Luft ſind dieſe Erſcheinungen des Verbrennens
des Phosphorus noch viel auffallender (§. 349. n. 7.),
eine größere Quantität Phosphorus kann in einerley
Raume derſelben in Vergleich mit der atmosphäriſchen
verbrennt werden, und die Verminderung des Umfan-
ges der Luft iſt weit beträchtlicher.

§. 1235.

Die Stahliſche Lehre vom Phlogiſton, ſo wie ſie
ſonſt vorgetragen wurde, reicht freylich nicht hin, dieſe
Erſcheinung zu erklären. Lavoiſier baute deswegen
hierauf vorzüglich ſein antiphlogiſtiſches Syſtem, und
nach ſeiner Theorie (§. 326.) hängt ſich die baſe oxigyne der reinen Luft an den Phosphorus, macht damit
Phosphorſäure, ihr Feuerweſen aber wird frey und
macht

macht das Verbrennen. Die reine Luft werde solchergestalt zersetzt, und es bleibe die Stickluft übrig, die nun
dem Gewicht und dem Umfange nach weniger betrage,
als vorher in Verbindung mit der Lebensluft. Phosphorsäure sey zusammengesetzt aus Phosphor und dem
sauren Grundstoff der Lebensluft. Entziehe man der
Phosphorsäure die letztere, so werde daraus wieder
Phosphor. Die Zunahme des Gewichts der Phosphorsäure rühre von der anhängenden Base oxigyne her.

Lavoisier über das Verbrennen des Kunkelischen Phosphors
und die Natur der Säure, welche bey diesem Verbrennen
entsteht; aus den Mém. de l'acad. des ſc. de Paris, von J.
1777. S. 65., übers. in Crells neuesten Entd. Th. V.
S. 135.

§. 1236.

Die Vertheidiger des Stahlischen Lehrbegriffs waren genöthiget, um sich jene Zunahme des Gewichts der
Phosphorsäure und die Abnahme der Luft, worin der
Phosphorus verbrennt, anzunehmen, daß sich diese Luft
in die Phosphorsäure einsauge, was doch gewiß nicht
seyn kann, da die berglaste und im Feuer calcinirte
Phosphorsäure einen Zuwachs behält, und was überhaupt unmöglich ist, da sich die Luft durch die Hitze expandirt, nicht coagulirt. Kirwan nimmt an, daß sich
hierbey fixe Luft erzeuge; die Erfahrung widerlegt dieß
aber, und es wird nicht ein Atom Luftsäure beym Verbrennen des Phosphorus hervorgebracht. Endlich hat
man zu der wunderlichen Meynung seine Zuflucht genommen, daß das Brennbare des Phosphorus mit der
reinen Luft Wasser bilde, welches als Dampf niedergeschlagen werde, sich an die Säure anhänge, und so ihr
Gewicht vermehre, das Gewicht der Luft aber dadurch
abnehme, indem bloß die Stickluft übrig bleibe.

Joh. Friedr. Westrumb auch ein Beytrag zu den Theorien
vom Feuer, der Luft und Wassererzeugung; in seinen kl.
phyſ. chem. Abh. B. II. H. 1. S. 1.

§. 1237.

§. 1237.

Auch dieſe letztere Meynung wird nicht allein durch die Erfahrung widerlegt, nach welcher die Phosphorſäure auch im ſtärkſten Glühefeuer ihre Gewichtszunahme nicht wieder verliert, und beym Abbrennen des Phosphorus über Queckſilber (§. 1233.) keine flüſſige Säure zum Vorſchein kömmt, ſondern es iſt auch eben ſo unmöglich, daß ſich Waſſerdämpfe an den brennenden Phosphorus anhängen können, oder das Waſſer durch die Glühhitze nicht verflüchtiget, nicht in Dampf verwandelt, ſondern figirt und feſt werde.

§. 1238.

Alle Umſtände bey dieſer Erſcheinung laſſen ſich leicht und ungezwungen nach meiner Theorie erklären, wenn wir annehmen, daß das Phlogiſton abſolut leicht iſt, und alſo durch ſeinen Beytritt das Gewicht der ſchweren Körper vermindert, durch ſeinen Abgang von ihm daſſelbe vermehrt. Und nur durch dieſe Beſtimmung allein kann die Stahliſche Theorie gegen die Antiphlogiſtiker gerettet werden. Im übrigen beziehe ich mich auf das, was ich ſchon im Vorhergehenden bey Entſtehung der phlogiſtiſirten Luft (§. 319 — 333.) und beym Verbrennen des Schwefels (§. 745 — 751.) angeführt habe.

§. 1239.

Zugleich erhellet aus den Erſcheinungen des Phosphorus beym Verbrennen die eigentliche Zuſammenſetzung deſſelbigen noch mehr. Er beſteht nämlich aus der eigenthümlichen, nach ihm benannten, Säure, und dem brennbaren Weſen, und iſt ſolchergeſtalt eine Art von wirklichem Schwefel, wenn man dieſes Wort in der generellen Bedeutung nimmt, und darunter einen aus Säure und Phlogiſton zuſammengeſetzten verbrennlichen

lichen Körper versteht. Seine Bestandtheile hängen aber minder stark zusammen, als im gemeinen Schwefel Vitriolsäure und Phlogiston, indem eine sehr geringe Wärme beym Zugang der reinen luft schon ein langsames und schwaches Verbrennen hervorbringen kann (§. 1232.), zum völligen und heftigen Verbrennen aber auch nur eine Wärme nöthig ist, die weit unter dem Siedepunkt des Wassers steht (§. 1224.). Der Phosphorus würde ohne Flamme und ohne Rauch verbrennen, wenn seine Säure nicht in Verbindung mit dem brennbaren Wesen flüchtig wäre, die sich solchergestalt als Rauch erhebt, der eben deswegen leuchtend ist, weil er noch Brennbares entwickelt. Wir lernen endlich hieraus noch recht deutlich einsehen, wie ein Körper durch Verbindung mit einem andern so auffallende und entgegengesetzte Veränderungen seiner Eigenschaften und seines Verhaltens erleiden kann; da die sonst so feuerbeständige Säure des Phosphorus durch Verbindung mit dem Phlogiston zu einer ziemlich flüchtigen Substanz wird.

§. 1240.

Auf die leichte Entzündlichkeit des Phosphorus gründen sich allerley Spielwerke und Künsteleyen, z. B. man zündet den eben ausgeblasenen noch heißen Docht eines Wachsstockes an einer Messerspitze an, an welcher man etwas Phosphorus mit Unschlitt oder Wachs angeklebt hat. Die Verfertigung der sogenannten Turiner Kerzen, und das *feu portatif* gehören ebenfalls hieher. Man füllt zu letztern ein Riechfläschgen mit einer engen Mündung fast ganz mit Eisenfeil, oder feinem Sand, oder gepulverter Knochenasche an, und legt oben auf eine Schicht Phosphorus, den man fest andrückt. Wenn man das reine Docht kleiner Kerzen aus Wachs und Baumwolle, das vorher in ein Pul-

ver

ber aus Schwefel mit einigen Tropfen Nelkenöl, oder
Bärlappſaamen, getunkt worden iſt, auf dem Phosphor reibt und dann heraus zieht, ſo geräths in Flamme.

Von ſelbſt entzündlichen Kerzen, in Glasröhren zu verfertigen,
ſ. Crells neueſt. Entd. Th. IX. S. 88. ff.

§. 1241.

Im Waſſer läßt ſich zwar der Phosphorus nicht
auflöſen; indeſſen zerſetzt er ſich doch einigermaßen darin. Er verliert ſeine Durchſichtigkeit, wird gelb und
mit einer weißen ſtaubigen Rinde bedeckt. Das Waſſer wird ſäuerlich, zumal wenn es dem Zugange der
freyen Luft oft ausgeſetzt wird, und giebt einen im
Dunklen leuchtenden Dampf, wenn man es bewegt.

§. 1242.

Der Phosphorus löſt ſich in allen Oelen auf, ſowohl in den ſchmierichten, als ätheriſchen, und ertheilt
ihnen das Vermögen im Dunkeln zu leuchten, ohne ſich
damit zu entzünden. Beſonders ſtark leuchtet ſeine Auflöſung im Nelkenöle. In dieſer Auflöſung wird er bey
Berührung der Luft aber ebenfalls zerſetzt, ſein Brennbares nach und nach abgeſchieden, und ſeine Säure
frey.

§. 1243.

Mit dem Schwefel läßt ſich der Phosphorus leicht
durch Schmelzen vereinigen, wenn man ihn in einem
bedeckten Tiegel in den, bey ſehr gelindem Feuer fließenden, Schwefel trägt. Auch durch Deſtillation laſſen
ſich beyde nach Marggraf vereinigen. Zu gleichen Theilen mit einander vermengt und deſtillirt gingen ſie zuſammen in das in der Vorlage vorgeſchlagene Waſſer
über, und wurden darin zu einer feſten Maſſe, die ſich
durch das Reiben mit den Fingern kaum entzündete;

aber

aber ein gelbes Licht von sich gab und in der Geschwin-
digkeit ins Brennen gerieth, wenn man selbige einer
trocknen Wärme, die ohngefähr der Siedhitze des Waſſers gleicht, ausſetzte. Dieſe Verbindung hat einen
ſchwefelleberartigen Geruch, ſchwillt im Waſſer auf,
und zerſetzt ſich darin nach und nach, indem das
Waſſer ſäuerlich wird, und einen ſtarken ſchweflichten
Geruch erhält.

§. 1244.

Die Mineralſäuren wirken auf den Phosphor
mit ſtärkerer oder geringerer Kraft, je nachdem ihre
Verwandtſchaft zum Phlogiſton größer oder geringer
iſt. Concentrirte Vitriolſäure darüber abgezogen, zer-
ſetzte ihn in Marggrafs Verſuchen beynahe ganz, aber
ohne Entzündung. Die Vitriolſäure wurde ziemlich
dick, war aber doch weiß und trübe. Wenn man hingegen 10 bis 20 Gran Phosphor in einem kleinen Gläs-
chen unter ohngefähr einem Quentchen Waſſer über
dem Lichte ſchmelzt, und hierauf ſammt dem Waſſer
in ein acht Unzen Glas, worin zwey Loth Vitriolöl enthalten ſind, auf einmal gießt, und das Glas umſchüt-
tet, ſo erhitzt ſich das Gemiſch Anfangs, nachher aber
ſprühet es Funken aus, die ſich wie Sterne an die Seiten des Gefäßes anhängen und ihren feurigen Schein
eine Zeitlang behalten. Im Dunkeln nimmt ſich dieſe
Erſcheinung vorzüglich aus. Das Waſſer trägt hier
wohl freylich zur Erhitzung bey, welche zur Entzündung des Phosphorus dient. Uebrigens erhellet
doch aus Marggrafs Verſuchen, daß das brennbare
Weſen gegen die Phosphorusſäure auf naſſem Wege
keine ſo ſtarke Verwandtſchaft hat, als die Vitriolſäure.

Marggraf a. a. O. S. 54. ff. Hagen Experimentalchemie,
S. 228.

§. 1245.

§. 1245.

Die Salpeterſäure wirkt mit weit mehrerer Heftigkeit auf den Phosphorus. Der rauchende Salpetergeiſt bewirkt nach Marggraf eine plötzliche Entzündung deſſelben, nebſt einem Knalle und dem Zerſpringen der Gefäße. Nach Laſſone, Cornette und Scheele hingegen entzündet ſich der Phosphorus damit nicht, ob gleich die Salpeterſäure damit Salpeterluft macht. Durch eine minder ſtarke Salpeterſäure läßt ſich wenigſtens der Phosphorus ohne Gefahr gänzlich zerſetzen und ſein Phlogiſton abſcheiden. Wenn man nämlich nach Lavoiſier in einer gläſernen Tubulatretorte, die in einem mäßig erwärmten Sandbäde liegt, zur Salpeterſäure, deren eigenthümliche Schwere nicht über 1,300 geht, den Phosphorus in kleinen Stückgen einträgt, ſo entſteht eine Art von Aufbrauſen; es entwickelt ſich eine große Menge Salpeterluft, der Phosphorus wird ganz entbrennbar, und ſeine Säure frey, von der man die noch anhängende Salpeterſäure bey etwas ſtärkerem Feuer ganz abtreiben, und ſolchergeſtalt ganz rein und trocken erhalten kann. 5 loth Phosphor liefert auf dieſe Art über 16 loth Säure von einer Syrupsdicke, die man gewiß auf 10 loth feſter, verglaslicher Säure ſchätzen kann. Wie ſich Lavoiſier dieſe Erſcheinung erklärt, iſt leicht einzuſehen, wie man es aber bey der Stahliſchen Theorie genugthuend erklären will, ohne meine nähere Beſtimmung des Phlogiſtons anzunehmen, ſehe ich nicht ein. — Daß die Salpeterſäure auf naſſem Wege dem Phlogiſton näher verwandt ſey, als die Phosphorſäure, erhellet übrigens aus dieſen Verſuchen offenbar.

Scheele von Luft und Feuer, §. 77. S. 102. de Laſſone und Cornette a. a. O. S. 464 Lavoiſier über ein beſonderes Verfahren, Phosphor ohne Verbrennen in Phosphorſäure zu verwandeln; aus den *Mém. de l'ac. de Paris,* 1780.

1780. S. 349, überf. in Crells chem. Annalen 1787,
B. I. S. 258.

§. 1246.

Phosphorus auf glühenden Salpeter getragen,
verpufft damit sehr lebhaft, wie sich leicht erwarten läßt;
nach dem Verpuffen bleibt phosphorsaures Gewächsalkali übrig. Aber auch durch bloßes Zusammenreiben
des Phosphorus mit reinem und trocknem Salpeter läßt
sich schon ein Verpuffen bewürken.

§. 1247.

Die gemeine Salzsäure hat keine Wirkung auf
den Phosphorus, was sich von ihrer geringen Verwandschaft zum Phlogiston leicht erklären läßt. Die
dephlogistisirte Salzsäure hingegen greift den Phosphorus an. In der Kälte zerfließt er darin, unter leuchten; sein Brennbares wird von der reinen Salzsäure,
angezogen, und verwandelt diese in gemeine Salzsäure
die sich als Dampf niederschlägt; die Phosphorsäure
aber wird frey. In der Wärme entzündet sich der Phosphorus in dieser Säure von selbst, wie in respirabeler
Luft, und brennt, so lange bis alle dephlogistisirte Küchensalzsäure in gemeine verwandelt ist, die mit der
Phosphorsäure zurückbleibt. Das Phlogiston ist also
mit der reinen Küchensalzsäure näher verwandt als mit
der Phosphorsäure. — Flußspathsäure und Sedativsalz haben auf nassem Wege keine Würkung auf
den Phosphorus.

Phosphorluft.

§. 1248.

Die feuerbeständigen Laugensalze lassen sich mit
dem Phosphorus nicht wie mit dem Schwefel durch die
Hitze zusammenschmelzen, weil der Phosphorus dabey so

leicht verbrennt.   Wenn man den Phosphor zu ei=
ner äßenden Lauge eines feuerbeſtändigen Alkali trägt,
ſo vereiniget er ſich damit in der Hiße unter einem
ſtarken Schäumen.   Beym Zugang der Luft entzünden
ſich die hervorbrechenden Luftblaſen, und es bleibt das
Laugenſalz mit Phosphorſäure verbunden zurück, alſo
keine Auflöſung des Phosphorus in dem Laugenſalze.

§. 1249.

Wenn man die bey der Auflöſung des Phospho=
rus in den äßenden Laugenſalzen ſich entwickelnden Luft=
blaſen vermittelſt des pneumatiſch=chemiſchen Apparats
auffängt, ſo erhält man eine eigene Luftart, deren Er=
finder Hr. Gingembre iſt, und die den Namen der
Phosphorluft (gas phosphoreum) erhalten hat. Bey
Bereitung derſelben in gläſernen Gefäßen iſt aber große
Behutſamkeit nöthig; man wähle daher lieber eine klei=
ne zinnerne Retorte mit einem langen gekrümmten Hal=
ſe.   Man übergießt in derſelben einen Theil Phospho=
rus mit drey bis vier Theilen kauſtiſcher Lauge, bringt
die Mündung unter den Trichter der mit Queckſilber
oder Waſſer gefüllten Wanne des pneumatiſchen Appa=
rats, erwärmt die Retorte gelinde durch Lampenfeuer,
und läßt die atmosphäriſche Luft zuerſt beſonders her=
austreten.

§. 1250.

Dieſe Phosphorluft iſt 1) von einem ſehr unan=
genehmen, gleichſam faulen Geruche. 2) Sie iſt irre=
ſpirabel und tödtet Thiere. 3) Sie entzündet ſich bey
Berührung der atmosphäriſchen Luft von ſelbſt mit ei=
ner kleinen Exploſion und einem lebhaften Lichte.   Der
Dampf davon ſteigt in der freyen Luft in horizontal lie=
genden Ringen in die Höhe.   Eben ſo entſteht auch
eine Entzündung dieſer Luft, wenn man unter einem

Cylin=

Cylinder atmosphärische luft hinzubringe; der entstan=
dene Dampf wird vom Wasser verschluckt, womit der
Cylinder gesperrt war, und das Wasser wird säuerlich.
4) Läßt man dephlogistisirte luft hinzu, so brennt sie
mit vieler Heftigkeit, mit großer Hitze und starker Ex=
plosion, so daß es gefahrvoll ist, beyde luftarten unter
einem Glascylinder zusammenzubringen. 5) Salpeter=
luft wird durch Phosphorluft nicht zersetzt, und diese
leidet dadurch ebenfalls keine Veränderung. Brennbare
luft, Schwefelluft, luftsäure, phlogistisirte luft, salz=
saure luft, flußspathsaure luft, hepatische luft, und
flüchtigalkalinische luft bringen keine Zersetzung der
Phosphorluft hervor, und erleiden auch selbst keine.
6) Im Wasser löst sich die Phosphorluft nach
Kirwan nicht auf, und läßt sich auch durch dasselbe
sperren. 7) Sie röthet die lackmustinctur an und für
sich nicht; aber ihr vom Verbrennen zurückbleibender
Dampf thut es sogleich, und schlägt das Kalkwasser
nieder.

§. 1251.

Hr. Gingembre sieht diese Gasart als eine Auf=
lösung des Phosphorus in brennbarer luft an, und Hr.
Kirwan hält sie für luftförmigen Phosphorus. Beyde
Erklärungen sind aber falsch, wie die Entstehungsart
und die Zerlegung dieser luft leicht beweist. Das ätzen=
de laugensalz nämlich wirkt auf die Säure des Phos=
phorus, dessen Phlogiston also frey werden würde,
wenn nicht die Verwandtschaft des Brennbaren zur Säu=
re die gänzliche Abscheidung derselben durchs laugensalz
hinderte, die also nun mit einem größern Antheil Brenn=
barem beladen durch Hülfe der Wärme luftförmig wird.
Phosphorluft ist also Phosphorus mit brennbaren We=
sen und Wärmestoff vereiniget, nicht Phosphorus und
Wärmestoff allein. Sie verhält sich also hierin wie die

G 2   hepa=

hepatische Luft (§. 770.), und ist, wenn man lieber will, Phosphorsäure mit Brennbarem übersättigt, und durch den Beytritt einer gehörigen Menge spezifischer Wärme luftförmig gemacht. Läßt man atmosphärische oder reine Luft zu ihr hinzutreten, so entziehen jene das Brennbare dem Phosphorus, die Mischung der Luft wird solchergestalt aufgehoben; es kann also auch ihr luftförmiger Zustand nicht mehr bestehen; sie läßt ihren vorher gebundenen Wärmestoff fahren, der sogleich zur fühlbaren Wärme wird, die den übrigen Phosphor-dampf natürlicherweise zur Entzündung bringen muß. Bey dieser Entzündung wird die Phosphorsäure, wie sonst, frey; wird vom Wasser eingesogen, und macht damit flüssige Phosphorsäure, die freylich das Kalk-wasser präcipitirt, aber nicht luftsaure, sondern phos-phorsaure Kalkerde niederschlägt. Die respirabele Luft, in welcher die Phosphorluft verbrennt, wird phlogisti-sirt, aber ohne Spur von Luftsäure, wenn das Lau-gensalz ganz kaustisch war. In dephlogistisirter Salz-säure zeigen sich ähnliche Erscheinungen. Die Phos-phorluft liefert damit ein entzündliches Gemisch, das mit Explosion verbrennt; die dephlogistisirte Salzsäure wird zur gemeinen, die Phosphorluft zur Phosphor-säure. Die Würkungen der concentrirten Salpeter-säure und Vitriolsäure auf die Phosphorluft verdienen noch erforscht zu werden. Wahrscheinlich wird die er-stere sie zerstören.

Gingembre, in den *Mém. des Sçavans Etrangers*, T. X. Hr. Lichtenberg in Crells chem. Annal. J. 1786. B. I. S. 514; Hr. Buchholz, ebendas. B. II. S. 330; Kirwan von der phosphorisch-hepatischen Luft; in seinen phys. chemischen Schr. B. III. Berl. und Stettin 1788. S. 96, und in Crells chem. Annalen J. 1787. B. I. S. 131; *Fourcroy* Elem. de Chimie, T. I. Disc. prélimi-naire, S. 59. f.

§. 1252.

§. 1252.

Der Rückstand von der Destillation dieser luft nach der angezeigten Weise (§. 1249.) enthält das laugensalz mit einem Antheil Säure vom Phosphorus verbunden. Und dieß bestätigt meine eben angeführte Theorie von der Phosphorluft noch mehr.

§. 1253.

Auch mit der Kalkmilch läßt sich die Phosphorluft aus dem Phosphorus entbinden, allein man erhält nach Gingembre weit weniger, als mit den laugensalzen.

§. 1254.

Ohngeachtet der starken Verwandtschaft der Phosphorsäure zum brennbaren Wesen auf trocknem Wege läßt sich doch aus der Verbindung derselben mit feuerbeständigen laugensalzen, so wenig als aus der Knochenerde durch das Phlogiston die Phosphorsäure in verschlossenen Gefäßen in der Hitze entbinden. Aus Kohlenstaub und mineralischem oder Gewächs-Phosphorsalz, so wie aus schwarzen gebrannten Knochen läßt sich in der Glühehitze kein Phosphor übertreiben. Die Verwandtschaft der Phosphorsäure zum brennbaren Wesen ist also auf trocknem Wege nicht so stark, als zu den feuerbeständigen laugensalzen und zur Kalkerde. Beym Verbrennen der Kohlen aus Knochen wird aber wahrscheinlich durch die gemeinschaftliche Würkung der luft und des Feuers ein Antheil der Phosphorsäure mit dem Brennbaren zusammen abgeschieden; und das ist vielleicht der Grund, warum schwarzgebrannte Knochen nach Nikolas mehr Phosphorsäure liefern, als weißgebrannte (§. 1184.). In dieser durchs Brenn-

bare

bare verflüchtigten Phosphorſäure liegt vielleicht auch
der Grund von dem arſenikaliſchen Geruch, den man=
che Pflanzenkohlen beym Verbrennen geben; und ohne
Zweifel iſt ſie die Urſach von der Entſtehung der brenn=
baren Luft, wenn man Waſſerdämpfe in glühenden
Röhren durch Kohlen gehen läßt (§. 1124.).

* * *

§. 1255.

Im Allgemeinen genommen wären alſo, den bis=
her abgehandelten Zergliederungen zufolge, die entfernte=
ren Beſtandtheile, die man in organiſchen Weſen an=
trift, 1) in Pflanzen: Phlogiſten (§. 1095. 1125.),
Waſſer (§. 1090. 1100.), Pflanzenſäure (§. 1114.
1120.), Luftſäure (§. 1106. 1119. 1126.), Phos=
phorſäure (§. 1156. 1187.), feuerbeſtändiges Gewächs=
alkali (§. 1138.), Mineralalkali (§. 1150.), flüchtiges
Laugenſalz (§. 1115. 1116.), alle fünf einfache Erden
(§. 1156.), Küchenſalzſäure (§. 1140.), Vitriolſäure
(§. 1140.), Eiſenkalk (§. 1140. 1156.); 2) in thieri=
ſchen Körpern: Phlogiſton (§. 1095.), Waſſer (§.
1089. 1137.), Luftſäure (§. 1158. 1168.), Pflanzen=
ſäure (§. 1166.), Phosphorſäure (§. 1187.), Kalkerde
(§. 1179. 1180.), flüchtiges Laugenſalz (§. 1159.).
Aber auch die andern, die man bey den Gewächſen an=
trift, fehlen in einzeln Producten des Thierreichs nicht,
ſo daß mehr die verſchiedene Proportion oder Quanti=
tät, in welcher die entfernteren Beſtandtheile gemiſcht
ſind, als die Verſchiedenheit der Qualität den Unter=
ſchied organiſcher näherer Beſtandtheile beſtimmt, wie
die Zergliederung dieſer letztern deutlicher und vollſtän=
diger beweiſen wird.

Zweyte Abtheilung.

Zergliederung der nähern Bestandtheile organischer
Körper durch Feuer und schickliche Auflösungs=
mittel.

A. Pflanzenstoffe.

Zergliederung des Weinsteins.

§. 1256.

Wir machen den Anfang der Untersuchung der nähern
Bestandtheile der organischen Körper mit den we=
sentlichen Salzen der Pflanzen, und zwar zuerst mit
dem Weinsteine, der als näherer Bestandtheil des
Gewächsreiches schon im vorhergehenden (§. 397 —
399.) beschrieben worden ist. Wenn man den Wein=
stein auf glühende Kohlen legt, so entwickelt er einen
starken Rauch und einen sehr stechenden empyreumati=
schen Geruch. Er schwillt auf, wird kohlicht, und
fließt endlich zusammen. Schon daraus ist das Phlo=
giston als Grundstoff in ihm zu beweisen. Noch mehr
erhellet dieß aber aus dem Verpuffen des Weinsteines
mit Salpeter (§. 893.).

§. 1257.

Wenn man den rohen oder gereinigten Weinstein
einer trocknen Destillation unterwirft, so erhält man
außer einer sehr beträchtlichen Menge Luftsäure und
brennbarer Luft einen sauren Spiritus, den Wein=
steinspiritus (spiritus tartari, ♆ ♃ri) und ein brenz=
lichtes Oel, das man gemeiniglich stinkendes Wein=
steinöl (oleum tartari foetidum, empyreumaticum)
nennt. Diese Destillation wird nach der oben (§. 1099.
 IIII.) angezeigten Weise angestellt. Durch eine wie=
derhol-

G 4

derholte Rectification kann man die erhaltene Säure von den gröbern anklebenden Oeltheilen reinigen, da sie dann den spiritum tartari rectificatum giebt.   Noch leichter und besser aber befreyet man sie davon nach der Lowitzischen Methode (§. 1130.).

Franc. Henr. Corvinus, praes. *Iac. Reinb. Spielmann* diss. analecta de tartaro Argent. 1780. 4.

§. 1258.

Der Rückstand von der Destillation des Wein=steins, oder die Kohle desselbigen zeigt schon ihre alkali=sche Natur, und bedarf des völligen Einäscherns nicht einmal, um durchs Auslaugen mit Wasser Gewächs=alkali zu geben, dessen Abscheidung daraus wir in dem Vorhergehenden (§. 209.) schon angezeigt haben. Nach dem völligen Auslaugen der Asche des Weinsteins bleibt immer noch etwas Kalkerde zurück.   Das Laugensalz des Weinsteins ist zwar reiner, als das aus andern Pflanzenaschen, aber doch nicht ganz frey von Salz=säure.

§. 1259.

Aus dem bey der trocknen Destillation des Wein=steins zum Vorschein kommenden empyreumatischen Oele, darf man ganz und gar keinen Schluß auf das Daseyn wirklicher Oeltheile im Weinstein machen, wie ich schon oben (§. 1120.) erinnert habe, und es läßt sich auf an=dern Wegen auch kein Oel im Weinstein beweisen. Der Weinsteinspiritus giebt ferner bey einer Rectification über feuerbeständiges Laugensalz wirklich einen urinösen Geist, wie viele andere empyreumatische saure Pflan=zengeister (§. 1116.). Diesemnach wären die ungleich=artigen Theile des Weinsteines: brennbares Wesen, Wasser, Luftsäure, Pflanzensäure, flüchtiges Laugensalz und Gewächslaugensalz.   Aus dem in

Weins=

Weinſtein ſchon enthaltenen Stoff der luftſäure läßt ſich auch einſehen, warum das aus ſeiner Aſche erhaltene laugenſalz zum Theil milde und mit Säuren brauſend iſt.

§. 1260.

Dies Gewächslaugenſalz läßt ſich auch auf andere Weiſe im Weinſteine darthun, wie Marggraf, Wiegleb und Rouelle gezeigt haben, und wie die weitere Unterſuchung des Weinſteins in der Folge unwiderſprechlich beweiſen wird; ſo, daß gar kein Zweifel weiter gegen die Präexiſtenz deſſelben ſtatt finden kann.   Der Weinſtein, auch der gereinigte, iſt alſo nicht als eine reine Säure des Pflanzenreichs anzuſehen, ohngeachtet er die Würkungen der Säuren (§. 204. 212. 209.) zeigt, ſondern vielmehr als ein *Neutralſalz, das mit* *ſeiner Säure überſättigt, oder mit ſeinem laugen-* *ſalzigen Grundtheil noch nicht ganz geſättiget iſt.*

Neutralſalze aus Weinſtein.
Tartariſirter Weinſtein.

§. 1261.

Der trockne gereinigte Weinſtein kann ſich zwar mit dem laugenſalze nicht vereinigen, noch aus dem luftſauren die fixe luft entbinden.   Allein im Waſſer aufgelöſt verbindet ſich ſeine hervorſtechende Säure mit noch mehrerem laugenſalze, und wird dann damit völlig geſättigt. Ehe es erwieſen war, daß der Weinſtein ſchon laugenſalz des Gewächsreiches als Beſtandtheil enthielte, glaubte man auch, daß er mit dem mineraliſchen und flüchtigen laugenſalze verbunden, wirkliche Doppelſalze liefere, da er vielmehr damit dreyfache Salze giebt.   Man ſahe dieſe Verbindungen des Weinſteines mit laugenſalzen nicht, wie man wirklich thun muß,

G 5   als

als Vereinigung ſeiner überflüſſigen Säure mit den zugeſetzten Laugenſalzen, ſondern als reine weinſteinſaure Neutralſalze an, eine Benennung, die doch nur für die Verbindung der reinen Säure des Weinſteins mit den Laugenſalzen dienen kann. Dieſe Verbindungen des Weinſteins mit Laugenſalzen ſind ſchon ſeit ſehr langen Zeiten
in der Arzneykunſt von ſehr ausgebreitetem und nützli-
chem Gebrauch, weswegen hier auch eine nähere Unterſuchung derſelben ſtatt finden muß.

§. 1262.

Die geſättigte Verbindung des gereinigten Weinſteins mit dem feuerbeſtändigen Laugenſalze des Gewächsreiches, heißt tartariſirter Weinſtein (tartarus
tartariſatus, Cr. Criſatus), auch ſal vegetabile,
diüreticum. Bergmann nennt ſie alkali vegetabile
tartariſatum. Am unſchicklichſten iſt die Benennung
auflöslicher Weinſtein (tartarus ſolubilis), weil ſie
auch auf die Verbindung des Weinſteins mit andern
Laugenſalzen paßt. Man verfertiget den tartariſirten
Weinſtein wegen der Schwerauflöslichkeit des Weinſteins am beſten ſo, daß man zu einer, in einem eiſernen oder glaſurten irdenen Gefäße über dem Feuer ſte-
henden, reinen Lauge des Gewächsalkali ſoviel gepulverten
Weinſteinrahm oder Weinſteinkryſtalle miſcht, bis kein
Aufbrauſen mehr entſteht, und die Sättigung vollkommen geſchehen iſt (§. 221. 222.). Man ſiehet die noch
warme geſättigte Auflöſung durch, und raucht ſie gemeiniglich bey gelindem Feuer ganz bis zur Trockniß ab.

§. 1263.

Der Tartarus tartariſatus läßt ſich ziemlich ſchwer
kryſtalliſiren. Man muß dazu die Lauge etwas mit
Alkali überſättigen, und dann nach der gehörigen Verdunſtung bedeckt an einem kühlen Ort hinſtellen. Nach
Rouelle

Rouelle gelingt diese Krystallisirung am besten, wenn
man das Abrauchen bey einer Wärme vornimmt, die
den 86sten Gr. nach Fahr. nicht übersteigt.   Die Krystalle stellen ein flaches Parallelipipedum mit schief abge-
stumpften Endspitzen vor, durchkreuzen sich aber gerne.
Diese Krystalle sowohl, als das bis zur Trockne abge-
rauchte Salz, ziehen an der Luft etwas Feuchtigkeit
an.   Der tartarisirte Weinstein hat einen nicht sehr
unangenehmen, mäßig scharfen und salzigten Geschmack.
Er braucht beym 50° der Wärme Fahrenheit. nach
Spielmann 2,264 Theile Wasser zu seiner Auflösung,
vom siedenden noch nicht einmal gleiche Theile.

§. 1264.

Im Calcinirfeuer läßt sich der tartarisirte Weinstein ganz zersetzen; er brennt erst zu einer schwammig-
ten Kohle, und sodann zu einer weißen alkalischen
Masse, die mit Säuren braust, also Luftsäure aus der
zersetzten Weinsteinsäure enthält.   Bey einer trocknen
Destillation liefert er ähnliche Producte, als der Weinstein für sich allein (§. 1253.).

Des differentes manieres de rendre le tartre soluble par
M. M. du Hamel et Grosse; in den Mém. de l'ac. roy. des
sc. de Paris 1732. und 33.

§. 1265.

Der tartarisirte Weinstein ist übrigens als ein
wirkliches weinsteinsaures Neutralsalz oder als ein Doppelsalz anzusehen, da man bey seiner Bereitung die überschüssige und hervorstechende Säure des Weinsteins mit
demjenigen Laugensalz völlig sättiget, welches er schon
an und für sich in seiner Mischung hat.

Seig-

Seignetteſalz.

§. 1266.

Die Verbindung des Weinſteines mit dem mineraliſchen Laugenſalze, die auf eine gleiche Weiſe geſchehen kann, als beym tartariſirten Weinſtein gemeldet
worden iſt (§. 1262.), heißt **Seignetteſalz** (ſal poly-
chreſtum de Seignette ſal Rupellenſe). Die Auflöſung dieſes Salzes liefert durchs Abrauchen und Abkühlen anſehnliche und große Kryſtalle, die Säulen
von 6, 8 oder 10 ungleichen Seiten vorſtellen, welche
nach der Richtung ihrer Are durchſchnitten, und an ihren Enden rechtwinklicht abgeſtumpft ſind. Oft finden ſich auf der breitern Seitenfläche zwey ſehr merkliche Diagonallinien, die ſich in der Mitte der Fläche
durchkreuzen, und ſo dieſe Fläche in vier Dreyecke theilen. Die Kryſtalliſation des Salzes gelingt am beſten,
wenn man die Lauge etwas mit Mineralalkali überſättigt hat; man hat nicht zu befürchten, daß dieſes
Uebermaaß mit in die Kryſtalle überginge. Beym
Abrauchen der Lauge darf man auch nicht auf das Salz-
häutchen warten, weil das Salz wenig Waſſer in der
Hitze zur Auflöſung erfordert. Wenn die letzten Portionen der Seignettelauge nicht mehr anſchießen wollen,
ſo darf man ſie nur an einem mäßig warmen Orte der
freywilligen Verdunſtung überlaſſen, ſo bilden ſich darin die ſchönſten Kryſtalle.

Weſtrumb, in ſeinen kl. phyſ. chem. Abh. B. I. H. 1.
S. 155.

§. 1267.

Im Calcinirfeuer wird es, wie das vorhergehende,
zerſetzt, und es bleibt die alkaliſche Baſis zurück, die
aus Mineralalkali und Gewächsalkali gemiſcht iſt.
Denn da der Weinſtein ſchon das letztere weſentlich in
ſich

ſich enthält, ſo entſteht durch die Sättigung ſeiner über⸗
ſchüſſigen Säure mit dem Mineralalkali kein Doppel⸗
ſalz, ſondern ein dreyfaches Salz. Das Seignette⸗
ſalz kann daher auch nicht wohl alcali minerale tarta⸗
riſatum genannt werden.

§. 1268.

Dieß Salz hat ſeine Benennung von einem Apo⸗
theker zu Rochelle, Namens Seignette erhalten. Sei⸗
ne Bereitung und Beſtandtheile waren lange ein Ge⸗
heimniß, bis ſie Boulduc und Geofroy zu einer Zeit
entdeckten. Indeſſen iſt es doch noch lange mit Glaſers
Polychreſtſalz (§. 894.) verwechſelt worden.

Sur un ſel connu ſous le nom de polychreſte de Seignet⸗
te, par Mr. *Boulduc;* in den *Mem. de l'ac. roy. des ſc. de
Paris,* J. 1731. S. 124; Extrait of a lettre from Mr.
Geoffroy to Sir H. *Sloane,* concerning Mr. *Seignette* ſal
polychreſtus Rupellenſis; in den *phil. Tranſ.* no. 436.
S. 37.

§. 1269.

Wegen der nähern Verwandtſchaft, welche das
Gewächsalkali zur Säure des Weinſteines zu haben
ſcheint, iſt es wahrſcheinlich, daß der Antheil des Mi⸗
neralalkali, den das Seignetteſalz zur Baſis hat, durch
hinzugeſetztes vegetabiliſches Laugenſalz ätzend oder luft⸗
ſaure abgeſchieden werde, je nachdem dieſes ſelbſt ent⸗
der ätzend oder milde war, und das Seignetteſalz ſo ganz
in tartariſirten Weinſtein verwandelt werden könne.

Leonhardi in Macq. chem. Wörterb. Th. IV. S. 618.

Auflöslicher Weinſtein.

§. 1270.

Die geſättigte Verbindung des gereinigten Wein⸗
ſteins mit dem flüchtigen Laugenſalze heißt auflöslicher
Wein⸗

Weinſtein (tartarus ſolubilis). Andere nennen ſie Weinſteinſalmiak; allein ich hebe dieſe Benennung für die Vereinigung der reinen Weinſteinſäure mit dem flüchtigen Alkali auf, die von jener ganz verſchieden iſt. Um den auflöslichen Weinſtein zu bereiten, löſt man den Weinſteinrahm in ſiedendem Waſſer auf, und thut das flüchtige Laugenſalz bis zur erfolgenden Sättigung hinzu, ſeihet dann die Lauge durch, dampft ſie bey gelinder Wärme ab, und ſtellt ſie zum Kryſtalliſiren hin. Es iſt gut, wenn man auch bey dieſem Salze einen Ueberſchuß des flüchtigen Laugenſalzes in der Lauge läßt.

§. 1271.

Der auflösliche Weinſtein giebt ziemlich regelmäßige Kryſtalle, die nach Bou`cquet ſchrägwürflicht pyramidaliſch, nach Morveau vierſeitig ſäulenförmig, von gleichlaufenden Flächen, mit zweyſeitigen Endſpitzen in entgegengeſetzter Richtung, ſind. Es giebt noch mehrere Abweichungen, die wahrſcheinlich von der Beſchaffenheit der Lauge und des Abkühlens herrühren.

Morveau a. a. O. S. 55.

§. 1272.

Dieß Salz ſchmeckt kühlend bitterlich, und ammoniakaliſch, verliert mit der Zeit etwas von ſeinem Kryſtallenwaſſer, und wird auf der Oberfläche mehlig. Im Waſſer iſt der Tartarus ſolubilis leicht auflösbar. Seine wäſſerige Auflöſung ſchimmelt übrigens leicht. Sublimiren läßt er ſich nicht; ſondern im Feuer entweicht das flüchtige Alkali, der Weinſtein verbrennt, und der Weinſteingeiſt geht mit jenem zuſammen über. Die eingeäſcherte Kohle giebt das Weinſteinſalz.

§. 1273.

§. 1273.

Der auflösliche Weinstein ist also ebenfalls kein Doppelsalz oder reines Neutralsalz, sondern ein dreyfaches Salz, und die Weinsteinsäure ist darin mit zweyerley Alkalien, dem Gewächslaugensalz und dem urinösen Salz vereinigt. Die Benennung alkali volatile tartarisatum paßt also gar nicht.

§. 1274.

Die beyden feuerbeständigen Laugensalze zersetzen wegen der nähern Verwandtschaft der Weinsteinsäure zu ihnen den auflöslichen Weinstein, entbinden das flüchtige Alkali, und bringen einen tartarisirten Weinstein oder ein Seignettesalz hervor.

Weinsteinsäure.

§. 1275.

Man löse 100 Theile gereinigten und gepulverten Weinstein in genugsamer Menge siedendem Wasser in einem zinnernen Kessel auf, und trage nach und nach geschlemmte trockne und gepulverte Kreide, oder nach Hrn. Wiegleb, besser gepulverte Austerschaalen hinzu, bis kein Aufbrausen mehr entsteht, wozu ohngefähr 28 Theile Kreide erforderlich sind. Man gieße hierauf die Lauge nach dem Setzen und Abkühlen klar ab, die mit der Aussüßungslauge durchs Abrauchen bis zur Trockniß einen wahren Tartarus tartarisatus gewährt, der ohngefähr die Hälfte des angewandten Weinsteins beträgt. Das rückständige Pulver enthält nun die überschüssige Säure des Weinsteins mit der Kalkerde zu einem Mittelsatze vereinigt, das sehr schwer im Wasser aufzulösen ist, und unter dem Namen des Weinsteinselenits in der Folge weiter beschrieben werden soll. Es

beträgt

beträgt nach dem Aussüßen und Trocknen am Gewicht 103 Theile. Man schütte dieß Pulver in einen Kolben, und gieße nach und nach 300 Theile Vitriolsäure darauf, die aus 30 Theilen starken Vitriolöl und 270 Theilen Wasser gemischt besteht. Man lasse das Gemenge 12 Stunden in Digestion stehen, und rühre es öfters mit einem hölzernen Spatel um. Die klare, obenaufstehende Flüssigkeit wird hierauf abgegossen, der Rückstand in leinenen Säcken ausgedruckt, und mit kaltem Wasser ausgewaschen, bis sie allen sauren Geschmack verlohren hat. Die Aussüßungslaugen werden mit der abgegossenen Flüssigkeit vermischt. Die filtrirte Lauge enthält nun die, von dem Weinsteinselenit durch die Vitriolsäure abgeschiedene, Weinsteinsäure (acidum tartari, $+\Psi$), welche nach der Abscheidung des aufgelösten Gypses beym Abdampfen vermittelst des Durchseihens durch leinewand, und der Reinigung von ihrer gelben Farbe durch Kohlenstaub nach der lowizischen Weise, in gläsernen Gefäßen entweder bis zur Trockniß abgeraucht, oder noch besser durchs unmerkliche Abdunsten in der Wärme des Stubenofens zu wirklichen Krystallen gebracht werden kann.

Um versichert zu seyn, daß das rechte Verhältniß der zugesetzten Vitriolsäure getroffen sey, und die Lauge der Weinsteinsäure keine überschüssige Vitriolsäure enthalte, kann man etwas weniges von derselben mit Bleyessig versetzen. Es entsteht ein weißer Niederschlag, der sich in Salpetersäure ganz auflöst, wenn er von der reinen Weinsteinsäure herrührt; nicht aber, wenn er mit von der Vitriolsäure bewirkt war. In diesem Fall muß man noch etwas Weinsteinselenit mit der Lauge digeriren. Diese Probe wird sich aus dem ergeben, was in der Folge beym Bley angeführt werden soll.

Bergmann opusc. Vol. III. S. 367. Beschreibung einer verbesserten Bereitungsart der Weinsteinsäure, von Hrn. Wiegleb; in Crells chem. Journ. Th. IV. S. 42. Anzeige einiger neuen Handgriffe, die wesentliche Weinsteinsäure vollkommen rein, weiß, und schön krystallisirt zu verfertigen,

fertigen, von Hrn. Lowiz, in Crells chem. Annalen.
J. 1786. B. I. S. 211.; Ebendesselben Nachricht von
der Entdeckung, das Brandig- und Braunwerden der Flüssigkeit von der wesentlichen Weinsteinsäure zugleich zu verhüten; ebendas. B. I. S. 293.; Westrumb über die Reinigung der wesentl. Weinstein- und Zitronensäure vom Selenit; in seinen El. phys. chem. Abh. B. I. H. II. S. 212. f.

§. 1276.

Die Aetiologie dieses Prozesses ist folgende: die im
gereinigten Weinsteine hervorstechende Säure verbindet
sich mit der Kalkerde, treibt die Luftsäure aus, daher
das Aufbrausen rührt. Die rohe Kalkerde nimmt aber
nur die überschüssige Weinsteinsäure des Weinsteins in
sich; daher bleibt tartarisirter Weinstein übrig, was
schon Du Hamel und Grosse wahrnahmen, und was
die Präexistenz des Gewächslaugensalzes im Weinsteine
ungezweifelt gewiß macht (§. 1260.). Die Kalkerde
liefert mit der Weinsteinsäure den Weinsteinselenit, aus
welchem bey der weitern Procedirung durch die Vitriolsäure, wegen der nähern Verwandtschaft der Kalkerde zu
derselben, die reine Weinsteinsäure abgeschieden wird, indem die erstere sich selbst mit der Kalkerde zum Selenit
vereiniget.

§. 1277.

Der Erfinder dieser reinen Weinsteinsäure, die
man auch zum Unterschiede von der durch trockne Destillation des Weinsteins zu erhaltenden Säure oder dem
Weinsteinspiritus (§. 1257.), krystallisirte Weinsteinsäure, auch minder schicklich, wesentliches Weinsteinsalz (sal essentiale tartari), genannt hat, ist der sel.
Scheele, nicht Hr. Retzius, nach welchem man ihr
auch die Benennung, Weinsteinsäure des Retzius
(acidum tartari *Retzii*) beylegte. Die reine Weinsteinsäure nimmt beym Krystallisiren die Gestalt von

länglichen zugeſpißten, oder noch öfterer von blätterför-
migen Kryſtallen an, die ſich unter gewiſſen Winkeln mit
einander verbinden und zuſammenhäufen.

> Wer der Erfinder der Weinſteinſäure ſey? in Weſtrumbs Fl.
> phyſ. chem. Abh. B. I. H. II. S. 227. Elwerts Ma-
> gazin für Apotheker. 1785. St. I.
>
> Verſuche mit Weinſtein und deſſen Säure, von A. J. Retzius;
> in den ſchwed. Abhandl. J. 1770. S. 207. *Matth.
> Paecken* (eigentl. Hr. Klaproth) ſalis eſſentialis tartari
> analyſis. Goett. 1779. 4.

§. 1278.

Die reine Weinſteinſäure hat einen überaus ſauren Geſchmack. An der Luft ſind die Kryſtalle derſelben unveränderlich. In kaltem Waſſer löſen ſie ſich
ziemlich leicht auf; heißes Waſſer kann aber weit mehr
davon in ſich nehmen, als kaltes. Sie laſſen ſich daher
durchs Abkühlen zum Anſchießen bringen; werden aber
am ſchönſten bey der unmerklichen Abdunſtung in gelinder Wärme.

§. 1279.

Wenn man die reine trockne Weinſteinſäure für
ſich allein einer trocknen Deſtillation unterwirft, ſo
ſchwillt ſie auf, wird brandig, und man erhält in Verbindung mit dem pneumatiſch-chemiſchen Apparat eine
beträchtliche Menge Luftſäure und entzündbare Luft,
ſonſt aber eine wäſſerige brandige Säure, die dem
Weinſteinſpiritus ähnlich iſt, und empyreumatiſches Oel.
Die zurückbleibende ſchwammige Kohle wird durchs
Einäſchern bald weiß, und läßt einen ſehr geringen erdigten Rückſtand, der weder ſauer, noch alkaliſch iſt.

§. 1280.

Es erhellet hieraus offenbar, daß die Weinſteinſäure brennbares Weſen enthalte, was ſich auch aus
ihrem

ihrem Verpuffen mit ſalpeterſauren Salzen erweiſen
läßt; und daß auch die Luftſäure einen Beſtandtheil von
ihr ausmache. Daß ſie aber ölichte Theile habe, kann
ich aus dem bey der trocknen Deſtillation derſelben zum
Vorſchein kommenden empyreumatiſchen Oele, nach
dem ſchon oben angeführten Gründen (§. 1120.), ganz
und gar nicht folgern. Sie iſt freylich keine einfache
Säure, ſondern die elementariſche Pflanzenſäure mit
einem beträchtlichen Antheile Phlogiſton und dem Stoff
der luftſäure verbunden; allein ihre eigenthümlichen
wichtigen Verhältniſſe und Verwandtſchaften, die ſie
in dieſem ihren Zuſtande, als Weinſteinſäure, zeigt,
und der immer gleiche Zuſtand, worin ſie erhalten werden kann, berechtigen mich, ſie hier als eine eigene
Säure des Pflanzenreiches anzuſehen, und die Verbindungen die ſie mit den Körpern einzugehen, und die Wirkung, die ſie hervorzubringen im Stande iſt, in der
Folge weiter zu unterſuchen. Die Verſuche, welche
Monnet anführt, daß die Weinſteinſäure eine durch
ölichte Theile verlarvte Küchenſalzſäure ſey; oder die von
Berthollet, daß ſie keine ausgeſchiedene, ſondern aus
luftſäure und dem Oelichten des Weinſteines neu erzeugte Säure ſey; ſo wie Magnan's Behauptung, daß
ſie gar vollſtändige Salpeterſäure enthalte, haben mich
im geringſten nicht überzeugt.

Sur la nature de l'acide de tartre par Mr. *Monnet*; in *Rozier obſ. de phyſ.* T. III. S. 276.; Inhalt einer Abhandlung des Hrn. Monnet über die Natur der Weinſteinſäure;
in den Samml. aus Rozier's Beob. B. I. S. 286.;
Experiences ſur l'acide tartreux par Mr. *Berthollet*; in
Rozier's obſ. de phyſ. Fevr. 1776. Memoire, où l'on
demontre, que le nitre exiſte tout formé dans le crème
de tartre — par Mr. *Magnan*; im *Journ. encycloped.*
Maj. 1776. S. 457.

H 2   Wein-

Weinſteinſaure Neutralſalze.

§. 1281.

Die Weinſteinſäure iſt den laugenſalzen und alka⸗
liſchen Erden näher verwandt, als der Stoff der luft⸗
ſäure, und ſie brauſt daher mit ihnen auf, wenn ſie
ſich im milden Zuſtande befinden. Sie liefert damit,
das Gewächsalkali ausgenommen, ganz andere Neu⸗
tralſalze, als der bloße Weinſtein thut.

§. 1282.

Die geſättigte Verbindung der Weinſteinſäure mit
dem vegetabiliſchen laugenſalze iſt dem gewöhnlichen tar⸗
tariſirten Weinſteine (§. 1262.) vollkommen ähnlich,
und muß es auch ſeyn, da bey Bereitung des leßtern
die Säure des Weinſteines mit demjenigen laugenſalze
ganz geſättiget wird, davon ſie ſchon im Weinſteine ei⸗
nen Antheil bey ſich hat. Wenn man zu der Auflö⸗
ſung der Weinſteinſäure nicht ſo viel aufgelöſtes lau⸗
genſalz tröpfelt, als zur Sättigung der Säure hinrei⸗
chend iſt, ſo bildet ſich ein wiederhergeſtellter Wein⸗
ſtein (tartarus regeneratus), der ſich wegen ſeiner ge⸗
ringern Auflösbarkeit niederſchlägt. Eben dieß erfolgt,
wenn man zur Auflöſung des tartariſirten Weinſteines
reine Weinſteinſäure thut. Das Gewächslaugenſalz
nimmt dann wieder den Ueberſchuß der Säure in ſich,
mit dem es den Weinſteinrahm ausmachte. Der ge⸗
wöhnliche gereinigte Weinſtein (§. 399.) enthält übri⸗
gens nach Bergmann ohngefähr 0,23 Theile reines Ge⸗
wächsalkali, 0,43 Theile damit geſättigte, und 0,34
überſchüſſige Weinſteinſäure.

§. 1283.

Mit dem mineraliſchen laugenſalze geſättigt giebt
die reine Weinſteinſäure Kryſtalle, die denen des Seig⸗
netten

nettesalzes in der Gestalt, im Geschmacke und in der Auflösbarkeit ziemlich gleich kommen; aber ihrer Mischung nach weit von diesem verschieden sind, da sie ein reines Neutralsalz oder ein Doppelsalz ausmachen, das Seignettesalz hingegen ein dreyfaches Salz ist (§. 1267.). Ich nenne daher das, von welchem hier die Rede ist, zum Unterschiede vom Seignettesalz, tartarisirtes Mineralalkali (alkali minerale tartarisatum, soda tartarisata).

§. 1284.

Wahrscheinlich ist die Weinsteinsäure mit dem Gewächsalkali näher verwandt, als mit dem mineralischen Laugensalze; und dann würde man durch einen Zusatz von Gewächsalkali zu der Auflösung des tartarisirten Mineralalkali dieses entweder in Seignettesalz, oder ganz in tartarisirten Weinstein verwandeln können, nach der Menge des zugesetzten vegetabilischen Laugensalzes. Bergmann stellt in seiner Verwandtschaftstafel der Weinsteinsäure das Gewächsalkali vor das mineralische.

§. 1285.

Die gesättigte Verbindung der reinen Weinsteinsäure mit dem flüchtigen Laugensalze unterscheidet sich ebenfalls vom Tartarus solubilis (§. 1270.) in der Mischung, da dieser ein dreyfaches Salz ist (§. 1273.), jene hingegen ein reines Neutralsalz giebt. Ich nenne diese Verbindung daher auch zum Unterschiede Weinsteinsalmiak (alkali volatile tartarisatum, sal tartareum ammoniacale). Sie läßt sich durch gelindes Abdampfen in kleine Krystallen von einer unbestimmten Gestalt zum Anschießen bringen. Im kalten Wasser lösen sich diese Krystalle etwas schwer auf. Sublimiren aber lassen sie sich nicht, weil sie, wie alle weinsteinsaure Neutralsalze im Feuer zerlegt werden. Durch einen

H 3

Ueber-

Ueberſchuß von Weinſteinſäure erhielt Hr. Retzius mit
flüchtigem Alkali ein ſchwerauflösliches luftbeſtändiges
ſauer ſchmeckendes Pulver, das er flüchtigen Weinſteinrahm nennt.

§. 1286.

Durch beyde feuerbeſtändige laugenſalze läßt ſich
das flüchtige laugenſalz aus dem Weinſteinſalmiak los-
machen, weil die Weinſteinſäure des letztern wegen ihrer nähern Verwandtſchaft mit jenen tartariſirten Weinſtein, oder tartariſirtes Mineralalkali bildet.

Weinſteinſaure Mittelſalze. Weinſteinſelenit.

§. 1287.

Aus der Verbindung der Kalkerde mit der reinen
Weinſteinſäure entſteht der ſchon oben (§. 1275. 1276.)
erwähnte Weinſteinſelenit, Kalkweinſtein (calx tartariſata, Selenites tartareus), ein Mittelſalz, das
überaus ſchwer im kalten Waſſer auflöslich iſt, ſich aber
auch im ſiedenden Waſſer nur langſam und in ſehr geringer Menge auflöſen läßt, und deswegen bey ſeiner
Entſtehung ſich als erdiges Pulver niederſchlägt,
in welchem man aber nach dem Trockenwerden durchs
Vergrößerungsglas kleine ſpießigte Kryſtalle gewahr
werden kann. Mit dem Kalkwaſſer bringt die Weinſteinſäure auch einen Niederſchlag zu Wege. Der Geſchmack dieſes Weinſteinſelenits iſt erdig; an der luft
iſt er beſtändig. Im Feuer läßt er die Weinſteinſäure,
freylich als Weinſteinſpiritus und brandiges Oel, fahren, wird in verſchloſſenen Gefäßen zu einer ſehr
ſchwammigen und lockern Kohle, welche ſich in Hrn.
Prouſts Verſuchen beym Zutritt der luft von ſelbſt entzündete; ſonſt aber beym Einäſchern Kalkerde zurückläßt,

die,

bie, wenn sie nicht zu heftiges Feuer erfahren hat, luft=
säure enthält.

§. 1288.

Dieser schwerauflösliche Weinsteinselenit kann
übrigens zur Regel dienen, nie Weinsteinrahm oder
Weinsteinsäure in Verbindung mit absorbirenden Erden
als Arzneymittel innerlich zu geben, womit unchemische
Aerzte oft so freygebig sind.

§. 1289.

Die ätzenden Laugensalze können den Weinsteinse=
lenit auf nassem Wege nicht zersetzen.   Wenn man hin=
gegen ungelöschten Kalk mit der Auflösung des tartari=
sirten Weinsteines oder Mineralalkalis kocht, so wird
nicht Cremor tartari abgeschieden, sondern diese Neu=
tralsalze werden ganz zersetzt, eben so auch das Seig=
nettesalz, und es bleiben die Laugensalze derselben in
ätzender Gestalt in der Auflösung zurück, indem die
Weinsteinsäure mit der Kalkerde den Weinsteinselenit
bildet.   Auch aus dem Kalkwasser schlagen die wein=
steinsauren Neutralsalze einen Weinsteinselenit nieder.
Wir müssen daher der Weinsteinsäure eine stärkere Ver=
wandtschaft zur Kalkerde, als zu den feuerbeständigen
Laugensalzen zuschreiben.   Das flüchtige Laugensalz steht
der Kalkerde natürlicherweise ebenfalls nach.

§. 1290.

In der oben (§. 1275.) angeführten Bereitung
des Weinsteinselenits konnte die rohe Kalkerde wegen
der Verbindung mit Luftsäure nur die überschüssige Säure
des Weinsteines in sich nehmen, und es blieb daher ein tar=
tarisirter Weinstein übrig.   Wenn man aber ungelösch=
ten Kalk, statt der Kreide anwendet, so bleibt das Ge=
wächsalkali des Weinsteines in ätzender Gestalt übrig,

und

und der Weinstein wird ganz zerlegt. Man braucht nach) Bergmann nur halb so viel ungelöschten Kalk als Kreide, und doch wird der Weinsteinrahm ganz und gar zersetzt. Man könnte sich also des ungelöschten Kalkes mit größerem Vortheil zur Gewinnung der Weinsteinsäure aus dem Weinstein bedienen, als der rohen Kalkerde.

Bergmann opusc. Vol. III. S. 368.

§. 1291.

Die Lauge, welche nach dem Zersetzen des Weinsteines oder der weinsteinsauren Neutralsalze durch gebrannten Kalk übrig bleibt, hat das Besondere, daß sie zwar in der Kälte klar und helle ist, aber durchs Anwärmen in offenen und auch in verschlossenen Gefäßen, auch bey der Verdünnung mit Wasser, milchigt und trübe wird, und sich wieder beym Erkalten aufklärt und durchsichtig wird. Ohne Zweifel ist hieran der darin befindliche Weinsteinselenit schuld; allein es ist doch immer gegen die Analogie, daß ein Auflösungsmittel in der Kälte mehr auflöse, als in der Wärme. Oder sollte der Weinsteinselenit nur höchst fein mechanisch darin schwimmend seyn, und durch die Auflockerung des Zusammenhanges des Vehiculums in der Wärme sich wieder abscheiden?

Hr. De *Lassone* über die neue und besondere Erscheinungen, welche mehrere Salzmischungen hervorbringen; aus den *Mém. de l'ac. de Paris*, 1773. S. 191., übers. in Crells chem. Journ. Th. IV. S. 109. Wenzel von der Verwandtsch. S. 297. Leonhardi und Macquers chem. Wörterb. Th. IV. S. 619.

Weinsteinsaure Bittersalzerde.

§. 1292.

Mit der Bittersalzerde giebt die Weinsteinsäure ein Mittelsalz, das sich bey der völligen Sättigung aus

dem

dem Waſſer ebenfalls wegen ſeiner Schwerauflöslichkeit als eine Erde niederſchlägt, und tartariſirte oder
weinſteinſaure Bitterſalzerde (Magneſia tartariſata)
genannt wird. Mit einem Ueberſchuß von Säure läßt
ſie ſich beſſer auflöſen, und liefert dann auch während
dem Abrauchen vieleckigte, durchſichtige Salzkörner, die
eigentlich kleine, ſechsſeitige Säulen vorſtellen, die an
beyden Enden abgeſtumpft, und mehr oder weniger ir-
regulär ſind. Sie löſen ſich im Waſſer leichter auf, als
der Weinſteinſelenit, auch wenn ſie ganz geſättiget ſind.

Bergmann de magnesia. §. 12.

§. 1293.

Im Feuer ſchmelzt die weinſteinſaure Bitterſalzerde, ſchäumt auf, verkohlt ſich, und hinterläßt zuletzt
die reine Bitterſalzerde. In verſchloſſenen Gefäßen ge-
brannt liefert ſie, wie alle weinſteinſauren Salze, einen
Weinſteinſpiritus und empyreumatiſches Oel.

§. 1294.

Aetzende laugenſalze zerſetzen die weinſteinſaure
Bitterſalzerde auf naſſem Wege nicht; die milden thun
es aber, wegen der doppelten Wahlverwandtſchaft, bey
der Digeſtion damit, und machen die Bitterſalzerde
frey. Hingegen ſondert, nach Bergmann, die gebrannte Bitterſalzerde aus der Auflöſung der weinſteinſauren Neutralſalze die laugenſalze nach einiger Zeit ab.
Es muß alſo die Verwandtſchaft der Weinſteinſäure zu
der Bitterſalzerde größer ſeyn, als zu den laugenſalzen.
Die Kalkerde aber ſtellt Bergmann in der Stufenfolge
der Verwandtſchaft der Weinſteinſäure vor die Bitterſalzerde.

Bergmann de attractionib. elect. §. XXIII.

§. 1295.

Die Schwerauflöslichkeit der tartariſirten Bitters ſalzerde müßte übrigens den Aerzten ebenfalls die Behutſamkeit bey der Verbindung des gereinigten Weinſteines mit der Bitterſalzerde zum Arzneygebrauch empfehlen, die bey der Vermiſchung deſſelben mit Kalferde nöthig iſt, und die man bisher ſo wenig beobachtet hat.

Weinſteinſaure Alaunerde.

§. 1296.

Die reine Thonerde, beſonders wenn ſie aus dem Alaun niedergeſchlagen, wohl ausgeſüßt, und noch nicht getrocknet worden iſt, löſt ſich in der Weinſteinſäure leicht und vollkommen auf. Die geſättigte Auflöſung des Weinſteinalauns oder der weinſteinſauren Thonerde (argilla tartariſata, alumen tartareum) läßt ſich aber nicht kryſtalliſiren, ſondern giebt beym Eindicken eine durchſichtige gummiähnliche Salzmaſſe, die an der Luft nicht zerfließt, und einen eigenen zuſammenziehenden Geſchmack beſitzt. Im Feuer läßt ſie die Säure gleichermaßen in brenzlichter Geſtalt gänzlich fahren. Alle Laugenſalze ſowohl, als die übrigen Erden machen die Alaunerde aus der Auflöſung in der Weinſteinſäure frey.

Weinſteinſaure Schwererde.

§. 1297.

Mit der Schwererde giebt die Weinſteinſäure ebenfalls ein ziemlich ſchwerauflösliches Salz, den ſchwererbigten Weinſtein oder die tartariſirte Schwererde (terra ponderoſa tartariſata), die ſich bey einer Ueberſättigung mit Säure leichter im Waſſer auflöſen läßt. Im Calcinirfeuer verliert ſie ihre Säure gänzlich,

und

und ihre erdigte Basis bleibt zurück. Da die gebrannte
Schwererde aus der Auflösung der weinsteinsauren
Neutralsalze und des Weinsteinalauns die Weinsteinsäure an sich zieht, so muß sie dieser wohl näher verwandt
seyn, als die Laugensalze und Alaunerde. Bergmann
stellt die Schwererde in der Stufenfolge der Verwandtschaft der Weinsteinsäure auch vor die Bittersalzerde,
nach der Kalkerde.

Weinsteinsaure Neutral- und Mittelsalze mit Vitriolsäure.

§. 1298.

Die große Neigung der Weinsteinsäure, sich mit
einem Antheil Gewächslaugensalz zu dem ziemlich
schwerauflöslichen Weinsteinrahme zu verbinden, bringt
in der That scheinbare Abweichungen von den Verwandt-
schaftsgesetzen hervor. Wenn man nämlich zu der Auflösung irgend eines Neutralsalzes, welches das Gewächsalkali zur Basis hat, auch selbst des vitriolisirten
Weinsteines, reine Weinsteinsäure tröpfelt, so schlägt
sich ein wiederhergestellter Weinstein nieder, wenn die
Solution nicht zu viel Wasser enthält, um auch diesen
aufzulösen. Die Neutralsalze werden hierbey entweder
zum Theil zersetzt, wenn die Weinsteinsäure nicht näher
mit den Laugensalzen verwandt ist, als die Säure des
Neutralsalzes, oder gänzlich, wenn ihre Verwandtschaft
dazu stärker ist. Der vitriolisirte Weinstein wird nicht
gänzlich durch die Weinsteinsäure zersetzt, sondern nur
zum Theil. Die Vitriolsäure scheidet aus dem tartarisirten Weinsteine sogleich den Weinsteinrahm auf
nassem Wege ab.

§. 1299.

Diese scheinbare Anomalie in der Verwandtschaft
des Gewächsalkali läßt sich in der That am besten nach
Berg-

Bergmann aus der großen Neigung der Weinſteinſäure, ſich mit einem Antheile Gewächsalkali zum Weinſtein zu verbinden, heben. Kirwans Erklärung, die von der verſchiedenen Menge des ſpezifiſchen Feuers hergenommen iſt, paßt gar nicht hieher; und auch Hr. Weſtrumb thut mir kein Genüge, wenn er die geringere Auflösbarkeit des Weinſteines zu Hülfe nimmt. Denn daraus, daß letzterer ſo ſchwer auflöslich iſt, kann ich nicht einſehen, wie die Weinſteinſäure das Digeſtivſalz oder den vitrioliſirten Weinſtein zerſetzt. Die Zerſetzung muß ja offenbar erſt vorhergehen, ehe der ſchwerauflösliche Weinſtein entſtehen kann. Freylich entgeht das Gewächsalkali im Weinſteinrahme eben wegen der Schwerauflöslichkeit deſſelben der Wirkung, auch derjenigen Säuren, denen dieß laugenſalz näher verwandt iſt, als der Weinſteinſäure. Aber das iſt dann auch etwas ganz anders.

Bergmann de attract. elect. §. IX. §. XXXVII. und §. XXXVIII. Kirwan Verſ. und Beob. St. 2. S. 44. und ff.; Weſtrumb über die Urſach der Zerlegung des Digeſtivſalzes durch die Weinſteinſäure, in ſeinen El. phyſ. chem. Abh. B. II. St. I. S. 336. ff.

§. 1300.

Die Weinſteinſäure dient als ein vortrefliches Mittel, das Gewächsalkali, das in einer Auflöſung, auch mit einer Säure zum Neutralſalz verbunden, enthalten iſt, zu entdecken, indem es damit einen wiederhergeſtellten Weinſteinrahm bildet. Nur muß die Auflöſung nicht gar zu ſehr mit Waſſer verdünnt ſeyn, worin auch jener aufgelöſt zugleich bleiben könnte. Bey einem ſehr geringen Antheil des laugenſalzes kömmt der Niederſchlag des Weinſteines etwas ſpät zum Vorſchein.

Bergmann opuſc. V. III. S. 387.

§. 1301.

§. 1301.

Um die wahre Stufenfolge der Verwandtschaft des Gewächslaugensalzes mit der Weinsteinsäure in Rücksicht anderer Säuren zu bestimmen, schlägt daher Bergmann die Beobachtung mit dem Mineralalkali vor, das kein Uebermaaß der Weinsteinsäure in sich nimmt, wodurch man zu irrigen Folgerungen verleitet werden könnte, und das sonst einerley Stufenfolge in der Verwandtschaft der Säuren zu ihm hat. Das Glaubersalz wird durch die Weinsteinsäure nicht zerlegt, das weinsteinsaure Mineralalkali aber durch Vitriolsäure. Folglich haben die feuerbeständigen Laugensalze eine nähere Verwandtschaft zur Vitriolsäure, als zur Weinsteinsäure. Eben so verhält sich auch das flüchtige Alkali.

§. 1302.

Wirklich kann man auch durch ein Uebermaaß von Vitriolsäure und durch Beyhülfe der Hitze aus dem Weinsteinrahm vitriolisirten Weinstein herstellen, und so bewiesen auch Marggraf und Wiegleb die Präcristenz des Laugensalzes des Gewächsreiches im Weinstein. Hr. Schiller hat hierauf auch eine neue Methode gegründet, die wesentliche Weinsteinsäure zu bereiten, die darin besteht, daß man 1 Pfund gepulverten Weinsteinrahm mit 6 Pfund Wasser kochen läßt, hierauf ¼ Pfund Vitriolöl zusetzt, und das Kochen fortsetzt. Aus der abgerauchten filtrirten Mischung scheidet sich dann zuerst vitriolisirter Weinstein ab, und nachher schießt in der temperirten Wärme bey der unmerklichen Ausdünstung die Weinsteinsäure an. — Ich muß gestehen, daß diese Zerlegung doch etwas schwer hält, daß der Weinstein nicht ganz zersetzt wird, zumal wenn er nicht Auflösungswasser genug hat, und immer mehr Vitriolsäure erfordert, als zur Sättigung des Laugensalzes nothwendig ist.

Neuere

Neuere Methode, die wesentliche Weinsteinsäure zu bereiten; von Hr. Schiller; in Crells chem. Annalen. J. 1787. B. 1. S. 530., ingl. S. 544.

§. 1303.

Daß die Kalkerde näher mit der Vitriolsäure, als mit der Weinsteinsäure auf nassem Wege verwandt sey, erhellet schon aus der oben (§. 1275.) angegebenen Bereitungsart der Weinsteinsäure, die auch den Gyps nicht zersetzen kann. Auch von der Schwererde, von der Bittersalzerde und von der Thonerde wird die Weinsteinsäure durch die Vitriolsäure getrennt, daß sie also in der Stufenfolge der Verwandtschaft aller dieser Erden der Vitriolsäure nachsteht.

§. 1304.

Die Zersetzung der weinsteinsauren und vitriolischen Neutralsalze in Verbindung unter einander durch doppelte Wahlverwandtschaft auf nassem Wege können, dem bisher (§. 1298 — 1303.) erwähnten zufolge, beurtheilt werden. Tartarus tartarisatus wird nicht zersetzt durch vitriolisirten Weinstein, Schwerspath, Gyps, wohl aber durch Wundersalz, geheimen Salmiak, Bittersalz und Alaun. In diesen Fällen wird aber der Tartarus tartarisatus nicht ganz zerlegt, sondern die Weinsteinsäure behält einen Antheil des Gewächsalkali's bey sich. Hierauf gründet sich auch das Verfahren, aus Glaubersalz und tartarisirtem Weinsteine ein Seignettesalz zu verfertigen. Man sättiget nämlich zuerst 6 Theile Weinsteinkrystalle mit Gewächsalkali, und verwandelt sie in vitriolisirten Weinstein, und setzt dann zu der Auflösung desselben 5 Theile Wundersalz. Es schießt hier zuerst beym Abdunsten der vitriolisirte Weinstein, und nachher das Seignettesalz an. Es wird nämlich in diesem Prozeß nicht alles

Ge

Gewächsalkali des tartariſirten Weinſteines von der
Vitriolſäure des Glauberſalzes angezogen, ſondern ein
Theil bleibt mit der Weinſteinſäure zum Weinſtein verbunden, welcher letztere mit dem freygewordenen Mineralalkali des Glauberſalzes das Seignetteſalz bildet.

§. 1305.

Ferner; weinſteinſaures Mineralalkali wird zerſetzt durch vitrioliſirten Weinſtein, geheimen Salmiak,
Bitterſalz, Alaun, nicht durch Glauberſalz, Gyps,
Schwerſpath. Weinſteinſalmiak wird zerlegt durch
vitrioliſirten Weinſtein, Alaun, nicht durch die übrigen vitrioliſchen Neutral- und Mittelſalze; Kalkweinſtein würde durch vitrioliſirten Weinſtein, Glauberſalz,
geheimen Salmiak, Bitterſalz und Alaun zerſetzt werden, wenn die Schwerauflöslichkeit deſſelben in Waſſer
die Wahlverwandtſchaft auf naſſem Wege zuließe;
weinſteinſaure Schwererde würde dann auch mit allen
vitrioliſchen Neutralſalzen, den Schwerſpath ausgenommen, ſeine Beſtandtheile umtauſchen, und die weinſteinſaure Bitterſalzerde mit dem vitrioliſirten Weinſtein,
geheimen Salmiak, und Alaun, nicht mit den übrigen.
Weinſteinſaurer Alaun aber wird durch keines der vitrioliſchen Neutral- und Mittelſalze, außer durch vitrioliſirten Weinſtein geändert.

Weinſteinſaure Neutral- und Mittelſalze mit Salpeterſäure.

§. 1306.

Die Salpeterſäure ſcheidet aus dem tartariſirten
Weinſteine ſogleich den Weinſteinrahm, aber nicht die
reine Weinſteinſäure; ſo wie dieſe hinwiederum aus
dem prismatiſchen Salpeter einen Weinſteinrahm nie-
der-

verſchlägt. Dieſer Widerſpruch in der Verwandtſchaft läßt ſich auf eben die Art heben, wie vorher (§. 1299.) bey der Vitriolſäure angeführt worden iſt. Aus dem kubiſchen und flammenden Salpeter hingegen kann die Weinſteinſäure die Salpeterſäure nicht austreiben. Wir müſſen alſo den Laugenſalzen eine nähere Verwandtſchaft zu der Salpeterſäure, als zu der reinen Weinſteinſäure zuſchreiben.

§. 1307.

In Rückſicht der Kalkerde aber findet ein anderes Verhältniß ſtatt, und der Kalkſalpeter wird von der reinen Weinſteinſäure ſogleich zerlegt, und ein Weinſteinſelenit abgeſchieden. Die Bitterſalzerde, Schwererde und Alaunerde hingegen ſind nach Bergmann der Salpeterſäure näher verwandt, als der Weinſteinſäure.

§. 1308.

Dieſemnach würde eine doppelte Wahlverwandtſchaft auf naſſem Wege ſtatt finden: zwiſchen tartariſirtem Weinſtein und Rhomboidalſalpeter, Kalkſalpeter, flammenden Salpeter, bitterſalzerdigten und thonerdigten Salpeter, nicht zwiſchen gemeinen und ſchwererdigten Salpeter; zwiſchen weinſteinſaurem Mineralalkali und gemeinen, flammenden, kalkerdigten, bitterſalzerdigten und thonerdigten, nicht zwiſchen rhomboidaliſchen und ſchwererdigten Salpeter; zwiſchen Weinſteinſalmiak und gemeinen, kalkerdigten und alaunerdigten Salpeter, nicht zwiſchen den übrigen. Kälkerdigter Weinſtein würde durch keines der ſalpeterſauren Neutral= und Mittelſalze zerſetzt werden; bitterſalzerdigter Weinſtein durch gemeinen, kalkerdigten und alaunerdigten, nicht durch die übrigen; alaunerdigter Weinſtein durch gemeinen und Kalkſalpeter; ſchwererdigter Weinſtein aber

aber durch alle ſalpeterſaure Neutral = und Mittelſalze,
ausgenommen den ſchwer= = digten Salpeter.

Weinſteinſaure Neutral = und Mittelſalze mit
Küchenſalzſäure.

§. 1309.

Das Digeſtivſalz wird durch die reine Weinſtein=
ſäure auf naſſem Wege ſogleich zerlegt, (und ein wie=
derhergeſtellter Weinſteinrahm niedergeſchlagen), nicht
aber das Kochſalz; und man kann durch jene Säure
beyde Salze leicht von einander unterſcheiden; ſo wie
das Digeſtivſalz ſelbſt als Reagens dienen kann, die
Weinſteinſäure in einer Flüſſigkeit zu entdecken. Die
Küchenſalzſäure aber ſondert aus dem tartariſirten
Weinſteine ſogleich einen Weinſteinrahm ab. Dieſer
Widerſpruch in der Verwandtſchaft läßt ſich, wie vor=
her bey der Vitriolſäure (§. 1299.) und bey der Sal=
peterſäure (§. 1306.) gemeldet worden iſt, heben. In
der Stufenfolge der Verwandtſchaft der Laugenſalze
geht die Küchenſalzſäure der Weinſteinſäure vor; ſo wie
auch in der der Schwererde, Bitterſalzerde und Alauner=
de, nicht aber der Kalkerde. Denn dieſe iſt mit der
Weinſteinſäure näher verwandt, als die Salzſäure,
und jene ſchlägt daher auch aus dem kochſalzſauren Kal=
ke einen Weinſteinſelenit nieder.

§. 1310.

Hieraus und aus der Vergleichung der Verwandt=
ſchaftsfolge der Salpeterſäure und Weinſteinſäure ge=
gen die Laugenſalze und Erden würden nach einer dop=
pelten Wahlverwandtſchaft auf naſſem Wege zerſetzt
werden: tartariſirter Weinſtein durch Kochſalz, Sal=
miak, Kalkkochſalz, ſalzſaure Bitterſalzerde und ſalzſaure
Thonerde, nicht durch Digeſtivſalz und ſalzſaure

Schwererde; tartariſirtes Mineralalkali durch Dige⸗
ſtivſalz, Salmiak, ſalzſaure Kalkerde, Bitterſalzerde,
und Thonerde, nicht durch Kochſalz und ſalzſaure
Schwererde; Weinſteinſalmiak durch Digeſtivſalz, ſalz⸗
ſaure Kalkerde und Thonerde; nicht durch Kochſalz,
und die übrigen; Weinſteinſelenit durch keines der ſalz⸗
ſauren Neutral⸗ und Mittelſalze; weinſteinſaure Bit⸗
terſalzerde durch Digeſtivſalz, ſalzſaure Kalkerde und
Alaunerde, nicht durch die übrigen; weinſteinſaure
Alaunerde durch Digeſtivſalz und ſalzſauren Kalk; wein⸗
ſteinſaure Schwererde aber durch alle kochſalzſaure
Neutral⸗ und Mittelſalze, kochſalzſaure Schwererde
natürlicherweiſe ausgenommen.

§. 1311.

Auf dieſe doppelte Wahlverwandtſchaft gründet
ſich auch eine andere Scheeliſche Methode, das Seig⸗
nettſalz zu bereiten. Man ſättigt nämlich eine kochende
Auflöſung von 36 Theilen gereinigtem Weinſteine in
Waſſer mit feuerbeſtändigem vegetabiliſchen Laugenſalze,
und löſt dann 11 Theile Kochſalz darin auf. Man ſei⸗
het das Gemiſch durch, dampft es ab, und läßt es kry⸗
ſtalliſiren, da dann ein wahres Seignetteſalz anſchießt.
Die zurückbleibende Lauge liefert zwar nach wiederhol⸗
tem Abrauchen und Kryſtalliſiren ebenfalls noch derglei⸗
chen; es iſt aber doch immer mehr und mehr mit Di⸗
geſtivſalz verunreiniget, und der letzte Anſchuß iſt faſt
lauter Digeſtivſalz. Die doppelte Zerſetzung geſchiehet
hier auf eine ähnliche Art, wie oben §. 1304.

Weinſteinſaure Neutral⸗ und Mittelſalze mit Flußſpathſäure.

§. 1312.

Die Laugenſalze, die Bitterſalzerde, die Schwer⸗
erde und Thonerde ſind mit der Weinſteinſäure nach

Berg⸗

Bergmann nicht so nahe verwandt, als mit der Flußspathsäure; die Kalkerde verhält sich umgekehrt, was
aber freylich weitere Untersuchungen noch bestätigen
müssen. Aus dem flußspathsauren Gewächsalkali schlägt
die reine Weinsteinsäure freylich einen wiederhergestellten Weinsteinrahm nieder, allein aus eben dem Grunde, als aus dem vitriolisirten Weinstein (§. 1299.).

§. 1313.

Diesemnach würde folgende doppelte Wahlverwandtschaft auf nassem Wege statt finden, wenn die
Schwerauflöslichkeit mancher flußspathsauren und wein-
sauren Mittelsalze sie zuließe. Es würde zersetzt werden: tartarisirter Weinstein durch flußspäthsaures Mineralalkali,
(Flußspath), Flußspathsalmiak und flußspathsaure
Alaunerde, nicht durch flußspathsaures Gewächsalkali,
und flußspathsaure Schwer = und Bittersalzerde; weinsteinsaures Mineralalkali durch flußspathsaures Gewächsalkali, Flußspathsalmiak, (Flußspath), und fluß-
spathsaure Alaunerde, nicht durch flußspathsaures Mineralalkali, flußspathsaure Bittersalzerde und Schwererde; Weinsteinsalmiak durch flußspathsaures Gewächsalkali, (Flußspath), und flußspathsaure Alaunerde, nicht
durch flußspathsaures Mineralalkali, Flußspathsalmiak,
flußspathsaure Bittersalzerde und Schwererde; Kalk-
weinstein durch kein flußspathsaures Neutral= und Mittelsalz; weinsteinsaure Bittersalzerde durch flußspathsaures Gewächsalkali, Mineralalkali und Flußspathsalmiak, durch (Flußspath) und flußspathsaure Thonerde, nicht durch flußspathsaure Bittersalzerde und
Schwererde; weinsteinsaure Alaunerde durch flußspathsaures Gewächsalkali und (Flußspath), nicht durch
die übrigen; weinsteinsaure Schwererde durch alle

J 2   fluß-

flußspathsaure Neutral = und Mittelsalze ausgenommen durch flußspathsaure Schwererde.

Weinsteinsaure Neutral = und Mittelsalze mit Borarsäure.

§. 1314.

Die Borarsäure ist den laugensalzen und Erden nicht so nahe verwandt, als die Weinsteinsäure, und diese scheidet daher auch aus dem Borare und den borarsauren Salzen auf nassem Wege das Sedativsalz ab.

§. 1315.

Wenn man zu der Auflösung von 1 Theile Borar in heissen Wasser 2 Theile gepulverten Weinsteinrahm, oder überhaupt soviel davon hinzusetzt, bis sich keiner mehr auflösen will, so erhält man aus der durchgeseiheten und abgedampften lauge ein anfänglich honigdickes, zuletzt aber zähes, gummiähnliches, zerfließbares, säuerlich schmeckendes Salz, das den Namen des auflöslichen Weinsteinrahms (Cremor tartari solubilis, tartarus boraxatus) erhalten hat, schon von Le Fevre erfunden worden ist, und auch nach ihm Le Fevre's gummichtes Salz heißt. Dieß Salz ist ein vierfaches, und besteht aus dem vegetabilischen laugensalze im Weinsteine, dem Mineralalkali des Borares, der Weinsteinsäure und dem Sedativsalze. Von der überschüssigen Weinsteinsäure rührt sein saurer Geschmack, und von der zum Theil erfolgten Sättigung derselben durch das überschüssige Mineralalkali des Borares die größere Auflöslichkeit her.

Le Fevre, in den Mém. de Paris, J. 1732; Bergii methodus cremorem tartari solubilem reddendi; in den Nov. act. acad. nat. curios. T. IV. S. 95.

§. 1316.

§. 1316.

Auch das bloße Sedativsalz allein verbindet sich mit dem Weinsteinrahme auf naſſem Wege, und beyde machen zuſammen ein dreyfaches Salz, das ſich im Waſſer leicht auflöſt, nach dem Abrauchen gummigt wird, einen ſehr ſauren Geſchmack beſitzt, an der Luft aber trocken bleibt. Nach Laſſone kann ein Theil Sedativsalz 4 Theile Weinſteinrahm auflöslicher machen und ſich damit verbinden. — Wegen dieſer beſondern Verbindung des Sedativsalzes mit dem Weinſtein erfordern die doppelten Wahlverwandtſchaften der boraxſauren und weinſteinſauren Neutral- und Mittelſalze noch eigene Verſuche und Erfahrungen.

Weinsteinsaure Neutral- und Mittelsalze mit Phosphorussäure.

§. 1317.

Aus der Auflöſung des Gewächsphosphorſalzes ſchlägt zwar die Weinſteinſäure einen Weinſteinrahm nieder, allein nicht weil die Verwandtſchaft des laugenſalzes zu derſelben größer wäre, als zur Phosphorſäure, ſondern ebenfalls aus den oben (§. 1299.) angeführten Grunde. Die Phosphorſäure ſteht der Weinſteinſäure in der Verwandtſchaft der laugenſalze wirklich vor. Dieß iſt nach Bergmann auch der Fall mit der Schwererde und Bitterſalzerde, aber nicht mit der Kalkerde und Alaunerde, welche die Weinſteinſäure der Phosphorſäure entreißt.

§. 1318.

Durch doppelte Wahlverwandtſchaft würde alſo auf naſſem Wege zerſetzt werden: tartariſirter Weinſtein durch mineraliſches Phosphorſalz, Phosphorſalmiak,

miak, (Phosphorſelenit), und alaunerdigtes Phos
phorſalz; weinſteinſaures Mineralalkali durch Ge
wächsphosphorſalz, Phosphorſalmiak, (Phosphorſele
nit), phosphorſaure Thonerde; Weinſteinſalmiak durch
Gewächsphosphorſalz, (Phosphorſelenit), und phos
phorſaure Thonerde; Weinſteinſelenit durch keines der
phosphorſauren Neutral- und Mittelſalze; weinſtein
ſaure Bitterſalzerde durch alle phosphorſauren Neu
tral- und Mittelſalze, phosphorſaure Bitterſalzerde aus
genommen, wie ſich von ſelbſt verſteht; weinſteinſaure
Schwererde, ebenfalls durch alle, bis auf die phos
phorſaure Schwererde und Bitterſalzerde; weinſtein
ſaure Alaunerde endlich nur durch Gewächsphosphor
ſalz und phosphorſaure Kalkerde.

Zergliederung des Zuckers. Zuckerſäure.

§. 1319.

Wenn der Zucker auf Kohlen verbrannt wird, ſo
ſtößt er einen ſtarken weißen Dampf aus, der einen
ſtechenden ſäuerlichen Geruch verbreitet; er ſchwellt auf
und verbrennt zu einer Kohle. Mit Salpeter verpufft
er in der Glühehitze ſehr ſtark, und dieß beweißt alſo
ſchon, daß er das brennbare Weſen als einen Beſtand
theil in ſich habe. Unterwirft man ihn einer trocknen
Deſtillation in Verbindung mit dem pneumatiſch-che
miſchen Apparat, ſo erhält man eine ſehr beträchtliche
Menge Luftſäure und brennbare Luft; ſonſt aber bey
der Deſtillation mit einer geräumigen Vorlage eine
wäſſerigte Feuchtigkeit, einen ſauren Geiſt, den
Zuckerſpiritus (ſpiritus ſacchari) und ein brenzlichtes
Oel. Das ganz zuerſt übergehende Wäſſerige ſieht gelb
lich aus, riecht brenzlicht, und ſchmeckt nicht ſehr ſäuer
lich. Der eigentliche ſaure Geiſt geht in weißen Däm

pfen

ofen über, die sich zu fetten Streifen verdichten, hat
einen scharfen Geruch, und wird immer dunkler von
Farbe und brenzlichter von Geruch, je mehr sich die
Destillation dem Ende nähert. Das zuerst übergehen=
de Oel ist ebenfalls gelb, und wird zuletzt immer dunk=
ler und zäher. Durch wiederhohltes Abziehen über rei=
nen Thon läßt sich der saure Zuckergeist von den ihm
anklebenden Oeltheilen reinigen, und endlich ganz wasser=
helle, gelinder im Geruch, und saurer im Geschmacke
darstellen. So ist er alsdann Schrickels Zucker=
säure. Die von der Destillation zurückbleibende Kohle
ist schwammigt, und läßt sich äußerst schwer einäschern.
Sie enthält kein Laugensalz, wohl aber etwas Kalkerde,
und muthmaßlich auch Phosphorsäure.

Io. Fridr. *Schrickel* de falibus faccharinis vegetabilibus et
facchari albi vulgaris analyf. acidoque huius fpiritu.
Gieff. 1776.

§. 1320.

Aus dem bey dieser Zerlegung des Zuckers im Feuer
zum Vorschein kommenden Oeltheilen hat man ganz
unrichtig auf die ölige Natur des Zuckers geschlossen,
auch den süßen und annehmlichen Geschmack dessel=
bigen, und seine gährungsfähigen und nahrhaften Ei=
genschaften daraus hergeleitet. Das empyreumatische
Oel ist offenbar erst ist der Hitze erzeugt (§. 1120.),
und ich kann daher nur Phlogiston, Luftsäure und die
allgemeine Pflanzensäure als Bestandtheile im Zucker
anerkennen.

§. 1321.

Die Verhältnisse, in welchen das Phlogiston mit
der Säure verbunden seyn kann, sind unzählig, und
die Resultate dieser Verbindungen so verschieden, daß
wir daraus recht sehr gut den Unterschied zwischen Zu=
cker und Weinsteinsäure beurtheilen und einsehen kön=

J 4   nen,

nen, wenn auch gleich letztere bey der Zergliederung im
Feuer einerley Bestandtheile mit dem Zucker gewährt
(§. 1280.). Ich sage, das Verhältniß dieser Bestandtheile oder ihre Quantität ist verschieden. Die Säure
des Weinsteines ist auch wirklich, wie wir in der Folge
sehen werden, mit der Säure des Zuckers einerley, aber
sie ist nicht mit so vielem Brennbaren umhüllt und vereinigt, als sie es im Zucker ist, und wir müssen den
Grund von der Süßigkeit des Zuckers, so wie die
Entstehung derselben, eben von der Verbindung des
Phlogistons mit der Pflanzensäure in einem gewissen
und bestimmten Verhältnisse ableiten, und annehmen,
daß der Zucker eine Pflanzensäure sey, die mit so vielem Phlogiston verbunden ist, daß wir die Säure gar
nicht mehr durch den Geschmack, oder sonst durch Reagentia entdecken können.

Io. Andr. Murray, resp. Io. Fr. Bebrens, diss. dulcium na-
turam et vires expendens. Goett. 1779. 4.

§. 1322.

Die minder zerstörende Zerlegung des Zuckers
durch schickliche Auflösungsmittel auf nassem Wege zeigt,
daß wir durch trockne Destillation nicht die eigentliche
Natur der Säure des Zuckers enthüllen können, daß
die Schickesche Zuckersäure keine eigenthümliche Säure des Pflanzenreichs, und überhaupt die Zergliederung
der Körper im Feuer oft trügerisch und immer unzulänglich zur Bestimmung der wahren Natur der Pflanzensäuren seyn.

§. 1323.

Wenn man nämlich nach des sel. Scheelens Erfindung und Bergmanns Bekanntmachung auf einen
Theil gepulverten weißen Zucker in einer Tubulatretorte, deren untere Mündung mit der Wanne des pneu-
mati-

matiſchen chemiſchen Apparats in Verbindung iſt, und
die im erwärmten Sandbade liegt, drey Theile eines
ſtarken Salpetergeiſtes gießt, ſo entſteht ein Aufſchäu-
men, und es entwickelt ſich bey gelinder Wärme eine
mit ziemlich viel luftſäure verunreinigte Salpeterluft
(§. 872.). Man ſetzt die Deſtillation ſo lange gelinde
fort, bis keine Salpeterluft mehr zum Vorſchein kömmt,
gießt dann abermals drey Theile Salpetergeiſt darauf,
und verfährt wie vorhin. Die zurückbleibende lauge
iſt, ſo lange ſie heiß iſt, klar und helle, wird aber dunkler beym Erkalten. Man gießt ſie noch warm aus der
Retorte in ein Zuckerglas, und läßt ſie ruhig erkalten,
da dann dünne vierſeitig prismatiſche Kryſtalle anſchießen, welche, von der anhängenden Flüſſigkeit durch
löſchpapier befreyet, nun die reine Zuckerſäure (acidum
ſacchari, ✝ ☉) ſind. Aus der übrigen braunen
Flüſſigkeit kann man durch ähnliche Behandlung noch
mehrere Zuckerſäure zu wiederholten Malen ſcheiden,
und ſo den Zucker gänzlich zerlegen.

§ 1324.

Dieſe kryſtalliniſche Zuckerſäure hat einen höchſt
ſauren Geſchmack, der aber angenehm iſt, wenn man
die Auflöſung mit ſehr vielem Waſſer verdünnt hat.
20 Grane können einer ſchwediſchen Kanne ſchon eine
merkliche Säure mittheilen. Die wäſſerige Auflöſung
der Zuckerſäure röthet die blauen Pflanzenfarben, welche durch andere Säure ſo verändert werden, und treibt
aus den milden laugenſalzen und Erden die luftſäure.
Deſtillirtes Waſſer kann in der Siedhitze eine gleiche
Menge von den Kryſtallen in ſich nehmen, bey der
mittlern Temperatur aber nur ohngefehr die Hälfte.
Auch die ätheriſchen Oele ſowohl, als die milden löſen
die Zuckerſäure auf. In der Wärme werden die trocknen Kryſtalle mit einer weißen Rinde bedeckt und ver-

wittern

zwittern gänzlich. Sie verlieren dabey ohngefähr 0,30 Kryſtallenwaſſer.

Torb. Bergmann, reſp. *Axel. Arvidſon* de acido ſacchari. Upſal. 1776. 4; und in ſeinen *opuſc. phyſ. chem.* Vol. I. S. 251.

§. 1325.

Durch trockne Deſtillation wird die kryſtalliniſche Zuckerſäure, wie die Weinſteinſäure (§. 1279.) zerſtört, und liefert mit dem pneumatiſch = chemiſchen Apparat nach Bergmann ohngefähr 100 ſchwed. Cubiczolle aus der halben Unze, nach Fontana aus eben dieſer Menge 216 pariſ. Cubiczolle luftförmiger Flüſſigkeit, wovon ohngefähr ⅓ Luftſäure, das andere brennbare Luft iſt. Sonſt geben die Kryſtalle bey der trocknen Deſtillation zuerſt in gelinder Wärme ihr Kryſtallen= waſſer, bey ſtärkerer Hitze ſchmelzen ſie, erhalten eine braune Farbe, liefern einen ſauren Spiritus, ein Theil des Salzes ſublimirt ſich, und legt ſich in Geſtalt einer weißen Rinde an, und es bleibt nur eine geringe Men= ge eines grauen oder braunen Rückſtandes, der im freyen Feuer faſt gänzlich verſchwindet. Der übergan= gene ſaure Geiſt hat zum Theil noch die Eigenſchaften der Zuckerſäure, läßt ſich aber nicht in Kryſtalle brin= gen. Die ſublimirte Säure wird durch wiederholte Deſtillation ebenfalls nach und nach gänzlich in dieſen ſauren Geiſt verändert.

§. 1326.

Die Zuckerſäure unterſcheidet ſich von der reinen Weinſteinſäure in ihrem äußern Verhalten nicht allein, ſondern auch noch insbeſondere durch ihre Verwandt= ſchaften und Verhältniſſe gegen andere Körper. Dem allen ungeachtet unterſcheiden ſich beyde Säuren doch nicht in dem Weſen und der Qualität ihrer Beſtand=

theile,

theile, sondern nur in der Proportion oder in der Quantität derselbigen. Sie bestehen beyde aus der elementarischen Pflanzensäure, die wir im folgenden unter dem Namen der Essigsäure näher kennen lernen werden, aus Brennstoff und luftsäure. Der Brennstoff ist aber in der Weinsteinsäure in größerer Menge mit der Essigsäure vereinigt, als in der Zuckersäure, und daher ihr verschiedenes Verhalten; und wirklich läßt sich auch die reine Weinsteinsäure durch Entziehung eines Theiles ihres Phlogistons vermittelst der Salpetersäure, gegen Bergmanns Behauptung, in wahre Zuckersäure umändern, wie Hr. Hermbstädt und Hr. Westrumb durch ihre schönen Versuche gefunden haben. Durch eine zu große Menge von Salpetersäure, zumal bey starker Hitze, wird der Weinsteinsäure freylich ihr Brennstoff in zu großer Menge geraubt; so daß sie zu wenig behält, um Zuckersäure zu werden, und wird endlich dadurch ganz in Essigsäure verwandelt. Eben dieß wiederfährt auch der Zuckersäure selbst; so daß dieß unsere Behauptung noch mehr bestätiget, daß die Essigsäure die allgemeine Säure des Pflanzenreichs sey, in welcher sich endlich alle übrigen auflösen lassen. Was aber unsern Satz außer allen Zweifel setzt, ist, daß man nach Hrn. Hermbstädt aus dem Zucker wahre Weinsteinsäure scheiden kann, wenn man bey gehöriger Behandlung minder starke Salpetersäure anwendet, und also den Zucker weniger dephlogistisirt. Concentrirtes Vitriolöl zersetzt in der Hitze sowol die Zuckersäure, als Weinsteinsäure, verbindet sich mit dem Phlogiston derselbigen zur Schwefelsäure, und verwandelt sie selbst in Essigsäure. Die Zuckerluft, welche Hr. von Herbert bey der Behandlung des Zuckers mit Vitriolöl erhalten haben will, war nichts mehr und weniger als ein Gemisch aus Schwefelluft und luftsäure. Von der dephlogistisirten Salzsäure lassen sich ebenfalls noch beträcht-

trächtliche Wirkungen auf die Weinſteinſäure und Zuckerſäure erwarten, und die Gleichheit ihrer Beſtandtheile dadurch noch mehr ins licht ſetzen. Das brennbare Weſen der Zuckerſäure erhellet übrigens auch noch
aus ihrem Verpuffen mit Salpeter. — Daß die Zuckerſäure eine modificirte Salpeterſäure ſey, oder dieſe
als Beſtandtheil in ſich habe, können wir jetzt gar nicht
mehr zugeben, und Schrickels Zuckerſäure müſſen wir
für ein Gemiſch aus Eſſigſäure, Weinſteinſäure und
Zuckerſäure anerkennen.

Bergmann opuſc. Vol. III. S. 369. Hermbſtädt chemiſche
Abhandl. über die Natur der Zuckerſäure, in Crells neue-
ſten Entdeckungen, Th. IX. S. 6, und ebendaſ. Th.
VII. S. 76. Ebendeſſelben chemiſche Verſuche und Beobachtungen über die Umwandlung der Zuckerſäure und Wein-
ſteinſäure in Eſſig, in Crells chem. Annal. J. 1786. B.
I. S. 41. Fortſetzung S. 129. Ebendeſſelben chemiſche
Verſuche und Beob. über die Natur der Grundſäure des
Pflanzenreichs und die Urſache ihrer Veränderung, die ſie
durch Mineralſäure erleiden, in ſeinen phyſik. chem. Verſ.
B. I. S. 193. Weſtrumb über die Zuckerſäure, als einen Beſtandtheil der Säuren des Pflanzenreichs, in Crells
neueſten Entd. Th. X. S. 84. Ebendeſſelben chemiſche
Verſuche, die Entſtehung der Zuckerſäure, die Natur der-
ſelben und die Beſtandtheile des Weingeiſtes betreffend; in
ſeinen kleinen phyſ. chem. Abh. B. I. H. 1. S. 1.
Weſtrumb, Etwas über die Zuckerſäure und den Weingeiſt; in Crells chem. Annal. J. 1785. B. I. S. 538.
Wiegleb chemiſche Verſuche und Betrachtungen über die
Natur der ſogenannten Zuckerſäure, in Crells chem. Annalen, J. 1784. B. II. S. 12; Fortſetzung ebendaſ.
S. 100.

§. 1327.

Da die Zuckerſäure ſtets und immer andere Verhältniſſe und Verwandtſchaften zeigt, als die reine
Weinſteinſäure, und wie dieſe in einem immer gleichen Zuſtande erhalten werden kann, ſo trage ich mit
mehrern

mehrern Chemisten kein Bedenken, sie hier als eine eigenthümliche Säure anzusehen, und ihre Verbindungen mit andern Körpern weiter zu untersuchen und aufzustellen.

Zuckersaure Neutralsalze.

§. 1328.

Wenn man zu der im Waſſer aufgelöſten Zuckerſäure Weinſteinöl tröpfelt, ſo entſteht ſogleich, wenn des Waſſers nicht zu viel iſt, ein Niederſchlag eines ſalzigten Pulvers, das ſich ganz wie Sauerkleeſalz (§. 396.) verhält, und wovon wir in der Folge noch weiter handeln werden. Bey der völligen Sättigung der Zuckerſäure mit dem Gewächsalkali erhält man ſchwerlich Kryſtalle, leicht aber bey einem Ueberſchuſſe irgend eines der beyden Beſtandtheile. Man kann dieß Neutralſalz zuckerſaures Gewächsalkali (alkali vegetabile ſaccharatum) nennen. Zwey Theile mit Luftſäure völlig geſättigtes Gewächslaugenſalz gaben mit einem Theil Zuckerſäure prismatische Kryſtalle, faſt von eben der Geſtalt, wie die Zuckerſäure. Dieſe Kryſtalle färben das blaue Zuckerpapier dunkler blau; die Lackmustinctur und den Veilchenſaft aber roth, wenn ſie damit gekocht werden. Im Waſſer löſen ſie ſich leicht auf, und in der Wärme verwittern ſie. Im Feuer wird das Salz zerſtört, und die Zuckerſäure, freylich größtentheils in veränderter Form als Eſſigſäure, ausgetrieben. Das zurückbleibende Laugenſalz enthält Luftſäure.

§. 1329.

Die Verbindung des mineraliſchen Laugenſalzes mit der Zuckerſäure, oder das zuckerſaure Mineralalkali (alkali minerale ſaccharatum), iſt weit ſchwerer im Waſſer aufzulöſen, als das Vorhergehende. Zwey
Thei-

Theile Mineralalkali und 1 Theil Zuckerſäure gaben
nach Bergmann bey der Auflöſung im heißen Waſſer
mir kryſtalliniſche Körner. Es veränderte dieſes Neutralſalz die lackmustinctur nicht, machte aber den Veilchenſaft grün.

§. 1330.

Die Zuckerſäure hat gegen das Mineralalkali keine ſo ſtarke Verwandtſchaft, als gegen das Gewächsalkali. Dieſes zerlegt daher auf naſſem Wege das zuckerſaure Mineralalkali, und vereiniget ſich mit der
Zuckerſäure. Im Calcinirfeuer wird das zuckerſaure
Mineralalkali, wie das zuckerſaure Gewächsalkali (§.
1328.) zerſtört.

§. 1331.

Das mit Zuckerſäure geſättigte, flüchtigte laugenſalz, oder der Zuckerſalmiak (alkali volatile ſaccharatum), giebt beym unmerklichen Abbunſten vierſeitig
ſäulenförmige Kryſtalle, die verſchiedentlich divergirend
von einander ausgehen. Sie röthen nicht allein die
lackmustinctur, ſondern auch den Veilchenſaft; zerfallen in der Wärme und verlieren dabey $\frac{1}{3}$ ohngefähr
an Kryſtallenwaſſer, aber etwas langſamer, als die reine Zuckerſäure. Sie löſen ſich im Waſſer leicht auf.
Im Feuer entweicht daraus das flüchtige laugenſalz,
und zwar zum Theil im luftſauren Zuſtande, die Zuckerſäure wird zerſetzt, wie immer, und die mit übergehende
Säure verbindet ſich auch nachher mit dem flüchtigen
laugenſalze. Der luftſaure Zuſtand des hierbey zu erhaltenden flüchtigen laugenſalzes beweißt offenbar die
Präexiſtenz der luftſäure in der Zuckerſäure.

§. 1332.

Die feuerbeſtändigen laugenſalze zerlegen, wie in
allen andern Fällen, auf naſſem Wege, wegen der nä-

hern Verwandtschaft der Zuckersäure zu ihnen, den Zuckersalmiak, und verbinden sich mit der Säure desselbigen.

Zuckersaure Mittelsalze.

§. 1333.

Mit der Kalkerde ist die Zuckersäure sehr nahe verwandt, und sie liefert damit ein im Wasser unauflösliches Mittelsalz, den Zuckerselenit (calx saccharata). Es läßt sich derselbe am besten verfertigen, wenn man die aufgelöste Zuckersäure zum Kalkwasser tröpfelt, aus welchem jene sogleich einen Zuckerselenit als ein weißes Pulver niederschlägt, das getrocknet aus 0,48 Theilen Säure, 0,46 Kalkerde, und 0,06 Krystallenwasser besteht. Mit Veilchensyrup gekocht, färbt es denselben grün. Sonst aber ist es geschmacklos. Im Feuer läßt es die Säure gänzlich fahren, ohne daß der Rückstand kohligt wird, und dadurch kann man es leicht vom Weinsteinselenit (§. 1287.), und die Zuckersäure überhaupt von der Weinsteinsäure, unterscheiden.

§. 1334.

Aus der Auflösung der zuckergesäuerten Laugensalze schlägt das Kalkwasser sogleich einen Zuckerselenit nieder; die ätzenden Laugensalze hingegen können diesen nicht zersetzen. Die Zuckersäure hat folglich eine größere Verwandtschaft zur Kalkerde, als zu den Laugensalzen.

§. 1335.

Die Bittersalzerde liefert mit der Zuckersäure ebenfalls ein Mittelsalz, die zuckersaure Bittersalzerde (magnesia saccharata), das im Wasser unauflöslich ist, außer bey einem Uebermaaß der Säure; als ein weißes Pulver niederfällt, und geschmacklos ist.   Es
enthält

enthält nach Bergmann 0,35 reine Bitterſalzerde, und ohngefähr 0,65 Säure und Kryſtallenwaſſer.

§. 1336.

Die ätzenden Laugenſalze können die zuckerſaure Bitterſalzerde nicht zerſetzen, wohl aber entzieht die gebrannte Bitterſalzerde den zuckerſauren Neutralſalzen beym Kochen mit Waſſer die Zuckerſäure; dieſe hat alſo auch eine größere Verwandtſchaft zur Bitterſalzerde, als die Laugenſalze. Das Kalkwaſſer entreißt aber der zuckerſauren Bitterſalzerde die Säure; folglich ſteht die Kalkerde in der Stufenfolge der Verwandtſchaft der Zuckerſäure der Bitterſalzerde vor.

§. 1337.

Die reine Thonerde wird von der Zuckerſäure durch Hülfe der Digeſtion auf naſſem Wege aufgelöſt. Die geſättigte Verbindung derſelben, oder die zuckerſaure Thonerde (argilla ſaccharata) giebt beym Abrauchen keine Kryſtalle, ſondern eine gelbliche, durchſichtige Maſſe von einem ſüßlich-zuſammenziehenden Geſchmacke, die an der Luft zerfließt, und um $\frac{1}{4}$ ihres Gewichtes dann zunimmt. Sie röthet die Lackmustinctur, nicht den Violenſyrup, ſchwillt im Feuer auf und verliert beym Glühen die Säure gänzlich. Sie enthält nach Bergmann ohngefähr 0,44 reine Thonerde, und 0,56 Waſſer und Säure.

§. 1338.

Alle Laugenſalze, ſowol die feuerbeſtändigen als flüchtigen, die milden und ätzenden, zerſetzen die zuckerſaure Thonerde; eben ſo auch das Kalkwaſſer und die Bitterſalzerde. Die Zuckerſäure iſt folglich mit der Alaunerde unter den alkaliſchen Subſtanzen am entfernteſten verwandt.

§. 1339.

§. 1339.

Mit der Schwererde liefert die Zuckerſaͤure die zuckerſaure Schwererde (terra ponderoſa ſaccharata), ein Mittelſalz, das auch beym Ueberſchuß der Saͤure im Waſſer ſchwerauflöslich iſt, und zu eckigen, durchſichtigen Kryſtallen anſchießt, welche bey dem Kochen mit deſtillirtem Waſſer zerfallen, und einen undurchſichtigen Staub abſetzen, nach der Erkaltung aber zum Theil ſich wieder zu Kryſtallen bilden, die mit der Saͤure uͤberſetzt ſind. Im Feuer laſſen ſie ihre Saͤure gaͤnzlich fahren.

§. 1340.

Die aͤtzenden Laugenſalze zerſetzen die zuckerſaure Schwererde nicht; wohl aber entzieht die reine Schwererde den zuckerſauren Neutralſalzen die Saͤure. Die Kryſtalle der zuckerſauren Schwererde verlieren in der Auflöſung des aͤtzenden Gewaͤchsalkali ihre Durchſichtigkeit, und zerfallen zu einem Pulver, weil ihnen das Laugenſalz den Ueberſchuß der Saͤure raubt. Dem Kalkwaſſer uͤberlaͤßt die zuckerſaure Schwererde ihre Saͤure ganz. Die gebrannte Schwererde zerſetzt die zuckerſaure Bitterſalzerde und Alaunerde. Folglich waͤre die Stufenfolge der einfachen Verwandtſchaft der Zuckerſaͤure auf naſſem Wege ſo: Kalkerde, Schwererde, Bitterſalzerde, Gewaͤchsalkali, Mineralalkali, fluͤchtiges Alkali, Thonerde.

Zuckerſaure Neutral- und Mittelſalze mit Vitriolſaͤure.

§. 1341.

In der Verwandtſchaftsfolge der Laugenſalze gegen die Saͤuren ſteht die Vitriolſaͤure der Zuckerſaͤure vor, und ſcheidet dieſe aus den zuckerſauren Neutralſalzen auf naſſem Wege von den laugenſalzen aus, nur daß freylich bey dem zuckerſauren Gewächsalkali die Zuckerſäure ebenfalls wie die Weinſteinſäure einen Antheil Gewächsalkali bey ſich behält.

§. 1342.

Der Zuckerſelenit hingegen wird durch die Vitriolſäure auf naſſem Wege nicht zerlegt, und die Zuckerſäure nicht abgeſchieden. Dieß iſt wieder ein ſehr beträchtliches Unterſcheidungszeichen der letztern von der Weinſteinſäure (§. 1303.). Die Zuckerſäure ſchlägt vielmehr aus der Auflöſung des Gypſes im Waſſer einen Zuckerſelenit nieder, und entreißt alſo auch der Vitriolſäure ſogar die Kalkerde, ſo wie ſie es allen übrigen Säuren thut. Man kann ſich daher der Zuckerſäure, als eines gegenwürkenden Mittels bedienen, um in allen Fällen die Kalkerde zu entdecken, die in einer Flüſſigkeit frey oder gebunden befindlich iſt. Am beſten dient im letztern Falle das zuckerſaure Gewächsalkali, weil es durch doppelte Wahlverwandtſchaft wirkt.

§. 1343.

Auch die Bitterſalzerde hat gegen die Zuckerſäure eine größere Verwandtſchaft, als ſelbſt gegen die Vitriolſäure, und die erſtere ſchlägt aus der Auflöſung des Bitterſalzes in Waſſer, wenn ſie in der gehörigen Menge zugeſetzt wird (§. 1335.), die Bitterſalzerde, als ein weißes Pulver, als zuckerſaure Bitterſalzerde nieder. Die Vitriolſäure hingegen zerlegt die zuckerſaure Bitterſalzerde nicht.

§. 1344.

Aus der zuckerſauren Schwererde treibt die Vitriolſäure auf naſſem Wege die Zuckerſäure aus, ſo wie aus der Verbindung derſelben mit der Alaunerde.

Es

Es ſind daher dieſe beyden Erden näher mit der Vi=
triolſäure verwandt, als mit der Zuckerſäure.

§. 1345.

Aus dieſen verſchiedenen einfachen Wahlverwandt=
ſchaften in Vergleichung mit der Stufenfolge der Ver=
wandtſchaft der Vitriolſäure und Zuckerſäure gegen die al=
kaliſchen und erdigen Subſtanzen, laſſen ſich folgende Zer=
ſetzungen durch doppelte Wahlverwandtſchaft auf naſſem
Wege feſtſetzen: zuckerſaures Gewächsalkali wird zer=
legt durch Glauberſalz, geheimen Salmiak, Gyps,
Bitterſalz und Alaun, nicht durch vitrioliſirten Wein=
ſtein und Schwerſpath; zuckerſaures Mineralalkali
durch geheimen Salmiak, Gyps, Bitterſalz und Alaun,
nicht durch vitrioliſirten Weinſtein, Glauberſalz und
Schwerſpath; Zuckerſalmiak durch Gyps und Bitterſalz,
nicht durch vitrioliſirten Weinſtein, Glauberſalz, geheimen
Salmiak, Schwerſpath und Alaun; zuckerſaure Kalkerde
wird durch keines der vitrioliſchen Neutral= und Mittel=
ſalze zerlegt; zuckerſaure Bitterſalzerde nur durch
Gyps, nicht durch die übrigen vitrioliſchen Salze; zucker=
ſaure Alaunerde durch Gyps und Bitterſalz, nicht durch
die übrigen; und endlich zuckerſaure Schwererde wird
durch alle vitrioliſche Neutral= und Mittelſalze,
Schwerſpath freylich ausgenommen, aus ihrer Mi=
ſchung geſetzt.

Zuckerſaure Neutral= und Mittelſalze
mit Salpeterſäure.

§. 1346.

Von den Laugenſalzen wird die Zuckerſäure durch
die Salpeterſäure entbunden, obgleich vom Gewächs=
laugenſalze ein Antheil bey der Zuckerſäure bleibt. Von

der

der Kalkerde und Bitterſalzerde hingegen kann die Zu=
ckerſäure durch Salpeterſäure nicht geſchieden werden,
wie ſchon daraus erhellet, daß die Verwandtſchaft dieſer
Erden gegen die Zuckerſäure größer iſt, als gegen die
Vitriolſäure. Aus der ſalpeterſauren Kalk= und Bitter=
ſalzerde ſchlägt die Zuckerſäure vielmehr einen Zuckerſele=
nit und zuckerſaures Bitterſalz nieder. Auch die Schwer=
erde iſt mit der Zuckerſäure näher verwandt, als die Sal=
peterſäure, und jene ſondert von dieſer die Schwererde ab,
indem ſie ſich ſelbſt damit verbindet. Die Alaunerde iſt ent=
fernter mit der Zuckerſäure verwandt, als die Salpeter=
ſäure.

§. 1347.

Solchergeſtalt würden folgende doppelte Wahlver=
wandtſchaften auf naſſem Wege ſtatt finden: zucker=
ſaures Gewächsalkali wird zerſetzt durch Rhomboidal=
ſalpeter, flammenden Salpeter, Kalkſalpeter, Bitter=
ſalpeter, ſchwererdigten und Thonſalpeter; zuckerſaures
Mineralalkali durch flammenden Salpeter, ſalpeterſaure
Kalkerde, Bitterſalzerde, Alaunerde und Schwererde;
Zuckerſalmiak durch ſalpeterſaure Kalkerde, Bitterſalz=
erde, Alaunerde und Schwererde; zuckerſaure Kalkerde
durch kein ſalpeterſaures Neutral= und Mittelſalz;
zuckerſaure Bitterſalzerde bloß durch ſalpeterſaure Kalk=
und Schwererde; zuckerſaure Alaunerde durch ſalpe=
terſaure Kalkerde, Bitterſalzerde und Schwererde, nicht
durch die übrigen; und endlich zuckerſaure Schwererde
nur durch ſalpeterſaure Kalkerde.

Zuckerſaure Neutral= und Mittelſalze mit Küchenſalzſäure.

§. 1348.

In Rückſicht der Verwandtſchaft der Alkalien und
Erden gegen die Küchenſalzſäure und Zuckerſäure findet
daſſelbe

daſſelbe Verhältniß ſtatt, als vorher bey der Salpeterſäure gemeldet worden iſt. Die zuckerſauren Neutralſalze nämlich, und die zuckerſaure Alaunerde, werden
durch die Küchenſalzſäure zerlegt; aber nicht die zuckerſaure Kalkerde, Schwererde und Bitterſalzerde; vielmehr ſchlägt die Zuckerſäure aus der Auflöſung dieſer
Erden in der Salzſäure einen Zuckerſelenit, oder zuckerſaure Schwererde oder Bitterſalzerde nieder.

§. 1349.

Durch doppelte Wahlverwandtſchaft verwechſeln
alſo auf naſſem Wege ihre Beſtandtheile gegen einander:
zuckerſaures Gewächsalkali und Kochſalz, Salmiak,
ſalzſaure Kalkerde, Bitterſalzerde, Schwererde und
Alaunerde; zuckerſaures Mineralalkali und Salmiak,
ſalzſaure Bitterſalzerde, Kalkerde, Schwererde und
Alaunerde; Zuckerſalmiak und ſalzſaure Kalkerde, Bitterſalzerde, Schwererde und Alaunerde. Zuckerſaure
Kalkerde wird durch kein küchenſalzſaures Neutral- oder
Mittelſalz zerlegt; zuckerſaure Bitterſalzerde nur durch
küchenſalzſaure Kalkerde und Schwererde; zuckerſaure
Thonerde durch küchenſalzſaure Kalkerde, Bitterſalzerde
und Schwererde; und zuckerſaure Schwererde nur
durch küchenſalzſaure Kalkerde.

Zuckerſaure Neutral- und Mittelſalze mit Flußſpathſäure.

§. 1350.

Die zuckerſauren Neutralſalze werden auf naſſem
Wege durch die Flußſpathſäure zerlegt; die Verwandtſchaft der Erden hingegen iſt nach Bergmann durchgehends größer gegen die Zuckerſäure, als gegen die

Flußspathsäure. Bey der Thonerde verdient dieß aber
noch wiederholte Erfahrung.

§. 1351.

Solchergestalt würden folgende doppelte Wahlver=
wandtschaften auf nassem Wege statt haben: zwischen
zuckersaurem Gewächsalkali und den übrigen flußspath=
sauren Neutral= und Mittelsalzen, flußspathsaures Ge=
wächsalkali freylich ausgenommen; zwischen zuckersau=
rem Mineralalkali und allen flußspathsauren Salzen,
ausgenommen flußspathsaures Gewächsalkali und Mine=
ralalkali; zwischen Zuckersalmiak und Flußspath, fluß=
spathsaurer Bittersalzerde, Schwererde und Thonerde;
zwischen zuckersaurer Kalkerde und den flußspathsauren
Neutral= und Mittelsalzen könnte gar keine zerlegende
Verwandtschaft seyn; aber zwischen zuckersaurer Bitter=
salzerde und Flußspath, wenn er auflösbar wäre, und
flußspathsaurer Schwererde; zwischen zuckersaurer Thon=
erde und (Flußspath), flußspathsaurer Schwererde, Kalk=
erde und Bittersalzerde; zwischen zuckersaurer Schwer=
erde und Flußspath.

Zuckersaure Neutral= und Mittelsalze
mit Boraxsäure.

§. 1352.

Die Zuckersäure zersetzt auf nassem Wege die bo=
raxsauren Salze sämmtlich, und die Boraxsäure steht
in der Verwandtschaftsfolge der laugensalze und Erden
der Zuckersäure nach. Durch doppelte Wahlverwandt=
schaft würde also zersetzt werden, (wenn die Unauflös=
lichkeit mancher hieher gehörigen Salze es zuließe);
zuckersaures Gewächsalkali durch boraxsaure Kalkerde,
Bittersalzerde und Schwererde; zuckersaures Mineral=
alkali

alkali durch ebendieſelben; Zuckerſalmiak durch ebendieſelben und borarſaures Gewächs= und Mineralalkali;
Zuckerſelenit durch gar kein borarſaures Neutral= und
Mittelſalz; zuckerſaure Bitterſalzerde bloß durch borarſaure Kalkerde und Schwererde; zuckerſaure Alaunerde durch alle borarſaure Neutral= und Mittelſalze, bis
auf den alaunerdigten Borax; und zuckerſaure Schwererde nur durch borarſaure Kalkerde.

Zuckerſaure Neutral= und Mittelſalze mit Phosphorſäure.

§. 1353.

Die zuckerſauren Neutralſalze werden nach
Bergmann durch die Phosphorſäure aus ihrer Miſchung geſetzt, nicht aber die zuckerſauren Mittelſalze.
In der Stufenfolge der Verwandtſchaft der laugenſalze
ſteht alſo die Phosphorſäure vor der Zuckerſäure, in der
der Erden aber nach derſelben.

§. 1354.

Es müßten alſo folgende doppelte Wahlverwandtſchaften auf naſſem Wege zwiſchen den zuckerſauren und
phosphorſauren Neutral= und Mittelſalzen angetroffen
werden: zwiſchen zuckerſaurem Gewächsalkali und
allen phosphorſauren Mittelſalzen, ingleichen dem phosphorſauren Mineralalkali und Phosphorſalmiak; zwiſchen zuckerſaurem Mineralalkali und den eben genannten Salzen, phosphorſaures Mineralalkali aber ausgenommen; zwiſchen Zuckerſalmiak und allen phosphorſauren Mittelſalzen. Zwiſchen Zuckerſelenit und allen
phosphorſauren Neutral= und Mittelſalzen würde gar
keine doppelte Zerlegung ſtatt finden; zwiſchen zuckerſaurer Bitterſalzerde aber, Phosphorſelenit und phos-

R 4 phor-

phossaurer Schwererde; zwischen zuckersaurer Schwererde und phosphorsaurer Kalkerde; zwischen zuckersaurer Thonerde und allen phosphorsauren Neutral- und
Mittelsalzen, bis auf die phosphorsaure Thonerde.

Zuckersaure Neutral- und Mittelsalze
mit Weinsteinsäure.

§. 1355.

Die Weinsteinsäure stellt Bergmann in der Verwandtschaftsfolge der Laugensalze unmittelbar nach der
Zuckersäure; was zwar wahrscheinlich, aber noch nicht
durch Erfahrung hinlänglich bewiesen ist. Aus der
Auflösung des tartarisirten Weinsteins schlägt die Zuckersäure Sauerkleesalz (§. 1326.) und Weinsteinrahm
nieder. Die Erden sind ebenfalls durchgehends mit der
Weinsteinsäure entfernter verwandt, als mit der Zuckersäure.

§. 1356.

Diesemnach werden durch doppelte Wahlverwandt-
schaften zersetzt: zuckersaures Gewächsalkali durch
weinsteinsaure Kalkerde, Schwererde und Bittersalzerde, ingleichen auch wegen der oben (§. 1299.) angeführten Ursach zum Theil durch weinsteinsaures Mineralalkali, Weinsteinsalmiak und weinsteinsaure Alaunerde; zuckersaures Mineralalkali durch weinsteinsaure
Kalkerde, Bittersalzerde und Schwererde gänzlich; Zuckersalmiak durch ebendieselben; zuckersaure Kalkerde
durch gar keines der weinsteinsauren Neutral- und Mittelsalze; zuckersaure Bittersalzerde nur durch weinsteinsaure Kalkerde und Schwererde; zuckersaure Thonerde
durch alle weinsteinsaure Neutral- und Mittelsalze,
bis auf die weinsteinsaure Thonerde; und endlich

zuckerſaure Schweererde nur durch weinſteinſaure
Kalkerde.

Zergliederung anderer zuckerartigen Stoffe des Pflanzenreichs.

§. 1357.

Da der zuckerartige Beſtandtheil, oder der Zuckerſtoff, im ganzen Pflanzenreiche von einerley Beſchaffenheit iſt, ſo erhellet ſchon daraus, daß alle ſüße Säfte
der Pflanzen die Zuckerſäure bey der gehörigen Behandlung mit Salpeterſäure liefern werden, wie es auch
die Erfahrung bey mehrern gelehrt hat.   Die Manna
und der Honig, ſo wie der eingekochte Moſt, geben bey
der trocknen Deſtillation die Producte des Zuckers (§.
1319.), brennbare Luft, Luftſäure, einen brenzlichten ſauren Geiſt, (den Honiggeiſt (ſpiritus mel-
lis), und den Mannageiſt), nebſt einem brenzlichten
ſtinkenden Oele.   Mit der Salpeterſäure liefern ſie
ebenfalls bey gehöriger Behandlung Weinſteinſäure
oder Zuckerſäure, nach den verſchiedenen Graden der
Dephlogiſtiſirung, ſo daß ſie alſo hier keiner weitern
Unterſuchung bedürfen.   Die Unterſchiede unter den
zuckerartigen Subſtanzen des Pflanzenreiches ſelbſt rühren von anhängenden fremdartigen, beſonders ſchleimigten, Theilen her.

Bergmann opuſc. Vol. I. S. 253.

Zergliederung des Sauerkleeſalzes.

§. 1358.

Schon die äußern ſinnlichen Eigenſchaften des
Sauerkleeſalzes (§. 396.) beweiſen, daß es von dem

K 5   gerei-

gereinigten Weinſteine ganz verſchieden ſey. Die Säu=
re deſſelben iſt weit ſtärker, als die vom Weinſteine,
und zeigt andere Verhältniſſe und Eigenſchaften, als
dieſe. Im freyen Feuer pflegt das reine Sauerkleeſalz
nach einigem Kniſtern zu ſchmelzen, einen ſehr ſtechen=
den Dampf zu entwickeln, nur ſehr wenig ſchwarz zu
werden, und endlich ein wahres laugenſalz des Gewächs=
reiches zu hinterlaſſen.

§. 1359.

Dieß zeigt alſo ebenfalls, daß das Sauerkleeſalz
keinesweges als eine reine Säure, ſondern, wie der
Weinſtein, als ein mit ſeiner Säure überſättigtes Ge=
wächsſalkali angeſehen werden müſſe. Noch vor einiger
Zeit hielte man die Säure des Sauerkleeſalzes für eine
eigenthümliche und von allen andern verſchiedene Säure
des Pflanzenreichs, und ſelbſt Hr. Bergmann führt ſie
in ſeinen Verwandtſchaftstafeln als eine eigene und be=
ſondere Säure auf. Jetzt wiſſen wir durch genauere
Unterſuchungen des Hrn. Weſtrumb und Scheele,
daß die Säure des Sauerkleeſalzes vollkommen von ei=
nerley Beſchaffenheit und Natur mit der Zuckerſäure
und das Sauerkleeſalz alſo ſelbſt ein mit der Zuckerſäu=
re überſättigtes Gewächsſalkali (§. 1328.) ſey. Der Un=
terſchied des Sauerkleeſalzes von dem zuckerſauren Ge=
wächsſalkali, worauf Bergmann die Eigenthümlichkeit
der Sauerkleeſalzſäure baute, rührt daher, daß in jener
die Säure noch nicht geſättigt, in dieſem aber ganz ge=
ſättiget iſt, und daß daher freylich eben ein ſolcher Un=
terſchied als zwiſchen Weinſteinrahm und tartariſirtem
Weinſteine ſtatt finden muß. Zugleich beweißt das
Sauerkleeſalz unwiderſprechlich, daß die Zuckerſäure
nicht durch Salpeterſäure hervorgebracht, ſondern nur
ausgeſchieden iſt; und man könnte die Zuckerſäure eben
ſo gut auch Sauerkleeſalzſäure (acidum acetoſellae)
nennen.

nennen. Alle die von andern Chemiften aufgeführte
fauerkleefalzfaure Neutral= und Mittelfalze fallen alfo
von felbft weg.

Ueber die wahre Natur der Sauerkleefäure, und feine künft=
liche Erzeugung, von Hrn. Scheele; in Crells chem. An=
nalen J 1785. B. I. S. 112. ff. Weftrumb a. a. D.,
in feinen kl. phyf. chem. Abh. B. I. H. 1. S. 49. §. 43.
ff. *Bergmann* opufc. T. III. S. 371.

§. 1360.

Hieraus laffen fich nun auch leicht die Producte,
welche das Sauerkleefalz im Feuer giebt, und die Schei=
dungsarten feiner Säure, welche man vorgefchlagen
hat, beurtheilen; zugleich aber auch einfehen, daß man
fich des verkäuflichen reinen Sauerkleefalzes eben fo gut
als Probemittel zur Entdeckung der Kalkerde (§. 1342.)
bedienen könne, als der käuflichen Zuckerfäure. —
Bey der trocknen Deftillation liefert das Sauerkleefalz
brennbare Luft, Luftfäure, einen fauren Geift (die
deftillirte Sauerkleefalzfäure), fublimirte fefte Säure,
und wie die Zuckerfäure (§. 1325.), kein empyreuma=
tifches Oel, hinterläßt auch keinen kohligten Rückftand,
fondern bloßes Laugenfalz und etwas ganz wenige Erde.
Diefe deftillirte Sauerkleefalzfäure darf man ebenfalls
nicht für reine Säure des Sauerklees halten, fo wenig
als Schrickels Zuckerfäure (§. 1319.), weil fie durch
die Wirkung des Feuers zum Theil aus ihrer Mi=
fchung gefetzt worden ift. — Durch Sättigung der über=
fchüffigen Säure des Sauerkleefalzes mit roher Kalker=
de bleibt wahres zuckerfaures Gewächsalkali übrig, durch
Kochen des Sauerkleefalzes hingegen mit ungelöfchtem
Kalk und Waffer wird die Sauerkleefalzfäure gänzlich
abgefchieden, und es bleibt ätzendes Laugenfalz des Ge=
wächsreiches, abermals zum Beweife der Präexiftenz
des Laugenfalzes, zurück. In beyden Fällen entfteht aus

der

der Kalkerde und der Säure des Sauerkleesalzes Zuckerselenit. Am besten läßt sich die reine Sauerkleesalzsäure ausscheiden, und als reine Zuckersäure darstellen,
wenn man nach **Scheele** das Sauerkleesalz mit salpeter-
saurer Schwererde vermischt, und aus der entstandenen
zuckersauren Schwererde durch Vitriolsäure die Zuckersäure wieder abscheidet. Aus der Verbindung der
Sauerkleesalzsäure mit Kalkerde, oder dem Zuckerselenit
läßt sich bekanntermaßen die Zuckersäure oder Sauerkleesalzsäure durch Vitriolsäure nicht abscheiden (§.
1342.). — Die Salpetersäure kann nur durch wiederholtes Abziehen über Sauerkleesalz das Gewächsalkali von der Säure trennen, und so einen prismatischen
Salpeter hervorbringen.

Savary's oben (§. 396.) angef. Schrift; Bayer Schreiben
über das Sauerkleesalz; übers. in den Samml. aus Roziers Beob. B. II. S. 345. Chemische Untersuchungen
des Sauerkleesalzes, von Hrn. Wiegleb; in Crells chem.
Journ. Th. II. S. 6. Westrumb, in Crells chem.
Annalen, J. 1784. B. I. S. 336. *Bergmann* opusc.
T. III. S. 370.

§. 1361.

Mit dem mineralischen Laugensalze gesättigt giebt
das Sauerkleesalz natürlicherweise ein dreyfaches Salz,
das aus Zuckersäure, Gewächsalkali und Mineralalkali zusammengesetzt, leichtauflöslich im Wasser ist, und
an der Luft in der Wärme verwittert. Das mit dem
flüchtigen Laugensalz gesättigte Sauerkleesalz ist ebenfalls
kein reines Doppelsalz, sondern aus Zuckersäure, Gewächsalkali und flüchtigem Laugensalze gemischt, und
schießt in langen, nadelförmigen, luftbeständigen Krystallen an.

Wenzel von der Verw. S. 312. ff.

Zerglie-

Zergliederung anderer Pflanzensäuren.
Zitronensäure. Aepfelsäure.

§. 1362.

Das Gebiet unferer Wiffenfchaft würde von un-
ermeßlichem Umfange werden, wenn alle die fauren
Salztheile der fauer fchmeckenden Pflanzenfäfte we-
fentlich von einander verfchieden wären. Ihre nähere
Zergliederung zeigt, daß alle die oben (§. 400.) genannten fauren Pflanzenfäfte die allgemeine Pflanzen-
fäure, Effigfäure, zur Bafis haben, und daß der Un-
terfchied ihres Verhaltens und ihrer finnlichen Eigenfchaften von der verfchiedenen Menge des Phlogiftons
herrührt, mit welcher jene verbunden ift. Es ift fchon
vorher (§. 1326.) angeführt worden, daß fich Weinfteinfäure, Zuckerfäure und Effigfäure nur in der
verfchiedenen Menge des Phlogiftons, nicht in der Qualität ihrer Beftandtheile unterfcheiden, daß Weinfteinfäure durch Verminderung ihres phlogiftifchen Antheils
in Zuckerfäure, und diefe durch noch mehrere Dephlo-
giftifirung in Effigfäure verwandelt werden könne. Es
kann aber außer diefen drey Abftuffungen der Pflan-
zenfäure noch viel mehrere geben, und die Effigfäure
kann mit mehr Phlogifton als in der Zuckerfäure, aber
mit weniger als in der Weinfteinfäure, ferner mit mehr,
als in der Effigfäure, und mit weniger als in der Zuckerfäure, und das in mancherley Verhältniffen, verbunden feyn, und ift es wirklich auch. Dahin gehört
insbefondere die Zitronenfäure (acidum Citri), die
man erhält, wenn man Zitronenfaft mit roher Kalkerde fättigt, den erhaltenen unauflöslichen Zitro-
nenfelenit mit Vitriolfäure zerlegt, da dann bey der gehörigen Behandlung die Zitronenfäure fich kryftallifirt,
die zwar einige mit der Weinfteinfäure für einerley halten,

ten , Hr. Bergmann und Scheele , ihr Erfinder,
Hr. Weſtrumb, u. m. aber für verſchieden anſehen,
wie man auch wohl wirklich thun muß, da ihre Auflöſung aus dem Digeſtirſalze keinen Weinſteinrahm
niederſchlägt, wie die Weinſteinſäure thut (§. 1309.)
und mit etwas vegetabiliſchem Laugenſalze verſetzt, keinen wiederhergeſtellten Weinſteinrahm giebt. Durch
Salpeterſäure aber wird die Zitronenſäure ebenfalls in
Zuckerſäure verwandelt, was Hr. Scheele zwar leugnet, was aber durch Hrn. Weſtrumb und Hermbſtädt
jetzt entſchieden iſt. Mir ſcheint daher dieſe kryſtalliſirbare
Zitronenſäure des Hrn. Scheele nach Hrn. Weſtrumb,
in Abſicht auf die Menge des brennbaren Weſens, das
zu ihrer Grundmiſchung gehört, zwiſchen der Weinſteinſäure und Zuckerſäure ihren Platz erhalten zu müſſen. Sonſt enthält aber der rohe Zitronenſaft außer
dieſer kryſtalliſirbaren Zitronenſäure, noch Eſſigſäure,
ſchleimigte Theile, und auch etwas Pflanzenalkali; er
iſt alſo als eine gemiſchte Säure anzuſehen, und die
Verbindungen und Verhältniſſe mit andern Körpern,
die man bisher nur mit roher Zitronenſäure beobachtet
hat, können uns alſo hier nichts helfen, da man nicht
die eigenthümliche reine Zitronenſäure anwandte. Ich
verſpare daher auch die Erzählung von den Würkungen
und Verwandtſchaften dieſer Säure bis auf die Zeiten,
da wir näher mit ihnen bekannt ſeyn werden.

Fernere Verſuche mit natürlicher Gewächsſäure, von A. J.
Retzius; aus den ſchwed. Abh. F. 36. S. 130. überſ.
in Crells neueſten Entd. Th. III. S. 187. 193. ff.
Bergmann, in ſeinen opuſc. Vol. III. S. 372. Ueber die
Kryſtalliſirung der Zitronenſäure von Hrn. Scheele; in
Crells chem. Annal. J. 1784. B. II. S. 3. Hermb-
ſtädt, a. a. O., in ſeinen phyſik. chem. Verſ. u. Beob.
S. 207. Weſtrumb, a. a. O. in ſeinen El. phyſ. chem.
Abh. B. II. H. 1. S. 252. ff.

Wen-

Wenzels Lehre von der Verw. S. 243.
Leonhardi in Macquers chym. Wörterb. B. I. S. 546.
Art. Citronensäure.

§. 1363.

Die Säfte von allen Arten saurer Aepfel enthal=
ten, sie mögen reif oder unreif seyn, keine Zitronen=
säure, keine Weinsteinsäure und Zuckersäure, sondern
vielmehr nach Scheele eine eigene Säure, die er Apfel=
säure nennt. Sie geben nämlich keinen Bodensaß, wenn
sie gekocht werden, nachdem sie zuvor mit Kreide gesät=
tiget worden sind. Wenn aber diese mit Kreide gesät=
tigten und darauf durchgeseiheten Säfte mit wasser=
freyem Weingeist vermischt werden, so entstehen starke
Gerinnungen und Niederschläge. Da nun der Apfel=
saft kein merkliches Gummigtes bey sich führt; so kann
er ohne Aenderung mit Weingeist vermischt werden,
und also ist dieses Geronnene mit Kalk vereinigte Apfel=
säure, die sich im Wasser leicht auflöst, das lackmus=
papier roth färbt, und durch Vitriolsäure zersetzt wird.
Diese Aepfelsäure läßt sich nicht zum Anschießen brin=
gen, sondern ist stets zerfließend, giebt mit allen dreyen
Alkalien zerfließende Neutralsalze, durch vollkomme
Sättigung mit Kalk entstehen kleine unförmliche Kry=
stalle, die viel siedendes Wasser zur Auflösung erfor=
dern; wenn die Säure aber hervorsticht, so werden sie
leicht im kalten Wasser aufgelöst. Die Schwererde
verhält sich gegen selbige wie der Kalk; die Alaunerde
macht damit ein schwerauflösliches Mittelsalz; die Bit=
tersalzerde hingegen ein zerfließendes. Zur Kalkerde
hat die Aepfelsäure eine geringere Verwandtschaft, als
die Zitronensäure. — Mit sehr weniger Salpeter=
säure behandelt, läßt sie sich fast ganz in Zuckersäure
verwandeln. Brennbares Wesen, luftsäure und Essig=
säure sind zwar ebenfalls ihre Bestandtheile, wie der

Abti

übrigen Pflanzenſäuren; allein die Menge des erſtern
ſcheint darin nicht ſo groß zu ſeyn, als in der Zitronenſäure und Weinſteinſäure, kleiner aber als in der Zuckerſäure. Wenn die Aepfelſäure immer und ſtets von
gleicher Beſchaffenheit erhalten werden kann, wie Zuckerſäure und Weinſteinſäure, ſo verdient ſie allerdings
als eine eigene Säure des Pflanzenreichs aufgeführt zu
werden. Die Beſtätigung hiervon, ſo wie ihre Verhältniſſe und Eigenſchaften gegen andere Körper, müſſen
wir von der Zukunft erwarten.

Ueber die Frucht- und Beerenſäure, von Hrn. C. W. Scheele; in Crells chem. Annal. 1785. B. II. S. 291. ff.

Hermbſtädt über die neu entdeckte Aepfelſäure; in ſeinen
Verſ. und Beob. B. I. S. 304. Weſtrumb, Etwas
von der Natur der Aepfelſäure; in ſeinen El. phyſ. chem.
Abh. B. II. H. 1. S. 357.

§. 1364.

Andere ſaure Säfte der Pflanzen hat man von
den bisher erwähnten Pflanzenſäuren nicht verſchieden
gefunden, und die Verſuche eines Scheele, Weſtrumb, Hermbſtädt, Remler u. a. verdienen hierüber beſonders nachgeleſen zu werden. Die Säure der
Tamarinden iſt nach Hrn. Remler der Weinſteinſäure analog, und nach Hrn. Weſtrumb enthält die Abkochung der Tamarindenfrucht Weinſteinſäure, Weinſtein, Zuckerſtoff und ſchleimigtes Weſen; der Johan-
nisbeerenſaft, ſowol der rothen, als weißen, beſteht
nach Hrn. Weſtrumb aus Zitronenſäure, Zuckerſtoff,
Aepfelſäure, ein wenig zitronenſaurem Laugenſalze und
ein wenig zitronenſaurem Kalke; der Saft der ſauren
Kirſchen hat nach eben dieſem Chemiſten freye Zitronenſäure, zitronenſauren Kalk und zitronenſaures Laugenſalz, nach Hrn. Scheele aber noch Aepfelſäure. Die
Sau-

Saurauchbeeren (Rhus coriaria) enthalten nach meinen und Hrn. Tromsdorf Versuchen vollkommene Weinsteinsäure und Weinstein. Von folgenden Beerensäften fand Hr. Scheele, daß sie eine größere Menge Zitronensäure und wenig oder gar keine Aepfelsäure enthalten: Mosbeeren (Vaccinium Oxycoccos), Preiselbeeren (Vaccinium vitis Idea), Traubenkirschen (Prunus Padus), Bittersüßbeeren (Solanum Dulcamara) und Hagebutten (Cynosbatos). Eine größere Menge Aepfelsäure, und wenig oder gar keine Zitronensäure gaben: Berberitzen (Berberis vulgaris), Hollunderbeeren (Sambucus nigra), Schlehen (prunus spinosa), Vogelbeeren (Sorbus aucuparia), Pflaumen (Prunus domestica). Folgende enthalten nach Scheele ohngefähr die Hälfte an Aepfelsäure und Zitronensäure: Rauchbeeren (Ribes grossularia), weiße, rothe und schwarze Johannisbeeren, Heidelbeeren (Vaccinium Myrtillus), Mehlbeeren (Crataegus Oxyacantha), Kirschen, Erdbeeren (Fragaria vesca), die blasse Brombeere (Rubus Chamemorus), und Himbeere (Rubus Idaeus). Die Säure der unreifen Weintrauben (Vitis vinifera) ist nach Scheele ganz und gar Zitronensäure. Der säuerlichsüße Saft der Blüthenkelche der Agave americana, welchen Hr. Hoffmann zu untersuchen Gelegenheit hatte, gab bey der Dephlogistisirung durch Salpetersäure, Weinsteinsäure, Aepfelsäure, Zuckersäure, nach den verschiedenen Graden der Verminderung des Phlogistons.

Scheele a. a. O. S. 246. Westrumb Versuche mit Pflanzensäuren; in seinen kl. phys. chem. Abh. B. II. H. 1. S. 201. ff. Hermbstädt a. a. O. in seinen Vers. und Beob. B. I. S. 193. ff. *I. C. W. Remler* chemische

Unterſuchung der Tamarindenſäure, nebſt dem Ver‐
halten gegen einige andere Körper. Erfurt 1787. 4.
Chemiſche Unterſuchung des ſauren Salzes der rothen Bee‐
ren des Sumach oder Gerberbaums, von Hrn. Troms‐
dorf; in Crells chem. Annalen, J. 1787. B. I. S. 419.
Unterſuchung des aus den Blüthenkelchen der Agave ame‐
ricana fließenden Saftes, von Hrn. Hoffmann; in Crells
chem. Annalen 1788. B. I. S. 51.

§. 1365.

Aus mehreren durch trockne Deſtillation der Pflan‐
zen, oder ihrer Theile, erhaltenen brandigten Pflanzen‐
ſäuren läßt ſich durch ſchickliche Behandlung Weinſtein‐
ſäure, und durch Salperſäure auch Zuckerſäure aus‐
ſcheiden; der größte Theil iſt aber immer Eſſigſäure,
welche durch die mehrere Entwickelung des Phlogiſtons
aus einer der übrigen Pflanzenſäuren entſpringt. Wir
können alſo aus dem zu erhaltenden brandigten ſauren
Geiſte der Pflanzen und mancher thieriſchen Stoffe gar
keinen richtigen Schluß auf die Natur der Säure ma‐
chen, die ſie in dem natürlichen Zuſtande beſaßen.

Weſtrumb von den Beſtandtheilen der branſtigen Pflanzen‐
ſäure; in ſeinen kl. phyſ. chem. Abh. B. II. H. I. S.
350. ff.

Zergliederung des Gummi und Schleimes.

§. 1366.

Die harten und reinen Gummiarten, wie z. B.
das arabiſche Gummi, zergehen nicht, wie die Harze,
wenn man ſie übers Feuer bringt; ſie ſchwellen auf,
werfen Blaſen und dampfen einen ſcharfen Rauch aus.
Sie werden endlich kohligt und ſchwarz, und dann laſ‐
ſen ſie ſich entzünden; aber äußerſt ſchwer gänzlich
einäſchern. Eben ſo verhalten ſich auch die reinen
Schleime der Pflanzen (§. 375.). Wenn man die

Schleime und Gummis einer trocknen Deſtillation unterwirft, ſo erhält man daraus, wie aus allen organiſchen Stoffen, brennbare Luft und Luftſäure; ſonſt
aber weſentliches Waſſer und einen ſauren branzlg-
ten Geiſt; und bey vermehrter Hitze geht etwas dickes
empyreumatiſches Oel und etwas flüchtiges Alkali
über.   In der Retorte bleibt eine ſchwammigte Kohle,
die ſich ſehr ſchwer verbrennen und einäſchern läßt, und
in der Aſche nur ſehr wenig Gewächsalkali, nebſt
freyer und phosphorſaurer Kalkerde liefert.

Macquers chem. Wörterb. Th. IV. S. 680. und Th. II.
S. 757. *Alexandr. Iac. Düttel* Diſſ. de corpore gum-
moſo. Argentorat. 1767. 4. *Rozier* Journ. de phyſique.
Nov. 1780. T. XVI. S. 381.

§. 1367.

Wenn man hingegen das Gummi oder den Pflan-
zenſchleim durch Salpeterſäure zerlegt, wie oben (§.
1323.) beym Zucker angeführt worden iſt, ſo erhält
man daraus wirkliche Zuckerſäure. Hr. Bergmann erhielt
aus dem arabiſchen Gummi $\frac{71}{100}$ Theile des Gummi's an
kryſtalliniſcher Zuckerſäure, und noch $\frac{14}{100}$ zuckerſaure
Kalkerde.   Durch eine minder ſtarke Dephlogiſtiſirung
bekam Hr. Hermbſtädt daraus mit der Salpeterſäure
wahre Weinſteinſäure nebſt zuckerſaurer Kalkerde. Hr.
Scheele erhielt ſowol Aepfelſäure, als Zuckerſäure. Eben
derſelbe bekam aus dem Traganthgummi Aepfelſäure und
Zuckerſäure, nebſt einigem wenigen apfelſauren Kalk.
Andere ſchleimigte Subſtanzen lieferten ihm ebenfalls
Zuckerſäure.

Bergmann opuſc. Vol. I. S. 253.   Hermbſtädt a. a. O.
S. 205. Scheele a. a. O. S. 299. 300.

§. 1368.

§. 1368.

Die Beſtandtheile des Gummi wären alſo;
Brennſtoff, Luftſäure, Eſſigſäure oder Pflanzenſäure, etwas Kalkerde, Phosphorſäure und Gewächsalkali. Nach dem Grade der Dephlogiſti-
rung der Pflanzenſäure wird dieſe bald als Weinſteinſäure, bald als Aepfelſäure, bald als Zuckerſäure, bald
als Eſſig erſcheinen, und darnach laſſen ſich die verſchiedenen Angaben der Schriftſteller (§. 1367.) beurtheilen und vereinigen. Das bey der trocknen Deſtillation des
Schleimes und Gummi zu erhaltende empyreumatiſche
Oel kann gar keinen Schluß auf das Daſeyn wirklicher
Oeltheile darin zulaſſen (§. 1120.), und wir können
daher nicht mit Macquer annehmen, daß ſie aus einem
Antheil milden Oele mit einer genugſamen Menge Säure innig vereinigt beſtünden, und ſich daher vollkommen
und innigſt im Waſſer auflbſen ließen; ſondern die
Pflanzenſäure iſt vielmehr darin bloß allein, wie im
Zucker, durch Brennſtoff abgeſtumpft, und in ſolcher
Menge damit vereinigt, daß wir ſie nicht als Säure
wahrnehmen können. Der Unterſchied unter Zucker
und Schleim iſt auch nicht ſo groß, ſondern ſcheint
hauptſächlich auf der größern Menge des brennbaren
Weſens zu beruhen, welches im letztern ſtatt findet.

§. 1369.

Die Extracte der Pflanzen enthalten außer den
gummigten Theilen noch mehr oder weniger von dem
weſentlichen Salze der Pflanzen, ſo daß ſich deswegen
keine Beſtimmung ihrer Beſtandtheile im allgemeinen
angeben läßt. Sie liefern aber alle, durch Zerlegung
mit Salpeterſäure, Zuckerſäure. Von den weſentlichen
Salztheilen der Pflanzen, die ſie enthalten, iſt die
größere Menge Gewächsalkali herzuleiten, die ſie beym

Ein-

Einäſchern geben.   Sonſt trifft man aber auch man=
cherley fremdartige Salze, beſonders Digeſtivſalz, vi=
trioliſirten Weinſtein, u. a. in ihnen an.

Zergliederung des Mehls und ſeiner nähern Beſtandtheile.

§. 1370.

Das Mehl an und für ſich, ſo wie das daraus
gebackene Brodt, geben, wie viele andere vegeta=
biliſche Stoffe, durch trockne Deſtillation eine beträcht=
liche Menge brennbare Luft und Luftſäure, und dann,
außer dem wäſſerigten Theil, einen ſauren Geiſt, und
brenzlichtes Oel, und eine ſchwammige Kohle, die
ſich ſchwer einäſchern läßt.   Der erhaltene ſaure Geiſt
entwickelt aber beym Abziehen über feuerbeſtändiges lau=
genſalz eine merkliche Menge flüchtiges Alkali.

§. 1371.

Aus dieſen erhaltenen Beſtandtheilen läßt ſich aber
nichts auf die Natur und Miſchung des Mehles ſchlieſ=
ſen, weil dieß kein gleichartiger, ſondern ein aus an=
dern ungleichartigen Stoffen gemengter Körper iſt,
wie wir ſchon oben (§. 387—393.) angeführt haben.
Wir müſſen daher ſeine nähern Beſtandtheile ſelbſt un=
terſuchen.   Der Leim oder die thieriſch=vegetabiliſche
Materie des Mehles (§. 388.) verhält ſich ganz anders,
als die Pflanzenſtoffe ſonſt gewöhnlich thun.   Ein trock=
nes Stück davon in die Flamme des Lichts gehalten,
kniſtert, blähet ſich auf, ſchmelzt und brennt mit einem
Rauche, der ganz den Geruch verbrannter Federn oder
Haare hat.   Bey der trocknen Deſtillation liefert er,
wie die mehreſten thieriſchen Stoffe, außer der
brennbaren und fixen Luft, keinen ſauren Geiſt, ſon=

dern flüchtiges Alkali in flüſſiger und feſter Geſtalt,
nebſt einem empyreumatiſchen Oele, das ſich durch
Rectification in wahres thieriſches Oel (§. 1169.) verwandeln läßt. Die rückſtändige Kohle iſt äußerſt ſchwer
einzuäſchern, und enthält keine Spur eines feuerbeſtändigen Laugenſalzes, ſondern Knochenerde oder Phosphorſelenit.

§. 1372.

Die Salpeterſäure wirkt mit vieler Heftigkeit auf
die thieriſch-vegetabiliſche Materie des Mehles; erzeugt
damit ſehr viel Salpeterluft, die aber auch mit Luftſäure verbunden übergeht; und löſt ſie auf. Aus der
Auflöſung erhielt Berthollet kryſtalliniſche Zuckerſäure.
Die Vitriolſäure und Küchenſalzſäure löſen dieſen Stoff
ebenfalls auf. Aus der Auflöſung ſcheidet ſich eine Art
von öligter Materie, und Hr. Poulletier de la Salle
erhielt aus den Auflöſungen nach dem freywilligen Abdünſten ammoniakaliſche Salze jener Säuren.

Macquer chym. Wörterb. Th. III. S. 456. 460 f.
Fourcroy Elem. de chymie, T. IV. S. 112. 114. f.

§. 1373.

Die Beſtandtheile der Colla des Mehles, oder
der thieriſch-vegetabiliſchen Materie wären alſo:
Brennſtoff, Luftſäure, flüchtiges Laugenſalz,
Pflanzenſäure, Phosphorusſäure, Kalkerde.

§. 1374.

Die Stärke des Mehles, oder das Satzmehl
(§. 389.), verhält ſich ganz anders, als die vorhinge-
nannte Materie. Sie giebt auf Kohlen geſtreuet nicht
den Geruch des angebrannten Hornes, ſondern einen
ſäuerlichen ſtechenden Rauch; und bey der trocknen
Deſtil-

Deſtillation, außer der **Luftſäure** und der **brennbaren Luft**, kein flüchtiges Laugenſalz, ſondern einen ſauren Geiſt und ein dickes, ſchweres empyreumatiſches Oel. Ihre Kohle läßt ſich leicht einäſchern, und enthält Gewächsalkali.

§ 1375.

Mit Salpeterſäure nach der ſchon bekannten Art behandelt, giebt das Stärkenmehl **Zuckerſäure.** Sie läßt dabey nach Scheele etwas unaufgelöſt nach, das, nachdem es durch ein Seihezeug davon geſchieden, und gut mit Waſſer ausgeſüßt worden iſt, als ein dickes, dem Unſchlitt ähnliches, Oel befunden wird, welches aber ſehr leicht im Weingeiſt aufzulöſen iſt. Wird dieſes Oel für ſich übergetrieben, ſo giebt es in der Vorlage eine Säure, welche dem Eſſig gleicht, und ein Oel, welches nach Unſchlitt riecht, und in der Kälte dick wird. — Sollte wol dieſe Subſtanz von anhängender Colla in der Stärke hergerührt haben? Oder war es ein Product aus der Säure der Stärke mit ihrem brennbaren Weſen? War alſo vielleicht nicht Salpeterſäure genug angewendet worden?

Scheele a. a. O. S. 299.

§. 1376.

Die Stärke würde alſo beſtehen aus: **Brennſtoff, Luftſäure, Pflanzenſäure** und etwas **Gewächsalkali.**

§. 1377.

Der **Zuckerſtoff** des **Mehles** (§. 390.) verhält ſich wie andere zuckerartige Salze und Schleime (§. 1357.) bey der trocknen Deſtillation und bey der Zerlegung durch Salpeterſäure.

ℓ 4 Zerglie=

Zergliederung der Harze.

§. 1378.

Die harzigten Subſtanzen des Pflanzenreichs, welche man zu den ſogenannten natürlichen Harzen (§. 376.) rechnet, beſitzen ſämmtlich mehr oder weniger Geruch, und ätheriſches Oel, und theilen daher auch dem Waſſer und dem Weingeiſte, den man darüber abzieht, dieſen Geruch mit. Die trockne Deſtillation der Harze iſt wegen des Aufblähens derſelben in der Hitze mit Schwierigkeit verknüpft, der man durch beygemiſchten Sand (§. 1099.) und behutſame Regierung des Feuers ziemlich abhelfen kann. Man erhält hierben ſehr viele brennbare Luft und Luftſäure, und dann Anfangs etwas weniges weſentliches Waſſer, wenigen ſauren Geiſt, deſto mehr brenzlichtes Oel, das Anfangs noch den Geruch des Harzes beſitzt, durch Rectificirung den ätheriſchen Oelen ziemlich ähnlich wird, aus manchen Harzen auch von beſonderer Farbe iſt, zuletzt aber immer dunkler, ſchwärzer und endlich ganz pechartig übergeht. Durch Rectificiren läßt ſich dieſes dicke Oel noch mehr aufſchließen, und wieder etwas Säure entwickeln, woben jedesmal ein kohligter Rückſtand bleibt. Die Kohle der Harze iſt überhaupt leicht, ſchwammigt, glänzend, und beträgt gegen das Gewicht des angewendeten Harzes wenig. Sie läßt ſich nur ſehr ſchwer einäſchern, und es bleibt eine Erde zurück, die kein feuerbeſtändiges Laugenſalz, ſehr wahrſcheinlich aber Phosphorſäure und manchmal Eiſen enthält.

§. 1379.

Die Vitriolſäure wirkt im concentrirten Zuſtande zwar auf die Harze, und wird in der Hitze damit zur Schwefelſäure, löſt ſie aber doch nicht auf, ſondern

das

das Harz wird zuletzt gewiſſermaßen kohlicht, und mehr
verdickt. Die concentrirte Salpeterſäure wirkt ſehr
kräftig, entzieht dem Harz auch das Phlogiſton, und
giebt damit Salpeterluft. Bis jetzt hat meines
Wiſſens noch Niemand die nöthige Dephlogiſtiſirung
des Harzes durch Salpeterſäure vorgenommen, um die
darin befindliche Pflanzenſäure als Zuckerſäure aus-
zuſcheiden. Allein die durch trockne Deſtillation
des Harzes zu erhaltende Säure hat nicht allein die
Natur der Eſſigſäure, ſondern giebt auch mit Salpeterſäure behandelt, Zuckerſäure. Es bedarf alſo keines
Beweiſes weiter, um darzuthun, daß die Säure der
Harze keine andere als Pflanzenſäure ſey. Da die
Harze Brennbares genug haben, ſo kann dieſe Säure
als Weinſteinſäure, oder als Zuckerſäure, oder als
Aepfelſäure, oder wie man will, darin ſeyn.

§. 1380.

Dieſe Pflanzenſäure iſt aber eigentlich mit ſo vielem Phlogiſton in dem Harze verbunden, daß ſie gar
nicht als Säure darin wahrgenommen werden kann,
als bis erſt ein Antheil des Phlogiſtons bey der Zerlegung durch trockne Deſtillation davon abgeſchieden iſt.
Die Beſtandtheile im Harze ſind dieſelbigen, wie im
Schleime oder Gummi; aber das Phlogiſton iſt in einem andern Verhältniſſe, oder in größerer Menge darin, als in dieſem, und davon allein rührt der Unterſchied zwiſchen beyden her. Denn ſonſt enthält das Harz,
außer dieſer größern Menge Brennſtoff, Luftſäure
und Pflanzenſäure. Zu ihrer Entſtehung in den Pflanzen glaube ich nicht nöthig zu haben, ein Oel anzunehmen, das durch eine Säure verdickt wäre. Dieß folgt
gar nicht aus dem bey der Zerlegung des Harzes im
Feuer zum Vorſchein kommenden empyreumatiſchen
Oele (§. 1120.), und eben ſo wenig aus der künſtlichen

L 5

Her-

Hervorbringung der. Harze aus Oelen und Säuren (§. 818. 864.); ſondern die Verbindung des Brennbaren mit der Pflanzenſäure in einem beſtimmten Verhält-niſſe wird Harz hervorbringen, ſo wie ſie in einem an-dern Verhältniſſe Oel, in einem andern Schleim, in einem andern Zucker, in einem andern Weinſteinſäure, in einem andern Zitronenſäure, Aepfelſäure, Zucker-ſäure und endlich Eſſigſäure darſtellt. Durch concen-trirte Vitriolſäure und Salpeterſäure werden die Oele freylich zu Harzen verdickt, aber nicht deswegen, weil ſich die Säure mit dem Oele in Subſtanz verbindet, ſondern weil ſie ihm einen Theil des Phlogiſtons ent-zieht, ſo daß die Pflanzenſäure dann nur noch in dem Verhältniſſe damit vereinigt bleibt, als zur Bildung des Harzes erforderlich iſt. Durch weitere Dephlogiſti-ſirung werden die milden Oele daher auch, wie wir in der Folge anführen werden, in Schleim, in Zucker-ſtoff, in Zuckerſäure, und zuletzt in Eſſig verwandelt. Wir haben es nur noch nicht in unſerer Gewalt, die Dephlogiſtiſirung der harzigten und öligten Subſtanzen gerade ſo weit und nicht weiter zu treiben, als zur Bil-dung dieſes oder jenes der erwähnten Stoffe hinrei-chend iſt.

Benzoeſäure.

§. 1381.

Unter den natürlichen Harzen iſt das Benzoe (§. 377. Anm.) noch wegen eines eigenen darin enthaltenen Salzes merkwürdig, das ſich durch eine Sublimation und auch ſonſt auf andere Art, daraus ſcheiden läßt. Wenn man nämlich eine beliebige Menge von dem Benzoehar-ze in einen runden Schmelztiegel thut, über den Tie-gel eine hohe Düte von Schreibpapier ſetzt, ſo daß ſie weit genug darüber herabgeht, und nun den Tiegel über

ein

ein gelindes Kohlenfeuer stellt, so steigt aus dem Benzoe ein starker weißer stechender Rauch in die Höhe, der
sich in der Düte als schöne, weiße, glänzende, glatte
Nadeln anlegt, die den Namen der Benzoeblumen
(flores benzoës) führen. Man nimmt die Düte, worin sich die Blumen angelegt haben, von Zeit zu Zeit
ab, und setzt sogleich eine andere auf, weil zuletzt etwas Oel mit in die Höhe steigt, das die Blumen verunreiniget und sie gelb färbt. Der glückliche Erfolg der
Arbeit hängt aber hauptsächlich von der gehörigen Regierung des Feuers und dem rechten Grade der Wärme ab, der sonst, wenn er zu stark ist, das Ansetzen
der Blumen hindert.

§. 1382.

Die Bereitungsart dieser Benzoeblumen auf nassem Wege, welche Hr. Scheele angegeben hat, ist daher vorzüglicher. Man nimmt zu dem Ende 16 Theile fein gepulvertes Benzoe, vermischt es durch sorgfälti-
ges Umrühren mit 16 Theilen Kalkmilch, die aus 4 Theilen ungelöschtem Kalk und 12 Theilen Wasser gemacht
ist, und läßt es eine halbe Stunde in einer zinnernen
Pfanne unter stetem Umrühren kochen. Man seihet
hierauf die noch warme Feuchtigkeit durch Löschpapier,
kocht den Rückstand mit noch einmal so viel Wasser,
worauf man diese durchgeseihete Lauge mit der ersten
vermischt, und nach dem Abrauchen der überflüssigen
Feuchtigkeit und dem Erkalten so lange Salzgeist hinzutröpfelt, bis sich nichts mehr niederschlägt. Man
spült den Niederschlag mit etwas kaltem Wasser ab,
und trocknet ihn auf Löschpapier. Er ist das Salz des
Benzoes, und kann durch Auflösen in siedendem Wasser und Durchseihen durch ein Tuch vermittelst des langsamen Erkaltens zu schönen nadelförmigen Krystallen
gebracht werden. — Bey diesem Prozeß verbindet sich
das

das Benzoesalz mit der Kalkerde zu einem im Wasser
auflöslichen Salz (woben das Harz mit der übrigen
Kalkerde zurück bleibt,) und wird nachher wieder durch
die Salzsäure davon getrennt, die den Kalk in sich
nimmt. Aus 1 Pfund Benzoe erhielt Hr. Scheele
12 bis 14 Quentchen Salz.

Anmerkungen vom Benzoesalze, von Carl Wilh. Scheele;
in den Abh. der schwed. Akad. der Wissensch. vom J.
1776. S. 128. übers. in Crells neuest. Entd. Th. III.
S. 98.

§. 1383.

Statt der von Scheelen vorgeschlagenen Kalkmilch
hat Hr. Göttling das Gewächsalkali zur Ausziehung
des Benzoesalzes aus dem Benzoeharze empfohlen. Er
zog auch durchs Kochen des Benzoes mit Salpetersäure dieß Salz aus; und schon bloßes Wasser kann es in
der Siedhitze aus dem Benzoe scheiden, obgleich freylich nur in weit geringerer Menge.

Göttling, im Almanach für Scheidekünstler vom Jahr
1780. S. 69; vom Jahr 1782. S. 156.

§. 1384.

Die Benzoeblumen haben den Geruch des Benzoes ziemlich stark, wenn sie durch Sublimation bereitet worden sind, weniger die durchs Auskochen bereitete.
Sie haben zwar keinen hervorstechenden sauren Geschmack, sondern vielmehr einen süßlichten, der dabey
sehr reißend ist und im Schlunde ein starkes Prickeln
macht. Sie lösen sich im kalten Wasser sehr schwer,
weit leichter im siedenden auf; jenes nimmt ohngefähr
$\frac{1}{500}$, dieses aber $\frac{1}{24}$ seines Gewichtes auf. Die Lak-
mustinctur wird davon bald roth gefärbt, der Violen-
syrup kaum. Sie haben sonst noch die Kennzeichen einer
Säure, treiben die fixe Luft aus Alkalien und Erden,
und

und verbinden sich mit diesen zu wirklichen Neutral- und Mittelsalzen.

§. 1385.

Die Benzoeblumen sind also ein wahres, wesentliches, saures Salz des Benzoeharzes, und müssen als eine eigenthümliche Säure des Pflanzenreichs, die Benzoesäure (acidum Benzoes + ✠), angesehen werden. In der Luft sind die Krystalle dieser Säure beständig, ohne zu verwittern, oder zu zerfließen. In mäßiger Hitze sind sie flüchtig, und lassen sich in verschlossenen Gefäßen sublimiren, an freyer Luft aber in einen weissen Dampf verwandeln, der für die Brust, Augen und Nase sehr empfindlich ist. Das Salz fließt dabey wasserhell, und gesteht nach dem Erkalten mit einer strahlichen Oberfläche. Es entzündet sich nicht anders, als wenn es unmittelbar auf brennende Körper getragen wird, und brennt dann mit Flamme. Auf glühenden Salpeter verpufft es. Dieß zeigt also offenbar, daß das Phlogiston einen Bestandtheil davon ausmache. — Man hat übrigens das Benzoesalz, oder ein sehr ähnliches Salz im peruvianischen Balsam, im Balsam von Tolu, im Storax, angetroffen.

Retzius Arzeneyen des Pflanzenreichs, von Westrumb übers. S. 20. Göttling Allmanach für Scheidek. 1781. S. 3.

§. 1386.

Hr. Lichtenstein hat sich besonders mit der Untersuchung dieses Salzes beschäftiget, und nach den Resultaten derselben müssen wir die Benzoesäure allerdings für eine eigene Säure anerkennen. Ob sie aber nicht auch die allgemeine Säure des Pflanzenreichs zur Basis habe, ist noch nicht ausgemacht. Bis jetzt hat man weder durch Vitriolsäure, noch durch Salpetersäure die Dephlogistisirung desselben bewerkstelligen, und daraus

keine

keine Weinſteinſäure, Zuckerſäure oder Eſſigſäure ſcheiden können. Beyde vorhin genannte Säuren löſen im concentrirten Zuſtande die Benzoeſäure leicht auf; laſſen ſie aber beym Zuſaß des Waſſers unverändert wieder fahren. Die übrigen Säuren bringen ebenfalls keine Veränderung zu Wege. Die Würkung der dephlogiſtiſirten Salzſäure darauf verdient noch geprüft zu werden. Auch Hrn. Hermbſtädts Verſuche über die Zerlegung des Benzoeſalzes geben uns nicht viel Aufklärung über die Miſchung deſſelbigen.

Beytrag zur Geſchichte des Benzoeſalzes vom Hrn. Prof. Lichtenſtein, in Crells neueſt. Entd. Th. IV. S. 9. ff. Unterſuchung des Benzoeſalzes von Hrn. Hermbſtädt, in Crells chem. Annal. J. 1785. B. II. S. 303. Weſtrumb, in den chem. Annal. 1784. B. I. S. 340.

Benzoeſaure Neutralſalze.

§. 1387.

Der weſentliche Unterſchied der Benzoeſäure von andern zeigt ſich beſonders in den Verbindungen mit Alkalien und Erden. Mit dem begetabiliſchen Laugenſalze geſättigt, giebt ſie nach Hrn. Lichtenſtein ein Neutralſalz (benzoeſaures Gewächsalkali), das in ſpießigten dünnen Kryſtallen anſchießt, ſich im Waſſer leicht auflöſt, einen ſalzigten ſcharfen und ſtechenden Geſchmack hat, und an der Luft zerfließt. Im Feuer läßt es die Säure fahren.

§. 1388.

Mit dem mineraliſchen Laugenſalze geſättigt, giebt die Benzoeſäure dem vorigen ähnliche Kryſtalle, die aber größer ſind, und an der Luft nicht zerfließen, ſondern zerfallen. Im Geſchmack und der Auflösbarkeit iſt dieſes benzoeſaure Mineralalkali dem vorigen ebenfalls ähn-

ähnlich, und im Feuer wird es auch gänzlich zerstört.
Ob es durch das vegetabilische Alkali zerlegt werde, ist
noch nicht unterfucht.

§. 1389.

Das flüchtige Laugenfalz vereinigt fich mit dem
Benzoefalze zu einem Benzoefalmiak, der fich zu einem
fcharf fchmeckenden, leicht aufzulöfenden, an der Luft,
die Feuchtigkeit anziehenden, federartigen Salze kryftallifirt. Die feuerbeftändigen Laugenfalze zerlegen diefen Benzoefalmiak fogleich, und entbinden das flüchtige Alkali. Ob er fich fublimiren laffe, ist noch nicht
unterfucht.

Lichtenstein a. a. O. S. 18. f.

Benzoefaure Mittelfalze.

§. 1390.

Wenn man gepulverte Kreide und Benzoefalz zu-
fammenmifcht und Waffer darauf gießt, fo entfteht fogleich unter Aufbraufen der Angriff des Salzes auf die
Kalkerde, und beyde liefern nun ein Mittelfalz, von
dem es nach Hrn. Lichtensteins Bemerkung allerdings
merkwürdig ift, daß es leichter im Waffer auflöslich
ift, als feine Beftandtheile einzeln es find. Es fchießt
nach dem Abrauchen in der Kälte zu anfehnlichen fpieß-
figten federartigen Kryftallen an, die mehr von einem
gemeinfchaftlichen Mittelpunkt, wo fie zufammenhän-
gen, auslaufen. Diefer Benzoefelenit ift nicht fo leicht
auflöslich im Waffer, als die vorhingenannten Neu-
tralfalze, und hat einen ftumpffüßlichen Gefchmack. Im
Feuer wird er zerftört, und die Benzoefaure verflüchtiget.

§. 1391.

§. 1391.

Nach Hrn. Lichtenſtein ſchlagen zwar die laugen=
ſalze die Kalkerde aus der Auflöſung des Benzoeſelenits
im Waſſer nieder; allein es iſt wahrſcheinlich, daß er
mildes Laugenſalz angewendet habe, und da muß dann
frentlich wegen der doppelten Verwandtſchaft ein Nieder=
ſchlag erfolgen, der nach Bergmann mit ätzendem nicht
erfolgt, indem vielmehr das Kalkwaſſer alle benzoeſau=
ren Neutralſalze zerſetzt, und die Laugenſalze frey macht;
daß alſo die Verwandtſchaft der Benzoeſäure zur Kalk=
erde größer iſt, als zu den reinen Laugenſalzen.

Lichtenſtein a. a. O. S. 22. Bergmann de attract. elect.
in ſeinen opuſc. Vol. III. S. 374.

§. 1392.

Die Auflöſung der Bitterſalzerde mit der Benzoe=
ſäure im Waſſer giebt nach der Sättigung und dem Ab=
rauchen kurze federartige Kryſtalle, die ſich ziemlich leicht
im Waſſer auflöſen laſſen, bitterlich ſcharf ſchmecken, und
auch im Feuer zerſtört werden. Das Kalkwaſſer ſchlägt
nach Bergmann aus der Auflöſung dieſer benzoeſauren
Bitterſalzerde letztere nieder. Ob es die ätzenden Lau=
genſalze thun, iſt noch nicht ausgemacht. Bergmann
ſtellt indeſſen in ſeiner Verwandtſchaftstafel der Ben=
zoeſäure die Bitterſalzerde noch vor die Laugenſalze,
gleich nach der Kalkerde.

§. 1393.

Reine und noch etwas feuchte Alaunerde wird vom
Benzoeſalz auf naſſem Wege ziemlich leicht aufgelöſt,
und liefert nach dem Abrauchen ein Salz von geringem zu=
ſammenziehenden Geſchmacke, (benzoeſaure Thonerde),
das aber noch nicht hinlänglich unterſucht worden iſt. Das
Kalkwaſſer, die Bitterſalzerde, und die Laugenſalze
ſchei=

scheiden nach Bergmann die Alaunerde daraus ab, indem die Benzoesäure näher mit ihnen verwandt ist, als mit dieser.

§. 1394.

Die Schwererde giebt mit der Benzoesäure nach Bergmann ein schwerauflösliches Salz, (benzoesaure Schwererde). Das Kalkwasser zerlegt diese Verbindung; aber hinwiederum wird auch die benzoesaure Kalkerde von der im Wasser aufgelösten gebrannten Schwererde zersetzt, so daß also hier eine dreyfache Verbindung vorzugehen scheint. Die Laugensalze, Bittersalzerde und Thonerde stellt Bergmann in der Stufenfolge der Verwandtschaft der Benzoesäure nach der Schwererde.

Bergmann, a. a. O. S. 374.

Benzoesaure Neutral- und Mittelsalze mit den bisher erwähnten Säuren.

§. 1395.

Die Laugensalze, sowol die feuerbeständigen, als die flüchtigen, und alle vier alkalinischen Erden sind mit der Benzoesäure auf nassem Wege nicht so nahe verwandt, als mit der Vitriolsäure, Salpetersäure, Küchensalzsäure, Flußspathsäure, Phosphorsäure, Weinsteinsäure und Zuckersäure, und diese zersetzen daher auch alle benzoesauren Neutral- und Mittelsalze. Mit der Boraxsäure hingegen sind jene entfernter verwandt, als mit der Benzoesäure. — Da die Stufenfolge der Verwandtschaft der letztern gegen Alkalien und Erden selbst noch nicht hinlänglich festgesetzt ist, so übergehe ich hier die Zersetzung der benzoesauren Neutral- und Mittelsalze auf dem Wege der doppelten Verwandtschaft

mit den Neutral- und Mittelſalzen der oben erwähnten
Säuren.

Zergliederung des Federharzes.

§. 1396.

Die Unterſuchungen über die Natur und Miſchung
des Federharzes (§. 379.) ſind bis jetzt noch ſo unvoll-
ſtändig und unzureichend, daß ſich nichts Beſtimmtes
darüber ſagen läßt. Die Chemiſten haben ſich bisher
mehr bemühet, Auflöſungsmittel für daſſelbe zu finden,
als die Zerlegung deſſelben in ſeine wahre Beſtandtheile
zu bewirken. — Wenn das elaſtiſche Harz in die Hitze
gebracht wird, ſo erweicht es ſich, blähet ſich auf, und
verbreitet einen brenzlichten Geruch. Es fließt zu einer braunen ſchmierigen Maſſe, die beym Erkalten die
Feſtigkeit des Harzes nicht wieder erlangt. Das elaſtiſche Harz läßt ſich anzünden, brennt mit einer weißgel-
ben lichten Flamme, vielem Rauche, und einem brenzlichten Geruch, und hinterläßt nur ſehr wenig Aſche.
Es brennt, ſo wie der Kampher, auch auf dem Waſſer fort.

§. 1397.

Bey der trocknen Deſtillation giebt das elaſtiſche
Harz ſehr wenig Phlegma, und ein empyreumatiſches
Oel, das den Geruch des gebratenen Specks hat, anfangs klar und helle, in der Folge aber dicklich und gefärbt übergeht. Berniard und Julians erhielten einen
urinöſen Geiſt, welches erſterer von denen dem Feder-
harze anhängenden rußichten Theilen ableitet, die ihm
vom Räuchern anhängen. Bey dieſer Deſtillation bleibt
nur ein ſehr geringer Antheil kohlenartiger Rückſtand,
der nichts von Laugenſalz beym Einäſchern giebt, ſonſt
aber noch nicht weiter unterſucht worden iſt.

§. 1398.

§. 1398.

Die Vitriolsäure verwandelt das elastische Harz, womit es digerirt wird, in eine schwarze, schmierige, schweflicht riechende, zähe Substanz, welche durch zugegossenes Wasser eine brüchige, schwarze und nicht mehr elastische Masse absetzt.   Concentrirte Salpetersäure löst das Federharz zu einer dunkelbraunen, durchsichtigen Feuchtigkeit völlig auf, und wenn sie zu dem geschmolzenen Harz gegossen wird, so entzündet sie sich damit.   Das Wasser schlägt aus jener Auflösung, nach Achard, gelbe Flocken nieder, die nach dem Absüßen und Trocknen sich im Weingeist, aber nicht in ätherischen Oelen auflösen lassen, mit den laugensalzen seifenartige Gemische geben, und nach eben dieses Chemisten Erfahrungen bey einer gelinden trocknen Wärme, welche den Siedegrad des Wassers nicht einmal übersteigt, sich schnell entzünden, und in Flamme aufgehen.   Die Küchensalzsäure bringt keine Veränderung im elastischen Harze zu Wege.   Das durch trockne Destillation erhaltene klare Oel löste sich nur zum Theil im Weingeiste auf, entzündete sich mit rauchender Salpetersäure, die eine sehr aufgeblähete schwammige Masse zurückließ; gab mit schwacher Salpetersäure gekocht eine gelbe schmierige harzige Masse; und löste das elastische Harz bey anhaltender Digerirhitze zu einer zähen schmierigen Feuchtigkeit auf.

§. 1399.

Aus allen diesen Datis läßt sich nun freylich nichts sicheres auf die Bestandtheile des Federharzes schließen, und zur Zeit noch nicht mit Berniard behaupten, daß dasselbe eine Art verdicktes fettes Oel sey.   Mir ist es wahrscheinlich, daß dieser Körper bey genauer Zergliederung in brennbares Wesen, luftsäure, flüchtiges laugensalz, und Phosphorsäure wird zerlegt werden können,

und

und daß er vielleicht mit der Colla des Mehls ſehr über:
ein kömmt.

Heriſſant, in den *Mém. de l'acad. roy. des ſc. de Paris*, 1763.
S. 49. ff. Macquer ebendaſ. J. 1768. S. 209. ff.
Achards Verſuche über das elaſtiſche Harz; in ſeinen chy:
miſch:phyſ. Schriften, S. 211. ff. Thorey vom elaſti:
ſchen Harze; in Crells chem. Journal, Th. 2. S. 107.
ff. *Arn. Inliaans* diſſ. de reſina elaſtica Caienneſi. Traj.
ad rhen. 1780. 4. *Bernard*, im *Journal de phyſique*,
Avril 1781. *Fourcroy* Elemens de chymie T. IV. S.
98. ff.

Zergliederung der milden Oele und des Wachſes.

§. 1400.

Es iſt eine bekannte Sache, daß die milden Oele
der Pflanzen mit Flamme, Rauch und Ruß verbren:
nen. Zwar kann man ſie nicht, wie die ätheriſchen
Oele, ſo geradezu anzünden; allein durch Hülfe eines
Dochtes, und auch auf glühende Kohlen getröpfelt, zei:
gen ſie jene Theile beym Verbrennen leicht, und wenn
ſie bis zum Kochen erhißt werden, ſo laſſen ſie ſich auch
ohne Docht in Entzündung ſeßen.

§. 1401.

Der Ruß, welchen die Oele beym Verbrennen mit
einem Dochte nach gewöhnlicher Art abſeßen, rühret
nicht von erdigten Theilen her, und iſt noch weniger das
reine Phlogiſton mit wenigen erdigten Theilen verbun:
den, ſondern entſteht allemal dann, wenn die bey der
Hiße ſich verflüchtigenden wäſſerigen und ſauren Theile
des Oeles von ihrem phlogiſtiſchen Antheil wegen des
verhinderten Zugangs der freyen Luft zum Innern der
Flamme nicht befreyet werden können. Denn wenn
man ein mildes Oel in der Argandiſchen Lampe ver:

brennt,

brennt, so zeigt sich, wie Hr. de Luc fand, und wie meine eigene Erfahrungen bestätigen, keine Spur von Ruß, sondern ein wässeriger Dunst, der sich durch einen gläsernen Helm mit Vorlage auffangen läßt; zugleich entwickelt sich aber auch allemal, was Hr. de Luc und Hr. Argand bey ihrer Vorrichtung nicht bemerken konnten, eine beträchtliche Menge Luftsäure aus dem brennenden Oele.

de Lucs neue Ideen über die Meteorologie, B. I. S. 131. ff. Theorie der Argandschen Lampe nach Hrn. de Luc; in Voigts Magaz. für das Neueste aus der Phys. B. V. St. 1. S. 93.

§. 1402.

Unterwirft man die fetten Oele für sich allein ohne Zwischenmittel einer Destillation, was wegen des leichten Aufschäumens und Uebersteigens des Oeles mit vieler Vorsicht und mit behutsamer Regierung des Feuers geschehen muß, am sichersten aber bey einem Zusatz von vielem reinen Sande, oder von reinem Thon, den man mit dem Oele zusammengeknetet hat, bewerkstelliget wird, so geht bey einer stufenweis vermehrten Hitze Luftsäure und brennbare Luft in großer Menge über; sonst aber erhält man in der Vorlage anfangs ein saures Phlegma von einem sehr stechenden, unangenehmen Geruche, und dann eine beträchtliche Quantität brenzlichtes Oel, das immer um desto dunkeler, schwärzer und zäher wird, je mehr sich die Destillation dem Ende nähert. Dieß empyreumatische Oel wird, wie alle Oele dieser Art (§. 1118.) durch wiederholte Rectificirung dünner und heller, und nähert sich den ätherischen Oelen immer mehr in seiner Beschaffenheit, so daß es sich auch wie diese leicht verflüchtigen, und im Weingeiste auflösen läßt, was die milden Oele nicht thun. Bey dieser Rectification setzt das Oel wieder saures

M 3 Phlegma

Phlegma ab, und hinterläßt auch wieder einen kohligten Rückſtand. — Hieher gehört auch das von den
unphiloſophiſchen Alchemiſten ſogenannte **philoſophiſche**
oder Ziegel-Oel (oleum philoſophorum), das man
erhält, wenn man heiße Ziegelſteine mit einem milden
Oele, als Rüböl, Baumöl, leinöl, u. d. gl. tränkt,
und aus einer Retorte im freyen Feuer deſtillirt.

§. 1403.

Der kohlige Rückſtand von dieſer Deſtillation des
fetten Oeles (§. 1402.) beträgt dem Gewichte nach ſehr
wenig, iſt ſehr ſchwer einzuäſchern, und enthält keine
Spur von feuerbeſtändigem laugenſalze, ſondern etwas
Erde, die man bis jetzt noch nicht weiter unterſucht hat.

§. 1404.

Die **Pflanzenbuttern** (§. 425.) geben bey dieſer Deſtillation mehr Säure, als die flüſſigen Oele,
und zugleich geht mit dem flüſſigen empyreumatiſchen
Oele ein butterartiges über, das ſich erſt durch wiederholte Rectificirung in flüſſiges Oel und ſaures Phlegma
aufſchließen läßt. Sonſt iſt ſich die Säure in beyden
gleich.

Crells Zerlegung der Cacaobutter im chem. Journ. Th. II.
S. 152. ff. *Brandis* de oleis unguinoſ. S. 14. f.

§. 1405.

Auch durch die Verbindung der fetten Oele mit
ätzenden laugenſalzen zur Seife (§. 435.) wird ihre Natur und Miſchung ſchon auf naſſem Wege ſehr geändert. Denn, wenn man durch eine Säure das Oel
wieder abſcheidet, ſo löſt es ſich im Weingeiſte auf, iſt
flüchtiger, und läßt ſich weit leichter überdeſtilliren, als
das milde Oel vorher. Bey der trocknen Deſtillation
der Seife erhält man ebenfalls ein ſaures Phlegma und
ein

ein dünneres empyreumatisches Oel, als bey der De=
stillation des fetten Oeles für sich. Dieß erfolgt auch
beym Abziehen des fetten Oeles über ungelöschten Kalk.
— Der kohligte Rückstand der trocknen Destillation
der Seife giebt nach dem Einäschern und Calciniren
luftsaures feuerbeständiges Alkali, auch wenn man ganz
reines ätzendes zur Bereitung der Seife angewandt hat.
Einige haben bey dieser Zerlegung der Seife auch flüch=
tiges Alkali bemerkt.

Macquer's chym. Wörterb. Th. V. S. 9. f.

§. 1406.

Um die Säure aus dem Oele reiner und concen=
trirter zu erhalten, befolgte Hr. **Brandis** das vom Hrn.
Crell bey der Zerlegung des Fettes, (wovon wir in der
Folge reden werden), angewandte Verfahren: Er ver=
wandelte nämlich ein Pfund Rüböl mit einer Lauge von
vier Unzen ätzendem Gewächsalkali in eine schmierige
Seife, löste sie in Wasser auf, und setzte zu der kochen=
den Auflösung nach und nach soviel gepulverten Alaun,
bis sich kein Oel mehr abschied. Die durchgeseihete
wasserhelle Flüssigkeit gab nach dem Abrauchen bis zur
Trockniß ein weißes Salz (welches nach Hrn. Crells
Meynung aus vitriolisirtem Weinsteine, der Säure
des Fettes mit dem Alkali der Seife, und etwas un=
zersetztem Alaun bestehen soll; allein aus vitriolisirtem
Weinstein und der Verbindung der Säure des Fettes
mit der Thonerde wirklich besteht); das er mit der Hälf=
te Vitriolöl aus einer gläsernen Retorte bey gelinder
Wärme destillirte. Er erhielt eine gelbliche, rauchen=
de, saure Flüssigkeit, die mit der auf diese Art aus
dem Fette zu erhaltenden Säure übereinkam.

Brandis a. a. O. S. 14. f.

M 4 §. 1407.

§. 1407.

Daß die concentrirte Vitriolſäure ſich des Phlogiſtons der Oele bemächtiget, und damit zur Schwefelſäure werde, haben wir ſchon oben (§. 718. ff.) angeführt. Sie verdickt zugleich dieſelben, und verwandelt ſie in wahre Harze, die, weil ſie ſich im Weingeiſt auflöſen laſſen, einige für ſaure Seifen gehalten
haben.

§. 1408.

Die Wirkung der Salpeterſäure auf die Oele iſt
noch lebhafter, geſchwinder und merklicher. Sie brauſt
damit auf, und wird zur Salpeterluft, und die Erhitzung derſelben damit geht endlich ſo weit, daß ſich die
Vermiſchung ſogar entzündet (§. 864. ff.). Uebrigens
aber verwandelt die Salpeterſäure die fetten Oele ebenfalls in wahre Harze.

§. 1409.

Die völlige Aufſchließung und Dephlogiſtiſirung
des Oeles durch Salpeterſäure iſt aber außerordentlich
mühſam und langweilig. Das Obenaufſchwimmen des
Oels auf der Salpeterſäure und die Unauflösbarkeit
deſſelben darin, macht hier keine geringe Schwierigkeit.
Ich habe durch anhaltendes Digeriren des Baumöls
mit mäßig ſtarker Salpeterſäure in der Wärme in einem
offenen Gefäße, durch ſehr oft wiederholtes Umrühren
des Gemenges, und Aufgießen von friſcher Salpeterſäure, nach einem Aufwande von ſehr vieler Salpeterſäure nur einen Theil des Oeles zerlegen können; allein
die rückſtändige Flüſſigkeit enthielt wirkliche Weinſteinſäure und Zuckerſäure. Das aus der Seife durch
Säuren geſchiedene Oel ließe ſich vielleicht leichter zerlegen.

§. 1410.

§. 1410.

Die Wirkung der gemeinen Salzſaͤure auf die fetten Oele iſt nur ſchwach.   Die dephlogiſtiſirte verdickt ſie aber zu einem harzigten Koͤrper.

§. 1411.

Merkwuͤrdig iſt folgende Entdeckung des Herrn Scheele: Man kocht naͤmlich einen Theil geriebener Silberglaͤtte mit zweyen Theilen eines milden Oeles und genugſamen Waſſer unter beſtaͤndigem Umruͤhren, bis ſich die Silberglaͤrte aufgeloͤſt hat.   Wenn dieſe die Dicke eines Pflaſters erhalten hat; ſo laͤßt man alles kalt werden, und gießt das Waſſer vom Pflaſter ab. Dieſes Waſſer enthaͤlt nur eine ſuͤße Subſtanz aufgeloͤſt, welche man durchs Abdampfen bis zur Dicke eines Syrups bringen kann.   Wenn das Oel nicht ranzigt war, ſo zeigt es keine Spur vom aufgeloͤſten Bleykalke.   Wird dieſer Syrup ſtark erhitzt, ſo laͤßt ſich der davon gehende Rauch mit einer Lichtflamme entzuͤnden. Zur Deſtillation erfordert er eine ziemlich ſtarke Hitze; die Haͤlfte davon geht unzerſtoͤrt wie ein dicker Syrup uͤber, und behaͤlt ihren ſuͤßen Geſchmack; nachher wird er empyreumatiſch, und es folgt ein braunes Oel, welches wie Weinſteinſpiritus riecht; und in der Retorte bleibt eine leichte und lockere Kohle zuruͤck.   Dieſe Suͤßigkeit laͤßt ſich nicht kryſtalliſiren, geht mit Waſſer gemiſcht in der Waͤrme nicht in Gaͤhrung; allein ſie giebt bey wiederholtem Abziehen der Salpeterſaͤure daruͤber wahre Zuckerſaͤure, wobey jene Saͤure ſehr phlogiſtiſirt wird.

Hr. Scheelens Entdeckung eines beſondern ſuͤßen und fluͤchtigen Beſtandtheils in den ausgepreßten Oelen und thieriſchen Fettigkeiten; in Crells chem. Annal. 1784. B. I. S. 99. ff.

M 5   §. 1412.

§. 1412.

Aus denen durch die Zergliederung der fetten Oele in der Hitze zu erhaltenden Subſtanzen (§. 1402. 1403.) hat man ſchon ſeit langen Zeiten den Schluß gezogen, daß ſie aus brennbarem Weſen, Säure, Waſſer und Erde beſtänden. Doch über die Natur der Säure war man nicht einig. Hr. Crell und Brandis halten ſie mit der Säure des thieriſchen Fettes für einerley; und Scheele nimmt bloß Luftſäure an, glaubt auch, daß die Oele bloß aus dieſer, aus Waſſer und aus Phlogiſton zuſammengeſetzt wären, und daß die daraus zu erhal-tende Erde bloß zufällig wäre. Man erhalte zwar aus den Oelen durch Zerlegung eine der Eſſigſäure gleichende Säure; allein dieſe laſſe ſich doch endlich wieder in Brennbares und Luftſäure ſcheiden.

Crell a. a. O. S. 152. Brandis a. a. O. §. 9. Scheele von Luft und Feuer, §. 74.

§. 1413.

Alles, was ich von der Zerlegung der milden Oele angeführt habe, ſcheint es mir außer Zweifel zu ſetzen, daß ſie aus Brennſtoff, Waſſer, Luftſäure und Pflanzenſäure zuſammengeſetzt ſind. Der erſtere Be-ſtandtheil folgt ſchon aus ihrer Entzündlichkeit, und aus der Verwandlung der Salpeterſäure in Salpeterluft, wenn ſie mit den Oelen in Berührung kömmt (§. 1408. 1409.). Das Waſſer zeigt ſich bey dem Verbrennen des Oels (§. 1401.), und folgt aus der phlegmatiſchen Säure beym Deſtilliren derſelben (§. 1402.). Daß dieß Waſſer erſt aus der brennbaren Luft des Oeles und der reinen Luft erzeugt werde, wie de Luc nach Laboi-ſier annimmt, iſt ſo unerwieſen, als die ganze Theorie des Verbrennens des letztern. Das Daſeyn der Luft-ſäure erhellet unwiderſprechlich aus §. 1402. Schon
die

die Analogie würde uns schließen laſſen können, daß
die Säure der Oele die elementariſche Pflanzenſäure,
oder die Eſſigſäure wäre, wenn die bloße Analogie in
der Naturlehre überhaupt zu Folgerungen berechtigen
könnte. Aber die deſtillirte Säure der fetten Oele zeigt
ſich nach der gehörigen Dephlogiſtiſirung wie wahre Eſſigſäure, und erſcheint auch durch mindere Dephlogiſtiſirung als Weinſteinſäure oder als Zuckerſäure (S.
1409.), ſo daß mir die vegetabiliſche Natur der Säure
hinlänglich ausgemacht zu ſeyn ſcheint.   Da die Fettſäure keine eigenthümliche Säure, weder des Thierreiches
noch des Pflanzenreichs iſt, wie ich in der Folge zeigen
werde; da ſie ſich in Zuckerſäure und in Eſſigſäure ver-
kehren läßt, und das Fett ſelbſt durch Dephlogiſtiſirung
Zuckerſäure giebt, ſo iſt es vielmehr Beſtätigung meiner Behauptung, als Widerſpruch, wenn die Säure der Oele der Säure des Fettes gleich kömmt.

§. 1414.

Die fetten Oele unterſcheiden ſich von den Harzen
nur durch die größere Menge Brennſtoff und Waſſer,
nicht durch die Verſchiedenheit der Säure. Ihre Verwandlung in Harze durch die mineraliſchen Säuren
rühret nicht von der Verbindung und dem Beytritt der
letztern, ſondern im Gegentheil von der Entziehung des
Wäſſerigten und eines Theils des Brennſtoffs des Oeles
durch die Säure her (§. 1379.). Fette Oele, Schleime und Zucker ſind auch nur in der Proportion ihrer
Beſtandtheile, nicht in der Natur derſelben verſchieden,
und die Darſtellung des ſüßen Weſens aus den Oelen
nach Scheelens Erfindung (§. 1410.) wird von einer
Zerſetzung des Oeles bewürkt, woben das Phlogiſton
deſſelben durch den Bleykalk in dem Maaße vermindert
wird, daß das Verhältniß deſſelben zu der übrigen
Pflanzenſäure des Oeles und zur Luftſäure faſt in dem
Maaße

Maaße ſtatt finder, als im Zucker, und durch noch
ſtärkere Verminderung vermittelſt der Salpeterſäure mit
der Pflanzenſäure des Oeles nur in dem Maaße verbunden bleibt, daß dieſe als Zuckerſäure erſcheint. Jenes ſüße Weſen wäre dieſemnach ein Product, und kein
Educt der Oele; ſo wie Weinſteinſäure, Zuckerſäure
u. a. aus Oelen, Harzen, Schleimen, Zucker u. d. gl.
nur Producte, d. h. Verbindungen der Eſſigſäure mit
dem Phlogiſton in beſtimmten Verhältniſſen, ſind.

§. 1415.

Die ſonſtige Uebereinſtimmung des **Wachſes** mit
den milden Pflanzenölen von feſter Conſiſtenz (§. 428.)
läßt ſchon ſchließen, daß es einerley Miſchung mit ihnen haben werde, wie auch die Erfahrung lehrt. Das
Wachs läßt ſich, wie die fetten Oele, nicht geradezu anzünden, außer wenn es bis zum Kochen erhitzt worden
iſt, oder durch Hülfe eines Dochtes. Es brennt mit
Flamme, und mit Rauch und Ruß. Es läßt ſich bey
der Siedhitze des Waſſers ebenfalls nicht zerſetzen. Bey
der trocknen Deſtillation in ſtärkerer Hitze giebt es ziemlich viel luftförmige Flüſſigkeit, wie ſchon **Hales** wahrnahm, der aus 1 Cubiczoll oder 243 Gran gelben
Wachſe 54 Cubiczoll derſelben erhielt. Dieſe Luft iſt
theils Luftſäure, theils brennbare Luft.

Hales ſtatique des vegetaux, Exper. 64.

§. 1416.

Wenn man das Wachs aus einer gläſernen Retorte mit weitem Halſe und angeklebter Vorlage im
Sandbade bey vorſichtiger Regierung des Feuers für
ſich allein, oder wegen des leichten Ueberſteigens mit
Sand vermengt, deſtillirt, ſo geht anfangs etwas
weniges Waſſer, eine ſehr flüchtige, ſtechende und
unangenehm riechende **Säure** (**Wachsgeiſt**, ſpiritus
cerae),

cerae), und etwas weniges flüchtiges, eben so unan=
genehm riechendes, helles Oel (Wachsöl, oleum cerae) über. Bey fortgesetzter Deſtillation wird das Oel
immer dicker, so daß es in der Vorlage geſteht, und die
Conſiſtenz einer Butter annimmt, daher auch den Na=
men der Wachsbutter (butyrum cerae) führt. Sie
hat den durchdringenden ſtarken Geruch des Wachs=
öles, eine gelbliche Farbe, und iſt gewiſſermaßen nur
halb zerſetztes Wachs. Durch wiederholte ähnliche De=
ſtillationen läßt ſich die Wachsbutter immer mehr ver=
dünnen, und endlich ganz in dünnes Wachsöl verän=
dern, wobey ſich aber jedesmal ein Theil Säure von
neuem abſcheidet.   Der kohligte Rückſtand von der
Deſtillation des Wachſes beträgt ſehr wenig am Ge=
wichte, läßt ſich äußerſt ſchwer einäſchern, iſt aber noch
nicht gehörig in Rückſicht ſeines Gehaltes unterſucht.

§. 1417.

Man hat zwar noch nicht die Enthüllung der Säu=
re des Wachſes auf naſſem Wege durch Hülfe der mi=
neraliſchen Säure verſucht; allein die gänzliche Ueber=
einſtimmung derſelben mit der Säure des Fettes, die
doch Pflanzenſäure iſt, läßt keinen Zweifel weiter, daß
auch das Wachs, außer Phlogiſton und Luftſäure,
die allgemeine Pflanzenſäure, nämlich Eſſigſäure, zum
Beſtandtheil habe.

Zergliederung der ätheriſchen Oele.
§. 1418.

Die ätheriſchen Oele der Pflanzen (§. 447.)
ſind, wie die milden oder fetten Oele derſelben, aus
Brennſtoff, Waſſer, Luftſäure und Pflanzenſäure
zuſammengeſetzt. Die große Flüchtigkeit dieſer Oele in
der Hitze läßt zwar nicht zu, ſie wie die mehr feuerbe=
ſtändi=

ſtändigen Stoffe des Pflanzenreichs im Feuer zu zer-
gliedern; allein man kann auf andere Weiſe dieſe ihre
Beſtandtheile leicht und unwiderſprechlich darthun.

§. 1419.

Das Daſeyn des Brennſtoffes in den ätheriſchen
Oelen erhellet ſchon aus ihrer großen Entzündlichkeit,
worin ſie die fetten Oele übertreffen, indem ſie auch
ohne erhißt zu ſeyn und ohne Hülfe eines Dochtes ſich
anzünden laſſen; aus ihrer Entzündung durch rauchende Salpeterſäure (§. 864. ff.); aus der Verwandlung
der leßten in Salpeterluft und der Vitriolſäure in
Schwefelluft, wenn man ſie mit dieſen Oelen in Berührung bringt; aus dem Verpuffen des glühenden
Salpeters, wenn man deſtillirte Oele darauf tröpfelt,
und aus andern unwiderſprechlichen Beweiſen mehr.

§. 1420.

Das Waſſer wird als Beſtandtheil in den Oelen
durch ihren naßmachenden Aggregatzuſtand; noch deutlicher durch die Abſcheidung des Waſſerdampfes bey
dem Verbrennen derſelbigen unter einer Glasklocke, die
mit Queckſilber geſperrt iſt, bewieſen. Durch wiederholtes Abziehen des ätheriſchen Oeles über friſch gebrannte Kalkerde wird das Oel zerlegt, und nach des ſel.
Tromsdorffs Entdeckungen eine beträchtliche Quantität
Waſſer abgeſchieden.

Wilh. Bernh. Tromsdorff diſſ. de oleis vegetabilium eſſen-
tialibus eorumque partibus conſtitutivis. Erfordiae
1765. 4. §. 15.

§. 1421.

Wenn man nach der oben (§. 319. 320.) angeführten Weiſe ein ätheriſches Oel unter einer Glasklocke
über Queckſilber in reiner oder atmosphäriſcher Luft verbrennt,

brennt, ſo wird die luft nicht allein phlogiſtiſirt, ſon=
dern man findet auch einen beträchtlichen Antheil Luft=
ſäure darin, die man durch kaltes Waſſer oder durch
Kalkwaſſer von der phlogiſtiſirten luft ſcheiden kann.
Eben ſo wird auch das Kalkwaſſer niedergeſchlagen,
wenn man in verſchloſſenen Gefäßen ätheriſches Oel
darüber abbrennt. Hieraus erhellet alſo die Präexiſtenz
der luftſäure in dieſen Oelen, ſo wie auch daraus, daß
die Salpeterluft, welche ſich bey den Vermiſchen der
Salpeterſäure mit den ätheriſchen Oelen erzeugt, alle=
mal mit luftſäure verunreiniget iſt.

§. 1422.

Der ſaure Beſtandtheil der ätheriſchen Oele zeigt
ſich ſchon ohne gewaltſame Zergliederung derſelben durch
die von ſelbſt erfolgende Veränderungen der Miſchung
beym Harzigwerden (§. 474.), und wird auch von
den mehreſten Chemiſten behauptet. Durch wiederhol=
tes Abziehen des Terpentinöls und Fenchelöls über cal=
cinirtes Weinſteinſalz erhielt auch Herr Tromsdorff
daraus Kryſtalle eines Neutralſalzes, deſſen Entſtehung
er von der Säure des zerſetzten Oeles herleitet, wobey
er aber die Natur dieſer Säure nicht weiter beſtimmt
hat.

Tromsdorff a. a. O. §. 18.

§. 1423.

Die Allgemeinheit der Eſſigſäure im Pflanzenrei=
che läßt ſchon vermuthen, daß die Säure der ätheri=
ſchen Oele keine andere, als jene ſeyn wird. Zwar wird
man durch das gewöhnliche Verfahren, wo man con=
centrirte Salpeterſäure anwendet, die Zerlegung des
Oeles ſchwerlich bewerkſtelligen, weil es ſich bekannter=
maßen damit entweder zum Harz verdickt, oder gar
entzündet. Allein meine Verſuche mit verdünnter Sal=

peter=

peterſäure ſind ſehr wohl gelungen. Ich vermiſchte zu
dem Ende einen Theil guten Salpetergeiſt mit zwey Thei=
len Waſſer, und goß in einem offenen cylindriſchen Glaſe
einen Theil deſtillirtes Fenchelöl, und in einem andern
Verſuche Kümmelöl hinzu, ließ dieß unter öfterm Um=
rühren einige Tage lang mäßig digeriren, und dann ſtär=
ker erhitzen, da es aufſchäumte. Ich erhielt auf dieſe
Art aus der rückſtändigen Flüſſigkeit wahre Zuckerſäure.
Hr. Kels hat dieſe ſchon vor mir aus dem Nelkenöl ge=
ſchieden; und Hr. Dollfuß aus dem Anisöle. Ob die
natürlichen ſalzigten Anſchüſſe in den ätheriſchen Oelen
ſämmtlich die allgemeine Pflanzenſäure, Eſſigſäure, zur
Baſis haben, laſſe ich unentſchieden. Hr. Scheele er=
hielt zwar aus den ätheriſchen Oelen durch Salpeter=
ſäure keine Zuckerſäure, allein da zur Bildung derſel=
ben ein beſtimmter Grad der Dephlogiſtiſirung der ele=
mentariſchen Eſſigſäure nothwendig iſt, ſo braucht es
keiner Abſcheidung der letztern gerade als Zuckerſäure,
um ſie als die allgemeine Pflanzenſäure zu beweiſen,
und ſie wird durch eine zu ſtarke Entbrennbarung gewiß
auch als ſolche nicht erſcheinen.

S. meine Bem. in Crells chem. Annal. J. 1786. B. II.
   S. 151. Weſtrumb kl. chem. phyſ. Abh. B. I. H. I.
   S. 3. Dollfuß, in Crells chem. Annal. J. 1787. B.
   I. S. 443. Scheele ebend. J. 1785. B. II. S. 299.

§. 1424.

Den Unterſchied der ätheriſchen Oele von den fet=
tigen ſuche ich nicht in dem Daſeyn eines harzigen Stof=
fes, der in den erſtern ſeyn ſoll, und deſſen Entſtehung
beym Altwerden und ſorgloſen Aufbewahren, ſo wie
bey der ohne Zuſatz angeſtellten Deſtillation der ätheri=
ſchen Oele, in ganz etwas anders ſeinen Grund hat, wie
ich ſchon oben (§. 476.) berührt habe; ſondern einzig
und allein in der größern Menge des Brennſtoffes, wel=
cher

cher in den ätherischen Oelen mit den übrigen Bestand=
theilen der milden Oele vereiniget ist. — Die bisher an=
gezeigte Zergliederung mehrerer Pflanzenstoffe hat uns
in denselben einerley Bestandtheile angezeigt, und der
große Unterschied unter allen denselben in ihren sinnlichen
Eigenschaften und in den Würkungen und Verhalten
gegen andere Körper hat also nicht in der verschiedenen
Qualität ihrer Bestandtheile, sondern in der verschiede=
nen Proportion und Menge derselben ihren Grund.
Ich glaube hier folgende Stufenfolge dieser Körper in
Rücksicht des verschiedenen Gehaltes an Brennstoff an=
nehmen zu müssen:

Brennbare Pflanzenluft,
(Weingeist)
ätherisches Oel,
empyreumatisches Oel,
mildes Oel,
Harz,   Bestandtheile:
Stärke,   Brennstoff, luftsäure, rei=
Schleim,   ne Pflanzensäure, (Was=
Zucker,   ser).
Weinsteinsäure,
Zitronensäure,
Apfelsäure,
Zuckersäure,
Essig,

Die Belege hierzu finden sich in dem Vorhergehenden;
und um nur hier einiges zu wiederholen, so werden be=
kanntermaßen die ätherischen Oele durch Entziehung ih=
res Brennstoffes zu Harzen, wie bey der Einwürkung
der mineralischen Säure auf dieselbigen, und bey ihrem
von selbst erfolgten Verderben (§. 476.); die milden
Oele durch Entziehung eines Antheils ihrer wesentlichen
Säure, also durch Vermehrung des phlogistischen An=
theils gegen die letztere, wie bey ihrer Destillation, zu ent=

pneumatiſchen Oelen, die endlich den ätheriſchen Oelen
durch wiederholtes Rectificiren gleich kommen (§. 1118.).
Bey der Einwürkung des ätzenden laugenſalzes auf den
ſauren Grundtheil der Oele in der Seife, alſo durch Verminderung deſſelbigen und verhältnißmäßige Vermehrung des phlogiſtiſchen Antheils gegen die noch rückſtändige Säure werden ſie ebenfalls den ätheriſchen Oelen
ähnlich (§. 439.). Durch Verminderung ihres Brennſtoffes hingegen vermittelſt der mineraliſchen Säuren
werden ſie zu Harzen, und durch ſtärkere Dephlogiſtiſirung nach Scheelens Manier (§. 1411.) zum Zuckerſtoff.   So werden Harze, Gummi, Stärke, Zucker, durch Entziehung eines Antheils ihrer Grundſäure
bey der trocknen Deſtillation, zu empyreumatiſchen, und
dieſe durch wiederholtes Rectificiren zu flüchtigen Oelen,
durch geringere Entziehung der Säure zu harzigten empyreumatiſchen Oelen, oder dieſe mit den mineraliſchen
Säuren, zu wahren Harzen.   Durch ſtärkere Entziehung ihres Brennſtoffes hingegen werden jene Subſtanzen zur Weinſteinſäure, Zuckerſäure und ſo weiter bis
zur Eſſigſäure. —

§. 1425.

Man ſtreitet ſich jetzt, ob die Weinſteinſäure, oder
die Eſſigſäure die allgemeine Säure des Pflanzenreichs
ſey.   Ich dächte der Streit ließe ſich leicht entſcheiden,
wenn man erwägen wollte, daß das Einfachere eher
da geweſen ſeyn muß, als das Zuſammengeſetztere, welches jenes Einfachere zum Beſtandtheil hat.   Wenn
man aus dem Zucker u. d. gl. durch Dephlogiſtiſirung
deſſelbigen Weinſteinſäure erhält, ſo iſt dieſe doch nicht
als Educt daraus anzuſehen, ſondern der Künſtler ließ
nur gerade ſo viel Phlogiſton bey der Grundſäure des
Zuckers, daß dieſe als Weinſteinſäure erſcheinen mußte.
Da aber die Eſſigſäure nach der vollſtändigſten Dephlo-
giſti-

gistirung immer zurückbleibt, so darf man ja wol mit Hrn. Westrumb annehmen, sie sey die Grundsäure des Pflanzenreiches.

Westrumbs kl. phys. chem. Abh. B. II. H. 1. S. 359. u. f.

Zergliederung des Ramphers.

§. 1426.

Daß der Kampher weder ein Harz, noch ein verdicktes ätherisches Oel, und am allerwenigsten ein Gummi, sondern vielmehr ein eigenthümlicher Stoff des Pflanzenreiches sey, habe ich schon oben §. 479. erinnert. Bey der großen Entzündlichkeit, welche diese Substanz besitzt (§. 478), sollte man glauben, daß seine Zerlegung durch dephlogistisirende Säuren nicht schwer halten würde; und doch ist es wirklich nicht so, und wir kennen in der That seine wahre Mischung bis jetzt nur sehr unvollkommen.

§. 1427.

Bey seinem Verbrennen giebt er einen häufigen schwarzen Ruß und eine starke Flamme, so daß dieß schon beweist, daß er außer einer großen Menge Brennstoff noch andere flüchtige Theile in sich habe. Er hinterläßt beym Verbrennen nichts von Kohle (§. 478.), und geht also ganz in Flamme und Rauch über. Durch trockne Destillation ohne Zusatz läßt er sich nicht zerlegen, sondern sublimirt sich in der Hitze unverändert in die Höhe. Bey der Destillation von einem Theile Kampher mit vier Theilen rothem Bolus erhielt Neumann etwas Wasser, etwas flüssiges, flüchtiges, helles Oel, und der größte Theil des Kamphers stieg unzersetzt in die Höhe; wurde aber bey wiederholter Destillation mit Bolus ganz in Oel und Wasser verwandelt.

delt. Hr. Roſegarten aber fand bey der Wiederho-
lung dieſes Verſuches, daß dieß Waſſer, welches einen
ſcharfen Geſchmack und einen ſtarken Kamphergeruch
hatte, nicht vom Kampher, ſondern vom Bolus herrühre. Der rückſtändige Bolus war nach Neumann
ſchwarz und glänzend, und alſo der darin befindliche Eiſenkalk durch einen Antheil des Brennbaren vom Kampher hergeſtellt. Durchs Auskochen mit Waſſer konnte
Hr. Roſegarten nichts Salzigtes ausziehen, der auch
durchs Deſtilliren des Kamphers mit Bitterſalzerde,
reinem Thone und fixem Alkali nichts von Oele erhielte.

Neumann, medizin. Chem. Th. II. S. 585; Dav. Aug.
Joſua Fridr. Koſegarten de camphora et partibus, quae
eam conſtituunt. Goettingae 1785. 4. §. 68. ff.

§. 1428.

Dieß Oel des Kamphers hat nach Hrn. Roſegarten eine Waſſerfarbe, einen eigenthümlichen Geruch
und iſt den ätheriſchen Oelen ziemlich ähnlich. Es löſt
ſich im Weingeiſte auf, und das Waſſer ſcheidet es
daraus wieder unverändert ab. Es verfliegt in der
Wärme leicht, doch blieb am Rande des Gefäßes eine
weiße Kruſte, die ſich nicht entzünden ließ, ſondern im
Waſſer auflöslich war. Merkwürdig iſt es, daß die
Salpeterſäure das Oel nicht merklich angreift, und,
außer der Veränderung ſeiner Farbe in eine röthliche,
keine Veränderungen darin hervorbringt, und daß ein
Gemiſch aus rauchendem Salpetergeiſt und Vitriolöl es
nicht zur Entzündung bringt, ſondern bloß dunkler von
Farbe und zäher von Conſiſtenz macht.

Roſegarten a. a. O. §. 69.

§. 1429.

Stark verdünnte Vitriolſäure löſt den Kampher
nicht auf; die concentrirte hingegen thut es mit Erhi-
ßung,

ßung, doch ohne Aufbrausen, und giebt damit eine
gleichförmige, dickliche, schwarze oder bräunliche Masse,
die in der Wärme flüssig wird, in der Kälte gerinnt,
und über dem Feuer abgeraucht, unter vielen Kampher = und Schwefeldünsten nach Hoffmann eine harzige Masse giebt. Sonst aber löst sich diese Vermischung
im Weingeist auf, durchs Wasser aber wird nach Neumann der Kampher unverändert wieder oben auf abgeschieden, und was das merkwürdigste ist, die Vitriolsäure erscheint ungefärbt, und nicht schweflicht, wenn
sie es vorher nicht war.

Friedr. Hoffmann obs. phys. chem. L. I. S. 33; Neumann medizinische Chemie, Th. I. S. 522.

§. 1430.

Die concentrirte Salpetersäure löst den Kampher
leicht auf, so daß der rauchende Salpetergeist 7 bis 8
Theile davon in sich nimmt. Die Auflösung geschiehet,
gegen die sonst bekannte Würkung der Salpetersäure
auf verbrennliche Körper, ruhig, ohne Erhitzung und
Entzündung. Die klare und helle Auflösung scheidet
sich in der Ruhe in einem oben auf schwimmenden Theil,
der die Farbe und Consistenz eines Mandelöles hat, und
Kampheröl (oleum camphorae acidum) heißt, und
auf der hierbey überflüssigen Salpetersäure schwimmt.
Dieses sogenannte Kampheröl löst sich im Weingeiste
vollkommen auf; wenn man es aber mit einer genugsamen Menge Wasser vermischt, so wird es trübe und
milchigt, und die Säure verläßt, wegen der nähern Anziehung zum Wasser, den Kampher, der sich in Gestalt
weißer Flocken niederschlägt, und anfangs zu Boden
sinkt, aber bey mehrerer Abspühlung der ihm noch anhängenden Säure oben aufsteigt, und unveränderter
Kampher ist. Merkwürdig ist es nach Wenzel, daß

N 3 sich

ſich der niedergeſchlagene Kampher, wenn man viel
Waſſer hinzugießt, und das Gemenge in großen gläſ-
ſernen Flaſchen fleißig umſchüttelt, gänzlich wieder auflöſt, was auch bey den übrigen Kampferauflöſungen
ſtatt findet.

Wenzel von der Verw. S. 120.

§. 1431.

Der Kampher wird von der ſtärkſten Küchenſalzſäure nur ſehr unvollkommen und in keiner beträchtlichen Menge aufgelöſt. Wenn die Auflöſung einige Zeit
wohl verwahrt geſtanden hat, ſo ſondert ſich der Kampher größtentheils wieder ab. — Die Würkungen
der dephlogiſtiſirten Salzſäure auf den Kampher verdienten noch erforſcht zu werden. Die übrigen bisher
abgehandelten Säuren äußern keine zerlegende Kraft
auf ihn.

Meuſel a. a. O. S. 158.

§. 1432.

Um indeſſen doch vielleicht eine Zerlegung des Kamphers zu bewürken, behandelte ihn Hr. Koſegarten mit
einer großen Menge dephlogiſtiſirter Salpeterſäure. Er
löſte zu dem Ende einen Theil Kampher in 12 Theilen
der letztern auf, und deſtillirte das Gemiſch aus einer
Retorte bis zur Trockniß. Die Säure ging phlogiſtiſirt in die Vorlage über, in welcher auch etwas Kampheröl ſchwamm. Ein Theil des Kamphers hatte ſich
im Halſe der Retorte ſublimirt. Der Rückſtand hatte
keinen Kamphergeruch, verdampfte auf glühenden
Kohlen ohne Flamme, mit einem harzigten Geruch; angezündet brannte er aber, und löſte ſich im
Weingeiſte, nicht aber im Waſſer auf. Dieſen Rückſtand, nebſt den aufgetriebenen Kampher, löſte er abermals in vier Theilen friſcher Salperſäure auf, und deſtillirte

ſtillirte das Gemiſch, wie vorher. Die Erſcheinungen
waren hierbey eben dieſelbigen, als in der erſten Deſtillation.   Die Arbeit wurde alſo noch fünfmal, jedesmal mit 16 Theilen friſcher Salpeterſäure wiederholt. Die Salpeterſäure ging nun nicht mehr phlogiſtiſirt über, und das Inwendige der Retorte war von einem weißen Pulver, als mit einer Rinde bekleidet. Das
darauf gegoſſene, damit digerirte, und davon abgeſei-
hete Waſſer gab beym Abrauchen weiße ſilberfarbene
Salzkryſtalle, welche Parallelipipeda vorſtellten, zum
Theil auch aus rhomboidaliſchen und rechtwinklichten
Blättern beſtanden.   Eben dieſes Salz erhielt er auch
bey dem gelinden Abdunſten der zur Dephlogiſtiſirung
des Kamphers angewendeten Salpeterſäure.

Roſegarten a. a. O. §. 73 — 75.

§. 1433.

Dieſes Salz des Kamphers hat nach Hrn. Roſegarten die allgemeinen Eigenſchaften der Säure, und
färbt die lackmustinctur und den Veilchenſaft roth. Es
löſt ſich im Weingeiſte auf, aber ſehr ſchwer im Waſſer, wovon es faſt 200 Theile brauchte. Dieſe Auflöſung erhält beym Abrauchen eine gelbliche Farbe. Das
Salz ſelbſt hat keinen Geruch, die Auflöſung deſſelben
aber riecht nach Safran. Es beſitzt einen unangenehmen, ſäuerlichen, bittern Geſchmack. Mit dem Gewächsalkali geſättiget, giebt es Kryſtalle in dünnen Blättern, die einigermaßen reguläre Sechsecke vorſtellen;
mit dem Mineralalkali bildet es irreguläre, kleine Kryſtalle; und mit dem flüchtigen laugenſalze kryſtalliniſche
Körner.   Die Bitterſalzerde verband ſich damit zu einem im Waſſer leicht auflöslichen Salze. Aus der ſalzſauren Kalkerde ſchlug das Kampherſalz die letztere nicht
nieder.   Hr. Roſegarten hält daher dieß Salz für eine

N 4   eigene

eigene Kampherſäure; die aber doch auch die allgemeine Pflanzenſäure, den Eſſig zur Baſis habe.   Der
angeſtellten Erfahrungen ſind freylich zur Zeit noch zu
wenige, um dieß letztere zu beſtätigen, obgleich die Analogie es ſehr wahrſcheinlich macht.

Roſegarten c. a. O. §. 67 — 80.

Zergliederung des zuſammenziehenden Stoffes der Pflanzen.

§. 1434.

Auch von dem zuſammenziehenden Stoffe des
Gewächsreiches (§. 410.) ſind die Reſultate der darüber angeſtellten ſchätzbaren Unterſuchungen mehrerer
Chemiſten noch nicht ſo beſchaffen, daß wir mit Zuver-
läſſigkeit die wahre Natur deſſelben zu beſtimmen wa-
gen könnten.   Indeſſen theile ich hier kürzlich mit, was
wir jetzt davon wiſſen. — Daß in den Galläpfeln der
zuſammenziehende Stoff in vorzüglicher Menge zugegen ſey, daß er ſich mit Waſſer und Weingeiſt daraus ſcheiden laſſe, habe ich ſchon im Vorhergehenden
(§. 412.) angeführt.

§. 1435.

Wenn die gepulverten Galläpfel in einem Tiegel
dem offenen Feuer ausgeſetzt werden, ſo backen ſie erſt
zuſammen, dann ſteigt ein weißer, ſcharfer Dampf
auf, der die darüber gehaltene Eiſenvitriolauflöſung
ſchwarz färbt; ſie entzünden ſich endlich und brennen
mit Flamme.   Ihre völlige Einäſcherung hält aber
ſchwer, und es bleibt nach Hrn. Kunſemüller eine graue
Aſche übrig, die ohngefähr aus $\frac{2}{3}$ Gewächsalkali und
$\frac{1}{3}$ Kalkerde beſteht.

Chemiſche Unterſuchungen über die Galläpfel, das zuſammenziehende Weſen, und die Grundurſache ihrer ſchwarzfär-
benden

chem. Annal. J. 1787. B. II. S. 413. ff.

§. 1436.

Bey der trocknen Destillation geben die Galläpfel
in der ersten Stufe etwas helles Wasser, das mit der
Zeit braun und säuerlich wird, und auch den Eisenvitriol schwarz niederschlägt, wobey sich ein leichtes, glän-
zendes Salz, wiewol in geringer Menge, sublimirt,
wovon wir nachher ein Mehreres sagen werden. Es
folgt hierauf ein helles gelbliches und endlich ein dunkle-
res, brenzliches Oel, das auch die Eigenschaft besitzt,
den Eisenvitriol schwarz niederzuschlagen. Die zurückbleibende Kohle thut dieß nicht mehr. Sie ist stark zu-
sammengebacken, schwer zerreiblich, unschmackhaft,
knirscht unter den Zähnen, und verhält sich, wie die
vorher (§. 1435.) erwähnte.

Morveau, Maret und Durande von dem zusammenziehenden Gewächsstoffe; in ihren Anfangsgr. der theoret.
und pract. Chemie, Th. III. S. 301; Kunßemüller
a. a. O. S. 415.

§. 1437.

Unsere oben (§. 412.) geäußerte Muthmaßung,
daß der zusammenziehende Stoff der Gewächse salzigter
Natur seyn möchte, hat sich jetzt durch Scheelens Entdeckung bestätigt. Wenn man nämlich einen gesättigten kalten und durchgeseihten Aufguß der Galläpfel
leicht bedeckt, der freyen Luft mehrere Monate exponirt,
so sondert sich ein starker Bodensatz daraus ab, welchen
man zu verschiedenen Zeiten sammlet, nachdem man
die entstandene Schimmelhaut weggenommen hat.
Uebergießt man nun die gesammleten Bodensätze mit
kochend heißem Wasser, so erhält man aus der durchgeseihten gelbbraunen Auflösung nach dem Abrauchen
ein graues Salz, das Hr. Scheele Galläpfelsalz nennt.

Rein-

Reinlicher und in kürzerer Zeit kann man, nach unſeres Hrn. Prof. Richter Entdeckung, dieß Salz aus den Galläpfeln abſcheiden, wenn man die klare und durchgeſeihete wäſſerige Galläpfeltinctur erſt bis zur Honigdicke gelinde abraucht, den Rückſtand mit waſſerfreyem Weingeiſt übergießt, die durchgeſeihete geiſtige Flüſſigkeit wieder bis zur dicklichen Conſiſtenz gelinde abraucht, mit reinem Waſſer vermiſcht, durchſeihet, und den Niederſchlag mit heißem Waſſer ausſüßt. Die durchgelaufene Flüſſigkeit liefert beym Abrauchen jenes Salz. Da weder in dem gummigten Niederſchlag aus der eingedickten wäſſerigten Galläpfeltinctur durch Weingeiſt, nach dem gehörigen Ausſüßen damit, noch in dem harzigen aus der geiſtigen Tinctur nach dem Ausſüßen mit Waſſer, die Eigenſchaft übrig bleibt, den Eiſenvitriol ſchwarz zu fällen, dieſe aber in dem erhaltenen Salze vorzüglich ſtatt findet; ſo iſt es mir ſehr wahrſcheinlich, daß man in dieſem Salze die Urſache von den Erſcheinungen, welche die zuſammenziehenden Gewächſe bewirken, vorzüglich zu ſuchen habe.

Ueber das weſentliche Galläpfelſalz, von Carl Wilh. Scheele, in Crells chem. Annalen, J. 1787. B. I. S. 3. ff. Ueber den zuſammenziehenden Grundſtoff der Galläpfel, vom Hrn. D. Richter, ebendaſ. S. 139. ff.

§. 1438.

Dieß Galläpfelſalz hat einen ſauren Geſchmack, färbt die Lackmustinctur roth, und brauſt mit den milden Erden und Laugenſalzen auf. Die Kryſtalle deſſelben ſind klein, theils ſchuppig, theils nadelförmig. Es erfordert 1½ Theil ſiedendes, und an die 24 Theile kaltes Waſſer zu ſeiner Auflöſung. Im Weingeiſt iſt es leicht auflösbar. In der Wärme iſt es flüchtig, und giebt einen dicken weißen Rauch, der wie Benzoeſalz riecht, aber ſcharf iſt und Huſten erregt. Es fließt ends endlich und entzündet sich, läßt aber eine harte Kohle nach, welche schwer zu Asche wird.   Bey der trocknen Destillation giebt es ein säuerliches Wasser, aber kein Oel; und zuletzt steigt ein weißer Sublimat auf, der flüssig bleibt, so lange der Hals der Retorte heiß ist, darnach aber sich sternförmig krystallisirt. Auch dieß sublimirte Salz hat die vorigen Eigenschaften, und das bey der trocknen Destillation der Galläpfel erhaltene Salzwesen (§. 1436.) ist eben davon herzuleiten.   Die Verbindung dieses merkwürdigen sauren Salzes der Galläpfel mit Laugensalzen und Erden sind noch nicht gehörig untersucht. Mit dem Kalkwasser giebt es einen häufigen grauen Niederschlag. — Durch die Salpetersäure wird es, wenn es mit derselben auf die gewöhnliche Weise behandelt wird, in Zuckersäure verwandelt.

Scheele a. a. O. S. 4. ff. Kunsemüller a. a. O. S. 420. ff.

§. 1439.

Daß das Galläpfelsalz eine eigenthümliche Säure zum Grunde habe, ist nicht wahrscheinlich. Die Verwandlung desselben in Zuckersäure (§. 1438.) spricht dagegen. Andere Erscheinungen desselben, besonders die vom Hrn. Kunsemüller beobachteten, machen es mir glaublich, daß eine sehr große Menge Brennstoff den Unterschied dieses Salzes von der Zuckersäure und andern Pflanzensäuren bewürke, und daß eben von dieser Verbindung der schwarze Niederschlag des Eisens durch den zusammenziehenden Stoff herrühre.

Kunsemüller in den chem. Annal. J. 1788. B. II, S. 234.

§. 1440.

Von diesem Galläpfelsalze sind ferner verschiedene andere Phänomene herzuleiten, welche die Galläpfel selbst zeigen, so wie sich umgekehrt vielleicht aus diesen Erscheinungen der Galläpfel Schlüsse auf die Natur

des

des Salzes ziehen lassen. Der wässerige Galläpfelaufguß nämlich färbt die lackmustinctur roth; die Ausziehung derselben mit Weingeist, mit Oelen, sowol mit milden, als ätherischen, schlägt das Eisen schwarz nieder. Verdünnte Vitriolsäure, Salpetersäure, gemeine Salzsäure, und Essigsäure ziehen aus den Galläpfeln die Eigenschaft, das Eisen schwarz zu fällen, wenn man ihre freye Säure hernach durch Laugensalze oder Erden weggenommen hat. Der Galläpfelaufguß zerlegt ferner die laugensalzige Schwefelleber. Die Laugensalze nehmen auf nassem Wege den zusammenziehenden Stoff ebenfalls aus den Galläpfeln in sich, und schlagen das Eisen aus Säuren schwarz nieder, wenn nur das Laugensalz hinlänglich mit dem zusammenziehenden Stoff angeschwängert ist. Aus der wässerigen Galläpfeltinctur fällen die Kalkerben sowol, als die Laugensalze einen häufigen weißen Niederschlag; letztere gleich bey der Vermischung, erstere vorzüglich nach dem Kochen. Die Farbe der Tinctur wird dabey in kürzerer oder längerer Zeit merklich geändert; sie färbt sich zuerst da, wo sie von der Luft berührt wird, dunkler, grünlich oder braun, und gehet endlich in eine schwärzliche Farbe über. Schneller geschiehet diese Farbenveränderung, wenn man ätzendes Laugensalz statt des luftvollen anwendet. Die geistige Galläpfeltinctur wird vom ätzenden Salmiakgeiste ebenfalls sehr bald schwarz. Sollte also wol das Eisen selbst ein Bestandtheil des zusammenziehenden Stoffes seyn. Sollte dieß auch aus Gioanetti's Versuchen folgen?

Morveau a. a. O. S. 301. ff. Richter a. a. O. S. 140. f.
Fourcroy Elem. de chymie. T. III. S. 267.

B. Thie

B. Thieriſche Stoffe.

Zergliederung der Gallerte und des Leimes.

§. 1441.

Der Unterſchied der thieriſchen Gallerte (§. 490
— 494.) von dem Pflanzenſchleime in der Miſchung
zeigt ſich beſonders bey Zergliederung derſelben, und bey
der Deſtillation.   Stellt man dieſe im Waſſerbade an,
ſo erhält man ein unſchmackhaftes Waſſer, das aber in
der Wärme leicht faulicht wird.   Der zurückbleibende
ausgetrocknete Leim (§. 490.) hat ein hornartiges An=
ſehen.   Er blähet ſich bey ſtärkerer Erhitzung im freyen
Feuer ſehr ſtark auf, ſchmelzt, wird ſchwarz und koh=
ligt, und verbreitet dabey einen ſehr unangenehmen Ge=
ruch; er entzündet ſich aber nicht, außer bey einer ſehr
heftigen, Hitze und doch nur ſehr ſchwer. Deſtillirt man
ſelbigen aus einer Retorte bey einem ſtufenweiſe ver=
mehrten Feuer, ſo erhält man daraus brennbare Luft
und Luftſäure, ſonſt aber erſt eine wäſſerigte Feuchtig=
keit, hierauf einen urinöſen Geiſt nebſt einem brenz=
lichten Oele, dann feſtes flüchtiges Laugenſalz, und
ein immer dunkler und dicker werdendes brenzlichtes Oel.
Man erhält hierbey nichts von einer freyen Säure, wie
beym Schleime (§. 1166.), und das empyreumatiſche
Oel iſt dem der Knochen (§. 1167. ff.) ähnlich, und kann,
wie dieſes, in Dippelſches Oel (§. 1169. f.) verwandelt
werden.

§. 1442.

Es bleibt bey dieſer Zerlegung eine leichte lockere
und ſehr voluminöſe Kohle zurück, die nur mit Mü=
he im offenen Feuer eingeäſchert werden kann,
dann einen geringen Rückſtand hinterläßt, der größten=
theils phosphorſaure Kalkerde iſt, und nur etwas we=
niges

niges feuerbeſtändiges Laugenſalz und Kochſalz enthält.
— Auf eine ähnliche Weiſe verhalten ſich die oben (§.
492.) genannte Gallerten, und die Hauſenblaſe.

Neumann von der Hauſblaſe, in ſeiner mediziniſchen Chy-
mie, Th. II. S. 272. Macquers chym. Wörterb. Th.
II. S. 326. *Fourcroy* Elem. de chym. T. IV. S. 434.
Geofroy's oben (§. 492.) angef. Abhandl.

§. 1443.

Die rauchende Salpeterſäure greift die Gallerte
und den Leim mit Heftigkeit an, löſt ſie auf, und entwickelt eine große Menge Salpeterluft, die aber mit
Luftſäure verbunden iſt.   Hr. Scheele erhielt aus 1
Theile Leim mit 2 Theilen rauchender Salpeterſäure digerirt, nach dem Erkalten wahre Zuckerſäure, und dann
auch noch Aepfelſäure.   Die Hauſenblaſe gab ebenfalls
dieſe Säuren.   Es iſt alſo gar kein Zweifel, daß die
Pflanzenſäure oder der Eſſig ebenfalls einen weſentlichen Beſtandtheil der Gallerte und des Leimes ausmachen; daß ſich dieſe aber nicht bey der trocknen Deſtillation zeigt (§. 1441.), rührt von der Menge des damit
zugleich entwickelten flüchtigen Laugenſalzes her, womit
ſie überſättigt wird. Die Gallerte kömmt alſo in ſo fern
mit dem Schleime und Gummi in der Miſchung überein, daß ſie ebenfalls wie dieſe (§. 1368.) Pflanzenſäure enthält; aber ſie unterſcheidet ſich davon durch die
bey weiten größere Menge des flüchtigen Laugenſalzes.
Ich wäre geneigt, ſie für eine innige Verbindung des
Pflanzenſchleimes mit dem lymphatiſchen Stoffe anzuſehen, ſo daß letzterer durch erſtern im Waſſer auflösbar gemacht wäre.   Das Sauerwerden der Fleiſchbrühen und Gallerten, was vor ihrer Fäulniß in der Wärme vorhergehet, zeigt auch ſchon das Daſeyn der Pflanzenſäure in ihnen.

Scheele a. a. O. in Crells chem. Annal. J. 1785. B. II.
S. 301.

§. 1444.

§. 1444.

Die Bestandtheile der thierischen Gallerte sind also: brennbares Wesen, Luftsäure, flüchtiges Laugensalz, Pflanzensäure, Phosphorsäure, Kalkerde und etwas Pflanzenalkali.   Das Kochsalz oder Digestivsalz halte ich darin für zufällig.

Zergliederung des thierischen Fettes.

§. 1445.

Das thierische Fett, das in reinem Zustande alle Eigenschaften der milden Pflanzenöle besitzt (§. 494.), hat auch ganz die Mischung derselben (§. 1413.). Wenn man es beim Zugang der Luft stark erhitzt, so verbreitet es einen stechenden, die Augen sehr reißenden, Dampf, entzündet sich endlich mit Flamme, Rauch und Ruß, hinterläßt aber nur wenig kohligten Rückstand.

§. 1446.

Die Destillation des Fettes ist wegen des starken Aufschäumens desselbigen in der Hitze mit Schwierigkeiten verknüpft, die sich heben lassen, wenn man ihm vorher Sand beymischt.   In Verbindung mit dem pneumatisch-chemischen Apparat liefert es dann bey etwas starker Erhitzung brennbare Luft und Luftsäure; aber bey der Destillation aus einer geräumigen gläsernen Retorte mit der Vorlage im Sandbade geht anfänglich ein saurer Spiritus und ein kleiner Antheil gelbliches Oel über, das flüchtig bleibt; bey fortgesetzter Destillation wird die Säure immer stärker, und das Oel butterartig, weislich und dick, und gesteht in der Vorlage. Zuletzt kömmt auch endlich bey verstärktem Feuer etwas pechartiges Oel.   Nach dem Rothglühen der Retorte bleibt zuletzt eine Kohle übrig, die dem Gewichte nach nur wenig beträgt.

§. 1447.

§. 1447.

Das bey dieser Destillation übergangene butterartige Oel läßt sich durch nochmaliges wiederholtes Uebertreiben endlich ganz in flüssiges Oel und Säure zerlegen, wobey jedesmal ein kohligter Rückstand bleibt. Das Oel erhält dadurch immer mehr Flüchtigkeit, und man kann es dahin bringen, daß es eben so viel Feinheit, als die wesentlichen Oele erlanget, und sich in der Siedhitze des Wassers verflüchtiget. Das zuerst übergehende Oel des Fettes, sowol das flüssige, als das butterartige, hat noch viel von der Natur des Fettes selbst an sich, und löst sich nicht im Alkohol auf. Der Geruch dieses Oeles ist ausnehmend durchbringend, scharf und eckelhaft.

§. 1448.

Alle Schriftsteller, die sich mit der Zerlegung des Fettes beschäftiget haben, kommen darin mit einander überein, daß sie eine ansehnliche Menge Oel und etwas Säure, und gar nichts vom flüchtigen laugensalz erhalten haben; aber in Ansehung des Verhältnisses zwischen der im Fette erhaltenen Säure und dem Oele und der zurückbleibenden Kohlenmenge, sind sie ganz verschiedener Meynungen, was ich größtentheils von dem verschiedenen Feuersgrade und von andern Umständen bey der Destillation herleite. Uebrigens geben alle oben (§. 496. 497.) erwähnte Arten des Fettes, so wie auch die Butter, diese Producte.

Herr Crell erhielt aus 2 Pfund Rindertalg 14 Unzen 1 Quentchen reines flüssiges Oel, 7 Unzen 2 Scrupel Säure und 10 Unzen 6 Quentchen und 1 Scrupel Kohle; aus 28 Unzen Menschenfett ohngefähr 1½ Unzen 1 Quentchen reines Oel, 5 Unzen 2½ Quentchen Säure und 5 Unzen 4½ Quentch. Kohle. — Hr. Janssen bekam aus 26 Unzen Schaaftalg 4 Unzen 6 Quentchen flüssiges, 16½ Unzen butterartiges Oel, 2 Quent:

Quentchen brenzlichtes braunes Oel, und 1 Unze und 32 Gr. ſauren Spiritus und pechartiges Oel, und nur 3 Quentchen Kohle. Bachine erhielt aus 8 Unzen Menſchenfett 3 Quentchen und 1 Scrup. Kohle; und Rhades gar von 16 Unzen Fett 11 Unzen Kohle.

Franc. Grützmacher diſſ. de oſſium medulla Lipſ. 1748. 4. *Ioach. Inc. Rhades* diſſ. de ferro ſanguinis humani. Goett. 1753. 4. überſ. im hamb. Magazin B. XIII. S. 31. *Io. Andr. Segneri* et *Dav. Henr. Knape* diſſ. de acido pinguedinis animalis. Goett. 1754. 4. L. Crell Verſuche mit der aus dem Rindertalg entwickelten Säure, im chemiſchen Journ. Th. I. S. 60. ff. Fortſetzung Th. II. S. 112. Th. IV. S. 47. ff. Ebendeſſelben Zerlegung des Wallraths; ebend. S. 128. ff. Janſſen oben (§. 496.) angeſ. Schrift.

§. 1449.

Die Kohle, welche bey der Zerlegung des Fettes zurückbleibt (§. 1446.) läßt ſich äußerſt ſchwer einäſchern. Man hielt ſie ſonſt bloß für erdigt, allein Hr. Crell fand, daß ſie außer der freyen Kalkerde phosphorſauren Kalk enthielte, und alſo mit der Kohle der Knochen und andern thieriſchen Subſtanzen übereinkam. Sollte aber wol das Fett frey vom Zellgewebe und von Gallerte geweſen ſeyn?

Crell a. a. O. Th. I. S. 81.

§. 1450.

Die bey der trocknen Deſtillation des Fettes zu erhaltende Säure, welche man auch noch, wie ſchon gemeldet iſt, bey der wiederholten Deſtillation des butterartigen Oeles, und durch Abwaſchen des übergezogenen Oeles mit heißem Waſſer erhalten kann, haben Hr. Segner und Knape zuerſt in Rückſicht ihrer Natur durch Verſuche zu beſtimmen geſucht; allein Hr. Crell hat ſich beſonders mit ihrer Reinigung und Concentrirung beſchäftiget, und ihre Verhältniſſe und Eigenſchaften durch zahlreiche Verſuche auszumitteln geſucht. Sie

iſt ſeit dieſer Zeit unter dem Namen der Fettſäure (acidum
ſebi, pinguedinis animalis + ☉) in die Syſteme der
Chemie aufgenommen worden.

Segner a. a. O.   Crell a. a. O.

§. 1451.

Die durch die Deſtillation aus dem Fette oder
Talge entwickelte Säure hat eine goldgelbe oder röthliche Farbe, einen unerträglich heftigen, beiſſenden Geruch, einen ſcharfen, aber mäßig ſauren Geſchmack.
Sie röthet die Lackmustinctur, aber kaum den Veilchenſaft; brauſt aber doch mit den milden Laugenſalzen auf.
Durch Rectificirung für ſich allein wird ſie weder ſtärker, noch reiner; obgleich bläſſer von Farbe.   Man
verſtärkt ſie nach Hrn. Crell am beſten dadurch, daß
man ſie mit feuerbeſtändigem Laugenſalze in ein Neutralſalz verwandelt, und aus dem getrockneten Salze
durch ſo viel Vitriolöl in einer Tubulatretorte austreibt,
als zur Sättigung des Laugenſalzes erforderlich iſt. Da
aber durch das, dem Neutralſalze aus der Fettſäure
anhängende, viele Oeligte die Vitriolſäure zum Theil als
Schwefelſäure übergeht, und die entbundene Fettſäure
verunreiniget, ſo räth Hr. Crell jenes fettſaure Neutralſalz vorher bey gelindem Feuer ſo lange zu ſchmelzen, bis es nicht mehr von den verbrennenden Oeltheil-
len raucht, oder bis eine aus dem Tiegel genommene
Probe dieſes Salzes, wenn ſie ins Waſſer geworfen
wird, ſich mit Abſetzung der Kohle, ohne das Waſſer
zu färben, auflöſt; hierauf das Salz wieder im Waſſer
aufzulöſen und bis zur Trockne abzudampfen. Bey dem
Zuſatze der Vitriolſäure geht die Säure des Fettes in
weißgrauen Dämpfen über, und ſtellt eine weiße, äuf-
ferſt ſcharfe und rauchende Flüſſigkeit vor. — Oder
man ſoll das Fett erſt mit ätzendem Laugenſalze in eine
Seife

Seife verwandeln, und aus der Auflösung von 80 Thei=
len derselben in Wasser durch Zusatz von 11 Theilen ge=
pulverten Alaun das Fett abscheiden, die übrigbleiben=
de Lauge durchseihen, abrauchen, und 11 Theile des
erhaltenen trocknen Salzes aus einer Retorte mit 3
Theilen Vitriolöl destilliten, da die Fettsäure rauchend
übergeht.

Crell d. a. O. Th. II. S. 116: Th. IV. S. 47.

§. 1451.

So schätzbar aber auch die Versuche sind, welche
Hr. Crell mit dieser vermeyntlichen eigenthümlichen Säu=
re, der Fettsäure, angestellt hat, so hindert mich doch die
ausgemachte Wahrheit des schon oben (§. 1322.1365.)
erwähnten Satzes, daß nämlich die trockne Destillation
der organischen Körper uns die darin enthaltene Säure
nicht in ihrer wahren Natur zeige, diese Fettsäure für
eine eigenthümliche, von andern wesentlich verschiedene,
anzuerkennen.   Schon Bergmann erinnert, daß sie
in ihren Verbindungen mit Laugensalzen und Erden der
Essigsäure ähnlich sey; und da auch die fetten Oele eine
ganz ähnliche Säure bey ihrer Zerlegung liefern, wie
besonders auch die Cacaobutter, und nach Hrn. Brändis
das Rüböl, so muß ich Hrn. Leonhardis Meynung
völlig Beyfall geben, daß die Fettsäure keine wahre
thierische Säure sey.   Was mir aber die Sache außer
allem Zweifel setzt, ist die unmittelbare Erfahrung, nach
welcher ich das Fett, vermittelst des wiederhohlten Auf=
gießens und Digerirens mit mäßig starker Salpetersäu=
re, endlich ganz und gar in Zuckersäure und Essig
zerlegt habe.   Diese Zersetzung ist aber außerordentlich
mühsam und langweilig, und erfordert die Anwendung
von sehr vieler Salpetersäure.

H 2   S. mei=

S. meine Bem. in Crells chem. Annalen J. 1786. B. II.
S. 53. Leonhardi in Macquers chym. Wörterb. Th. II.
S. 217.

§. 1453.

Ich trage alſo gar kein Bedenken, die Fettſäure
aus dem chemiſchen Syſteme auszuſtreichen; und ſehe
ſie als eine Pflanzenſäure an, die der Erfahrung zufolge aus Eſſigſäure und ſehr vielem brennbaren Weſen
ſen beſteht. Es fällt alſo auch hier die nähere Unterſuchung aller der Verbindungen weg, welche ſie mit
Laugenſalzen und Erden eingehen kann, ſo wie der Verwandtſchaften und Verhältniſſe, die ſie äußert. Manche der Fettſäure zugeſchriebene Erſcheinung kommt
ganz gewiß auf Rechnung der dabey befindlichen und
ſie verunreinigenden Vitriolſäure.

§. 1454.

Dieſemnach iſt alſo das thieriſche Fett aus brennbarem Weſen, Luftſäure und Pflanzenſäure zuſammengeſetzt; und es erhellet alſo hieraus die Gleichheit
mit den Pflanzenerden, ſo wie ſeine Abſcheidung im
thieriſchen Körper noch mehr. Aus den Producten der
trocknen Deſtillation des Fetts folgt ganz und gar nicht,
daß es aus Oel und Säure beſtehe, und von letzterer
ſeine Feſtigkeit herrühre, die vielmehr von einer beſtimmten Verbindung der Säure mit dem Phlogiſton
abzuleiten iſt.

Zergliederung des Milchzuckers.
Milchzuckerſäure.

§. 1455.

Da die Milch aus verſchiedenen nähern Beſtandtheilen theils gemiſcht, theils gemengt, beſtehet (§.
505.), ſo müſſen wir dieſe auch einzeln in Rückſicht
ihrer

ihrer Miſchung betrachten.   Das weſentliche Salz der
Milch, oder der Milchzucker (§. 504.) zeigt bey ſeiner
Zerlegung ſeine vegetabiliſche Natur.   Er verhält ſich
bey dem Verbrennen und bey der trocknen Deſtillation,
wie anderer Zucker. Er ſchmelzt in der Hitze zum Theil
und nimmt die Farbe vom gebrannten Zucker an.   Er
verbreitet dabey einen Geruch, welcher dem Geruche
des Honigs, der Manna, des Zuckers ꝛc. die man
brennt, vollkommen gleicht.   Er ſchwellt auf und
verkohlt ſich endlich.   Bey der trocknen Deſtillation er=
hält man aus dem Milchzucker viele brennbare Luft und
Luftſäure, ſonſt aber außer etwas Phlegma, einen
ſauren Geiſt, nebſt einigem empyreumatiſchen Oele.
Die ſchwammigte, glänzend ſchwarze Kohle des Milch=
zuckers iſt äußerſt ſchwer einzuäſchern; beträgt nur ſehr
wenig am Gewicht, und hinterläßt eine ſehr unbeträcht=
liche Menge von Aſche, die kein Laugenſalz, wohl aber
etwas weniges Kalkerde enthält.   Rouelle erhielt aus
der Kohle von einem Pfunde Milchzucker kaum ¼ Quent=
chen Aſche, die doch noch ſchwarz war, und alſo noch
unzerſetzte Kohle enthielt.   Hr. Hermbſtädt erhielt mehr
Kohle und daraus mehr Kalkerde.

Rouelle im *Journ. de Medicine*, März 1773. S. 250. ff.
und in Macquers chym. Wörterb. Th. III. S. 560. ff.
Hermbſtädt chemiſche Unterſuchungen des Milchzuckers
und deſſen Säure, in Crells neueſten Entd. Th. V.
S. 31.

§. 1456.

Aus der Auflöſung des reinen Milchzuckers im
Waſſer ſchlagen aber die milden Laugenſalze nichts
Erdigtes nieder; die Vitriolſäure fällt daraus keinen
Gyps, die Zuckerſäure keinen Zuckerſelenit.   Concen=
trirte Vitriolſäure mit gepulvertem Milchzucker deſtillirt,
wird in Schwefelſäure verwandelt, und entbindet

dar=

daraus Luftſäure und Eſſigſäure. Der eingeäſcherte
Rückſtand liefert etwas weniges Gyps.

§. 1457.

Die vegetabiliſche Natur des Milchzuckers iſt aber
nunmehro gar keinem Zweifel mehr unterworfen, ſeit=
dem Hr. Scheele und auch nachher Hr. Hermbſtädt
gefunden haben, daß ſich aus demſelbigen, wie aus dem
gemeinen Zucker, durch Hülfe der Salpeterſäure wahre
Zuckerſäure darſtellen läßt. Wenn man nämlich zu
vier Unzen gereinigten feingeriebenen Milchzucker in ei=
ner Retorte zwölf Unzen verdünnte Salpeterſäure gießt,
und zuſammen im Sandbade erwärmt, ſo entwickelt
ſich unter einem ſtarken Brauſen eine große Menge
Salpeterluft und Luftſäure. Wenn keine gefärbten
Dämpfe mehr übergehen, ſo gießt man abermals 8 Un=
zen Salpeterſäure hinzu, und zieht nach der Entwicke=
lung der erwähnten Luftarten die Salpeterſäure gelinde
ab. Man findet alsdann nach dem Erkalten einen dick=
lichen Rückſtand mit einem weißlichen Pulver vermengt.
Man übergießt ihn mit reinem Waſſer, und ſcheidet
die Auflöſung vermittelſt des Auslaugens und Durch=
ſeihens von dem darin ſchwimmenden weißen Pulver.
Aus dieſer Auflöſung ſchießt nach dem Abdunſten, und
wenn es nöthig iſt, nach dem abermaligen Dephlogiſti=
ſiren mit etwas Salpeterſäure, die Zuckerſäure an. Hr.
Scheele erhielt auf dieſe Art aus 4 Unzen Milchzucker
5 Quentchen Zuckerſäure.

Scheele über die Milchzuckerſäure, aus den ſchwed. Abh.
vom J 1780. S. 269. ff. überſ. in Crells neueſten
Entd. Th. VIII. S. 184. ff. Hermbſtädt a. a. O. S.
38. ff.

§. 1458.

Das erwähnte weiße Pulver (§. 1457.), welches
bey dieſer Zerlegung des Milchzuckers durch Salpeter=
ſäure

ſäure übrig bleibt, und nach Hrn. Scheele aus 4 Unzen Milchzucker 7½ Quentchen beträgt, iſt auch nach
dem ſorgfältigſten Ausſüßen ſauer vom Geſchmack, röthet die Lackmustinctur, und braust mit Kreide. Ueber
die Natur und Miſchung deſſelbigen iſt man noch nicht
einig. Hr. Scheele hält es für eine eigene Modification
der Gewächsſäure, und nennt es Milchzuckerſäure
(acidum ſacchari lactis); Hr. Hermbſtädt hingegen
hält es nicht für eine Säure von beſonderer Art, ſondern für Kalkerde mit Zuckerſäure überſättiget.

> Scheele a. a. O. S. 187. ff. Hermbſtädt Unterſuchung
> der ſauren Erde, welche man bey der Behandlung des Milch-
> zuckers mit Salpeterſäure erhält, in Crells chem. Annal.
> J. 1784. B. II. S. 589. ff. Ebendeſſelben Zerlegung
> des Milchzuckers, die Natur der ſauren Erde betreffend,
> die man bey ſeiner Trennung mit Salpeterſäure erhält,
> in ſeinen phyſik. chem. Verſ. u. Beob. B. I. S. 291. ff.

§. 1459.

Hrn. Hermbſtädts Gründe für ſeine Meynung
ſind: weil ſich dieſe Subſtanz bey der trocknen Deſtillation als der Milchzucker ſelbſt verhält; weil der Milchzucker ſelbſt Kalkerde enthält, mit welcher ſich doch bey
der Zerlegung deſſelben durch Salpeterſäure die Zuckerſäure verbinden wird; und weil endlich aus der Kohle
dieſer ſogenannten Milchzuckerſäure Kalkerde gezogen
werden kann. — So wichtig dieſe Einwürfe gegen
die Eigenthümlichkeit der Milchzuckerſäure auch ſcheinen,
und ſo ſehr ich ſelbſt überzeugt bin, daß dieſe Säure
auch die allgemeine Pflanzenſäure, Eſſig zur Baſis habe, ſo kann ich doch nicht zugeben, daß ſie zuckerge-
ſäuerter, oder eigentlicher mit Zuckerſäure überſättigter,
Kalk ſey; denn ſie brennt ſich ja im Feuer zur Kohle,
was zuckerſaurer Kalk nicht thut (§. 1333.); läßt bey
bey der Wegnahme ihrer vermeynten überſchüſſigen

O 4   Säu-

Säure durch laugensalze keinen Zuckerselenit fallen, was
doch wohl geschehen müßte; zersetzt den Gyps nicht auf
nassem Wege ; Kalkerde mit Zuckersäure übersättigt
liefert auch nichts der Milchsäure ähnliches ; und endlich
hinterläßt sie beym Verbrennen und Einäschern eine viel
zu geringe Menge Kalkerde, als daß von dieser allein ihr
Unterschied von der Zuckersäure herrühren könnte. Ich
halte sie vielmehr für Pflanzensäure, die in einem ganz
andern Verhältnisse mit dem Phlogiston vereinigt ist,
als die Zuckersäure, Weinsteinsäure, Zitronensäure,
Aepfelsäure oder Essigsäure, und freylich noch etwas
weniges Kalkerde enthält. So gut aber, als wir Weinsteinsäure und Zuckersäure von einander unterscheiden,
wenn sie auch beyde aus Pflanzensäure und Brennstoff
zusammengesetzt sind; mit eben so vielem Rechte können und müssen wir auch diese Milchzuckersäure von
der Zuckersäure unterscheiden, weil sie sich nicht wie diese verhält. Sollte aber wol die Phosphorsäure einen Bestandtheil dieses Salzes mit ausmachen? Sollte dieß
nicht aus der schwer einzuäschernden Kohle zu schließen
seyn?

§. 1460.

Kaltes Wasser löst nach Scheele diese Milchzuckersäure kaum auf; kochendes Wasser nimmt nur $\frac{1}{80}$ davon in sich. Im Feuer schäumt sie, und brennt wie
ein Oel; hinterläßt aber kaum eine Spur von Asche.
Bey der Destillation giebt sie, außer luftsäure und
brennbarer luft, einen bräunlichen brenzlichten sauren
Geist und ein bräunliches, dem Benzoesalze ähnliches,
Salz, ohne eine Spur von Oel. Verstärkte Vitriolsäure wird von diesem Salze bey der Destillation schwarz,
schäumt stark und zerstört dasselbe ganz und gar. Mit
den milden Alkalien verbindet es sich auf nassem Wege
mit Brausen. Mit der heißen Auflösung des Gewächsalkali

alkali giebt die Milchzuckerſäure kleine Kryſtalle, die achtmal ſoviel ſiedendes Waſſer zu ihrer Auflöſung erfordern. Mit dem mineraliſchen laugenſalze verhält es ſich eben ſo, doch werden nur fünf Theile ſiedendes Waſſer zur Auflöſung eines Theiles dieſes Neutralſalzes erfordert. Aufgelöſtes vegetabiliſches laugenſalz trennt das mineraliſche von der Milchzuckerſäure. Beyde Salze ſind übrigens vollkommen neutral geſättiget. Mit flüchtigem laugenſalze geſättigt bleibt die Milchzuckerſäure nach gelinder Trocknung noch ſäuerlich. Beym Deſtilliren läßt ſie erſt das laugenſalz, und zwar als luftgeſäuertes, fahren, und nachher giebt ſie die Producte, wie ſonſt für ſich allein. Mit allen Erden macht die Milchzuckerſäure im Waſſer unauflösliche Salze. Sie ſchlägt aus der Salzſäure und Salpeterſäure die Schwererde, Kalkerde, Bitterſalzerde und Thonerde, nicht aber aus der Vitriolſäure, nieder. Die Erden ſondern auch aus der Milchzuckerſäure die laugenſalze auf naſſem Wege ab. Von der Stelle derſelben in den Stufenfolgen der Verwandtſchaft der Alkalien und Erden gegen die Säuren fehlt es uns noch an hinlänglicher Erfahrung.

Scheele a. a. O. S. 187. ff. *Fourcray* Elem. de chymie. T. IV. S. 343.

§. 1461.

Aus den ſchon angeführten Gründen ſehe ich übrigens den Milchzucker aus Brennſtoff, Luftſäure, Pflanzenſäure, etwas Waſſer und weniger Kalkerde zuſammengeſetzt an. Die verſchiedene Behandlung dieſes Salzes bey der Ausſcheidung aus der Milch, ſo wie die Verſchiedenheit der Nahrung und der Conſtitution des Thieres, möchten aber wol ein ſehr veränderliches Verhältniß des letztern Beſtandtheiles zu Wege bringen.

O 5

Zerglie

Zergliederung des käſigten Theils der Milch.

§. 1462.

Der ölichte Theil der Milch, oder die Butter (§. 500.), verhält ſich bey der Trennung in ihre ungleichartigen Theile ganz wie das thieriſche Fett oder wie die milden Pflanzenöle, und bedarf daher hier keiner beſondern Abhandlung.

§. 1463.

Der käſigte Theil der Milch (§. 501.) hingegen kömmt in ſeiner Miſchung den thieriſchen Subſtanzen am meiſten gleich. Er blähet ſich in der Hitze nach dem Austrocknen auf, verbreitet einen Geruch, wie angebrannte Haare, Knochen oder Gallerte, kömmt dabey faſt ins Schmelzen, wird mit einer großen Menge Schaum bedeckt, verkohlt ſich endlich, brennt aber nicht eigentlich, und iſt nur mit der größten Schwierigkeit einzuäſchern. Bey der Deſtillation für ſich allein erhält man aus dem friſchen Käſe in der Hitze des Waſſerbades ein unſchmackhaftes Phlegma, das aber leicht in Fäulniß übergeht. Bey vermehrter Wärme entwickelt ſich eine beträchtliche Menge brennbare Luft und Luftſäure; ſonſt aber ein flüchtiger urinöſer Geiſt, flüchtiges Laugenſalz in concreter Geſtalt, und ein ſchweres ſtinkendes empyreumatiſches Oel von der Natur deſſen, das man aus den Knochen erhält.

§. 1464.

Bey dieſer Deſtillirung des Käſes bleibt eine reichliche Menge kohlenartiger Materie übrig, die ſehr ſchwer zu Aſche zu verbrennen iſt. Die Aſche enthält nicht eine Spur von Laugenſalz in ſich, ſondern vielmehr Kalkerde und

Phos

Phosphorſelenit.   Beyde kann man auch aus dem bloßen Kaͤſe nach Scheele ſcheiden, wenn man Saͤlpeterſaͤure zu wiederholtenmalen bis zur gaͤnzlichen Dephlogiſtiſirung des Kaͤſes uͤber derſelben abzieht.   Es bleibt dann ſalpeterſaurer Kalk und Phosphorſaͤure zuruͤck. Die Kohle des Kaͤſes laͤßt ſich am beſten durchs Verpuffen mit Salpeter einaͤſchern, wo ebenfalls Kalkerde und Phosphorſelenit mit dem Laugenſalze des Salpeters zuruͤckbleibt, und durch Waſſer von dieſem leicht geſchieden werden koͤnnen.   Dreißig Theile getrockneter Kaͤſe enthalten nach Scheele ohngefaͤhr 3 Theile thieriſche Erde.   Aus dieſem Beſtandtheil des Kaͤſes iſt es herzuleiten, warum die Kohle des Kaͤſes mit Hornbley (§. 1226.) Phosphorus durch Deſtillation liefert.

Macquers chem. Woͤrterb. Th. III. S. 68. ff.   Fourcroy Elem. de chymie. T. IV. S. 346.   Scheele uͤber die Milch; aus den ſchwed. Abh. vom J. 1780. uͤberſ. in Crells neueſten Entd. Th. VIII. S. 148. Beſchaͤftigung der berl. naturf. Freunde, Th. III. S. 424. ff.

§. 1465.

Dieſe Zergliederung des Kaͤſes beſtaͤtiget alſo ſeine große Uebereinſtimmung mit der thieriſch-vegetabiliſchen Materie des Pflanzenreichs (§. 501.), und es laſſen ſich daraus wichtige phyſiologiſche Folgerungen ſowol zur Erklaͤrung ſeiner Entſtehung im thieriſchen Koͤrper, als auch der Ernaͤhrung der feſten Theile und ſelbſt der Knochen erklaͤren.   Seine Beſtandtheile ſind: Brennſtoff, Luftſaͤure, fluͤchtiges Laugenſalz, Phosphorſaͤure und Kalkerde.

Zergliederung des Blutes und ſeiner naͤhern Beſtandtheile.

§. 1466.

Da das Blut keine gleichartige Subſtanz (§. 511.), ſondern vielmehr ein Gemenge, und zum Theil ein

ein Gemisch, mehrerer ungleichartiger näherer Bestandtheile, und also als eine Verbindung verschiedener Körperarten anzusehen ist, so kann uns auch die trockne Zerlegung des ungebrannten Blutes, überhaupt genommen,
wenig Aufklärung über seine Natur verschaffen; sondern
diese müssen wir allein von der Zergliederung seiner nähern Bestandtheile erwarten. — Wenn frisches Blut
im Wasserbade destillirt wird, so giebt es ein Phlegma
von einem faden Geruche und Geschmacke, das manche
als einen eigenen Blutgeist (spiritum sanguinis) (§.
574.) ansehen, aber blofes Wasser ist, welches einige
feine Gallerte mit übergerissen hat, und deswegen leicht
in Fäulniß übergeht. Das Blut trocknet hierbey aus,
gerinnt völlig, verliert nach de Haen ohngefähr $\frac{7}{8}$ seines Gewichtes, wird zerreiblich und ist mehr oder weniger gefärbt. Im Wasser läßt es sich nicht mehr auflösen und nicht weiter in die oben erwähnten (§. 570.)
Theile scheiden. Wohl aber zieht das Wasser nach
Rouelle daraus wahres Mineralalkali, und das thun
auch selbst schwache und verdünnte Säuren, so wie z.
B. verdünnte Vitriolsäure damit wahres Glaubersalz
bildet. Wenn das ausgetrocknete Blut der Luft exponirt wird, so zieht es etwas Feuchtigkeit an, und nach
Verlauf einiger Monate wittert ein Beschlag von Mineralalkali aus. — Bey der Destillation in stärkerer
Hitze giebt das Blut außer brennbarer und fixer Luft,
einen urinösen Geist, flüchtiges Alkali in concreter
Gestalt, ein leichtes, und nachher ein schweres empyreumatisches Oel. Der urinöse Geist ist aber eigentlich ammoniakalischer Natur, oder enthält Säure, die
nur mit flüchtigem Laugensalze übersättigt ist. Es bleibt
endlich in der Retorte eine schwammige, sehr schwer
einzuäschernde, Kohle zurück, die etwas weniges Kochsalz und Mineralalkali enthält, und in der Asche

Eisen=

Eisentheile, freye Kalkerde und Phosphorselentt liefert.

§. 1467.

Man sieht hierbey aber leicht ein, daß man nicht weiß, welchem nähern Bestandtheile des Blutes man eigentlich die bey dieser Zergliederung derselben vorgefundenen Substanzen zuschreiben soll. Wir wollen daher die Untersuchung der einzeln nähern Bestandtheile des Blutes vornehmen. Daß das Blutwasser (§. 510.) sehr vieles Wasser enthalte, in der Hitze gerinne, dem käsigten Theil der Milch ähnlich sey, durch Destillation im Wasserbade ein Phlegma gebe, das in der Wärme leicht in Fäulniß geht; etwas Mineralalkali, Kochsalz und Digestivsalz, (die letztern aber vielleicht nur zufällig), und endlich noch gallertartigen oder auszugartigen Stoff in sich habe, ist schon in dem Vorhergehenden (§. 511 — 515.) vorgetragen worden.   Das im Wasserbade ausgetrocknete Blutwasser ist hornartig, durchscheinend, und giebt bey der Destillation aus einer Retorte im freyen Feuer brennbare Luft und Luftsäure, einen flüchtig alkalinischen Geist, viel flüchtiges Laugensalz in fester Gestalt, und ein dickes empyreumatisches Oel.   Eigentlich ist aber der urinöse Geist ebenfalls ammoniakalischer Natur, und enthält Säure, die mit flüchtigem Laugensalz übersättigt ist.   Es bleibt hierbey in dem Destillirgefäße, wie beym Käse (§. 1464.), eine schwammige, sehr aufgeblähete Kohle übrig, die gleichermaßen sehr schwer in Asche zu verwandeln ist, was aber doch durchs Verpuffen mit Salpeter angeht, sonst aber nach Rouelle freyes Mineralalkali, nebst etwas Küchensalz und Digestivsalz (§. 513), enthält, welche man durch bloßes Abspühlen mit Wasser daraus schon vor dem Einäschern abspühlen kann. Die übrige

ge Köhle giebt nach dem Verbrennen und Glühen eine
ſchwarzgraue Aſche, welche wenig oder nichts von Eiſen, wol aber freye Kalkerde und Phosphorſelenit enthält, alſo von der Natur der chietiſchen Erde iſt. Durchs
Verpuffen mit Salpeter, Auslaugen mit Waſſer, Ausziehen des Rückſtandes durch Eſſig, und Niederſchlagen der Kalkerde mit milden laugenſalzen laſſen ſich die
Kalkerde und der Phosphorſelenit leicht daraus abſondern.

§. 1468.

Die concentrirten Säuren löſen das Blutwaſſer
ſowol, als den geronnenen Theil deſſelbigen, auf. Das
Waſſer zerſetzt aber dieſe Auflöſung wieder, und ſcheidet einen flockigen Niederſchlag ab. Die Säuren ſelbſt
wie das Vitriolöl und die Salpeterſäure, werden durch
das Blutwaſſer phlogiſtiſirt. Die letztere verwandelt
ſich, wenn ſie über das geronnene Blutwaſſer abgezogen
wird, in Salpeterluft, die zugleich mit der entwickelten
luftſäure übergeht, und wenn man dieſe Dephlogiſtiſirung weit genug treibt, ſo giebt der Rückſtand wirklich
etwas Zuckerſäure und Aepfelſäure, die Hr. Morveau unter dem Namen acide maluſien aufführt.

§. 1469.

Ich halte den gerinnbaren Theil des Blutwaſſers
für völlig einerley mit dem käſigten Theile der Milch,
und er liefert auch nach dem Gerinnen und ſorgfältigen
Abwäſchen mit Waſſer eben dieſelbigen Beſtandtheile
als dieſer (§. 1465.). Seine Entſtehung im Blute
läßt ſich alſo auch leicht einſehen. Das Blutwaſſer unterſcheidet ſich zwar dadurch vom Käſe, daß es ſich mit
kaltem Waſſer verdünnen und darin auflöſen läßt; allein
dieſer Unterſchied rührt von dem damit verbundenen
Mineralalkali und dem auszugartigen oder gallertartigen

Stoff

Stoff her (§. 513. 515.), die als aneignende Verwandtschaftsmittel dienen; nach deren Abscheidung der geronnene Theil des Blutwassers nicht weiter im Wasser auflösbar ist. Von diesem gallertartigen Stoffe des Blutwassers ist auch insbesondere die Pflanzensäure herzuleiten, die man nach der Zersetzung des Blutwassers durch Salpetersäure als Zuckersäure oder Apfelsäure erhält (§. 1468.).

§. 1470.

Die Bestandtheile, und zwar eigentlich die nähern, des Blutwassers sind: Wasser, gerinnbarer Theil oder Käse, gallertartiger oder auszugartiger Stoff, und etwas Mineralalkali, wie schon im Vorhergehenden (§. 515.) gemeldet worden ist; die entferntern Bestandtheile derselbigen aber sind: Wasser, Brennstoff, Luftsäure, flüchtiges Laugensalz, Phosphorsäure, Pflanzensäure, Kalkerde, Mineralalkali.

§. 1471.

Mit dem Blutwasser kömmt die sonst eigentlich sogenannte lymphatische Feuchtigkeit, und das Eyweiß (§. 364.) in den erwähnten entferntern Bestandtheilen überein; nur daß im letztern das freye Mineralalkali fehlt.

§. 1472.

Der rothe Blutkuchen (§. 510. 518.) giebt bey der Destillirung in der Hitze des Wasserbades ebenfalls ein fades Wasser, das in der Wärme leicht fault; er selbst verhärtet dabey sehr schnell zu einer spröden, hornartigen Materie. In stärkerer Hitze erhält man daraus brennbare Luft und Luftsäure, flüchtiges Laugensalz in flüssiger und fester Gestalt, und ein dickes empyreumatisches Oel. Der Rückstand ist eine schwammigte,

migte, glänzend ſchwarze Kohle, die auch ſehr ſchwer einzuäſchern iſt, und mit Vitriolſäure behandelt, etwas Glauberſalz und Eiſenvitriol liefert, folglich freyes Mineralalkali und Eiſentheile enthält; ſonſt aber nach d:m Einäſchern Kalkerde und Phosphorſelenit giebt.

§. 1473.

Da aber der Blutkuchen keinesweges als ein Körper von gleichartiger Miſchung anzuſehen, ſondern aus den beyden ungleichartigen Theilen, dem fadenartigen (§. 518.) und dem rothfärbenden (§. 520.) zuſammengeſetzt iſt, ſo müſſen wir beyde einzeln in Rückſicht ihres Verhaltens und ihrer Beſtandtheile betrachte. Es findet ſich dann, daß der rothfärbende Theil ſich ganz wie das Blutwaſſer bey der trocknen Deſtillation verhält, nur mit dem Unterſchiede, daß die Kohle deſſelbigen, die gleichmäßig Küchenſalz und Mineralalkali bey ſich führt, eine braunrothe Aſche liefert, welche außer der thieriſchen Erde, mehr Eiſen enthält, und besmegen vom Magnet gezogen wird. Gegen die ganze Menge des Blutes und des Blutkuchens iſt aber die Quantität dieſes Eiſens zu geringe, als daß man daraus die rothe Farbe der Blutkügelchen herleiten könnte (§. 523.).

§. 1474.

Der durchs Abwaſchen des Blutkuchens abgeſonderte weiße fibröſe oder fadenartige Theil des Bluts (§. 518.) giebt, wenn er im Waſſerbade deſtillirt wird, nichts als eine unſchmackhafte Flüſſigkeit, die nach einiger Zeit faulicht wird (§. 579.). Er verhärtet dabey ſchon in geringer Wärme, und giebt nun bey ſtärkerer Hitze die Producte, wie das Blutwaſſer (§. 1467.); aber die Kohle iſt nicht ſo ſchwammigt, ſondern dichter und ſchwerer, enthält kein freyes Mineralalkali, und

läßt

läßt sich leichter durchs Verbrennen in weiße Asche verwandeln, die keine Eisentheile enthält, sondern aus mehrerer Kalkerde und Phosphorselenit besteht.

§. 1475.

Die concentrirte Salpetersäure wirkt mit lebhaf-
tigkeit und Aufbrausen auf diesen fadenartigen Theil des
Bluts, und giebt damit Salpeterluft.   Sie löst ihn
auf, und nach dem Abziehen derselben bemerkte Hr.
Bucquet in dem gelblichten Rückstande ölichte und salzigte Flocken schwimmend.   Er erhielt daraus durchs
Abrauchen Zuckersäure.

Fourcroy Elem. de chym. T. IV. S. 331.

§. 1476.

Der Unterschied des Verhaltens des faserichten
Theils des Blutes von dem käsigten Theile der Milch
und dem gerinnbaren Theile des Serums ist nicht so
groß, daß uns dieß abhalten könnte, seine Entstehung
in dem thierischen Körper ganz aus jenem käsigten Theile
herzuleiten; und rührt ohne Zweifel von der mehrern
Menge des mit demselben verbundenen erdigten Stoffes
her. Die Physiologen haben bis jetzt gewiß zu wenig auf
ihn Rücksicht genommen, ohngeachtet sich aus ihm die
Erzeugung der Muskelfasern, und anderer festen Theile,
selbst der Knochen, weniger mühsam, als nach der gewöhnlichen Theorie erklären läßt.

Blutlauge. Berlinerblau.

§. 1477.

Die Kohle des Blutes wird uns noch in anderer
Absicht äußerst merkwürdig. Wenn man nämlich feuer-
beständiges Laugensalz mit getrocknetem Blute oder dessen
Kohle brennt, so erlangt die Auflösung desselben die Ei-

genſchaft, das Eiſen aus ſeiner ſauren Auflöſung ſchön
blau niederzuſchlagen. Dieſer Niederſchlag führt den
Namen des Berlinerblaues oder preußiſchen Blaues
(coeruleum berolinenſe).

§. 1478.

Am beſten geräth dieß Berlinerblau, wenn man
einen Theil reines feuerbeſtändiges laugenſalz des Gewächsreiches mit drey Theilen getrocknetem und fein gepulvertem Rindsblute innigſt vermiſcht, und in einem
bedeckten Schmelztiegel erſt bey mäßigem Feuer ſo lange
calcinirt, bis das Blut völlig verkohlt iſt, und keinen
Rauch und keine Flamme mehr zeigt, dann aber bis
zum völligen mäßigen Durchglühen erhitzt. Man trägt
die noch heiße Maſſe in ſehr vieles kochendes reines
Waſſer, läßt alles eine Zeitlang unter beſtändigem Umrühren ſieden, und ſeihet es dann klar durch. Dieſe
Lauge führt den Namen der Blutlauge (lixivium
ſanguinis), und enthält das laugenſalz in einem ſehr
veränderten Zuſtande. Man löſt hierauf zwey Theile
Eiſenvitriol und drey Theile Alaun in heißem Waſſer
auf; und vermiſcht damit unter öftern Umrühren jene
Blutlauge. Es entſteht ein Aufbrauſen und es ſchlägt
ſich das Berlinerblau als ein grünlich-blauer Satz nieder, den man durch ein Filtrum ſcheidet, und der durch
den Zuſatz von Salzſäure bald eine ſchöne dunkelblaue
Farbe annimmt, worauf man ihn gehörig ausſüßt
und trocknet.

§. 1479.

Der Erfinder des Berlinerblaues war ein Farben-
künſtler, Namens Diesbach, zu Berlin, der die Entdeckung zufälligerweiſe machte, da er zur Fällung einer
Abkochung der Cochenille mit Eiſenvitriol und Alaun von
Dippeln laugenſalz entlehnte, über welches dieſer ſein
thieri-

thierisches Oel rectificirt hatte. Dippel fand den Grund
dieser Erscheinung im Laugensalz auf, und kürzte nach=
her das Verfahren ab. Seit dieser Zeit wurde das
Berlinerblau bekannt, und eine Nachricht von dieser
Farbe, aber nicht von ihrer Bereitung, in den Abhand=
lungen der berliner Akademie im Jahr 1710 zuerst ge=
geben. Woodward machte im Jahre 1724 die Ver=
fertigungsart desselben bekannt, die man in der Folge
der Zeit nach besser, leichter und wohlfeiler einzurichten
gelernt hat.

Notitia caerulei Berolinensis nuper inventi, in den *Misc.*
berolinensibus, T. I. S. 380. Praeparatio caerulei Prus-
siaci ex Germania missa ad Io. *Woodward*, in den *philos.*
Trans. num. 381. S. 15. Observations and experiments upon the process for making the Prussian Blue,
communicatet by Dr. *Woodward*, by Mr. *John Brown*,
ebendas. S. 17. Observations sur la preparation du
bleu de Prusse ou de Berlin, par Mr. *Geoffroy* l'ainé,
in dem *Mém. de l'ac. roy. des sc.* 1725. S. 153. Nou-
velles observations sur la preparation du bleu de Prusse, par le même, ebend. S. 220. Differens moyens
de rendre le bleu de Prusse, plus solide à l'air et plus
facile à preparer, par Mr. *Geoffroy*, le cadet, ebendas.
1743. S. 33. Io. Ant. *Scopoli* observationes aliquae de
coeruleo berolinensi aliisque laccis; in seinem *anno hist.*
nat. III. S. 67. Beschreibung einer Berlinerblaufabrike,
in *Demachy*'s Labor. im Großen, Th. II. S. 261.
J. A. Webers bekannte und unbekannte Fabriken und Kün=
ste. Tübingen 1781. 8. St. 9.

§. 1480.

Ehe wir zu der Erklärung der Entstehung des
Berlinerblaues, und der Blutlauge übergehen, müssen
wir erst beyde näher kennen lernen, und auf die Phä=
nomene Acht geben, die sie zeigen. — Im Feuer ver=
brennt das Berlinerblau, verliert seine Farbe, so daß
nur ein Gemenge von Eisenkalk und Alaunerde zurück=
bleibt, welches vom Magnet gezogen wird, der auf das

Berli=

Berlinerblau selbst keine Würkung hat. Mit dem Salpeter verpufft es. Verkäufliches Berlinerblau liefert in der trocknen Destillation eine sehr große Menge entzündbare Luft, einen Antheil Luftsäure, flüchtiges Laugensalz in fester und flüssiger Gestalt, nebst einem brandigten Oele, welches Scheele aus reinem Berlinerblau doch nicht erhielt. Das verkäufliche giebt gewöhnlich auch noch Schwefelsäure.

§. 1481.

Die Säuren, mit denen das Berlinerblau übergossen wird, lösen dasselbe nicht nur nicht auf, sondern verändern auch seine Farbe nicht einmal; die Salpetersäure zersetzt aber das Berlinerblau, wenn sie darüber abgezogen wird, was aber mit vieler Behutsamkeit geschehen muß. Man erhält hierbey eine große Menge Salpeterluft, die mit Luftsäure verbunden ist, und das Berlinerblau verliert seine Farbe. Nach Hrn. Westrumb erfordert 1 Theil Blau 8 Theile rauchende Salpetersäure. Auch die dephlogistisirte Salzsäure zerstört das Berlinerblau.

§. 1482.

Die ätzenden Laugensalze entziehen, wie Hr. Macquer zuerst entdeckte, dem Berlinerblau seine Farbe, und alle die Eigenschaften, wodurch es sich vom gelben und gewöhnlichen Eisenkalk unterscheidet. Es verliert beym Digeriren und schon in der Kälte, noch schneller beym Kochen mit jenen alle seine blaue Farbe, und es bleibt bloß ein Eisenkalk und Alaunerde übrig, wenn man verkäufliches Berlinerblau angewendet hat. Mildes oder luftsaures Laugensalz entzieht zwar dem Berlinerblau auch die Farbe; allein doch weniger als ätzendes.

Examen chymique du bleu de Prusse, par Mr *Macquer*, in den *Mém. de l'acad. roy. des sc.* 1752. S. 60.

§. 1483.

§. 1483.

Das Laugenſalz, welches ſolchergeſtalt mit einer hinlänglichen Menge Berlinerblau digerirt oder gekocht worden iſt, zeigt ſich von einem bloßen reinen Laugenſalze ganz verſchieden. Seine Auflöſung iſt nämlich gelb von Farbe, riecht etwas nach Pfirſichblüthen, ſchmeckt nicht mehr alkaliſch, ſondern etwas nach bittern Mandeln, brauſt nicht mit Säuren, verbindet ſich damit nicht mehr zu Neutralſalzen und ſtümpft ſie nicht ab, verändert die blauen Pflanzenſäfte nicht mehr, und fällt die Erden nicht aus den Säuren. Es hat hingegen die Eigenſchaft der Blutlauge (§. 1478.) im vorzüglichen Grade, das Eiſen aus ſeinen Auflöſungen in Säuren ſogleich zu ſchönen Berlinerblau niederzuſchlagen. Das Laugenſalz muß alſo offenbar aus dem Berlinerblau dasjenige in ſich nehmen, was vorher bey der Bereitung der Blutlauge aus dem Blute an das Alkali tritt, und was dieſes bey dem Niederſchlage des Eiſens an daſſelbe abſetzt und dieſem die Eigenſchaften des Berlinerblaues giebt. Wir wollen dieſen Stoff für jetzt das färbende Weſen des Berlinerblaues nennen.

§ 1484.

Das mit dem Färbeweſen des Berlinerblaues völlig geſättigte Alkali heißt Macquers Blutlauge, und der Hypotheſe dieſes Chemiſten zufolge, auch phlogiſtiſirtes Laugenſalz (Alcali phlogiſticatum). Um es zu bereiten, reibt man vier Theile gewaſchenes Berlinerblau recht fein ab, übergießt es in einem Kolben mit einer Auflöſung von einem Theil Gewächsalkali und läßt alles im Sandbade zuſammen eine Zeitlang kochen. Man ſiehet hierauf die Lauge klar durch und hebt ſie in Gläſern mit eingeriebenen Stöpſeln auf.

§. 1485.

§. 1485.

Bey der Bereitung der Blutlauge auf die gewöhn=
liche Art (§. 1478.) wird das Laugenſalz mit dem fär=
benden Weſen nie ganz geſättiget, weil dieß im Feuer
flüchtig iſt, wie ſchon aus der Zerſtörung des Berliner=
blaues beym Calciniren erhellet (§. 1480.). Es bleibt
deswegen ein Theil des Laugenſalzes roh, und daher hat
dieſe gemeine Blutlauge nicht alle die Eigenſchaften der
Macquerſchen (§. 1483.). Sie ſchmeckt deswegen noch
alkaliſch, brauſt mit Säuren, färbt den Veilchenſaft
grün, und präcipitirt die Erben aus den Säuren.
Sie ſchlägt das Eiſen aus den Auflöſungen in Säure
nicht blau, ſondern ſchmutzig=grün nieder, und die blaue
Farbe kömmt erſt beym Zuſatz einer Säure zum Vor=
ſchein (§. 1478.), welches man das Hellen des Berli=
nerblaues nennt. Macquer hat dieſe Erſcheinung ſehr
glücklich aus dem der gemeinen Blutlauge anhängenden
rohen, und nicht mit Färbeweſen geſättigten, Laugen=
ſalze hergeleitet, welches das Eiſen ſonſt als gelben Ocker
niederſchlägt, der in der Vermiſchung mit dem blauen
Niederſchlage eine grüne Farbe hervorbringt. Die nach=
her zugeſetzte Säure löſt aber den gelben Niederſchlag
des Eiſens auf, und bringt ſolchergeſtalt die blaue Far=
be des Bodenſatzes hervor.

§. 1486.

Es erhellet hieraus zugleich der Nutzen des Zuſatzes
des Alaunes zur Eiſenvitriolauflöſung bey der gewöhn=
lichen Bereitung des Berlinerblaues (§. 1478.). Der
Antheil des rohen Laugenſalzes, welcher der Blutlauge
anhängt, wird nämlich größtentheils zum Niederſchla=
gen einer größern oder geringern Menge von Alaunerde
verwandelt, welche das mit dem Färbeweſen geſättigte
Alkali nicht präcipitiren kann (§. 1483.), die weiße
Alaunerde verändert aber die Reinigkeit der blauen Far=
be

be nicht, sondern dient vielmehr noch zur Erhöhung, und zur mehrern Consistenz derselben. —

Macquer a. a. O. und im chym. Wörterb. Th. 1. S. 292.

§. 1487.

Man kann der gemeinen Blutlauge die Eigenschaft, das Eisen aus der Auflösung in Säure sogleich schön blau zu fällen, geben, wenn man so lange eine Säure hinzutröpfelt, bis das Aufbrausen nachgelassen hat, oder bis ihr alles rein alkalische dadurch entzogen ist, was wegen der Fällung des gelben Eisenniederschlages der Grund der grünen Farbe beym Präcipitiren wird. Eben so kann man auch die gemeine Blutlauge durch Digeriren über Berlinerblau mit dem färbenden Wesen gänzlich sättigen.

§. 1488.

Das Berlinerblau, welches durch die alkalischen Stoffe entfärbt und in den Zustand eines Eisenochers gebracht ist, nimmt die Farbe des Berlinerblaues wieder an, wenn man eine Säure darauf gießt. Dieß rührt ohne Zweifel nach Fourcroy daher, daß durch die Einwirkung der Laugensalze nicht aller färbende Stoff weggenommen wird, sondern ein Theil durch den Eisenkalk dagegen gedeckt bleibt. Indem nun dieser letztere durch eine Säure aufgelöst wird, kömmt der noch unzerstörte Theil in seiner Farbe zum Vorschein.

Fourcroy Elem. de chymie. T. III. S. 282.

§. 1489.

Der Niederschlag des Eisens aus den Säuren durch die mit Farbewesen gesättigte Blutlauge geschiehet nie anders, als durch eine wirkliche doppelte Wahlverwandtschaft, vermöge welcher die färbende Materie mit dem Eisen zum Berlinerblau, die Säure aber mit dem

laugen-

Laugenſalze zum Neutralſalze zuſammentritt. Weder die Säure allein, noch das Eiſen allein, kann alles färbende Weſen von der Blutlauge, ohne Beyhülfe der Hitze, trennen. Wenn ſie aber vereiniget ſind, ſo ſind ſie im Stande, die letztere zu zerlegen. Auch dieſe Entdeckung hat Macquer gemacht.

§. 1490.

Das mit dem Färbeſtoff völlig geſättigte Laugenſalz wurde vom Macquer zuerſt als Probeflüſſigkeit empfohlen, die Gegenwart des in einer Säure aufgelöſten Eiſens in einer Flüſſigkeit zu entdecken, das dadurch allemal, auch wenn es in der geringſten Menge zugegen iſt, als Berlinerblau niedergeſchlagen wird. Allein dieß auf gedachte Art geſättigte Alkali hat wirklich einen Fehler, der es zu dieſem Behuf untauglich macht. Wenn man eine reine Säure dazu tröpfelt, ſo ſchlägt ſich ein wirkliches Berlinerblau nieder, auch wenn die Säure nicht das mindeſte Eiſen enthält. Die erwähnten Blutlaugen, die gemeine ſowol als noch weniger die Macquerſche, ſind nämlich nie frey von Eiſen, was beym Zuſatz einer Säure mit dem Färbeweſen als Berlinerblau abgeſondert wird. Verſchiedene Chemiſten glauben, daß dieß letztere in Subſtanz darin aufgelöſt ſey, eine Meynung, die im Grunde von der unſrigen nicht ſehr verſchieden iſt.

§. 1491.

Die Chemiſten haben ſich ſehr viele Mühe gegeben, und vielerley Vorſchläge gethan, die Blutlauge von dieſem Hinterhalt an Eiſen völlig zu reinigen, um ſie als ein ſicheres Probemittel für Eiſen anwenden zu können. Bis jetzt aber ſind alle Bemühungen vergeblich geweſen. Beaumé ſchlug deswegen vor, zu der Blutlauge reinen Eſſig zu ſetzen, und damit zu digeriren, damit ſie alles

Berli-

Berlinerblau absetze, und nach dem Durchseihen den Essig hierauf wieder mit reinem Laugensalze zu sättigen. Allein dieß Verfahren reicht so wenig hin, alles Eisen abzusondern, als Scopoli's Vorschlag, die Blutlauge der Sonnenwärme lange genug zu exponiren, wo sich ebenfalls das Berlinerblau daraus von selbst niederschlage. Die weitere Zerstörung dieser gereinigten Blutlaugen im Feuer und das Abziehen der Salpetersäure darüber, geben im Rückstande sehr bald die Eisentheile zu erkennen.

Beaumé erläuterte Experimentalchemie Th. II. S. 672. f. Einige Versuche mit dem dephlogistisirten Alkali der Blutlauge, vom Hrn. Bergr. Scopoli in Pavia, in Crells neueste. Entd. der Chem. Th. VIII. S. 3. ff.

§. 1492.

Hr. Gioanetti räth zur Reinigung der Macquerschen Blutlauge an, dieselbe erst nach Beaumé's Vorschlage mit reinem Essig etwas zu übersättigen, dann bey einer schwachen Wärme alle Feuchtigkeit abzurauchen, das übrige in destillirtem Wasser aufzulösen und die Auflösung durchzuseihen; oder die Auflösung des Alaunes im Wasser damit zu vermischen, die Flüssigkeit durchzuseihen, abzurauchen, und wann sich in der Kälte die Krystalle des vitriolischen Weinsteines daraus niedergesetzt haben, die Flüssigkeit davon klar abzugießen. Hr. Brugnatelli empfiehlt zur Reinigung der Blutlauge, diese mit verdünnter Vitriolsäure zu vermischen, wodurch sich ein Berlinerblau niederschlägt; die freye Säure hierauf wieder durch rohe Kalkerde wegzunehmen, und alles klar durchzuseihen. Hr. Barca verbindet Scopoli's und Beaumé's Methode zusammen, wodurch aber die Kraft der Blutlauge noch mehr geschwächt, und doch dadurch so wenig, als durch die andern eben

P 5   genann=

genannten Reinigungsarten eine völlig eiſenfreye Blutlauge erhalten wird.

> Analyſe des eaux minerales de S. Vincent — par Mr.
> *Gioanetti*, contenant pluſieurs procedés chymiques nou-
> veaux utiles pour l'analyſe des eaux minerales en ge-
> neral et pour cette des ſels, à Turin. 1779. 8. Chemi-
> ſche Unterſuchungen über das phlogiſtiſirte Laugenſalz, von
> Ludewig Brugnatelli, in Crells chem. Annal. J. 1784.
> B. 1. S. 197. ff. Fortſetzung, ebendaſ. S. 304. ff. Let-
> tera del P. D. Aleſſandro Barca al Sig Cavaliere D. Mar-
> ſiglio Landriani ſulla ſcompoſizione dell' alcali flogiſti-
> cato. In Milano 1783. 4.

§. 1493.

Das mit dem Färbeſtoff des Berlinerblaues völlig
geſättigte ätzende feuerbeſtändige Alkali giebt durchs Abrauchen wirkliche Kryſtalle, wie Sage und Bergmann
gefunden haben, und unterſcheidet ſich dadurch ferner
vom reinen Laugenſalze, das im ätzenden Zuſtande keiner Kryſtalliſirung fähig iſt. Die Kryſtalle werden am
ſchönſten beym unmerklichen Abdunſten, und bilden
theils viereckte Tafeln, theils Würfel, oder auch vierſeitige Säulen, mit vierſeitigen Endſpitzen, deren Flächen auf den Flächen der Säulen aufgeſetzt ſind. Sie
ſind durchſichtig, gelb oder gelbgrün von Farbe, und
haben die übrigen Eigenſchaften der Blutlauge. An
der Luft verwittern ſie, und im Feuer werden ſie gänzlich zerſetzt, ſo daß das Laugenſalz, nebſt etwas Eiſen
nur allein zurückbleibt. Aus der Auflöſung des Eiſens
in Säure ſchlagen ſie ſogleich ein ſchönes Berlinerblau
nieder.

> Sage, in den *Elém. de mineralogie docimaſtique*, T. II.
> (Edit. II.) S. 166. Bergmanns phyſikaliſche Beſchrei-
> bung der Erdkugel, Th. II. S. 251, und deſſen An-
> merkungen zu Scheffers chem. Vorleſungen S. 263.

§. 1494.

§. 1494.

Dieſe Kryſtalle der Blutlauge ſind aber doch auch nicht frey von Eiſentheilen, wie ſich zeigt, wenn man ſie mit reiner Vitriolſäure oder Salzſäure übergießt; und können deswegen eben ſo wenig, als die Blutlauge, zum ſichern Reagens fürs Eiſen dienen. Reiner von Eiſen erhält man ſie nach Hrn. Klaproths Methode, wenn man die Lauge des reinen kauſtiſchen Gewächsalkali erſt mit ſoviel fein geriebenen Berlinerblau kocht, als ſie extrahiren kann, und die filtrirte Lauge mit Vitriolſäure genau ſättiget, da dann die durchs kauſtiſche Alkali aus dem verkäuflichen Berlinerblau aufgelöſt geweſene Alaun-erde (§. 625.) niederfällt, und viele fremde Theile mit ſich niederreißt.   Es wird hierauf durch wiederholtes Uebergießen mit deſtillirtem Waſſer alle färbende Tin-ctur geſammlet, klar filtrirt, im Sandbade abgeraucht, ſo daß nach Verhältniß nur wenig Flüſſigkeit übrig bleibt. Es ſchießen dann beym Erkalten ſchön hellgelbe Kryſtalle an, die aber mit vitrioliſirtem Weinſteine vermengt ſind, und zugleich ſetzt ſich etwas Eiſenocher ab. Durch wiederholtes Auflöſen dieſer Kryſtalle in wenigem Waſ-ſer, Abrauchen und Kryſtalliſiren können ſie davon be-freyet werden.

Ueber die beſte Bereitungsart der Blutlauge; vom Hrn. Aſſeſ-ſor Klaproth, in Crells chem. Annalen J. 1785. B. I. S. 405. ff.

§. 1495.

Der Weingeiſt löſt die erwähnten Kryſtalle der Blutlauge nicht auf, und man kann ſich daher deſſelbi-gen ebenfalls bedienen, um das Salz aus der gehörig eingedickten Blutlauge niederzuſchlagen. Darauf grün-det ſich das Verfahren der Hrn. Scheele und Weſt-rumb, die Blutlauge eiſenfrey zu erhalten. Nach dem erſteren zieht man das Berlinerblau mit recht kauſtiſchem feuerbeſtändigen Laugenſalz aus; ſeihet die Extraction

klar

klar durch, und vermiſcht ſie mit recht ſtarkem Weingeiſte, wo das Salz als Flittern zu Boden fällt, das in deſtillirtem Waſſer aufgelöſt nach dem Abrauchen kryſtalliſirt werden kann. Hr. Weſtrumb empfiehlt, das reinſte kauſtiſche Pflanzenlaugenſalz durch öfteres Kochen mit wohl gewaſchenem käuflichen Berlinerblau zu ſättigen; durchzuſeihen, und dann wieder mit Bleyweiß zu kochen, um die etwa anhängenden Schwefel= und brennbaren Theile wegzuſchaffen, nach dem Durchſeihen mit Eſſig zu verſetzen, und dem Sonnenlichte eine Zeitlang auszuſtellen, dann wieder durchzuſeihen, und einen Theil dieſer ſo gereinigten Lauge mit zwey Theilen höchſt ſtarkem Weingeiſte zu vermiſchen, ſo ſchlägt ſich das Blutlaugenſalz in glänzende Flocken nieder. Wird dieſes in deſtillirtem Waſſer aufgelöſt; ſo giebt es eine hellgelbe Tinctur. Beyde Verfahrungsarten geben zwar eine Blutlauge, die vom Eiſen reiner iſt, als die gewöhnlichen, aber, wie Hr. Weſtrumb an einem andern Orte ſelbſt geſteht, keinesweges ganz davon frey iſt.

Scheele, in Crells chem. Annalen, J. 1784. B. I. S. 525. Weſtrumb ebendaſelbſt B. II. S. 41.

§. 1496.

Das flüchtige Laugenſalz zieht auf naſſem Wege bey der Digeſtion mit Berlinerblau ebenfalls das färbende Weſen davon aus, und wird zur Blutlauge, die auch nicht mehr die alkaliſchen Eigenſchaften zeigt, wenn man Berlinerblau in hinlänglicher Menge angewendet hat. Sonſt kann man auch das überſchüſſige Laugenſalz nach dem Filtriren durch eine gelinde Deſtillation ſcheiden. Es bleibt dann eine weingelbe Flüſſigkeit in dem Deſtillirgefäße zurück, die nicht mehr urinös riecht, nicht mehr alkaliſch ſchmeckt, und das Eiſen aus ſeinen Auflöſungen in Säuren ſchön blau niederſchlägt. Bey etwas ſtärkerm Feuer läßt ſie ſich ganz übertreiben, ohne etwas

etwas zurückzulassen.   Sonst aber hat diese flüchtige Blutlauge ebenfalls den Fehler der gewöhnlichen, nämlich einen Hinterhalt an Eisen.

Meyers chemische Versuche über den ungelöschten Kalk, S. 304.

§. 1497.

Durch Kochen mit Wasser und gebranntem Kalke verliert das Berlinerblau gleichermaßen seine Farbe; eben so auch durch Digeriren mit Kalkwasser. Der färbende Stoff vereiniget sich mit dem Kalke zu einem zerfließenden Salze, welches das Eisen schön blau niederschlägt.   Die gesättigte Ausziehung des Kalks mit Berlinerblau hat eine zitronengelbe Farbe, schmeckt nicht mehr scharf und alkalisch, färbt den Weilchensyrup nicht mehr grün, sondern läßt ihn ganz unverändert, wird durch luftsäure nicht mehr getrübt, wie das Kalkwasser; neutralisirt die Säuren nicht; zersetzt die bittersalz- und alaunerdigten Mittelsalze nicht, welche das reine Kalkwasser zerlegt; kurz es zeigt keine alkalischen Eigenschaften mehr, und scheint völlig neutralisirt zu seyn.   Man kann diese Verbindung kalkerdigte Blutlauge nennen. Die ätzenden Laugensalze, sowol die feuerbeständigen, als das flüchtige, sondern die Kalkerde daraus ab, und verbinden sich mit dem färbenden Stoffe zur alkalischen Blutlauge.

Bergmann in Scheffers chem. Vorlesungen S. 265: Fourcroy über die Entfärbung des Berlinerblaues durch Kalch, Bittersalzerde ꝛc. in seinen chem. Verf. und Beob. S. 428. ff.   Ebendaselbst Elem. de chym. T. IV. S. 280. Versuche über das Berlinerblau, von C. Girtanner, in Crells neuest. Entd. in der Chem. Th. X. S. 108. ff.

§. 1498.

Diese kalkerdigte Blutlauge hat zwar Vorzüge vor der gewöhnlichen darin, daß sie leichter gesättigt erhalten

ten werden kann, und weniger durch aufgelöſte Farbe
verunreiniget wird; allein ſie iſt nicht zu brauchen, wo
das Eiſen mit Vitriolſäure vorkömmt, die einen Gyps
niederſchlägt, der die Farbe des eiſenartigen Nieder-
ſchlags verändern kann. Sonſt iſt ſie aber nach Hrn.
Weſtrumb von Eiſen keinesweges ganz frey.

§. 1499.

Auch die Bitterſalzerde, ſowol die luftſaure, als
die gebrannte, zieht das Färbeweſen des Berlinerblaues
an ſich. Man kann zu dem Ende nach Hrn. Hagen
gleiche Theile fein geriebenes und wohl ausgeſüßtes Berlinerblau und Bitterſalzerde in einem glaſurten irdenen
Gefäße mit einer hinreichenden Menge deſtillirtem Waſſer kochen laſſen, und dann durchſeihen. Die Lauge
hat eine goldgelbe Farbe, ändert den Violenſaft nicht,
zeigt überhaupt keine alkaliſche Eigenſchaften, und ſchlägt
das Eiſen aus ſeiner ſauren Auflöſung ſogleich ſchön
dunkelblau nieder, iſt aber nicht frey von Eiſentheilen,
die ſich beym Zuſatz einer Säure mit der Zeit auch daraus als Berlinerblau abſcheiden. Nach dem gelinden
Abrauchen giebt dieſe bitterſalzerdigte Blutlauge ein
zerfliesbares Salz. Alle Laugenſalze ſondern die Bitterſalzerde daraus ab, und nehmen den Färbeſtoff in
ſich. Dieß thut auch das Kalkwaſſer. Auch auf trocknem Wege erhielt Hr. Hagen durchs Calciniren der Bitterſalzerde mit 1¼ Theilen getrocknetem Blute und Auslaugen mit deſtillirtem Waſſer eine, wiewol nicht ganz
geſättigte, bitterſalzerdigte Blutlauge.

Ueber die Phlogiſtikation der Bitterſalzerde, vom Hrn. Prof.
Hagen, in Crells chem. Annalen, J. 1784. B. I.
S. 291.

§. 1500.

§. 1500.

Nach Hrn. Fourcroy wirken auch die Schwerer=
de und Alaunerde auf das Berlinerblau, und entziehen
ihm, wiewol nur sehr schwach, seinen Färbestoff.

Fourcroy a. a. O. in seinen chem. Verf. und Beob. S. 430.

§. 1501.

Alle Säuren, welche Anziehung genug zum Brenn=
stoff besitzen, besonders Vitriolsäure, Salpetersäure
und dephlogistisirte Salzsäure, schlagen nicht allein frü=
her oder später ein Berlinerblau aus allen diesen Blut=
laugen nieder, sondern rauben dadurch auch endlich den=
selben alle ihr färbendes Principium, und verwandeln
sie mit der Zeit in wahre Neutral= oder Mittelsalze.

Bucquet in Fourcroy Elem. de Chimie T. IV. 276. 277.

§. 1502.

Die Chemisten haben über die Natur des färben=
den Stoffes, die Entstehung des Berlinerblaues und
die Mischung der Blutlauge verschiedene Theorien und
Erklärungen gegeben, die mehr oder weniger der Wahr=
heit nahe kamen, je nachdem sie selbst mehrere oder we=
nigere der bisher angezeigten Erscheinungen kannten. Es
ist Bedürfniß des menschlichen Geistes, bey wahrgenom=
menen Würkungen eine Ursach anzunehmen, die den
zureichenden Grund von jenen enthält, und auch dann
anzunehmen, wann die Data noch nicht hinreichen, die
Ursach daraus vollständig zu folgern und zu beweisen.
Brown und Geofroy sahen das Berlinerblau für einen
erdharzigen Theil des Eisens an, der durch die Lauge
aus dem Blute entwickelt und an die Alaunerde versetzt
worden wäre.   Der Abt Menon glaubte, daß das
Berlinerblau ganz reines Eisen sey, das durch die Blut=
lauge

lauge oder ihr Phlogiston von aller salzartigen Materie
geschieden wäre.

Brown und Geoffroy oben (§. 1479.) angeführte Schriften;
Mémoire sur le bleu de Prusse, par Mr. l'abbé Ménon,
im I. B. der Mém. présent. S. 563. ff. Second mémoire, ebendaselbst S. 573. ff.

§. 1503.

Hr. Macquer widerlegte im J. 1752 die Mennun-
gen dieser Schriftsteller, und zog aus einer umständli-
chen Untersuchung dieses Gegenstandes und aus mehreren schätzbaren Erfahrungen, die wir ihm verdanken
und die zum Theil im Vorhergehenden mit bemerkt worden sind, den Schluß, daß das Berlinerblau nichts
anders sey, als Eisen mit einer überflüssigen brennbaren Materie übersetzt, welche das mit Brennbarem ver-
setzte Alkali, dessen man sich zum Niederschlagen bedie-
ne, darreiche. Die Blutlauge sey also laugensalz mit
Brennstoff beladen, und dadurch sey dieses in seinen
Eigenschaften so verändert. Bey der Vermischung mit
einer sauren Eisenauflösung trete sie durch eine doppelte Wahlverwandschaft ihren Brennstoff an das Eisen
ab, und verwandele es so in Berlinerblau 2c. Diese
Theorie des Hrn. Macquer fand sehr vielen Beyfall,
und wurde fast von allen Chemisten angenommen.

Macquer oben (§. 1482.) angef. Abh.; ingleichen desselben
chym. Wörterb. Th. 1. S. 286. ff.

§. 1504.

Hr. Macquer sahe aber selbst das noch Mangeln-
de und Unerklärbare in seiner Theorie ein, indem man
darnach allerdings nicht begreifen konnte, wie das Eisen im Berlinerblau durch das Brennbare die Eigenschaft verlieren sollte, vom Magnete gezogen zu werden
(§. 1480.), da es sie sonst dadurch erlangt; wie es dadurch

durch in den Säuren unauflösbar werde, die es ſonſt
im dephlogiſtiſirten Zuſtande nicht alle auflöſen können;
warum das Laugenſalz dem Berlinerblau den färbenden
Stoff entziehe, und nicht die Säuren, denen das
Phlogiſton doch ſonſt näher verwandt iſt, als den Laugenſalzen; wie das Laugenſalz dadurch in den Zuſtand
eines Neutralſalzes komme ꝛc.? Was die Macquerſche
Erklärung aber ganz widerlegt, iſt, daß ſonſt nicht alle
brennbare Körper die Laugenſalze zur Blutlauge
machen.

§. 1505.

Im Jahr 1772 machte Herr Sage eine
Abhandlung über die Blutlauge bekannt, worin er
behauptete, dieſe ſey ein thieriſches Salz. Das
Laugenſalz werde nämlich durch eine eigene thieriſche
Säure, die aus der Phosphorſäure des Blutes und
dem Brennbaren entſpringe, neutraliſirt, und erlange dadurch die Eigenſchaften, die wir oben angeführt
haben. Vermittelſt der doppelten Wahlverwandtſchaft
ſetze die Blutlauge ihre Säure an das Eiſen, das in
Säure aufgelöſt ſey, ab, und bilde damit Berlinerblau.
Die Gründe für ſeine Meynung haben in der That ſehr
viel Wahrſcheinliches, und es ſtimmen viel mehrere
Phänomene damit überein, als mit der Macquerſchen
Theorie. Dahin gehört der gänzliche Mangel der alkaliſchen Eigenſchaften in der Blutlauge, ihre Kryſtalliſir-
barkeit, das ziemlich deutliche Aufbrauſen, welches man
wahrnimmt, wenn man ein nicht ganz ätzendes Alkali
auf Berlinerblau gießt, und dann endlich das erwieſene
Daſeyn der Phosphorusſäure in dem Blute ſelbſt. Dieß
bewog auch Hrn. Bergmann, dieſe färbende Materie für
eine animaliſche Säure zu halten, die vorher im Blute
gegenwärtig geweſen und an das Alkali übergangen wäre. Doch erklärte er ſie nicht geradezu für Phosphorſäure, und hielt es auch für noch nicht ausgemacht, ob

man die färbende Eigenſchaft der Blutlauge von dem
feinen Fette, das ſie enthält, oder von der darin enthaltenen Säure, herleiten müſſe.   Hr. Weigel behält
das Phlogiſton als das färbende Weſen bey, giebt aber
die Säure als das Leitmittel (vehiculum) zu.

> Examen du ſel animal, connu ſous les noms d'alkali phlo-
> giſtique, d'alkali ſavonneux de *Geoffroy*, par Mr. *Sage*,
> in den act. acad el. Mogunt. J. 1776. S. 64. ff.
> Bergmann in Scheffers chem. Vorleſ. S. 262. f. Wei-
> gel in Morveaus Anfangsgr. der theor. u. pract. Che-
> mie, Th. III. S. 114.

§. 1506.

Man hat gegen Sage's Behauptung eingewendet,
daß die phosphorſauren Neutralſalze mit der Eiſenauflö-
ſung doch kein Berlinerblau gäben; und daß man aus
Berlinerblau und Kohlenſtaub keinen Phosphorus durch
Deſtillation erhalte. Allein dieſe Einwürfe können hier
nicht ſtatt finden, da Sage die Säure der Blutlauge
nicht für reine Phosphorſäure erklärt, und ihre Verbindung mit dem Brennſtoffe ſie ſo flüchtig macht.   Der
Einwurf, daß man auch aus Glanzruß mit Laugenſalz
calcinirt, Blutlauge erhalte, beweiſt nichts dagegen,
wenn man nicht darthut, daß in dem erſten keine Phosphorſäure präexiſtire.

> *Fourcroy* Elem. de chimie, T. III. S. 275. f.

§. 1507.

Andere ſehen das färbende Weſen des Berlinerblaues für ein feines thieriſches Oel, und die Blutlauge ſelbſt für ein ſeifenhaftes Gemiſch an, wie beſonders
Hr. Weber und Hr. Scopoli.   Hiewider aber läßt
ſich anführen, daß auch die thieriſche Kohle, die doch
kein Oel enthält, ebenfalls mit Laugenſalz calcinirt, Blutlauge giebt, und daß ſich aus der reinen Blutlauge nichts
ölichtes durch Säuren abſondern läßt.

Weber

Weber von dem preußischen oder Berlinerblau, in dessen
phyf. chem. Magazin, Th. I. S. 54. ff.

§. 1508.

Hr. Dossie und Delius fanden zwischen der Schwefelleber und der Blutlauge soviel ähnliches, daß sie die
letztere für eine besondere Art der Schwefelleber, oder
für eine Auflösung des thierischen Schwefels (des Phosphorus) in der alkalischen Substanz hielten. Dieser Meynung pflichtet auch Hr. Girtanner bey, und wir werden in der Folge sehen, daß diese Chemisten nicht sehr
von Enge's Theorie abweichen, und überhaupt mit diesem der Wahrheit sehr nahe waren.

Dossie's Grundlehren der Experimentalchymie, Altenb. 1762.
8. Th. I. S. 379. *H. F. Delius* resp. *O. Chr. Weiß-
mann* Experiments et cogitata circa lixivium sanguinis.
Erlang. 1764. 8. Girtanner a. a. O. S. 108.

§. 1509.

Der sel. Scheele unterwarf endlich die Blutlauge
und das Berlinerblau von neuem einer sehr sorgfältigen
Untersuchung, und stellte eine Reihe von interessanten
Versuchen an, um die Natur des färbenden Wesens
besser ins Licht zu setzen. Er machte jene im Jahr 1782
und 1783 bekannt. Er fand, daß die Säuren das
färbende Wesen aus der Blutlauge wirklich größtentheils
entbinden, und daß jenes in der Hitze daraus als eine
entzündbare Luft entwickelt wird, die sich in dem vorgeschlagenen Wasser absorbirt. Wenn man nämlich
zu der gesättigten Blutlauge Vitriolsäure setzt, und in
der Luft des Kolbens, worin das Gemisch befindlich ist,
ein Stückgen Papier aufhängt, welches kurz zuvor mit
einer Auflösung von Eisenvitriol benetzt, und nachher
mit etwas von einer alkalischen Lauge bestrichen worden
ist, das Gefäß genau verstopft und etwas erwärmt; so
Q 2   wird

wird man nach einigen Minuten finden, daß, wenn man dieſes Papier mit einer Säure beſtreicht, es ſogleich ſchön blau wird. Auch die luftſäure entbindet dieß färbende Weſen, und man kann dieß auf eine ähnliche Art entdecken, wenn man Blutlauge in einen Kolben thut, der luftſäure enthält. Nach Hrn. Scheele iſt die Blutlauge ein dreyfaches Salz, das aus laugenſalze, (oder alkaliſcher Erde), etwas Eiſen, und dem färbenden Stoffe beſteht.

Carl Wilh. Scheele Verſuche über die färbende Materie im Berlinerblau. Erſter Theil; in den ſchwed. Abh. vom J. 1782. zweyter Theil, ebendaſ. vom J. 1783. in den *Mem. de Chymie par Mr. Scheele.* P. II. S. 141. ff. 165. ff. Hrn. Scheelens Entdeckung von der wahren Natur der färbenden Materie im Berlinerblau, in Crells neueſten Entdeckungen, Th. XI. S. 91. ff.

§. 1510.

Um alſo die färbende Materie aus dem Berlinerblau abzuſondern und allein darzuſtellen, verfährt man nach Hrn. Scheelens Vorſchlag folgendergeſtalt. Man löſt vier Theile kryſtalliſirtes Blutlaugenſalz in 16 Theilen Waſſer auf, thut die Auflöſung in eine gläſerne Retorte, ſchüttet drey Theile Vitriolöl hinzu, kittet eine Vorlage mit vorgeſchlagenem deſtillirten Waſſer an, und deſtillirt gelinde im Sandbade. Die Vitriolſäure entbindet das färbende Weſen, das in Geſtalt einer mit luftſäure vermiſchten entzündbaren luft übergeht und vom vorgeſchlagenen Waſſer deſto beſſer abſorbirt wird, je kälter dieſes gehalten wird. Das Waſſer hat einen eigenen Geruch und etwas hitzigen Geſchmack, der gemeiniglich einen gelinden Huſten erregt. An der luft verfliegt die färbende Materie daraus. Es ſchlägt die Auflöſung des Eiſenvitrioles für ſich allein nicht zum Berlinerblau nieder, aber ſogleich, ſobald man es mit etwas laugenſalz gemiſcht hat, zum Beweiſe der ſchon

von

von Macquer geäußerten Meynung, daß die färbende
Materie nicht anders, als durch Hülfe einer doppelten
Wahlverwandtſchaft das Eiſen zu Berlinerblau fälle
(§. 1489.). Gewöhnlich enthält das Waſſer etwas
Vitriolſäure, die mit übergegangen iſt, und um es davon zu befreyen, deſtillirt man es nochmals bey gelindem Feuer über etwas Kreide in wenig vorgeſchlagenes
Waſſer. Der Rückſtand von der erſten Deſtillation
enthält vitriolſaures Neutralſalz, freye Vitriolſäure und
Berlinerblau, das ſich durch die Säure aus der Blutlauge abgeſchieden hat. Aus der kalkerdigten Blutlauge läßt ſich das färbende Weſen auf eine ähnliche Art
abſcheiden.

> Scheele a. a. O. §. VI. Bergmann in ſeinen opuſc. phyſ.
> chem. Vol. III. S. 382.

> Sonſt kann man noch nach einer andern von Scheele vorge-
> ſchlagenen Methode das färbende Weſen der Blutlauge ab-
> ſondern, wenn man 16 Theile gewaſchenes und gepulvertes
> Berlinerblau mit 8 Theilen rothen Queckſilberpräcipitat
> und 48 Theilen Waſſer in einem Kolben einige Minuten
> lang unter beſtändigem Umrühren kocht. Sogleich ver-
> ſchwindet die blaue Farbe, und das Gemenge bekömmt ei-
> nen ſtarken merkurialiſchen Geſchmack. Man ſeihet es durch
> und lange den Rückſtand wohl mit deſtillirtem Waſſer aus.
> Die Flüſſigkeit vermengt man mit 12 Theilen reiner Eiſen-
> feile und 3 Theilen Vitriolöl, und ſchüttelt es einigemale
> um. Es reducirt ſich nun der metalliſche Kalk, und der
> merkurialiſche Geſchmack iſt vergangen. Man gießt hier
> auf das Klare in eine gläſerne Retorte und deſtillirt in we-
> nig vorgeſchlagenem Waſſer den vierten Theil des Ganzen
> ab. Das Uebergegangene enthält aber auch etwas Vitriol-
> ſäure, die man durch Rectificiren über ein wenig Kreide
> ſcheidet.

> Die Einwendungen, welche Hr. Stauth gegen Scheelens
> Verſuche gemacht hat, werden doch durch neuere Erfahrun-
> gen anderer Chemiſten, beſonders des Hrn. Weſtrumbs,
> widerlegt.

Verſuche über die Blutlauge, vom Hrn. Hauptm. Stauch,
in Crells chem. Annalen, J. 1787. B. I. S. 104. ff.
Ebendeſſelben Fortſetzung der Verſuche, ebendaſ. S.
203. ff.

§. 1511.

Das nach Scheelens Methode abgeſonderte färbende Weſen des Berlinerblaues (§. 1510.) zeigt ſich
weder als eine Säure, noch als laugenſalz gegen die
Reagentien. Es verwandelt weder das lacmuspapier
in roth, noch ſtellt es die blaue Farbe des gerötheten wieder her. Da es aber die Auflöſung der Seifen und der
Schwefelleber trübt, und auf laugenſalze, Erden und
metalliſche Kalke wirkt, ſo hat er ihm doch nachher den
Namen der Berlinerblauſäure oder der färbenden
Säure (acidum coerulei berolinenſis, + ☉) beygelegt, und Bergmann hat ſie auch als eine eigene (freylich zuſammengeſetzte) Säure des Thierreichs aufgeführt.

Bergmann a. a. O.

§. 1512.

Mit den ätzenden feuerbeſtändigen laugenſalzen
giebt das färbende Weſen des Berlinerblaues eine Verbindung, die, auch bey einem Uebermaaße des letztern,
die blaue Farbe des gerötheten lacmuspapiers wieder-
herſtellt. Bey der gelinden Deſtillation bis zur Trockniß geht das Ueberſchüſſige deſſelben über, und der Rückſtand im Waſſer aufgelöſt verhält ſich als Blutlauge,
die im ſtärkern Feuer freylich zuletzt ganz zerſtört wird.
Alle Säuren, ſelbſt die luftſäure, zerſetzen dieſe Verbindungen.

Scheele a. a. O. §. XI. b.

§. 1513.

Mit dem ätzenden flüchtigen laugenſalze bildet es
eine Art von ammoniakaliſchem Salze, das den vola-
tiliſchen

tiliſchen Geruch des Laugenſalzes hat, wenn auch das
färbende Weſen im Uebermaaße dabey iſt.　Bey der
Deſtillation verflüchtiget ſich das Salz gänzlich, ſo daß
zuletzt das bloße Auflöſungswaſſer zurückbleibt. Es verhält ſich übrigens wie Blutlauge gegen Eiſenauflö-
ſungen.

Scheele a. a. O. §. XI. c.

§. 1514.

Die luftleere Bitterſalzerde löſt ſich in dem färbenden Weſen, durch Digeriren in einem verſchloſſenen
Gefäße, auf, und liefert damit eine bitterſalzerdigte
Blutlauge. Die Alkalien ſchlagen ſämmtlich die Bitterſalzerde daraus nieder, und alle Säuren ſondern das
färbende Weſen daraus ab, ſelbſt die Luftſäure; und
daher trübt ſich die Auflöſung, wenn ſie der atmoſphä-
riſchen Luft exponirt wird.

Scheele a. a. O. §. XI. d.

§. 1515.

Mit der Kalkerde giebt das färbende Weſen auch
eine Auflöſung, die ſich wie kalkerdigte Blutlauge verhält. Alle Laugenſalze ſondern die Kalkerde daraus ab;
nicht die Bitterſalzerde, die durchs Kalkwaſſer vielmehr
ſelbſt vom färbenden Weſen geſchieden wird. Die Säure, und ſelbſt die Luftſäure zerſetzen dieſe kalkerdigte
Blutlauge. Im Feuer wird ſie gänzlich zerſetzt.

Scheele a. a. O. §. XI. g.

§. 1516.

Von der reinen Schwererde löſt nach Scheele das
färbende Weſen nur ſehr wenig auf; von der Alaunerde
aber gar nichts.

Scheele a. a. O. §. XI. e. f.

Q 4　　　　§. 1517.

§. 1517.

Daß die Säuren dieſe eben jetzt erwähnten Arten der Blutlaugen zerſetzen und das färbende Weſen von den Alkalien und Erden abſondern, was ſie bey den gewöhnlichen Ausziehungen des Berlinerblaues durch alkaliſche Subſtanzen und der gemeinen Blutlauge nicht oder nur langſam thun; das leitet Scheele von dem Mangel des Eiſens her, durch welches in der letztern das färbende Weſen zurückgehalten und gebunden würde.

§. 1518.

Bey der trocknen Deſtillation der mit dem färbenden Weſen verbundenen laugenſalze, Erden und Metalle ging jenes theils unzerſetzt, theils als brennbare Luft über, welche nach dem Verbrennen Luftſäure hinterließ. Hr. Scheele ſchloß hieraus mit Recht, daß das färbende Weſen des Berlinerblaues Brennſtoff und Luftſäure als Beſtandtheile in ſich habe. Zugleich erhielt er aber auch jedesmal flüchtiges Laugenſalz, das alſo auch ein Beſtandtheil deſſelben ſeyn muß. Da alle Oele beym Verbrennen und bey ihrem gänzlichen Zerſtören luftſäure und brennbares Weſen geben, ſo glaubte Hr. Scheele, den Färbeſtoff aus flüchtigem Alkali und einer öligten Subſtanz zuſammenſetzen zu können. Er ſtellte hierüber eine Reihe von Verſuchen an, die aber alle vergeblich waren. Da auch die bloße Blutkohle mit Alkali zuſammengeglühet, eine gute Blutlauge giebt, und die tingirende Materie mit Vitriolöl digerirt, keine braune Farbe erhält; ſo kann wol keine öligte Subſtanz darin ſeyn.

§. 1519.

Wenn man aber 2 Theile gepulverte Pflanzenkohlen mit 1 Theil feingeriebenem Alkali vermengt, in einem

bedeck=

bedeckten Tiegel ſtark durchglühen läßt, zuletzt einige
Stückgen Salmiak nach dem Grunde des Tiegels drückt,
das Calciniren fortſetzt, bis kein Salmiakdampf mehr
aufſteigt, und dann das glühende Gemenge in heißes
Waſſer ſchüttet und auslaugt, ſo erhält man eine Blutlauge.

Scheele a. a. O. §. XVI.

§. 1520.

Hieraus folgert nun Hr. Scheele, daß das Färbeweſen des Berlinerblaues aus flüchtigem Laugenſalze
und einer zarten kohligten Materie beſtehe, oder aus
flüchtigem Laugenſalze, Luftſäure und Phlogiſton;
und erklärt die Phänomene bey der Deſtillation des Berlinerblaues ſo: die Eiſenerde ziehe etwas Phlogiſton von
der färbenden Materie an ſich, die damit verbundene
Luftſäure und das flüchtige Laugenſalz werde ſolchergeſtalt losgemacht; da aber in ſolcher Deſtillationshitze
die Eiſenerde nicht ſo viel Phlogiſton anziehe, ſo gehe
auch ein Theil der färbenden Materie unzerſtört in die
Vorlage über. Wenn man aber einen Theil Berlinerblau mit ſechs Theilen Braunſtein genau menge und de-
ſtillire; ſo erhalte man bloß flüchtiges Laugenſalz und Luftſäure, aber keine Spur von der färbenden Materie:
dann hier werde alles Phlogiſton vom Braunſteine angezogen.

Scheele a. a. O. §. XVI.

§. 1521.

Bey einer partheyloſen nähern Betrachtung dieſer
Scheeliſchen Theorie vom färbenden Weſen in der Blutlauge wird man bald auf Zweifel und Unbeſtimmthei-
ten ſtoßen, und finden, daß ſie nichts weniger als ausgemacht iſt. So geht es mir beſonders bey der kohligten Subſtanz, die er in der Blutlauge annimmt, und

die er gar für Phlogiſton und luftſäure erklärt. Wo
iſt es denn erwieſen, daß Phlogiſton und luftſäure zuſammen Kohle machen? Wie kann dieſer Kohlenſtoff
die laugenſalze neutraliſiren? Wie kann ihn die luftſäure aus der reinen Blutlauge abſondern, da er ſelbſt aus
luftſäure beſteht? Wie kann er Erden neutraliſiren,
wie doch bey den erdigten Blutlaugen der Fall iſt?

§. 1522.

Die Entdeckung der wahren Natur und Beſtandtheile des färbenden Weſens der Blutlauge, die ich
für die wichtigſte halte, welche ſeit langer Zeit in der
Chemie gemacht iſt, verdanken wir Hrn. Weſtrumb.
Er hat nämlich durch ſehr überzeugende Verſuche unwiderſprechlich dargethan, was Sage nur unvollkommen
zeigte (§. 1505.), daß die färbende Subſtanz, die Scheele für eine eigene Säure erklärte, aus Brennſtoff, Luftſäure, flüchtigem Alkali und Phosphorusſäure zuſammengeſetzt ſey, und hat uns eben dadurch ein vor-
treffliches Mittel gezeigt, die Phosphorusſäure in Körpern aufzufinden und zu entdecken, in denen man ſie
ſonſt ganz und gar überſehen hat. Denn wir können
nun mit Sicherheit ſchließen, alles, was mit reinen
Alkalien behandelt, Blutlauge gewährt, enthält
Phosphorſäure. — Die Widerſprüche, welche
man Hrn. Weſtrumb gemacht hat, rühren alle aus
Mißverſtand her, indem man glaubte, daß er die Phosphorusſäure für den alleinigen Beſtandtheil des färbenden Stoffes im Berlinerblau hielte, die mit dem Eiſen
freylich kein Berlinerblau und mit dem laugenſalze keine
Blutlauge giebt. Nimmt man aber jene Beſtandtheile
an, ſo läßt ſich daraus das Abweichende von dem, was
Hr. Scheele, Hr. Haſſenfratz, und Hr. Bertho-
let bey der Unterſuchung dieſes Stoffes geſehen haben,
gar leicht erklären.

Einige

Einige Versuche über die Bestandtheile des Blutes und dessen
Lauge, von Hrn. Westrumb, in Crells neuesten Entd.
Th. XII. S. 156. ff. Vorläufige Anzeige einiger Versu=
che, die Blutlauge und den sauren Bestandtheil ihres fär=
benden Wesens betreffend, von Ebendemselben, in Crells
chem. Annal. J. 1786. B. I. S. 193. Noch etwas von
der Phosphorsäure als Bestandtheil des Berlinerblaues, von
Ebendemselben; ebendas. S. 486. in seinen kl. phys.
chem. Abh. B. I. H. II. S. 217. ff.

§. 1523.

Das Dasein des flüchtigen laugensalzes, der luft=
säure und des Brennstoffes im färbenden Wesen des
Berlinerblaues ist durch Scheelens und anderer Ver=
suche schon hinlänglich erwiesen; von der Phosphor=
säure darin kann man sich nach Hrn. Westrumb auf
mehrere Arten überzeugen.   Wenn man nämlich aus
der bis zur Trockniß abgerauchten Macquerschen Blut=
lauge durch eben so viel Vitriolöl die sogenannte Berliner=
blausäure austreibet, den Rückstand mit wenigem Was=
ser auslaugt, die gelb gefärbte Auflösung mit wenigem
Alkali niederschlägt, den Rückstand in Salzsäure auflöst,
bis zur Trockniß eindickt und die überflüssige Säure ver=
jagt; so fällt bey der Auflösung desselben im Wasser
phosphorsaures Eisen nieder.   Oder, wenn man rei=
ne Salpetersäure über Blutlaugensalz so lange abrauche,
(was nur mit der äußersten Behutsamkeit, und nie bis
zur Trockne, geschehen muß), bis die Säure nicht mehr
phlogistisirt wird, und den Rückstand zu der Auflösung
des Eisens in Salzsäure gießt; so erhält man auch phos=
phorsaures Eisen.   Eben dieß erhält man, wenn man
über reines Blau vorsichtig so lange Salpetersäure abzieht,
bis kein Brennbares mehr dabey ist, den Rückstand in
Vitriolsäure auflöst, und übrigens wie bey der zuerst
angegebenen Weise verfährt.   Auf eine ähnliche Art
erhält man das phosphorsaure Eisen auch aus dem cal=
cinirten

cinirten Berlinerblau. Wenn man die kalkerbigte Blutlauge erst durch Salpetersäure behutsam entbrennbart,
den Rückstand in frischer Säure auflöst, die Auflösung
mit Wasser verdünnt, das Eisen mit flüchtigem ätzenden Alkali präcipitirt, so läßt sich aus der übrigen Flüssigkeit durchs Eindicken bis zur Trockniß wahre Phosphorsäure, und wenn man die entbrennbarte lauge zu
der Auflösung des Quecksilbers in Salpetersäure schüttet, den ausgesüßten Niederschlag mit Kohlenstaub vermischt, und aus einer beschlagenen irdenen Retorte erst
das Quecksilber abdestillirt, bey verstärktem Feuer wirklich Phosphorus erhalten. — Wenn man ferner einen Theil Berlinerblau mit vier Theilen reinem Vitriolöl übergießt, durch ein angemessenes Feuer die überflüssige Vitriolsäure unter öfterm Umrühren des Gemenges verjagt, und dieses bis zur Trockniß bringt, so wird
sich der Rückstand in wenigem destillirten Wasser auflösen; die braune Auflösung beym Zusatz von sehr vielem
Wasser aber phosphorsaures Eisen fallen lassen. Eben
das erhält man, wenn man den Rückstand von der
Calcination des Berlinerblaues in der Hälfte Vitriolöl
und gleichen Theilen Wasser auflöst, und nach dem
Filtriren mit sehr vielem reinen Wasser verdünnt.

§. 1524.

Daß aber auch die Scheelische sogenannte Berlinerblausäure die Phosphorsäure zum Bestandtheil habe,
läßt sich nach Hrn. Westrumb daraus beweisen, daß
sich aus dem Berlinerblau, welches man durch die Verbindung dieser Säure mit den Alkalien und Erden aus
der sauren Auflösung des Eisens niederschlagen kann
(§. 1512—1515.), auf eine ähnliche Art behandelt, als
vorher (§. 1523.) angegeben worden ist, phosphorsaures Eisen darstellen läßt. Eben so erhält man
phosphorsauren Kalk, wenn man Scheelische Berli-
nerblau-

nerblausäure zu wiederholtenmalen über ungelöschten Kalk abzieht; und phosphorsaures fires Alkali, wenn man eben diese Arbeit mit ätzendem feuerbeständigen laugensalze unternimmt. Wenn man aber 10 bis 16 Theile der Scheelischen Berlinerblausäure mit 1 Theile Mineralalkali und 8 Theilen Salpetersäure mischt, die Säure und das brennbare Wesen durch Kochen verjagt, mit salpetersaurem Quecksilber niederschlägt, und den gewaschenen und getrockneten Niederschlag mit Kohlenstaub vermengt und destillirt, so erhält man wirklichen Phosphorus.

§. 1525.

Daß die sonst so feuerbeständige Phosphorsäure sich aber im färbenden Wesen des Berlinerblaues so flüchtig zeigt, darf uns gar nicht wundern, da wir wissen, daß das brennbare Wesen dieselbe allerdings sehr flüchtig machen kann, wie der Phosphorus und die Phosphorluft schon beweisen.

§. 1526.

Es giebt außer dem Blute noch eine sehr große Menge von Substanzen, welche durchs Calciniren mit feuerbeständigem Laugensalze Blutlauge geben, und dahin gehören rohe und schwarz gebrannte Knochen, Hörner, Klauen, Nägel, Knorpel, Häute, Haare, Federn, Muskelfasern, das Zellgewebe, Blutkuchen, gerinnbare Lymphe. der fadenartige Theil des Blutes, Käse, Leim, und alle, von denen es erwiesen ist, daß sie Phosphorsäure oder nur thierische Erde zum Bestandtheil haben; oder auch ihre Kohle. Man kann sogar nach Hrn. Westrumb Scheelens Berlinerblausäure erhalten, wenn man schwarzgrau, oder grau, oder grauweiß gebrannte Knochen mit Vitriolsäure und Wasser destillirt. Phosphorsaures Gewächsalkali mit der Hälfte Kohlenstaub gemengt und bedeckt glühet giebt nach Hrn. Schiller Blutlauge.

Westrumb

Weſtrumb; in Crells chem. Annal. J. 1788. B. I. S. 230. D. Wilh. Heinr. Sebalt. Buchholz chymiſche Verſuche über das Verhältniß der blauen Farbe aus verſchiedenen thieriſchen Knochen; in den act. acad. el. Mogunt. J. 1778 — 1779. S. 3. f. Schiller, in Crells chem. Annal. J. 1788. B. II. S. 514.

§. 1527.

Da wir aber auch nun umgekehrt ſchließen können, daß alle diejenigen Subſtanzen Phosphorſäure enthalten, welche mit Laugenſalz behandelt, Blutlauge geben; ſo muß man in der That über die ausgebreitete Exiſtenz dieſer Säure auch ſelbſt im Pflanzenreiche erſtaunen, da den Erfahrungen zu Folge Holzkohlen, Schwämme, Leinwand, Glanzruß, Gummi, Stärke, beſonders die thieriſch-vegetabiliſche Materie, Harz und Galläpfel mit Laugenſalzen calcinirt, eine, wiewol mehr oder weniger ſtarke, Blutlauge liefern. Daß auch das weiße Dippelſche Oel wirklich Phosphorſäure enthalte (§. 1178.), beweiſt die Blutlauge, welche man enthält, wenn man es mit ätzenden Alkali digerirt, und davon abgießt, und dann dieſe Arbeit mit ein und eben demſelben Alkali und friſchem thieriſchen Oele öfters wiederholt, den Rückſtand ſchwach brennt, auslaugt, und das überſchüſſige Alkali mit einer Säure vorſichtig ſättiget. Auch die blauen Niederſchläge des Eiſens durch flüchtiges Laugenſalz, welches Hr. Wiegleb aus verſchiedenen thieriſchen und vegetabiliſchen Subſtanzen durch Deſtillation erhielt, laſſen ſich nun erklären; ſo wie auch der blaue Niederſchlag, welcher ſchon vor der Entdeckung des Berlinerblaues verſchiedene Chemiſten bey der Sättigung der alkaliſchen Subſtanzen manchmal bemerkt haben, wie z. B. Henkel bey der Sättigung des Sodeſalzes mit Säuren.

Henkel flora Saturnizans, S. 605. der neueſten Ausgabe. Jo. Chriſt. Jacobi obſervatio de pigmento coeruleo e carbonibus vitis viniferae; in den act. acad. el. Mogunt. T. I.

T. I. S. 60. Flüſſigkeiten, welche das Eiſen, wie Blut=
lauge blau niederſchlagen; im Allmanach für Scheide=
künſtler, J. 1782. S. 14. Rinmanns Geſch. des Ei=
ſens, B. II. S. 141.

§. 1528.

Wenn man ſtatt des Gewächsalkali allkantiſche
Sode und ſtatt des Blutes Spiegelruß, den dritten
Theil ſo viel als Soda, bey der Bereitung des Blaues
(§. 1478.) anwendet, ſo führt der Niederſchlag den
Namen des Erlangerblau.   Pariſerblau heißt das
ohne Alaun bereitete Berlinerblau.

§. 1529.

Das bisher Vorgetragene erläutert übrigens die
Natur der Macquerſchen Weiſe, ohne Indig und
Waid blau zu färben. Taucht man nämlich leinwand
oder Baumwolle erſt in geſättigte Blutlauge, dann noch
naß in eine klare Auflöſung von Eiſenvitriol, ſo wird
ſie erſt grünlich blau, nach dem Trocknen violett, und
nach dem Abſpühlen in reinem Waſſer ſchön und dauer=
haft blau. Eben ſo kann man auch nach Rinmanns
Verſuchen bey dem Kattundrucken ſich eines ähnlichen
Verfahrens zur Hervorbringung einer blauen Farbe be=
dienen.

Rinnmann Geſchichte des Eiſens, B. II. S. 147. f.

Zergliederung der Galle und Gallenſteine.

§. 1530.

Da die Galle keine gleichartige, ſondern vielmehr
eine, aus mehrern ungleichartigen Theilen innigſt ge=
mengte, Subſtanz iſt (§. 547.), ſo kann uns auch die
Zerlegung der Galle im Deſtillirfeuer ganz und gar
nichts zur Belehrung über ihre entfernten Beſtandtheile
helfen.

helfen. Die Galle iſt vielmehr als eine Verbindung mehrerer gemiſchter Körperarten anzuſehen, und es muß von jedem einzeln nähern Beſtandtheile derſelben die Zuſammenſetzung erwogen werden. Ich habe ihre nähern Beſtandtheile ſchon oben (§. 547.) angezeigt, und im Vorhergehenden die Miſchung aller dieſer Theile, wie der gerinnbaren Lymphe, des Harzes, der Gallerte, ſchon angegeben, und darf mich alſo hier nur darauf beziehen.

§. 1531.

Die Gallenſteine habe ich jetzt ſelbſt weitläuftiger zu unterſuchen Gelegenheit gehabt, und ich muß hier das berichtigen, was ich oben (§. 550.) auf anderer Nachrichten von ihnen anführte. Sie beſtehen nicht aus Harze und einem Salze; ſondern aus einem verdickten Fette oder wachsähnlichen Subſtanz und geronnerer Lymphe. Das Verhältniß des letztern Beſtandtheils iſt veränderlich; iſt aber gewöhnlich gegen das erſtere, wie 0,15 : 085.

S. meine Verſuche darüber in Hrn. Gottl. Siegfr. Dietrich diſſ. contin. duas obſervationes rariores circa calculos in corpore humano inventos. Hal. 1788. 8. S. 62. ff.

§. 1532.

Aus dieſen beyden nähern Beſtandtheilen der Gallenſteine laſſen ſich nun auch leicht ihre entferntern Grundſtoffe beurtheilen, die mit denen des Fettes und der gerinnbaren Lymphe zuſammen übereinkommen, welche ich im Vorhergehenden ſchon vorgetragen habe. Dieſe entfernten Beſtandtheile ſind Brennſtoff, Luftſäure, Pflanzenſäure, etwas weniges flüchtiges Laugenſalz, Phosphorſäure und Kalkerde. Die letztern drey gehören der lymphatiſchen Materie allein zu.

§. 1533.

§. 1533.

Zugleich erhellen hieraus die Wirkungen verſchie=
dener Auflöſungsmittel und die Erſcheinungen, welche
die Gallenſteine bey ihrer trocknen Zergliederung zeigen.
— Sie ſchmelzen nämlich in der Wärme, und bren=
nen endlich mit einem ſtechenden, unangenehmen Ge=
ruch.   Mit glühendem Salpeter verpuffen ſie lebhaft.
Bey der Deſtillation aus einer Retorte in Verbindung
mit dem pneumatiſch=chemiſchen Apparat erhielt ich dar=
aus brennbare Luft und Luftſäure; bey der Deſtillation
mit der Vorlage aber eine gelbliche brandigte Flüſſig=
keit, von einem bitterlichen Geſchmack, welche die Far=
be der Lackmustinctur kaum röthete, und das Kalkwaſ=
ſer nicht fällte, ſondern eine ammoniakaliſche Beſchaf=
fenheit hatte: denn beym Zuſatz des feuerbeſtändigen
Laugenſalzes entwickelte ſich ein urinöſer Geruch. Zugleich
erhielt ich ein bräunliches branziges Oel.   Die zurück=
bleibende Kohle betrug $\frac{7}{15}$ des Gewichts der Gallenſtei=
ne, war glänzend, ſchwarz, leicht, und äußerſt ſchwer
einzuäſchern.   Die reine Salpeterſäure löſte den einge=
äſcherten Rückſtand gänzlich auf, und die Zuckerſäure
ſchlug Zuckerſelenit daraus nieder.   Er war phosphor=
ſaurer Kalk.

§. 1534.

Das Waſſer löſt die Gallenſteine ſelbſt beym Ko=
chen nicht auf, und die Abkochung röthet die Lackmus=
tinctur nicht, wird vom Kalkwaſſer, von der Zuckerſäu=
re, der Galläpfeltinctur und der ſalzſauren Schwerer=
de nicht geändert.

§. 1535.

Concentrirte reine Vitriolſäure erhitzte ſich mit den
zu Pulver geriebenen Gallenſteinen, das Gemenge ſtieß
Schwefelluft aus, erhielt eine ſchwarzbraune Farbe,
und der Gallenſtein ſchwamm fließend auf der Säure

beym Ruhigstehen, so lange die Erhitzung dauerte. Es
erfolgte beym Umrühren keine Auflösung, und ich fand
nach einigen Tagen die Gallensteine als eine schwarze
harzigte Gerinnung, gerade wie es bey milden Pflanzenölen oder thierischem Fette der Fall ist. Die abgegoſſene Säure ließ beym Zusatz von vielem deſtillirten
Waſſer eine graue flockigte Materie fallen, wie die gerinnbare Lymphe oder der käſigte Theil der Milch thut.
— Die concentrirte Salpeterſäure erhitzte ſich mit den
gepulverten Gallensteinen heftig, und griff ſie an. Es
entwickelte ſich ſehr viel Salpeterluft. Das Gallen-
steinpulver wurde aber nicht aufgelöſt, sondern ſchwamm
als ein gelbes Oel während der Erhitzung oben auf, und
gerann nach dem Erkalten zu einer gelben, dem Wachſe ganz ähnlichen, Subſtanz. Die abgegoſſene Säure
ließ beym Zusatz von vielem deſtillirten Waſſer den aufgelöſten glutinöſen oder geronnenen lymphatischen Theil
ebenfalls in Gestalt von Flocken fallen. Durch viele
concentrirte Salzsäure läßt ſich derselbe am besten auf
eine ähnliche Art scheiden. Das Gewicht des ausgewa-
ſchenen Rückstandes von dem Gewichte des Ganzen
abgezogen giebt die Menge des glutinöſen Theiles im
Reste an.

§. 1536.

Der höchſtrectificirte Weingeist löſt das Gallenstein-
pulver keinesweges auf; und es ist um so nöthiger, dieß
hier anzumerken, weil verſchiedene Chemiſten eine hierbey
vorgehende merkwürdige Erscheinung für eine Auflösung
gehalten haben, und manche Aerzte dadurch wol gar verleitet werden möchten, Brandtwein und Weingeiſt als
Auflöſungsmittel für die Gallensteine innerlich anzura-
then, die vielmehr ganz und gar contraindicirt werden, da
der Genuß derselben ganz gewiß eine entfernte Ursach der
Entstehung der letztern im menschlichen Körper abgiebt. —

Wenn

Wenn man die gepulverten Gallenſteine mit Weingeiſt übergießt, umſchüttelt und in gelinder Wärme digerirt, ſo bilden ſich beym Ruhigſtehen ungemein ſchöne, ſchuppige, glänzende, höchſt lockere Kryſtalle, die das Anſehen des Sedativſalzes haben, aber nichts weniger als ein Salz ſind, wie Poulletier de la Salle wahrſcheinlich aus dem Anſehen ſchloß; ſich weder im Weingeiſte, noch im Waſſer auflöſen laſſen, und dieſem keine Spur einer Säure oder einer ſalzigten Beſchaffenheit mittheilen.　Sie ſind unzerſetzter Gallenſtein, deſſen Theile nach dem Schmelzen in der Wärme und der Dazwiſchenkunft der Weingeiſttheilchen dieſe ſchöne Kryſtallengeſtalt annehmen.

Vergl. mit §. 550.

§. 1537.

Die ätheriſchen Oele, beſonders das Terpentinöl, löſten das Gallenſteinpulver ſchon in der Kälte, ſchneller in der Wärme, auf.　Eben das that Vitriolnaphte. Milde Oele löſen es in der Wärme ebenfalls leicht auf; nicht aber milde Alkalien; die ätzenden nur ſehr ſchwer. luftſaures Waſſer und Kalkwaſſer haben gar keine Wirkungen darauf, und können alſo auch keine zermalmende Mittel als Medicament dafür abgeben.　Eben ſo wenig auch die Seife, die Neutral- und Mittelſalze; und Hrn. Conradi's Erfahrungen ſtimmen hierin mit der meinigen überein.

Benj. Gottl. Friedr. Conrádi, praeſ. *Chr. Godofr. Gruner* diſſ. ſiſtens experimenta nonnulla cum calculis veſiculae felleae humanae inſtituta. Ien. 1775. 4.

§. 1538.

Die Verſchiedenheiten, welche man zuweilen in dem Verhalten der Gallenſteine bey der Unterſuchung angetroffen hat, rühren wol größtentheils von der verſchie-

　denen

denen Menge des dabey befindlichen Glutinösen oder eigentlicher des geronnenen lymphatischen Stoffes her.

Herm. Fridr. Teichmeyeri diff. de calculis biliariis. Ien. 1742. 4. *Halleri* Element. physiolog. T. VI. S. 562. *Sabatier* tentamen medicum de variis calcul. bilior. speciebus. Nürnsp. 1758. *Heinr. Fr. Delius* pericula nonnulla microscop. chem. circa sal seri. Erl. 1766. 4. *Eiusdem* de cholelith. observationes et experimenta. Erlang. 1782. 4. Hr. Leonhardi, in Macquers chym. Wörterb. Th. V. S. 238. ff. Macquer ebendas. Th. II. S. 321.

Zergliederung des menschlichen Harnes.
Harnsalz.

§. 1539.

Der Harn ist kein eigentlicher Bestandtheil der Thiere, sondern eine Auswurfsmaterie, und eine Art lauge, die aus verschiedenen salzartigen Stoffen, die nicht in die Zusammensetzung des thierischen Körpers kommen können, so wie aus andern abgeschabten thierischen Materien, besteht. Schon hieraus folgt, daß er eine sehr veränderliche Flüßigkeit seyn müsse. Er ist nicht nur bey den mancherley Thieren nach der wesentlichen Verschiedenheit ihres Baues verschieden, sondern auch bey dem Menschen nach den besondern Zustande seiner thierischen Haushaltung, nach den Nahrungsmitteln, und selbst der verschiedenen Zeit seiner Absonderung in der Menge und Beschaffenheit seiner Bestandtheile, so wie in seinen äußern sinnlichen Eigenschaften unendlich abwechselnd.

§. 1540.

Die große Neigung, welche der Harn zur Fäulniß besitzt, ist im Stande, seine Mischung in kurzer Zeit so abzuändern, und die entferntern Bestandtheile

so

so zu verbinden, daß er noch während der Fäulniß bey
der Untersuchung ganz andere Grundstoffe zeigt, als
frischer Harn enthält. Es ist Schade, daß neuere Chemisten bey ihrer sonst sorgfältigen Zergliederung desselben hierauf nicht Rücksicht genommen, und es ist nachtheilig, daß man aus den Bestandtheilen des gefaulten
Harnes Schlüsse auf die Bestandtheile des thierischen
Körpers gezogen und daraus physiologische Erklärungen
entworfen hat. Die Boerhavische Untersuchung des
Harnes kann auch zu unsern Zeiten noch ein wahres
Muster seyn.

Boerhavii element. chem. T. II. ed. disp. S. 264. ff.

§. 1541.

Wenn der menschliche Harn ganz frisch ist, und
von einer gesunden Person kömmt, so ist er durchsichtig
und klar, hat eine blaßgelbe Farbe, einen sehr gelinden
und tauben Geruch, und einen eckelhaften und salzigten Geschmack. Er zeigt keine Spur einer Säure,
noch eines Laugensalzes, röthet die Lackmustinctur nicht,
macht das Curcumapapier nicht braun, braust weder
mit Säuren, noch mit milden Alkalien auf. Selbst nach
dem Genuß säuerlicher, oder zum Sauerwerden geneig-
ter Getränke zeigt sich bey gesunden Personen keine freye
Säure in ihm. Und in einem bey einer Ischurie lange
Zeit in der Harnblase zurückgehaltenen Harne fand
Boerhave kein freyes flüchtiges Laugensalz; was er aber
doch bey einer noch länger dauernden Zurückhaltung
desselben endlich wahrnahm. Bey Fehlern der Verdauung, und dem häufigen Genuß vegetabilischer und
zur sauren Gährung geneigten Speisen kann aber der
Harn allerdings etwas freye Säure annehmen.

Boerhave a. a. O. S. 264. ff. Macquers chym. Wörterb.
Th. III. S. 8. 10.

§. 1542.

§. 1542.

Daß das Wasser den hauptsächlichsten Bestandtheil des Harnes ausmache, lehrt schon der Augenschein. Nach Macquer beträgt es über $\frac{7}{8}$, nach Boerhave $\frac{18}{19}$. Diese Verhältnisse sind aber natürlicherweise sehr veränderlich. Man kann dasselbe aus dem ganz frischen Harne durch eine Destillation im Wasserbade abscheiden. Es geht helle und klar über, hat aber den eigenthümlichen unangenehmen Harngeruch, der auch durchs Zugießen einer Säure keinesweges vergehet. Dieß Wasser ist aber weder alkalinisch, noch sauer; und ändert weder die Lackmustinctur, noch die Curcumatinctur 2c. Der Geschmack ist unangenehm und eckelhaft, aber ganz und gar nicht salzigt. Wenn es aber in der Wärme stehet, so wird es offenbar faulicht; und es ist mir also wahrscheinlich, daß feine und sehr verdünnte gallertartige und öligte Theile bey dieser Destillation mit verflüchtiget werden.

§. 1543.

Bey dieser Destillation geht die strohgelbe Farbe des im Gefäße befindlichen frischen Harnes allmählich in eine röthliche über, die immer dunkler wird, je mehr sich das Wässerigte vermindert. Der Rückstand wird endlich dicklich, trübe, und es setzt sich eine erdigte Materie zu Boden, die man durchs Filtriren und Abhellen scheiden kann.

§. 1544.

Wenn man die bey der Destillation des frischen Harns im Wasserbade zurückbleibende dickliche Flüssigkeit (§. 1543.) untersucht, so findet man darin nichts von einer freyen Säure, oder einem freyen Laugensalze. Sie hat einen salzigt bitterlichen Geschmack, und einen nauseösen Geruch; aber nichts weniger als eine seifenhafte

hafte Beſchaffenheit. Unterwirft man ſie einer ſtaͤrkern Deſtillationshitze, aus einer glaͤſernen Retorte mit der Vorlage im Sandbade, was aber wegen des leichten Aufſchaͤumens mit Behutſamkeit geſchehen muß; ſo erhaͤlt man Anfangs eine waͤſſerigte Flaͤſſigkeit; hierauf aber, ſo wie die Materie in dem Deſtillirgefaͤße anfaͤngt, zaͤhe und trocken zu werden, einen fluͤchtigen urinoͤſen Geiſt; zuletzt wird die Vorlage mit weißen Nebeln erfuͤllt, die ſich zu einem concreten luftſauren fluͤchtigen Laugenſalze verdichten, und zugleich mit einem branzichten, ſtinkenden Oele uͤbergehen. Bey einem bis zum Gluͤhen verſtaͤrkten Feuer kann man aus einer irdenen Retorte wirklich auch zuletzt etwas Phosphorus uͤbertreiben, wenn man eine hinreichende Menge dieſer Materie angewendet hat, ſonſt aber doch wenigſtens einen phosphoriſchen Schein wahrnehmen; wo zuletzt ein kohlenartiger Ruͤckſtand bleibt, der deutliche Spuren von Kochſalz, Digeſtivſalz und phosphorſaures Mineralalkali zeigt.

§. 1545.

Wenn man aber dieſe Deſtillation nicht ganz ſo weit treibt, ſo findet man in dem trocknen Ruͤckſtande beym Auslaugen mit Waſſer etwas freye Phosphorſaͤure, phosphorſaures Mineralalkali und beſonders Kochſalz, nebſt Digeſtivſalz. Die Menge dieſer Salze iſt aber nach den Nahrungsmitteln ſehr veraͤnderlich, wie man leicht einſehen wird. Der unaufgeloͤſte ausgelaugte koͤhligte Ruͤckſtand laͤßt ſich ſchwer einaͤſchern, und hierbey iſt es wol gewiß, daß noch ein großer Theil der Phosphorſaͤure mit dem Brennbaren entweicht. Die Aſche giebt Phosphorſelenit und freye Kalkerde, und iſt alſo von der Natur der Knochenerde.

R 4 §. 1546.

§. 1546.

Wenn man zu dem im Waſſerbade eingedickten
friſchen Harne, der kein flüchtiges Laugenſalz bey der
Deſtillation giebt, feuerbeſtändiges Alkali ſetzt, ſo kömmt
ſogleich ein urinöſer Geruch zum Vorſchein, und man
kann das flüchtige Laugenſalz durch gelinde Deſtillation
ſchon ausſcheiden.   Ja, der friſcheſte Harn entwickelt
ſogleich beym Zuſaz des ungelöſchten Kalkes den ſtechenden Geruch vom flüchtigen Alfali. — Dieß beweiſt
uns, daß dieß letztere allerdings ſchon im ungefaulten
Harne präexiſtire, und daß es durch eine Säure gebunden ſeyn müſſe; und widerlegt die Behauptung älte-
rer Chemiſten, daß das flüchtige Laugenſalz ein Product der Fäulniß oder des Feuers ſey. — Auch das
Kalkwaſſer entbindet den urinöſen Geruch aus friſchem
Harne und macht einen Niederſchlag, der nach
Berthollet Phosphorſelemit iſt. Es folgt alſo, daß das
flüchtige Laugenſalz im Harn durch Phosphorſäure zum
Ammoniakalſalz verbunden ſey.

§. 1547.

Schon durch die bloße Ruhe ſcheidet ſich aus dem
Harne die §. 1543. erwähnte erdigte Materie ab. Sie
bildet erſt eine zarte Wolke, die nach und nach kleiner
und dichter wird, und ſich früher oder ſpäter ſenkt. Dieſer Satz iſt im gewöhnlichen Zuſtande weißlich, aber
bey kränklichen Perſonen zeigen ſich verſchiedene andere
Farben in den Bodenſätzen des Harnes, (gewöhnlich eine
röthliche), ſie werden aber durchs Waſchen mit Waſſer
entfärbt und weiß. Nachdem ſich der erſte wolkigte
Satz des Harns zu Boden gelegt hat, ſo bildet ſich gewöhnlich nach einigen Tagen auf der Oberfläche des
Harnes ein Häutchen, und an den innern Wänden des
Glaſes eine Bekleidung, die oft eine kryſtalliniſche, harte, förnigte Rinde vorſtellt.

§. 1548.

§. 1548.

Diese Bodensätze des frischen Harnes lösen sich im kalten Wasser nicht auf, sondern machen damit abgespühlt eine Art von zähen und klebrigten Brey, der aber beym Abtrocknen fest wird. In der Wärme gehen sie in Fäulniß. In der Hitze geben sie den Geruch angebrannter Haare, und eine schwer einzuäschernde Kohle. Die concentrirten Säuren lösen die Bodensätze auf. Die Salpetersäure giebt bey der damit bewürkten Dephlogistisirung daraus Zuckersäure. Durchs Einäschern erhält man aber phosphorsaure und freye Kalkerde. Mir ist es nach allen diesen äußerst wahrscheinlich, daß der Bodensatz des Harnes sein zertheilte fibra sanguinis, oder gerinnbarer lymphatischer Theil mit dem stärkeartigen Theile der Nahrungsmittel des Pflanzenreichs verbunden sey. Hr. Brugnatelli hält ihn für den letztern allein. Hr. Halle hat die Unterschiede dieser Bodensätze nach der verschiedenen Zeit sehr sorgfältig beobachtet. Er glaubt sehr wahrscheinlich, daß die verschiedenen Farben, besonders die gelbe und rothe, in den Bodensätzen des Harns von der Galle herrührten.

Halle' über die Erscheinungen und Veränderungen des Harnes im gesunden Zustande; aus den *Mémoires de la société royale de Medecine pour l'ann.* 1779. S. 469. ff. übers. in Crells chem. Annalen, J. 1785. B. II. S. 252. Ueber den Bodensatz des Harns, vom Hrn. D. Brugnatelli, ebendas. J. 1787. B. II. S. 99. ff.

§. 1549.

Die Neigung des Harnes zur Fäulniß ist ungemein groß, und sie ereignet sich in der Wärme und beym Zugang der Luft schon in einem Tage. Es entwickelt sich dabey ein starker, durchdringender und scharfer Geruch; die Farbe des Harns wird dunkler und rö-

R 5

ther; endlich wird er, wie Halle' bemerkt hat, merklich ſäuerlich. Dieſe Veränderung iſt öft nur vorübergehend, oder gar nicht zu bemerken. Hierauf folgt die
Entwickelung eines deutlichen urinöſen Geruches, der
nach und nach ſchwächer wird, und einem nicht ſo ſtarken, ſondern und eckelhaftern Platz macht. Bis zu dieſer Zeit ſondern ſich immer noch Bodenſätze aus dem
Harn ab, da endlich die völlige Fäulniß auch dieſe zerſtört. Der Harn brauſt in dem Zuſtande, da ſich der
alkaliniſch-flüchtige Geruch äußert, wirklich mit Säuren auf, färbt den Violenſyrup grün, und liefert bey
der Deſtillation im Waſſerbade einen urinöſen Geiſt,
den friſcher Harn keincsweges giebt (§. 1542.). In
der That wendet man auch zum Behuf verſchiedener Fa-
brikate, beſonders des Salmiaks, den faulenden Harn
zur Gewinnung des flüchtigen Laugenſalzes oder des Urin-
geiſtes (ſpiritus urinae, ♎ ☐ae) an. Die Deſtillation läßt ſich bequem in eiſernen Blaſen mit bleyernen
oder zinnernen Helmen und Röhren anſtellen. Nur iſt
wegen des leichten Aufſchäumens des Harns eine behutſame Regierung des Feuers nöthig. Der Zuſatz von
Unſchlitt dient ſehr gut, jenes zu verhindern.

§. 1550.

Der bis zur Honigdicke im Waſſerbade eingedick-
te faule Harn (§. 1542.) färbt die Lackmustinctur
roth, brauſt mit milden Alkalien, und enthält freye
Phosphorſäure, wie man durch Kalkwaſſer bald finden kann. Der friſche Harn zeigt dieſe freye Säure
nicht (§. 1544.). Auch der undeſtillirte Harn zeigt
nach einer langen anhaltenden Fäulniß endlich dieſe freye
Säure. Deſtillirt man den eingedickten faulen Harn
im Sandbade oder bey ſtärkerm Feuer, ſo erhält man
daraus doch noch flüchtiges Laugenſalz, nebſt empyreumatiſchen Oele, und der Rückſtand und die Kohle verhalten

halten sich, wie bey frischem Harne (§. 1545.). Bey
einem bis zum Glühen verstärkten Feuer läßt sich daraus auch Phosphorus treiben, wie wir oben (§. 1226.)
schon angemerkt haben.

§. 1551.

Wenn fauler oder frischer Harn durch die Ausdünstung bis zur Honigdicke gekommen ist, und nach
dem Durchseihen an einem kühlen Orte ruhig mehrere
Monate hingestellt wird, so schießt darin, außer dem
Kochsalze und Digestivsalze, ein Salz in bräunlichen, festen, prismatischen Krystallen an, die aus der überste-
henden Lauge noch in größerer oder geringerer Menge
erhalten werden können, wenn sie auf eine ähnliche Art
wieder behandelt wird. Dieß Salz kann durch wiederholtes Auflösen im Wasser, Durchseihen, und unmerk-
liches Abdunsten von der braunen Farbe und den dabey
befindlichen fremdartigen Salzen gereiniget und weiß
gemacht werden. Es führet den Namen wesentliches
Harnsalz, auch schmelzbares Urinsalz (sal nativum
urinae, sal essentiale urinae, sal fusibile microcosmicum).

§. 1552.

Dieß wesentliche Harnsalz ist gewöhnlich nicht
bloßer Phosphorsalmiak (§. 1192.), oder die Verbindung der Phosphorsäure mit dem flüchtigen Laugensalze,
sondern enthält einen guten Theil phosphorsaures Mineralalkali. Die Abscheidung und Trennung beyder
Salze, welche man sonst für einerley hielt, ist nicht
leicht, und wird bey der unmerklichen Abdunstung noch
am besten bewürkt, indem beyde Salze verschiedentliche
Bildung haben (§. 1190. 1192.) und der Phosphorsalmiak zuerst anschießt. In der Hitze verfliegt aus dem
schmelzbaren Harnsalze das flüchtige Alkali, und läßt
sich

ſich daraus auch durch Deſtillation in ätzender Geſtalt
ausſcheiden. Es bleibt dann die feuerbeſtändige Phos=
phorſäure zurück, die aber keinesweges rein iſt, ſondern
das phosphorſaure Mineralalkali enthält, welches durch
die Hitze, wegen der Feuerbeſtändigkeit ſeiner Grund=
theile, nicht zerſtört wird. Die Phosphorſäure, wel=
che im Harnſalze mit dem flüchtigen laugenſalze ver=
bunden iſt, iſt es nur allein, die mit dem zugeſetzten
Brennbaren, Phosphorus geben kann, nicht das phos=
phorſaure Mineralalkali (§. 1254.), und darin liegt
auch der Grund, warum verſchiedene Chemiſten aus
dem Harnſalze überhaupt oft nur ſehr wenig Phospho=
rus erhielten, und warum das aus dem erſtern, durch
Schmelzen erhaltene, Glas ſich nicht, wie die, durch
Zerfließen des Phosphorus bereitete und geſchmolzene,
Phosphorſäure verhielt.

§. 1553.

Hellot ſcheint der erſte zu ſeyn, der von dieſem,
dem Harnſalze beygemengten, phosphorſauren Mineral=
alkali redete (1737); er hielt es aber für Selenit.
Haupt machte es näher bekannt (1740), und nannte
es ſal mirabile perlatum. Marggraf gedenkt es (1745)
unter dem Namen ſal urinae fuſibile ſecundum, und
glaubte, daß, weil es zur Bereitung des Phosphorus
nicht geſchickt iſt, ſchließen zu müſſen, daß keine Phos=
phorſäure darin enthalten ſey. Pott hielt es (1757)
für eine Art Glauberſalz. Rouelle der jüngere, be=
richtigte die Meynung zuerſt darüber (1776), und nann=
te es ſchmelzbares Harnſalz mit einem mineraliſchalkali=
ſchen Grundtheile (ſel fuſible à baſe de natrum).

Haupt diſſ. de ſale mirabili perlato. Regiomont. 1740. 4.
Io. Alb. *Schloſſer* diſſ. de ſale urinae humanae nativo.
Lugd. Batav. 1753. 4. Andr. Siegm. Marggraf
chemiſche Unterſuchung eines ſehr merkwürdigen Urinſalzes;
im

in 1 B. feiner chem. Schr. S. 80. ff. Joh. Heinr.
Pott phyfik. chem. Abhandl. von dem Urinfalze, Berl. 1757.
4. Rouelle im Journ. de Medec. Jouillet. 1776. De
analyfi urinae et acido phosphoreo commentarium,
auch *Thom. Laub.* Argent. 1781. 4.

§. 1554.

Hr. Prouſt, welcher die nach der Deſtillation
des Phosphorus aus dem Harnſalze zurückbleibende
Salzmaterie einer nähern weitern Unterſuchung unterwarf, behauptete, daß außer der Phosphorſäure
eine eigene ſaure Salzſubſtanz im Harnſalze ſey; daß
Haupts Perlſalz und Rouelles mineralalkalihaltiges
ſchmelzbares Harnſalz aus dieſer beſondern, die Stelle
einer Säure vertretenden, Materie, und dem Mineralalkali beſtehe; daß das weſentliche Harnſalz vom erſten Anſchuſſe ein dreyfach zuſammengeſetztes Salz aus
flüchtigem Alkali, Phosphorſäure und ſeinem beſondern
Stoffe ſey; daß die beyden letztern nach dem Schmelzen und Verjagen des flüchtigen Laugenſalzes übrig bleiben; daß alſo daraus keine reine Phosphorſäure erhalten werden könne; daß auch in der Knochenphosphor-
ſäure neben der eigentlichen Phosphorſäure dieſe Salzſubſtanz enthalten ſey.

Prouſt, in Rozier's Journ. de phyf. Fevrier 1781. S.
145. ff. Macquers chym. Wörterb. Th. IV. S. 502. ff.

§. 1555.

Hrn. Prouſt's Methode, dieſe beſondere eigenthümliche Säure des Thierreiches aus dem Perlſalze zu
ſcheiden, beſteht darin, daß man das letztere mit deſtillirtem Eſſig ſcharf digeriren und kryſtalliſiren laſſe, da
dann die Verbindung des Mineralalkali mit dem Eſſig
(kryſtalliſirbare Blättererde) anſchieße; daß man hierauf die letzte Lauge davon mit einer reichlichen Menge
waſſerfreyem Weingeiſte vermiſche, wodurch ſich eine
etwas

etwas dicke Flüſſigkeit abſcheide, die im Waſſer aufgelöſt, jene beſondere ſalzartige Subſtanz ausmache. —
Der ſel. Bergmann hat dieſe nachher unter die eigenthümlichen Säuren des Thierreichs aufgenommen, und
Perlſäure (acidum perlatum) genannt, doch unter
der Bedingung, bis man durch genauere Unterſuchung
eines beſſern belehrt ſeyn würde.

Bergmann, *opuſc. phyſ. chem.* Vol. III. S. 380.

§. 1556.

Dieß iſt jetzt durch Hrn. Klaproth geſchehen.
Dieſer verdienſtvolle Chemiſt hat bewieſen, daß Prouſts
Perlſäure nichts anders ſey, als phosphorſaures Mineralalkali, dem ein Theil des laugenſalzes durch die Eſſigſäure entzogen ſey; und daß es in dieſem unvollkomm-
nen Sättigungszuſtande in der Geſtalt einer zähen
Maſſe erſcheine; mit Mineralalkali aber völlig geſättigt kryſtalliſirbares Perlſalz gebe. Durch ſalpeterſaure
oder ſalzſaure Kalkerde läßt es ſich leicht zerſetzen. Es
fällt dann wahrer Phosphorſelenit nieder, aus dem man
nach der oben (§. 1183.) angezeigten Weiſe durch Vitriolſäure die Phosphorſäure ſcheiden kann. Durch
Sättigung des mineraliſchen laugenſalzes mit reiner,
durchs Zerflieſſen bereiteter, Phosphorſäure erhält man
auch wahres Perlſalz, und durch eine geringe Ueberſättigung mit der Säure die Prouſtiſche Perlſäure. —
Es fallen alſo nun alle die vermeynten perlſauren Neu-
tral- Mittel- und metalliſchen Salze, und ihre Verwandtſchaftsfolge von ſelbſt weg.

Ueber die wahre Natur des Prouſtiſchen ſogenannten Perlſalzes,
vom Hrn. Aſſeſſ. Klaproth; in Crells chem. Annal.
1785. B. I. S. 236.

§. 1557.

Aus friſchem Harne erhält man mehr weſentliches
Perlſalz, durchs Kryſtalliſiren, als aus gefaultem, wie
auch)

auch Schloſſers Erfahrungen zeigen. Der Grund liegt
in dem bey und während der Fäulniß und dem Abrauchen fortgehenden flüchtigen Laugenſalze.   Darin liegt
auch der Grund, warum das Harnſalz manchmal früher, manchmal ſpäter als das Digeſtirſalz und Kochſalz anſchießt; und warum man es überhaupt in größerer Menge und leichter erhält, wenn man dem abgerauchten faulen Harne vor dem Kryſtalliſiren mildes flüchtiges Alkali zuſetzt.   Denn ſchon bey dem Abrauchen des
Harnes bis zur Honigdicke, und eben ſo beym Abrauchen der gereinigten Lauge des Harnſalzes geht immer
ein Theil flüchtiges Alkali verlohren.

§. 1558.

Wegen der Feuerbeſtändigkeit der Säure des Harnſalzes oder der Phosphorſäure läßt ſich nach Iſaac Hol-
lands Anleitung auf die vom Hrn. Buchholz verbeſſer-
te Art das Harnſalz durchs Einäſchern des Urins bereiten.   Man deſtillirt nämlich von dem faulen Harne
aus einer Blaſe mit bleyernen oder zinnernen Helme
und Röhre den urinöſen Geiſt ab, kocht den Rückſtand
in einem eiſernen Topfe bis zur Trockniß ein, und verbrennt die ſchwarze trockne Materie in einem offenen
Schmelztiegel nach und nach gänzlich.   Die nach dem
Verbrennen zurückbleibende Maſſe wird gepulvert, und
mit dem erhaltenen urinöſen Geiſte ſo lange übergoſſen,
bis ſie damit überſättiget iſt, alsdann ausgelaugt, durch-
geſeihet, abgeraucht und kryſtalliſirt.

Abhandlung vom feuerbeſtändigen ſchmelzbaren Urinſalze, von
    Wilh. Heinr. Sebaſt. Buchholz, im neuen hamb.
    Magaz. B. X. S. 291.

§. 1559.

Wenn man aus dem eingedickten Harne durchs
Kryſtalliſiren alle darin enthaltenen Salze ausgeſchieden
hat,

hat, ſo bleibt eine braune ſchmierige Materie übrig. Hr.
Rouelle, der Jüngere, fand, daß ſie ſich durch Weingeiſt in zwey verſchiedene Stoffe trennen laſſe; einer,
der ſich im Weingeiſte auflöſte, und ein anderer, der
unaufgelöſt zurückblieb, und einen geringern Theil ausmachte. Dem erſtern gab er den Namen des ſeifenar-
tigen Stoffes, dem andern des auszugartigen, weil
er ſich im Waſſer, und nicht im Weingeiſte auflöſen
läßt. Jener iſt ſalzartig und kryſtalliſirungsfähig, läßt
ſich im Waſſerbade ſehr ſchwer austrocknen, zieht aber
wieder die Feuchtigkeiten aus der Luft an und zerfließt.
Bey der trocknen Deſtillation erhielt Rouelle daraus
ſehr viel flüchtiges Laugenſalz, wenig Oel und Salmiak.
Die Unterſuchung darüber iſt bey weitem noch nicht ſo
vollſtändig, als daß man mit Gewißheit die Natur dieſer Subſtanz beſtimmen könnte. So viel aber ſcheint
doch wahrſcheinlich zu ſeyn, daß ſie beym Abrauchen des
Harnes und der dadurch ſchon erfolgenden Zerſetzung
zum Theil neu entſtanden ſey, und größtentheils einer
im Harne befindlich geweſenen ſehr verdünnten fibra
ſanguinis ihren Urſprung zu danken habe.

§. 1560.

Die andere auszugartige Materie des Harns iſt
offenbar gallertartiger Natur, trocknet im Waſſerbade
leicht aus, und liefert bey der trocknen Deſtillation alle
Producte der Gallerte (§. 1441.).

§. 1561.

Die Beſtandtheile des menſchlichen Harnes laſſen
ſich wegen der Veränderlichkeit deſſelben weder in Rückſicht ihrer Qualität, noch weniger aber in ihrem Verhältniſſe genau angeben. Folgende könnten indeſſen als
die gewöhnlichen Grundſtoffe deſſelben angeſehen werden:

Nähere

Nähere Bestandtheile.	Enferntere Bestandth.

Wasser.

1) Wässerige Lauge
- Wasser,
- Kochsalz,
- Digestivsalz,
- Schmelzbares Harnsalz,
- Perlsalz,
- gallertartiger oder auszugartiger Theil.

Flüchtiges Laugensalz.
Gewächsalkali.
Mineralalkali.
Kalkerde.
Luftsäure.
Phosphorsäure.
Kochsalzsäure.
Pflanzensäure.
Brennstoff.

2) Bodensatz oder Blasenstein.

Flüchtiges Laugensalz.
Kalkerde.
Luftsäure.
Pflanzensäure.
Phosphorsäure.
Brennstoff.

§. 1562.

Der Harn anderer Thiere ist von dem des Menschen, und unter einander selbst, verschieden. Hr. Rouelle hat darüber auch mehrere schätzbare Untersuchungen angestellt, auf welche ich hier verweisen muß. Hrn. Beckers Folgerungen aus seinen vermeynten Wahrnehmungen von dem Harne verschiedener Thiere sind aber unter aller Critik.

Rouelle a. a. O.

Zergliederung des Blasensteins.

§. 1563.

Die steinartigen Concretionen, die sich zuweilen in der Harnblase bey Menschen erzeugen (calculi vesicae urinariae), mußten wegen der schmerzhaften und langwierigen Krankheiten, die sie hervorbringen, nothwendig die Aufmerksamkeit der Aerzte und Chemisten erregen. Bey alle dem sind die Zergliederungen derselben

Gr. Chem. 2. Th.   S   ben

ben noch nicht ſo vollſtändig, als zu wünſchen iſt, und
der Grund davon liegt zum Theil mit in den Abweichungen der Miſchung, welche in den verſchiedenen Blaſenſteinen ſelbſt ſtatt findet (§. 1564.). — Die Blaſenſteine unterſcheiden ſich, außer der Größe und Figur, in
ihrer Farbe, innerer Structur, und in der Conſiſtenz.
Die mehreſten ſind weißlich oder grau, einige ſteinhart,
andere leicht zerreiblich; die mehreſten haben, wenn ſie
noch klein ſind, eine kryſtalliniſche Geſtalt, und wenn
ſie größer ſind, eine blätterförmige Zuſammenfügung
und ein geſtreiftes Anſehen im Bruche, ſo daß der in-
nerſte Theil als ein Kern anzuſehen iſt, über welchen
mehrere concentriſche Lagen, als Schaalen liegen. Doch
giebt es auch einige, deren Inneres ganz homogen iſt.

§. 1564.

Beym Verbrennen zeigen alle Blaſenſteine eine
phlogiſtiſche Beſchaffenheit. Sie verkohlen ſich unter
einem Dampfe und dem Geruche des angebrannten
Horns, und hinterlaſſen beym völligen Einäſchern mehr
oder weniger Erde. Hierin liegt eben ein beträchtlicher Unterſchied unter den Blaſenſteinen ſelbſt, daß einige nämlich
im Feuer äußerſt wenig von einer ſchwer einzuäſchernden
Kohle, andere hingegen mehrere Erde hinterlaſſen. Hr.
Hartenkeil erhielt aus 240 Gran Blaſenſtein beym Einäſchern einmal 88 Gran, ein andermal 95 Gran erdigten Rückſtand; aus 240 Gr. eines dritten aber nur
2 Gran kohligten Rückſtand; aus einem vierten gar nur
1 Gran Kohle.

Io. Iac. Hartenkeil, praeſ. Car. Caſp. Siebold diſſ. de Veſicae
urinariae calculo. Wirceburgi 1785. gr. 4.

§. 1565.

Bey der trocknen Zergliederung geben die Blaſenſteine die Producte organiſcher Körper, nämlich Luftſäure

ſäure und brennbare Luft.   Hales erhielt aus 230
Gran derſelben 576 Cubiczoll luftförmiger Flüſſigkeit;
und Hr. Hartenkeil aus 480 Gran 301 Cubiczoll luft=
ſäure.   Sonſt aber liefern ſie nach Helmont, Hales,
Slare und Hartenkeil einen flüchtigen alkaliniſchen
Geiſt, und ein brenzlichtes Oel.   Nach Friedrich
Hoffmann hingegen und Scheele erhält man nichts
Oeliges aus den Harnſteinen durch das Deſtilliren;
und der letztere bekam aus einem Quentchen Blaſenſtein
äußer den erwähnten Beſtandtheilen noch 28 Grane
eines braunen Sublimats, der nach wiederholten Su=
blimiren weiß ward, und ſich als eine wirkliche Säure
zeigte.

Van Holmont opuſc. medic. inaudits, de lithiaſi, Cap. V.
§. 9.   *Hales* Statique des vegetaux, Exp. 77.   *Slare*
philoſ. Tranſ. Abridg. T. III. S. 179.   *Friedr. Hoffmann* obſ. qua per experimenta origo atque generatio
calculorum renalium oſtenditur, *in* ſeinen obſ. phyſ.
chem. L. II obſ. XXV. S. 229. ff.   *Carl Wilh. Scheele*
Unterſuchungen des Blaſenſteines; aus den ſchwed. Abh.
B. XXXVII. S. 327. ff. überſ. in Crells neueſten
Entd. Th. III. S. 227. Zuſatz vom Blaſenſtein, von
Torb. Bergmann, ebendaſ. S. 232 ff.

§. 1566.

In Abſicht der Menge des kohligten Rückſtandes
finden ſich bey den Blaſenſteinen die ſchon erwähnten
(§. 1554.) Verſchiedenheiten.   Die Kohle iſt aber meh=
rentheils ſehr ſchwer einzuäſchern, wie die Kohle der
lymphe oder des fadenartigen Theils des Blutes; und
daher könnte man wol auf das Daſeyn der Phosphor=
ſäure ſchließen.   Doch gaben einige Blaſenſteine in
Hrn. Hartenkeils Verſuchen beym Einäſchern eine weiße
Kalkerde, die ſich in Salpeterſäure leicht auflösen, und
mit Vitriolſäure daraus zum Gyps fällen ließ.   Aus

der übrigen Flüſſigkeit erhielt er aber nichts von Phos⸗
phorſäure.   Hr. Tennant fand Blaſenſteine, die beym
Einäſchern nur ⅓ verlohren, und deren Rückſtand beym
Schmelzen und Erkalten ein opakes Glas gab, folglich
eine beträchtliche Menge von Phosphorſelenit zu enthal⸗
ten ſchiene.

Hartenkeil a. a. O. S. 23.   *Fourcroy* elem. de chym.
T. IV. S. 406.

§. 1567.

Das Waſſer zeigt ſo wenig auflöſende Kräfte
auf den Blaſenſtein, daß wir es für nichts rechnen kön⸗
nen.   Nach Hrn. Scheele löſten 5 Unzen ſiedendes
Waſſer nur 8 Grane,   nach Hrn. Hartenkeil aber 6
Unzen nur 5 Gran aus 120 Gran Blaſenſtein auf.
Es iſt dieß auch mehr eine Ausziehung,   als eine totale
Auflöſung zu nennen.   Hr. Bergmann erhielt ebenfalls
keine Auflöſung der Blaſenſteine im deſtillirten Waſſer.

Scheele a. a. O. §. 6.   Hartenkeil a. a. O. S. 20. Berg⸗
mann a. a. O. S. 233.

§. 1568.

Auch das Kalkwaſſer hat keine Auflöſungskraft
auf den Blaſenſtein,   ſondern extrahirt aus ihm nur
etwas weniges. Vier Unzen Kalkwaſſer löſten nach Schee⸗
le 12 Gran durch Digeriren auf,   und das Kalkwaſſer
verlohr ſeinen ätzenden Geſchmack.   Nach Hrn. Har⸗
tenkeil hingegen löſte das Kalkwaſſer von den Blaſenſtei⸗
nen ganz und gar nichts;   von einem aber zogen 2 Un⸗
zen Kalkwaſſer nur 3 Gran aus. Eben ſo wenig Wür⸗
kung zeigen der Wein, der Weingeiſt, und die ver⸗
ſüßten Säuren.

§. 1569.

Das mit luftſäure angeſchwängerte Waſſer zeigt
auf die Blaſenſteine, wenigſtens auf die, welche im
Feuer

Feuer fast ganz flüchtig sind, eine so unbedeutende Würkung nach Hrn. Achard, daß man es keinesweges als ein Auflösungsmittel für solche betrachten kann.

Achards phys. chem. Schriften, S. 156.

§. 1570.

Verdünnte Vitriolsäure greift nach Hoffmann die Blasensteine nicht an; nach Scheele selbst beym Digeriren nicht. Concentrirte Vitriolsäure hingegen löst nach Bergmann den Blasenstein mit Hülfe der Wärme mit einem Brausen auf. Sie erhält dadurch eine schwarzbraune Farbe, und die Auflösung wird von wenig hinzugesetztem Wasser gleichsam zum Gerinnen gebracht, von mehrern beym Umschütteln aber wieder klar und gelbbraun. Bey der Destillation liefert die concentrirte Vitriolsäure mit dem Blasenstein Schwefelsäure.

Hoffmann a. a. O. S. 231. Scheele a. a. O. §. 1. Bergmann a. a. O. S. 235.

§. 1571.

Küchensalzsäure, auch concentrirte, zeigt nach Hoffmann und Scheele keine Würkung auf den Blasenstein, nicht einmal, wenn sie mit dem Steine gekocht wird. Die Würkung der dephlogistisirten Küchensalzsäure ist noch nicht geprüft worden.

Hoffmann a. a. O. S. 231. Scheele a. a. O. §. 2.

§. 1572.

Weit wirksamer und kräftiger zeigt sich nach Hoffmann, Scheele, Bergmann und Hartenkeil, die schwache und concentrirte Salpetersäure. Sie löst ihn unter Aufbrausen und Dämpfen bis auf einige wenige Flocken in der Wärme ganz auf. Unternimmt man diese Auflösung im pneumatisch-chemischen Apparat, so

S 3   erhält

erhält man dabey Salpeterluft und Läuftſäure. Am
beſten gelingt die Auflöſung nach **Bergmann** mit ſchwa-
cher Salpeterſäure; die unverdünnte verwandelt den
Blaſenſtein in wenig Augenblicken und ohne alle Beyhülfe der Wärme in bloßen Schaum. Die Auflöſung des Blaſenſteines in verdünnter Salpeterſäure
ſchmeckt ſauer, auch wenn die Säure mit überflüſſigem
Blaſenſtein gekocht worden iſt. Sie iſt gelb von Farbe
und färbt die Haut hochroth; iſt ſie geſättiget, ſo wird
ſie auch durch gelindes Abdampfen ſelbſt blutroth, welche Farbe aber verſchwindet, wenn man friſche Salpeterſäure oder eine andere Säure hinzuſetzt, folglich
nach **Bergmann** aus der Verbindung der Salpeterſäure
mit dem Brennbaren des Blaſenſteines herrührt. Die
allmählig abgedampfte Auflöſung zeigt kaum eine Spur
von einer noch beygemiſchten Salpeterſäure, die rothe,
nach dem Eintrocknen erhaltene, Maſſe iſt an der Luft
zum Zerflteßen geneigt, und eine ſehr geringe Menge
derſelben färbt eine anſehnliche Menge Waſſer roſen-
roth. Sie wird von der Salzſäure und andern ſcharfen Säuren mit Heftigkeit angegriffen und verliert dabey ihre Farbe früher oder ſpäter. Bey einer übereilten Abdampfung ſchwillt die hochroth gewordene Feuchtigkeit zuletzt in unzählige Blaſen auf, und wird zu einem immer dunkelrothern Schaume, der endlich nach
ſtarkem Eintrocknen ſchwarzroth wird, und dann viel
mehreres Waſſer roth färbt, als zuvor. Alle Säuren
löſen ihn mit Zerſtörung der Farbe auf. Beym gänzlichen Einäſchern des Rückſtandes bleibt nach **Bergmann** zuletzt etwas weniges Kalkerde übrig.

Hoffmann a. a. O. S. 231. Scheele a. a. O. §. 3. Bergmann a. a. O. S. 235. ff. Hartenkeil S. 23.

§. 1573.
Es folgt übrigens aus den erwähnten Verſuchen
der angeführten Chemiſten, daß ſie die Dephlogiſtiſirung

rung des Blaſenſteines durch Salpeterſäure nicht hinlänglich weit genug getrieben haben; denn Hr. Scopoli
bekam wahre Zuckerſäure, da er den Blaſenſtein mit
Salpeterſäure behandelte; und das ſaure Salz, welches Hr. Scheele bey der trocknen Deſtillation des Blaſenſteines erhielt (§. 1565.), war ohne Zweifel mit vielem öligten Brennbaren umwickelte Zuckerſäure. Die
Säure der Urinblaſenſteine, oder acide Lithiaſique des
Hrn. Morveau, möchte alſo auch wol keine eigenthümliche Säure des Thierreichs, ſondern die allgemeine
Pflanzenſäure ſeyn.

Brugnatelli über den Bodenſatz des Harnes; in Crells chem.
Annal. 1787. B. II. S. 116.

§. 1574.

Die Auflöſung des Blaſenſteines in Salpeterſäure
wird durch die Auflöſung der Schwererde in Salzſäure
nicht gefällt. Der Blaſenſtein enthält folglich nichts
von Vitriolſäure. Die Laugenſalze ſchlagen nichts daraus nieder. Das Kalkwaſſer aber ſchlägt zuckerſauren
oder weinſteinſauren Kalk nieder; wenigſtens verhielt
ſich der von Scheelen erhaltene Niederſchlag wie letzterer. Die Zuckerſäure fällt zwar aus der ſalpeterſauren
Auflöſung der Blaſenſteine nichts, allein daraus folgt
nach Scheele nicht die gänzliche Abweſenheit der Kalkerde, weil entweder die geringe Menge des entſtehenden
Zuckerſelenits in der reinen Salpeterſäure aufgelöſt
bleibt, oder die Kalkerde noch nicht gänzlich aus ihrer
Verbindung mit den übrigen phlogiſtiſchen Theilen geſetzt iſt. Die Vitriolſäure entdeckt nach Bergmann
das Daſeyn der Kalkerde beſſer, welche einen Gyps
aus jener Auflöſung präcipitirt. Hr. Bergmann glaubt,
daß die Kalkerde ſelten mehr als $\frac{1}{200}$ des Blaſenſteines
betrage. Hr. Hartenkeil hingegen erhielt ſowol aus der

S 4   Auflö-

Auflöſung des Blaſenſteines, als des calcinirten Rückſtandes von ſelbigem, in der Salpeterſäure eine weit an-
ſehnlichere Menge Gyps durch die Vitriolſäure; aus
einigen hingegen gar nichts; und dieß beſtätigt noch
mehr den Unterſchied der Miſchung, welcher bey den
verſchiedenen Blaſenſteinen ſtatt findet.

Scheele a. a. O. §. 3. Bergmann a. a. O. S. 234. 235.
Hartenkeil a. a. O. §. 5. Exp. XIV — XVII.

§. 1575.

Luftſaure Laugenſalze greifen die Blaſenſteine auf
naſſem Wege nicht an. Die ätzenden hingegen, ſowol
die feuerbeſtändigen, als auch das flüchtige löſen ihn
auf, und geben damit beym Kochen oder Digeriren
eine Art von ſeifenhafter Miſchung. Die Auflöſung
erfolgt auch in der Kälte, iſt gelblich oder gelbroth von
Farbe, ſchmeckt etwas ſüßlicht, und wird durch alle
Säuren, ſelbſt durch Luftſäure gefällt. Kaltwaſſer präcipitirt nichts daraus.

Scheele a. a. O. §. 4. Hartenkeil a. a. O. §. 6.

§ 1576.

Es läßt ſich nun zwar aus dem bisher Angeführten nicht mit Gewißheit die Natur der Blaſenſteine beſtimmen, was ohnedem, wegen der Verſchiedenheit
ihrer Miſchung (§. 1564. 1574.) nicht einmal im Allgemeinen angeht; allein ſo viel ſcheint doch zu erhellen,
daß die mehreſten Blaſenſteine, nämlich die, welche
beym Einäſchern nur ſehr wenig Kohle hinterlaſſen, faſt
ganz von glutinöſer Beſchaffenheit ſind, oder die Natur
der gerinnbaren Lymphe des Blutes haben. Das zeigt
ihre trockne Zerlegung, ihre Auflösbarkeit in Säuren
und ätzenden Laugenſalzen. Dieſe Meynung hatte auch
ſchon Friedr. Hoffmann. Hr. Scheele und Bergmann hingegen halten ſie für eine mit etwas Gallertarti-

gem

gem verbundene, ölige, trockne, flüchtige Säure, und
letzterer hielt hernach diese Säure für übereinstimmend
mit der Zuckersäure.

Friedr. Hoffmann a. a. O. S. 232.   Scheele a. a. O.
§. 7. Bergmann a. a. O. S. 233. de acido sacchari
§ 1. I.

§. 1577.

Den Stoff zur Erzeugung des Blasen= und Nie=
rensteines liefert ohne Zweifel der Bodensatz des Har=
nes (§. 1547.), dessen Verhalten auch damit überein=
kömmt. Die größere Menge desselben im Harne, der
geringere Zusammenhang mit den wässerigten Theilen,
und der längere Aufenthalt des Harnes an dem Orte
der Abscheidung desselben, sind gewiß Ursach zur Ent=
stehung des Blasensteines. Ich glaube auch mit
Fernelius und Hartenkeil, daß die Trennung dieses
Bodensatzes vom Harne nicht in der Harnblase, son=
dern schon in den Nieren geschehe, und daß er in erste=
rer nur näher zusammentrete. Indessen kann allerdings
auch in der Harnblase selbst diese Erzeugung anfangen,
wenn besonders eine Gelegenheitsursach hier statt findet,
oder ein fremder Körper darein gekommen ist.

§. 1578.

Uebrigens erhellet aus dem bisher Angeführten
zur Genüge, was von der Würkung der sogenannten
steinzermalmenden oder steinbrechenden Mittel (lithon=
triptica) zu halten ist, welche man bisher als solche vor=
geschlagen hat. Die concentrirten und mit dem Brenn=
baren verwandten Säuren, so wie die ätzenden Laugen=
salze, können nur allein den Blasenstein auflösen; allein
diese Stoffe können weder innerlich genommen, noch in
die Blase gesprützt werden. Alle übrige Mittel sind bey
einer in der Harnblase oder in den Nieren schon wirklich
vorhandenen Concretion unwirksam und unnütz. Es ist

S 5   kein

kein Kraut und kein näherer Beſtandtheil im ganzen
Pflanzenreiche, der ſie auflöſen könnte. Ich übergehe
die von ältern Aerzten vorgeſchlagénen zum Theil lächer-
lichen und widerſinnigen Mittel, und erwähne nur, daß
weder die bloß ſchleimigten und ſchleimigt = ſüßlichten
Pflanzentheile und ihre Säfte, als Spargel, Rüben,
Birkenſaft, Maulbeeren, Erdbeeren, Fliederbeeren,
Birnen, Weintrauben, Feigen, Haber, Gerſte, Kür-
biſſe; noch die ätheriſch = öligten und ſcharfen, als Pe-
terſilie, Zwiebeln, Knoblauch, Anis, Fenchel, Meer-
zwiebel, Polen, Iſop, Pomeranzen, Camillen, Wa-
cholderbeeren; noch aus dem Thierreich die Kellereſel,
ſpaniſche Fliegen und Maywürmer; noch das von
Neuern angerühmte und aus Seife und Kalk beſtehen-
de Mittel der Jungfer Stephens; noch das von Whytt
empfohlne Kalkwaſſer; noch die gelinde abſtringirende
und etwas bitterliche uva urſi; noch das von Nathan.
Hulme mit ſo vieler Zuverſicht angerühmte luftſaure
Waſſer; noch andere natürliche mineraliſche Wäſſer;
noch die ganze Schaar der Neutral = und Mittelſalze,
den Blaſenſtein auflöſen können. Mit Recht können
wir alſo fragen, ob es überhaupt ein innerlich zu brau-
chendes wirkliches lithontripticum giebt? — Ich ken-
ne wenigſtens keines; und halte es ſelbſt für die aus-
übende Arzneykunſt nachtheilig, wenn man durch Em-
pfehlung unnützer Mittel die Cur einer Krankheit auf-
ſchiebt, die nur durchs Meſſer und eine geſchickte Hand
geheilt werden kann.

Zergliederung der feſten thieriſchen Theile.

§. 1579.

Wir haben ſchon oben (§. 552 — 558.) angeführt, daß alle feſte, weiche und hornartige Theile der
warmblütigen Thiere, ſo wie die Gerippe der Amphi-
bien,

bien und Fifche, alfo die Muffelfafern, das Zellgewebe,
die Häute, die Hörner, Klauen, Nägel, Haare,
Sehnen und Knorpel aus auszuartiger Gallerte und
einem im Waffer unauflösbarem Rückfland beftehen, der
die Natur und Befchaffenheit des faferichten Theils des
Blutes oder der gerinnbaren lymphe zeigt.   Bey der
Zerlegung liefert diefer auch die Beftandtheile der lymphe und des fadenartigen Theiles des Blutes (§. 1474.),
und wir können alfo gar nicht mehr zweifeln, daß diefe eigentlich die Quelle find, woraus alle feften Theile
entfpringen und ernährt werden.   Die Muffelfafer
ift eine mehr verdichtete fibra fanguinis, und man
fieht leicht ein, wie fehr diejenigen irren, welche ein
Gemenge von Erde und Gluten in ihr annehmen, und
in der mikroftopifchen fogenannten einfachen Muffelfafer beyde ungleichartige Theile wollen wahrgenommen
haben.   Die Muffelfafer ift kein Gemenge, fondern ein
Gemifch mehrerer ungleichartiger Stoffe, die durch kein
Vergrößerungsglas von einander unterfchieden werden
können.

§. 1580.

Wenn ich fage: die feften thierifchen Theile beftehen aus gallertartigen Theilen und der mehr oder weniger verdichteten gerinnbaren lymphe oder dem fadenartigen Theile des Blutes, fo brauche ich fie auch nicht
einzeln durchzugehen, um ihre einfachern Beftandtheile
anzugeben; fondern es erhellet dieß fchon von felbft aus
der Zergliederung der erwähnten nähern Beftandtheile,
die ich im Vorhergehenden vorgetragen habe.

Ameifenfäure.

§. 1581.

Die Ameifenfäure, deren Abfcheidung aus den
Ameifen fchon im Vorhergehenden (§. 577. 578.) erwähnt

wähnt worden ist, wird von mehrern Chemisten als eine
eigenthümliche Säure des Thierreiches angesehen, und
ist auch als solche von Bergmann mit aufgeführt wor=
den.   Doch behauptet dieser, daß sie der Essigsäure in
ihrer Natur sehr gleich komme, und nur in einigen
Stücken von ihr verschieden sey, nämlich darin, daß
sie.mit der Bittersalzerde, dem Eisen und Zinke krystalli=
sirbare Salze gebe.   Allein dieser Unterschied rührt von
Weinsteinsäure her, die sie bey sich führt.   Mit Sal=
petersäure behandelt, liefert die Ameisensäure deswegen
auch Zuckersäure, und aus ihrer Verbindung mit feuer=
beständigen Laugensalzen, läßt sie sich als wahre Essig=
säure ausscheiden.   Die Säure der Ameisen gehört da=
her ganz ins Pflanzenreich; ist aber keine eigenthümliche
desselben, und noch weniger des Thierreiches, sondern
ist Essigsäure mit mehrern phlogistischen Theilen vereini=
get.   Es fallen also alle die Neutral= und Mittelsalze
von selbst weg, die man sonst von ihr aufzählt.

Arvidsons, Hermbstädts, Marggrafs oben (§. 577—580.)
angeführte Abhandl. *Bergmann* opusc. phys. chem. Vol.
I. S. 389. Vol. III. S. 378.

Sieben=

Siebenter Abschnitt.

Von selbst erfolgende Veränderung der Mischung vegetabilischer und thierischer Körper.

§. 1582.

Alle organische Körper sind einer ganz von selbst erfolgenden Veränderung ihrer Mischung unterworfen, wenn sie bey einem hinlänglichen Grade der Wässerigkeit und Wärme von dem Zugange der Luft nicht ganz ausgeschlossen sind, die ihre Eigenschaften und also auch ihre Natur höchst mannichfaltig abändern und zerstören kann, und deren Ende die völlige Verwesung und die Zerstörung aller ihrer flüchtigen Bestandtheile ist. Da auch verschiedene unorganische Körper dieser von selbst erfolgenden Zerstörung ihrer Mischung ausgesetzt sind, wie z. B. das Verwittern der Kiese, verschiedener Steine und Salze, das Rosten unedler Metalle, u. d. gl. beweisen, so müßte der Name Gährung (fermentatio) billig zur allgemeinen Bezeichnung dieser von selbst sich ereignenden Mischungsveränderung dienen; allein man hat ihn in der Chemie seit Boerhavens Zeiten nicht einmal für die der organischen Körper überhaupt, sondern nur für besondere Arten derselben nach den Producten, die dabey entstehen, nämlich Weingährung (fermentatio vinosa), saure oder Essig = Gährung (fermentatio acida) und Fäulniß (putrefactio), eingeschränkt.

Wein=

Weingährung. Wein.

§. 1583.

Wenn ſchleimigt-zuckerartige Stoffe des Pflan-zenreiches den Bedingungen der Gährung unterworfen werden, ſo erfahren ſie ſehr bald eine auffallende Ver-änderung der Miſchung. Dieſe Bedingungen ſind: 1) der gehörige Grad der Wäſſerigkeit; daß ſie näm-lich weder zu ſehr, noch zu wenig mit Waſſer verdünnt ſind; 2) eine Wärme von 55 bis 70 Grad nach Fahren-heits Thermometer; 3) der Zugang der Luft. Hierzu kömmt noch, daß ſie nicht in zu kleinen Maſſen ange-wendet werden.

§. 1584.

Um die Phänomene, die ſich dabey zeigen, beſſer wahr-nehmen zu können, wähle ich als Beyſpiel den ausgepreß-ten Saft der Trauben, oder den Moſt. Man ver-ſpürt in demſelben, wenn er den §. 1583. angeführten Bedingungen unterworfen iſt, eine innere Bewegung, auch durchs Ohr; die ganze Maſſe dehnt ſich aus; die Durchſichtigkeit und Klarheit derſelben verliert ſich, die Farbe verändert ſich; die Maſſe wird trübe, und zugleich ein wenig wärmer, als die Atmoſphäre, die ſie umgiebt; es entwickelt ſich eine große Mienge von luft-blaſen, deren Hervorbrechen eben das Geräuſch verur-ſacht; und die wegen der Zähigkeit der Materie, wor-in ſie eingeſchloſſen ſind, eine mehr oder weniger dicke Schicht auf der Oberfläche der gährenden Materie bil-den, und den ſogenannten Gäſch ausmachen.

§. 1585.

Die Luft, welche ſich hiebey entwickelt, iſt ganz und gar Luftſäure, und hat alle die Eigenſchaften der aus Kalk, oder laugenſalzen gezogenen (§. 235. ff.). Sie
bringt

bringt nach Beschaffenheit der gährenden Materie und der angewandten Wärme oft in ungemeiner Menge hervor, und zersprengt beym verhinderten Ausgange nicht selten die Gefäße. Bergmann und der Herzog von Chaulnes haben Methoden angegeben, sie zur wohlfeilen Anschwängerung des Wassers zu nutzen; und es läßt sich diese nach ersterem leicht bewerkstelligen, wenn man in die Schicht der luftsäure einer gährenden Materie ein flaches offenes Gefäß mit kaltem Wasser versenkt, so daß es nur noch etwas weniges über den Gäsch hervorragt, und hierauf das Wasser in eine schnelle und starke Bewegung setzt. Die Beyspiele von Personen, welche beym Eintritte in Orte und Keller, wo große Massen dieser gährenden Materie lagen, plötzlich starben, sind unglücklicherweise nur gar zu gemein.

Priestley's Beob. und Vers. Th. I. S. 24. ff. *Bergmann* opusc. phys. chem. Vol. I. S. 217. f.

§. 1586.

Nach einer längern oder kürzern Zeit lassen die erwähnten Würkungen der Gährung nach. Der Schaum verliert sich, die gegohrne Materie wird wieder klar und helle, und es entbindet sich keine luftsäure weiter. Die Natur scheint jetzt gleichsam einzuladen, diesen Zeitpunct zu nutzen, und die Bedingungen zu entfernen, unter welchen die Gährung anhob, und unter welchen sie auch unfehlbar von neuem wieder fortfahren würde. Die gegohrne Materie zeigt jetzt eine ganz veränderte Natur. Der süße und zuckerartige Geschmack des Mostes und seine Klebrigkeit hat sich ganz verlohren, und er hat dagegen den weinartigen Geruch und Geschmack angenommen, und berauschende Kräfte erhalten, die man vorher im Moste keinesweges wahrnahm. Aus dieser Flüssigkeit hat sich ferner bey der

Gäh-

Gährung ein dicker Satz geschieden, der die sogenannte Hesen (feces, mater vini) ausmacht.

§. 1587.

Das Bedürfniß hat den Menschen vielerley weinartige Getränke aus mancherley Pflanzenstoffen zu bereiten gelehrt; die Erfahrung aber zeigt, daß die zuckerartig = schleimigten Materien darunter nur allein dazu fähig sind. Der eigentliche Wein (vinum) entsteht aus dem Traubensafte oder Moste. Da der Zuckerstoff des Pflanzenreichs es nur allein ist, der die Weingährung erleiden kann, so muß auch der Wein desto geistreicher und vollkommner seyn, je süsser der Most ist, und dieß ist er unter einem wärmern Himmelsstriche, bey trocknen warmen Jahren, und auf trocknem, steinichten, kalkichten und sandichten Boden, und desto mehr, je zeitiger die Trauben sind. Zugleich erhellet hieraus, warum ein Wein angeneh= mer und besser wird, je sorgfältiger man das Auspressen der Trauben vornahm, und je weniger von den Käm= men, Häuten und Kernen mit ausgepreßt wird. Man sondert daher auch wohl den zuerst gelinde gekelterten Saft, von dem nachher stärker ausgepreßten ab, und läßt jede Sorte für sich gähren.

§. 1588.

Bey der gewöhnlichen Art, den Wein zu machen, bringt man den gekelterten Traubensaft auf starke Fässer, gewöhnlich von Eichenholz, die fest und mit eisernen Reifen gebunden sind, in einen Keller, der die erfor= derliche Wärme hat, und läßt ihn, bey dem verstatte= ten Zugang der Luft durch das Spundloch, gähren. Wenn die Feuchtigkeit wieder klar zu werden anfängt, der süße Geschmack vergangen, und die brausende Gäh= rung vorüber ist, so zieht man den Wein von den He=

fen

sen ab, und entfernt nun die Bedingungen, unter wel=
chen eine neue Veränderung der Mischung und das
gänzliche Verderben des Weines anheben würde. Man
bringt zu dem Ende den Wein auf frische, und jedes=
mal zuerst mit Wasser, und hernach auch wohl mit
Weingeist ausgespülte, eichene, feste und dichte Fässer,
die man mit Schwefel einbrennt, durch dessen Dampf
die eingeschlossene atmosphärische Luft verjagt, und zu=
gleich der Wein vor der Essigwerdung mehr geschützt
wird. Um soviel möglich bey dem Ablassen des Weins
den Zugang der Luft zu verhüten, bedient man sich auch
des Blasebalges und Schlauches. Man spundet fer=
ner die Fässer ganz zu, und trägt Sorge, sie vollkommen
anzufüllen, und wenn der Wein durch die Ausdünstung
abnimmt, mit anderm Weine nachzufüllen, damit kei=
ne Luft über dem Weine im Fasse stehen bleibe. Die
Fässer selbst aber müssen in einem kühlen Keller aufbe=
wahrt werden, der luftig, der Sonne nicht ausgesetzt,
und auch dem Froste nicht bloß gestellt ist.

§. 1589.

Ob nun gleich in dem Weine die Gährung dem
Ansehen nach aufgehört hat, und man diesen für fer=
tig ansieht, so dauert doch eine unmerkliche oder stille
Gährung (fermentatio insensibilis, consecutiva)
eine längere oder kürzere Zeit fort, welche die Stärke
des Weines immer mehr und mehr erhöhet, und den
Unterschied zwischen alten und jungen Weinen bewürkt.
Im letztern sind nämlich, wenn er aus guten, süßen
und wohlgerathenen Trauben ist, eine gewisse Menge
von schleimigtzuckerartigen Theilchen, die mit den übri=
gen nicht gleich alle in Gährung kamen, und sich erst
nach und nach zersetzen und in Gährung gehen, und
dabey nicht so merkliche Erscheinungen, als die erstern,
verursachen können. Durch das Alter erhalten die

Weine indeffen nicht immer eine größere Annehm
lichkeit.

§. 1590.

Bey diefer unmerklichen Gährung fcheidet fich auch
mit der Zeit eine falzfaure Materie, der Weinftein ab,
deffen Eigenfchaften und Mifchung fchon im Vorherge
henden vorgetragen worden ift. Er überzieht die Sei
tenwände der Fäffer, und bildet oft fehr dicke Rinden.
Der Wein muß nothwendig beffer und angenehmer wer
den , wenn fich dieß herbe und fäuerlich fchmeckende
Salz mehr gefchieden hat. Die Farbe des Weinfteins
ift weiß oder röthlich, je nachdem die Farbe des Weines,
woraus er entftand, befchaffen war.

§. 1591.

Damit diefe unmerkliche Gährung ordentlich erfol
ge, fo ift es nothwendig, die erftere merkliche Gährung
die rechte Zeit ausdauren zu laffen. Es bleibt fonft eine
zu große Menge von gährungsfähigen Theilen im Wei
ne zurück, die nachher bey irgend einer gegebenen Gele
genheit leicht zu einer neuen Gährung Veranlaffung ge
ben, den Wein trüben, wieder braufend machen, und auch
wol ganz ins Verderben und Sauerwerden reiffen.
Manchmal unterbricht man aber jene merkliche Gäh
rung mit Fleiß, um den Weinen die fchäumende Ei
genfchaft zu geben, oder fie zu mouffirenden Weinen
zu machen, dergleichen der Champagnerwein ift, da
durch, daß man den Wein fehr früh abzieht, und auf
ftarken Bouteillen vor dem Zugange der Luft verwahrt.
Diefe Weine werfen mit Geräufch die Stöpfel aus den
Flafchen, perlen, verwandeln fich beym Eingießen in
die Gläfer in einen weißen Schaum, und haben einen
lebhaftern und ftechendern Geruch und Gefchmack, als
die nicht fchäumenden Weine. Diefe Würkung
rührt

rührt von der noch nicht in der gehörigen Menge ausge-
schiedenen Luftsäure her, die mit Heftigkeit austritt, so-
bald sie die freye Luft berühret. Immer aber sind diese
Weine doch nur unvollkommen zu nennen, sind nie
von der Güte und Stärke, als gehörig ausgegohrne
Weine; und auch der Gesundheit nicht so zuträglich.

§. 1592.

Alle die übrigen Sorten der vollkommenen Weine
lassen sich in zwey Hauptklassen eintheilen; in säuerliche
und süße Weine. Zu den erstern gehören die franzö-
sischen und deutschen Weine, von denen man wieder
sehr viele besondere Arten unterscheidet, deren Unterschied hauptsächlich auf dem verschiedenen Verhältniß des
Spiritusen gegen die Säure beruhet. Die Varietäten
der einzeln Arten gründen sich auf dem auszugartigen
Theile des Saftes, der Schaale, der Kerne und Kämme der Trauben, welche den unterschiedenen Nebenge-
schmack, z. B. das Gesährte (le bouquet), den Erd-
geschmack oder das Bodengefährte (le gout de terroir),
den Steingeschmack (de pierre de fusil), das Musca-
tellern (le muscat), das Herbe und Zusammenziehende,
u. d. gl. hervorbringen. Auch die Farbe der rothen
Weine hängt von einem auszugartigen schleimigt-har-
zigten Pigmente ab, und ist oft genug erkünstelt.

§. 1593.

Die ächten süßen Weine (vins de liqueurs)
(S. 1592.) sind solche, welche selbst nach der vollkommensten Gährung noch den zuckerartigen Geschmack besitzen. Sie entstehen bey einem Ueberflusse des Zuckerstoffes und einem geringern Antheil des Wässerigten im
Moste. Das Spiritusse, das sich in der Gährung
desselben erzeugt, hemmt die völlige Zersetzung des Zuckerstoffes, so wie die Erfahrung auch wirklich lehrt,

daß

daß der Zuſatz des Weingeiſtes zum Moſte die Entſte=
hung der Gährung hindert. Dieſe ſüßen Weine ſind
ſolchen Ländern eigen, deren Wärme die Erzeugung
ſehr ſüßer und mit vielem Zuckerſtoff beladener Trauben
begünſtigt, wie z. B. Griechenland, den Inſeln des
Archipelagus, den canariſchen Inſeln, Spanien, Ita=
lien, Ober=Ungarn, dem Vorgebirge der guten Hoffnung,
u. a. In Ungarn vermehrt man das Verhältniß des
Zuckerſtoffes gegen das Wäſſerigte des Moſtes dadurch,
daß man ihn in den Trauben ſelbſt bis auf einen gewiſſen
Grad concentrirt, indem man ſie ſo lange am Wein=
ſtock hängen läßt, bis ſie zuſammenrunzeln, und dann
entweder für ſich, oder beym Zuſatz von gutem Moſte
keltert. So bereitet man auch daſelbſt den ſo geſchätz=
ten Tockayerwein aus einer ſehr ſüßen Art von Trau=
ben, die man in guten Jahren und warmer Witterung
bis im December auf dem Stocke, oder bey einem
regnigten Herbſt auf Oefen vollends reif und bis auf
einen gewiſſen Punkt beynahe trocken werden läßt; die
alsdann beym Auspreſſen einen ſehr ſüßen und ſtark ge=
zuckerten Moſt gewähren. In Spanien, beſonders bey
Mallaga, keltert man zwar die Trauben gleich, nach=
dem man ſie geleſen hat, kocht aber den ausgepreßten
Saft ſo weit ein, bis er faſt eine Syrupsdicke erlangt hat,
vermiſcht ihn dann mit der Hälfte oder zwey Drittel des
ungekochten Moſtes und läßt ihn gähren. Die auf die=
ſe Art erhaltene ſüße Weine heißen auch geſottene
Weine (vina cocta). Der ſüße Wein, welcher aus
eingeſchrumpften und beynahe trocknen Beeren ge=
macht iſt, heißt überhaupt Sect (vino ſecco der Ita=
liäner).

§. 1594.

Aber auch ſelbſt in mehr nördlichen Gegenden hat
man angefangen, ſüße Weine dadurch zu bereiten, daß
man

man durchs Abwelken und Eintrocknen eine größere Zeitigung und Reifung guter Trauben und dadurch eine verhältnißmäßige Vermehrung des Zuckerstoffes und Verminderung des Wässerigten bewürkt hat. Ein Beyspiel giebt der im Unterelsaß gemachte sogenannte Strohwein. Man läßt nämlich gute reife Trauben auf Stroh, am besten in trocknen und geheitzten Stuben, so lange liegen, bis sie gehörig eingetrocknet sind, und fast ¼ ihres Gewichtes verlohren haben, sondert dann die Kämme von ihnen ab, keltert sie, und läßt den ausgepreßten, süßen und dicklichen Most gähren. Die Gährung geht hierbey aber sehr langsam von Statten, und auch die unmerkliche dauert mehrere Jahre fort.

§. 1595.

Da der zuckerartige Bestandtheil die wahre Materie der geistigen Gährung ist, da der Wein immer so besser wird, je süßer der Most ist, da die Natur die Hervorbringung eines süßen Mostes durch Vermehrung des Zuckerstoffs bewürkt, und da endlich dieser im ganzen Pflanzenreiche von einerley Beschaffenheit ist; so giebt der Zusatz von Zucker zum Moste unstreitig das natürlichste und beste Mittel, aus schlechtem Moste und bey nicht guten Jahren einen guten Wein hervorzubringen und so die geringern Landweine zu veredlen, wie Hr. Macquer sehr schön durch Gründe und Erfahrungen gewiesen hat. Im Grunde laufen auch alle Vorschläge, einen schlechten Wein zu veredlen, darauf hinaus. Den Zucker aber zu einem schlechten schon fertigen Weine zu setzen, um ihn milder und angenehmer zu machen, ist Schmiererey; und eben so wenig taugt auch die Beymischung von feuerbeständigen Laugensalzen und Kalk, um die hervorstechende Säure zu absorbiren. Das Abrauchen des Mostes und die Beschleunigung

der

der Gährung durch Wärme sind von Maupin vorgeschlagen, und bringen zwar einen geistreichern, aber
keinen angenehmern und minder herben Wein hervor.
Durch das Ausfrieren kann ein schlechter Wein auch
zwar geistreicher, aber gewiß nicht milder und von Säure befreyt werden. Das Ausfrieren des Mostes, das
einige vorgeschlagen haben, läßt sich nicht immer aus-
führen, indem es im Herbst nicht immer Frostkälte
giebt, und der Most sich nicht aufheben läßt; der Wein
wird dadurch auch nicht angenehmer und weniger herbe.
— Trübe gewordenen Wein klärt man durch Umrühren mit gekochter Hausenblase oder Eyweis — und
blassen Wein schönt man durch etwas gebrannten Zucker. Von den Fehlern des übergegohrnen Weins werde ich unten handeln.

De vini natura, artificio et usu, deque re omni potabili,
authore *Guil. Gratarolo*. Colon. 1571. 8. *Fridr. Hoffmann* diss. de natura et praestantia vini rhenani. Hal.
1703. 4. *Eiusd.* diss. de vini hungarici excellente natura, virtute et usu. Hal. 1721. 4. *Eiusd.* historia vini tockavensis hungarici cum eius indole, genesi ac
virtute, in seinen *observ. phys. chem.* L. I. S. 72, ff.
Io. Gottsch. Wallerii, resp. *Ol. Nordenb. Westmann* diss.
de vinorum origine casuali. Upsal. 1760. 4. Experiences sur la bonification de tous les vins, par Mr. *Maupin.* à Paris 1772. Versuche über die durch die erste Gährung zu bewürkende Verschönerungen aller Weine, oder die
Künste, den Wein zu machen, durch Hrn. Maupin,
Zerbst 1773. 8. Cours complet de chymie oeconomi-
que et pratique sur la manipulation et fermentation des
vins, par *le même*, à Paris 1779. 8. Probleme sur le
tems juste du Decuvage des vins avec la solution de ce
probleme, par le même. à Paris 1780. 8. Experiences principales et instructives de la nouvelle manipulation des vins par le *même*, à Paris 1781. 8. Mémoire
sur la meilleure manière de faire et des gouverner les
vins, par Mr. l'abbé *Rozier*, à Paris 1772. 8. Abhandlungen von der besten Art, die Weine zu machen und zu
behandeln, vom Abt Rozier, Zerbst 1773. 8.   *Christ.
Fridr.*

Fridr. Jaeger et auct. *Ios. Reuss* diss. musta et vina Neccarina examine potissimum hydrostatico explorata, Tubing. 1773. 4. *Bertholon* et *le Gentil* mém. pour determiner par un moyen fixe, simple et à la portée de tout cultivateur le moment, au quel le vin en fermentation dans le cuve aura acquis toute la force et toute la qualité dont il est susceptible, à Montpellier 1781. 4. A. C. M. Wahl Gedanken über die Erzeugung und Zubereitung des Weins, nebst einem Anhang vom Essigbrauen, Erfurt 1784. 8. Macquers chym. Wörterb. Th. V. S. 590. ff.

§. 1596.

Die Hefen (§. 1586.), welche sich bey der Gährung des Weines daraus absetzen, sind ein Gemenge von schleimichter, thierisch = vegetabilischer Materie, Weinstein und erdigten Theilen. Sie haben eine gallertartige Beschaffenheit, wenn sie sich gut verbunden haben. Von dazwischen befindlichen Weintheilen haben sie aber gewöhnlich eine flüssige Consistenz. Nach der Abscheidung des Weines durchs Auspressen geben sie bey der Destillation für sich allein sehr viele Luftsäure, nebst brennbarer Luft, sonst erst einen säuerlichen bligten Geist, der bald urinöser Natur wird, und ein wirkliches flüchtiges Laugensalz aufgelöst enthält, zuletzt festes flüchtiges Laugensalz, und etwas brenzlichtes Oel. Die zurückbleibende Kohle giebt beym Einäschern sehr viel Gewächsalkali. Die Natur der Erde dieser Asche ist noch nicht hinlänglich untersucht. In einigen Weinhefen fand Hr. Rouelle auch vitriolisirten Weinstein. Das aus den getrockneten Weinhefen durchs Verbrennen und Auslaugen erhaltene Gewächsalkali heißt Tresterasche (cendres gravallées) (§. 1146.). Haaf erhielt durchs Auspressen aus den schon ausgepreßten und eine Zeitlang gelegenen Weinhefen durch neues Auspressen ein wirkliches mildes Oel. Auch etwas ätherisches Oel (oleum faecum vini) läßt sich aus ihnen absondern.

T 4   Gerb.

Gerb. Gysb. ten Haaf über das Oel, das natürlich in den
Weinhefen ist; aus den haarlemer Abhandl. übers. in
Crells neuesten Entd. Th. XII. S. 172. ff. Macquers
chym. Wörterb. Th. V. S. 628. f.

Andere weinartige Getränke.

§. 1597.

Da der zuckerartige Bestandtheil des Pflanzenreichs die eigentliche, zur Weingährung geschickte, Materie ist, so können auch aus allen süßen oder schleimigt-
süßen Gewächsen, ihren Theilen oder Säften, dem eigentlichen Weine aus Traubensafte vorzüglich ähnliche
Materien oder weinartige Getränke, unter den oben
(§. 1583.) angeführten Bedingungen durch Gährung
bereitet werden. So verändert sich in mehrern heißen
ländern der süße Saft verschiedener Palmen durch Gährung zum Palmwein; so der ausgepreßte Saft des
Zuckerrohres zum vin de canne. Aus den Rosinen
läßt sich durchs Ausziehen des in ihnen befindlichen
Zuckerstoffes, oder durch Einweichen mit der gehörigen
Menge Wasser, durch Gährung ein Wein, der Rosinenwein (vinum passum der Alten), bereiten. Nach
Stabel erhält man diesen Rosinenwein in vorzüglicher
Güte, wenn man auf 20 Pfunde auserlesene, von den
Stielen gelesene, ausgekernte und halbzerrissene große
Rosinen und 8 Pf. weißen Farinzucker funfzig Kannen
guten Landwein gießt, das Gemenge drey Tage lang
mit fleißigem Umrühren stehen läßt, hierauf 40 Tropfen
zerflossenes Weinsteinsalz und sogleich darauf 30 Tropfen Vitriolöl hinzugießt, das Spundloch des Fasses
zumacht, um die Entwickelung der Luftsäure zu verhüten, endlich dasselbe nach einem starken Hin- und Her-
schütteln an einen gemäßigt warmen Ort bringt, und
da der Luft noch einige Zeit den gehörigen Zugang zum

Ge-

Gemenge verstattet. Nach vier Wochen setzt man noch
4 Pfund, und sechs Wochen darauf noch eben so viel
Farinzucker hinzu, und läßt die Masse in die volle
Weingährung gehen, die sich nach acht bis zehn Wo=
chen endiget. Den erhaltenen Wein läßt man von den
abgesetzten Hefen ab, oder schönt ihn auch durch Hau=
senblase, und hebt ihn auf Flaschen oder einem an=
dern Fasse unter der Beobachtung der nöthigen Re=
geln auf.

Leonhardi in Macquers chym. Wörterb. Th. V. S. 619.

§. 1598.

Aus allen Arten des süßen Obstes kann durch
Gährung ein Wein bereitet werden. Dahin gehört
der Aepfelwein, Birnwein, Cider (vinum pomaceum), der am besten wird, wenn man dazu vollkom=
men reifes, reines, nicht durch Fäulung angegriffenes
Herbst= oder Winterobst nimmt, von der Schaale und
den Kernen befreyet, stampft, den Saft auspreßt, und
diesen wie den Traubensaft (§. 1588.) gähren läßt.
Stärker wird der Wein daraus, wenn man den ausge=
preßten Saft erst durchs Gefrieren vom überflüssigen
Wasser befreyet, oder auch noch Zucker zusetzt. Schwä=
cher und schlechter wird der Cider, wenn man statt den
Saft aus dem Obste anzuwenden, dasselbige bloß zer=
quetscht und mit Wasser übergießt, oder auch mit Wasser
zum dünnen Brey kocht, und dann mit Wasser gähren
läßt. In diesen Fällen ist aber der Zusatz eines Gäh=
rungsmittels, wie z. B. der Hefen, nöthig. Auf eine
ähnliche Art läßt sich aus den Möhrenwurzeln (Dau-
cus Corotta), den geschälten und ausgekernten Pflau=
men (prunus domestica), den Kirschen, Schlehen,
Quitten, Erdbeeren, Himbeeren, Johannisbeeren u. a.
ein weinartiges Getränk bereiten, das immer um desto
besser ist, je süßer die Früchte oder ihre Säfte waren, und

je

je geringer die Menge des Wässerigten darin ist. Die schlechtere Beschaffenheit des gewöhnlichen Obstweins hat hauptsächlich in der zu wässerichten Beschaffenheit desselben, und in der Anwendung des sauren, zum Theil unreifen, oder angegangenen Obstes seinen Grund. Wie man die Güte des Obstweins erhöhen könne, wird man leicht aus dem Angeführten zu beurtheilen im Stande seyn. So erhält man z. B. einen guten Johannisbeerenwein, wenn man 40 Kannen des ausgepreßten Saftes der Johannisbeeren mit acht Pfunden Zucker versetzt, wie den Traubensaft gähren läßt (§. 1588.), und nach vollendeter bemerkbaren Gährung auf ein frisches Faß von den Hefen abzieht, und nachher auf Bouteillen verwahrt.

Some improvements which may be made in Cyder and perry, by *Henr. Miles*; in den *Philof. Tranf.* n. 476. A treatise of cyder-making, by *Hugh Stafford*. Lond. 1753. 4. H. Staffords Abhandlung vom Cydermachen oder Zubereitung des Obstweines, a. d. Engl. übers. Bayreuth 1772. 8. Oekonomische Anweisung zum Obstmoste, in den phyf. ökon. Ausz. B. II. S. 580. Müller von Bereitung des Aepfelweines zu Frankfurt am Mayn; in den hannöv. Beyträgen vom J. 1759. 35. St. C. A. Rosenadler Unterricht von der Zubereitung eines Weines aus Ackerbeeren; in den Abhandl. der königl. schwed. Akad. der Wissensch. B. XXV. S. 263. L'art de cultiver les pommiers et les poiriers et de faire le cidre selon l'ufage de la Normandie par Mr. *Geoffrey*. à Paris 1775. 12.

§. 1599.

Hieher gehört auch der Meth (medum) ein ebenfalls gegohrnes Getränk aus Honig mit Wasser verdünnt, dem auch wol unterschiedene Gewürze zugesetzt werden. Um ihn in der vollkommensten Güte zu erhalten, wählt man dazu den reinsten Honig, der nicht brandigt ist, kocht ihn mit etwas mehr als gleichen Theilen

len Wasser gelinde, nimmt den sich oben auf sammlenden Schaum ab, läßt das Wasser so lange verdunsten, bis ein Ey auf der Auflösung schwimmt, seihet die Feuchtigkeit durch ein Haarsieb, und zapft sie sogleich auf ein Fäßgen, das beynahe damit vollgefüllt wird. Man bringt dieß leicht bedeckt an einen gleichmäßig warmen Ort von 80 bis 90 Grad Fahrenh., läßt es gähren, und füllt von Zeit zu Zeit Honigsaft nach. Wenn nach einigen Monaten die Erscheinungen der Gährung aufhören, so bringt man das Gefäß an einen kühlen Ort, spündet es genau zu, und zieht nach einem Jahr den Meth auf Flaschen. Durch die länge der Zeit legt der entstandene Wein bey der unmerklichen Gährung den Honiggeschmack nach und nach ab. Durch Zusatz von Hefen kann man die Gährung beschleunigen; und dieser Zusatz ist nothwendig, wenn man zur Bereitung eines schlechtern Meth den Honig mit drey bis acht Theilen Wasser verdünnt hat. Gewöhnlich setzt man diesen noch Hopfen, und auch wol ausgepreßte Säfte von Früchten und Beeren, oder auch wol Birkenwasser, zu. letzteres ist auch für sich allein zur Bereitung eines weinartigen Getränkes durch Gährung geschickt.

Macquer chym. Wörterb. Th. III. S. 473. ff. Neumanns medic. Chemie, Th. I. S. 929. 930. 944.

Gährungsmittel.

§. 1600.

Bey allen solchen Dingen, die nicht sehr geneigt zur Gährung sind, wie z. B. alle Flüssigkeiten, die nicht Zuckerstoffe genug enthalten, oder zu sehr mit Wasser verdünnt sind, befördert man die Gährung durch den Zusatz gewisser Substanzen, die man Gährungsmittel (fermenta) nennt. Dahin gehören die Materien, die entweder schon selbst im Gähren begriffen,

oder

oder die sehr geneigt dazu sind, als süße Pflanzensäfte, Rosinen, Honig, Zucker, besonders Farinzucker ꝛc. Besonders aber müssen die frischen Hefen und der Gäsch (§. 1584.) hieher gerechnet werden. Die von Hrn. Henry angestellten Versuche beweisen, daß die Würkung eines Gährungsmittels in der anfangenden Entwickelung der Luftsäure bestehe, die sich bey jeder Gährung entbinden muß (§. 1585.), und hat zugleich dadurch in der künstlichen Anschwängerung der zur Gährung bestimmten, und dazu nicht sehr geneigten, Flüssigkeiten mit Luftsäure, ein sehr schätzbares und überaus nützliches Gährungsmittel entdeckt.

S. die Vorrede zu Joh. Richardson's Vorschläge zum Bierbrauen. Berl. und Stettin 1788. 8.

Bier.

§. 1601.

Außer den süßen Säften des Pflanzenreichs sind auch die mehligten Saamen der Getraidearten zur Gährung geschickt. Die Menge des zuckerartigen Stoffes in denselben (§. 390.) ist aber zu geringe, und die Menge des klebrigten Theils zu gros, als daß sie so ohne weitere Vorbereitung bey der Vermengung oder Ausziehung mit Wasser in die Weingährung übergehen sollten. Durch ein äußerst sinnreiches Verfahren scheidet man aber die Colla aus, vermehrt den zuckerartigen Theil darin, und macht sie dadurch zur Weingährung geschickter, indem man sie in Malz (maltum) verwandelt. Am meisten bedient man sich der Gerste, dann des Waizens, seltner des Roggens und Hafers; in Nordamerica auch des Mays.

§ 1602.

Das Malzen dieser Saamen geschiehet so, daß man sie im Sommer bey warmer Witterung im Malz

bottich

bottich mit kaltem Wasser einige Zolle hoch übergießt,
und umrührt, das Wasser alle 24 Stunden abläßt
und neues darauf gießt, und so lange darin eingeweicht
läßt, bis sie sich weich anfühlen, und die Schaale an
den Spitzen offen und etwas absteht. Man läßt als=
dann das Wasser ablaufen, und schüttet das Getreide
auf luftigen Böden in Haufen auf einander. Die
Saamen werden dadurch zum Keimen gebracht, und
um dasselbe nicht zu sehr zu beschleunigen oder zu un=
gleich zu bewirken, so wendet man sie das erstemal nach
24 Stunden und nachher alle zwölf Stunden um.
Man unterhält dieß Keimen so lange, bis die Keime
ohngefähr ⅓ oder ¼ des Kornes an länge haben. Das
Keimen ist zu weit getrieben, wenn das Getreide schon
ins Blatt zu schießen anfängt, oder Blattkeime entste=
hen. Man macht dem Keimen endlich durch gänz=
liches Austrocknen ein Ende, indem man das Malz
entweder auf die Darre bringt, und zu Darrmalz,
oder durch das Aufschütten und Ausbreiten auf lufti=
gen Boden unter öftern Umschaufeln und Wenden zu
Luftmalz austrocknet und von der Feuchtigkeit befreyet.

§. 1603.

Durch dieß Malzen verlieren die Saamen ihre
Klebrigkeit und Zähigkeit, und nehmen dagegen einen
zuckersüßen Geschmack an. Das Malzen ist eine Art von
künstlicher Vegetation, durch deren Würkung die Colla
des Mehles oder die thierisch = vegetabilische Materie,
die zur weinigten Gährung nicht geschickt ist, ausgeschie=
den wird, indem sie in den Keim übergeht, wobey zugleich
aber auch der stärkenartige Theil zum Theil in Zucker=
stoff verwandelt wird (§. 1424.). Durch ein zu weit
getriebenes Keimen würde aber auch dieser endlich ver=
lohren gehen und wieder vermindert werden, daher
setzt

ſetzt man jenem durch Entziehung des Wäſſerigten
Gränzen.

§. 1604.

Das Malz wird hierauf grob geſchroten, im
Maiſchbottich zuerſt mit etwas kaltem Waſſer angerührt, und dann aus der Braupfanne mit kochendem
Waſſer übergoſſen, tüchtig umgerührt, und wieder in
die Braupfanne gebracht, und ſo lange gekocht, bis
ſich das Decoct klärt. Dieſe klar abgelaſſene Abkochung,
die Würze, wird hierauf ſchnell abgekühlt, und auch
wol noch mit Gewürzen verſetzt, die das daraus gegohrne Getränk zur Verdauung geſchickter machen, oder
ihm auch die zu große Süßigkeit benehmen ſollen. Gewöhnlich bedient man ſich dazu des Hopfens, deſſen
Abkochung mit Waſſer der Würze zugeſetzt, oder der
gleich mit der Würze ſelbſt gekocht wird.   letzteres
iſt nicht ſo gut, weil der Hopfen durchs Abkochen von
ſeiner Bitterkeit immer mehr und mehr verliert.   Am
beſten wäre es, den Hopfen nur mit heißem Waſſer zu
infundiren.

§. 1605.

Die gehörig abgekühlte Würze wird hierauf in den
Gährbottich gebracht, und darin nach der Verſetzung
mit der hinreichenden Menge friſcher Hefen, als Gährungsmittel, an einem mäßig warmen Orte von ohngefähr 80 bis 95 Grad Fahrenh. der Gährung überlaſſen.
Gewöhnlich nimmt man den 50 bis 60ſten Theil Hefen gegen die Würze. Zu wenig Hefen macht, daß
das Bier nicht gehörig in Gährung kömmt, leicht ſchaal
und ſauer wird. Es gehen nun in der Würze alle die
Erſcheinungen der bemerkbaren Gährung vor (§. 1584
—1586.). Gewöhnlich bringt man das Bier auf Fäſſer
in kühle Keller, ehe die bemerkbare Gährung geendigt
iſt,

ist, und läßt es daselbst langsam ausgähren, oder man zieht es vor Endigung der Gährung auf Bouteillen, die man zustopft, wenn das Bier darauf am stärksten gährt, wodurch das Bier nachher moussirend wird, und stark schäumt, wenn es beym Ausgießen wieder die Luft berührt; oder man läßt es auf dem Gährbottich aus-gähren, und faßt es auf die wohl verwahrten Gefäße, die man zustopft, und auch zu Zeiten mit Wasser oder Bier nachfüllt, wenn es Lagerbier werden soll.

§. 1606.

Das gutbereitete und gehörig gegohrne Bier ist ein völlig weinartiges Getränk, und unterscheidet sich vom eigentlichen Weine und den übrigen weinähnlichen Materien durch die weit größere Menge des schleimig-ten Stoffes, den es durchs Abkochen der gemalzten Saamen erhalten hat, der ihm aber auch weit mehr Nahrhaftigkeit ertheilt. Man theilt die Biere über-haupt in braune und weiße Biere ein. Diese erhält man aus Luftmalz oder sehr gelinde getrocknetem Malze, mit wenigem oder gar keinem Zusatz von Hopfen. Je-nes hat seine Farbe, und seinem mehr bitterlichen Ge-schmack von dem Brandigten des Darrmalzes. Ein gutes Bier muß helle und klar seyn, schnell durch die Harnwege abgehen, die gehörige Menge Spiritueses, keinen eckelhaft süßen Geschmack und keine freye Säure haben. Die besten Vorschläge, das Bier von immer gleicher Stärke zu erhalten, und diese Stärke auf eine sichere und zuverläßige Weise stets ausfindig zu machen, hat Robertson gegeben. Die zahllosen Verschiedenhei-ten, die man in den Bieren der mehresten Länder und Oerter antrifft, gründen sich hauptsächlich auf die Ver-schiedenheiten des Malzmachens, des Darrens, des Verhältnisses des Wassers zum Malze, der Dauer des

Abkochens der Würze, der Menge der zur Würze geſetzten Hefen, auf die mannichfaltige Beſchaffenheit
derſelben, der Ausziehung des Hopfens und der Regierung der Gährung. Die leidige Empirie beym Bierbrauen iſt freylich Schuld, daß man die Fehler des
Bieres oft genug dem Waſſer und der Atmoſphäre zu-
ſchreibt, wenn ſie in fehlerhafter Behandlungsart und
in verjährten Vorurtheilen ihren Grund haben. Der
allgemeine Gebrauch des Biers und das Bedürfniß des
Volks verdiente wol, daß die Polizey die Bierbraue-
reyen an mehrern Orten nach richtigen Grundſätzen ver-
anſtalten ließe.

Sendſchreiben, die Vorurtheile bey dem Bierbrauen betreffend, in den leipz. Samml. B. I. S. 567. Kurze Abhandlung vom Biere und deſſen Beſtandtheilen von Hrn.
Heinr. Hagen; im XXV. B. des hamb. Magaz. S.
98. Carl Linnaei Anmerkung über das Bier; in den
Abh. der königl. ſchwed. Akad. der Wiſſ. B. XXV. S.
58. Von den Eigenſchaften eines guten Bieres und den
Mitteln, daſſelbe im Sommer vor der Säure zu bewahren; im X. B. der ökon. Nachr. der ſchleſ. patr. Ge-
ſellſch. S. 183. Anmerkungen über das Bierbrauen von
Carl Benj. Acoluthen, Budißin 1771. 8. Die Kunſt
des Bierbrauens, nach richtigen Gründen der Chemie und
Oekonomie, von Joh. Chriſt. Simon, Dresd. 1771. 8.
Fr. Wilh. Heun Verſuch, die Kunſt alle Arten Biere nach
engl. Grundſätzen zu brauen, Leipz. 1777. 8. Theore-
tic hints on an improved practice of brewing Malt li-
quors by Io. Richardſon, Lond. 1781. 8. Ebendeſſelben ſtatical eſtimate of the materials of Brewing. Lond.
1784. 8. Joh. Richardſons Vorſchläge zu neuen Vor-
theilen beym Bierbrauen, nebſt Beſchreibung ſeines neu er-
fundenen Inſtruments, um den Gehalt des Bieres zu erfor-
ſchen. Aus dem Engl. überſ. Mit einer Vorrede von D.
Lor. Crell, Berl. und Stettin, 1788. 8. Beckmanns
Technologie, S. 123. ff.

Zerglie-

Zergliederung des Weines und der weinartigen Getränke. Weingeist.

§. 1607.

Die weinartigen Getränke liefern durch die Zerlegung Bestandtheile, die man vor der Gährung als solche nicht in ihnen antraf, und die also erst offenbar in und während der Gährung aus den entferntern Grundstoffen der ihr unterworfenen Körper erzeugt und hervorgebracht sind. Durch eine bey gelindem Feuer angestellte Destillation läßt sich der flüchtige Theil der weinartigen Getränke absondern, von welchem diese ihren weinartigen Geruch und ihre berauschende Kraft hatten.

§. 1608.

Wenn man solchergestalt einen guten, völlig ausgegohrnen, geistreichen Wein im Wasserbade in einem offenen Gefäße abraucht, so bleibt ein sauer und herbe schmeckender Rückstand übrig, der ganz und gar nichts mehr vom Berauschenden des Weines hat. Er ist nach Beschaffenheit des Weines verschieden, von einer röthlichen Farbe, wenn der Wein roth war; immer aber enthält er freye Säure, eine dunklere Farbe, und ist trübe. Man bemerkt darin eine merkliche Menge kleiner Salzkrystalle, die nichts anders als Weinstein sind. Durch Zusatz vom Weingeiste lassen sich diese am besten aus dem eingedickten Weine niederschlagen, der zugleich den färbenden Stoff auflöst, welcher schleimicht-harzigter Natur zu seyn scheint. Der bis zur Honigdicke eingekochte Rückstand liefert durch Destillation bey stärkerem Feuer die Producte des Weinsteines, und aus der zurückbleibenden Kohle erhält man ebenfalls Gewächsalkali. Durch Salpetersäure läßt sich derselbe leicht in Zuckersäure verwandeln. Die Bestandtheile

des im Waſſerbade eingedickten Weines ſind: Waſſer,
Weinſtein, und ſchleimicht-harzigte Materie, und etwas freye Eſſigſäure. Die Rückbleibſel ſüßer Weine
enthalten auch noch außer dieſen Beſtandtheilen alle die
zuckerartige Materie, welche nicht mit in Gährung
gegangen war, und dieſe Weine zu ſüßen Weinen
machte.

§. 1609.

Ob alle andere weinartige Getränke aus den ſüßen
Säften der Früchte bey dem Eindicken Weinſtein zu-
rücklaſſen, iſt nicht ausgemacht. Vom Biere bleibt eine
weit größere Menge ſchleimichtes auszugartiges Weſen
übrig, das ebenfalls einen ſäuerlichen Geſchmack beſitzt,
und durch Salpeterſäure ſehr viele Zuckerſäure giebt;
aber kein Weinſtein iſt.

§. 1610.

Wenn man das Abrauchen des Weines und der
weinartigen Getränke in Deſtillirgefäßen veranſtaltet,
ſo läßt ſich der flüchtige Theil derſelben auffangen und
ſolchergeſtalt näher unterſuchen. Wenn man zu dem
Ende guten Wein aus einer gläſernen Retorte im Sandbade mit einer Vorlage oder aus einem Kolben mit dem
Helme bey wohl verklebten Fugen und gelinder Hitze
deſtillirt, ſo geht eine Flüſſigkeit in eigenen, gleichſam
fett ausſehenden, Streifen in den Helm oder in die Vorlage über, die einen ſtarken erwärmenden Geſchmack,
einen durchdringenden Geruch, und berauſchende Kraft
beſitzt, ſich ohne Docht entzünden läßt, und mit einer
ſtarken Flamme, ohne Rauch und Ruß verbrent. Man
ſetzt die Deſtillation ſo lange fort, bis die Flüſſigkeit
trübe zu gehen anfängt, nicht mehr geiſtig, ſondern
ſäuerlich riecht, und auf Papier getröpfelt ſich nicht
mehr an der Flamme des Lichtes entzünden läßt.

§. 1611.

§. 1611.

Dieser überdestillirte flüchtige Theil des Weines heißt Weingeist (spiritus vini, ◠ V, ♈) oter auch brennbarer Geist (spiritus ardens, inflammabilis). Der zuerst bey gelindem Feuer übergehende ist am stärksten, der nachfolgende aber immer mehr und mehr mit den wässerigten, oder sauren Theilen des Weines verunreiniget. Man muß daher bey dieser Arbeit entweder die Vorlagen öfters wechseln, oder alles zusammen nochmals durch wiederholte Destillation bey gelindem Feuer rectisiciren, da man den Weingeist von dem überflüssigen Wasser befreyen kann, indem er eher übersteigt, als dieses.

§. 1612.

Im Großen destillirt man zur Gewinnung des brennbaren Geistes den Wein aus kupfernen Blasen, mit verzinnten oder zinnern Helmen und Röhren, bis die aus der Röhre fließende Feuchtigkeit anfänget, unentzündlich zu seyn. Der überdestillirte Geist ist gemeiniglich wegen der geschwinden und mit weniger Mäßigung vor sich gehenden Destillation noch schwach, enthält viel überflüssiges Wasser, auch wol säuerliche und empyreumatische Theile, und heißt überhaupt Branntwein (vinum adustum), den man durch wiederholte Destillationen zum eigentlichen Weingeist (esprit) verstärkt, oder läutert.

§. 1613.

Man hat mehrere Methoden vorgeschlagen, den Weingeist zu reinigen und von seinem überflüssigen Wasser zu befreyen. Eine einzige, nur langsam und bey schwachem Feuer angestellte, Destillation des guten Branntweins kann schon eine überhaupt mögliche Entwässerung desselben bewirken, wenn man nur das zuerst

erst Uebergehende vor dem später folgenden abnimmt, und der Helm, die Röhren und Vorlagen der Destillirgeräthschaft keine wässerigte anhängende Feuchtigkeit enthalten. Weil die Dämpfe des Wassers nicht so flüchtig sind, als die des Weingeistes, und sich eher niederschlagen, so ist zur Reinigung des Weingeistes vom Wasser aus der Blase ein Helm bequem, aus dessen Gewölbe einige blecherne, und 5 bis 6 Fuß lange, und gehörig weite Röhren gehen, die einen andern Helm tragen, in welchem die Dünste erst zusammentreten und dann durch die Röhre des Kühlfasses abfließen.. Die Destillation im Wasserbade, die man auch nach **Demachy** im Großen einrichten kann', hat ebenfalls Vorzüge; und die **Weigel**sche Abkühlungsmethode läßt sich bey der Reinigung des Brannteweins sehr gut anwenden.

L'art du destillateur liquorirte par Mr. de *Machy*, à Neuchatel 1780. 8. De *Machy* und **Dubuisson** Liqueurfabrikant, übers. von **Hahnemann**, Leipzig 1785. Th. I. II. 8. Memoire sur la meilleure manière de construire les alambics et les fourneaux propres à la destillation des vins pour en tirer les eaux du vie par Mr. *Baumé*, à Paris 1778. 8. Destillirung des Weingeistes, in **Weigels** chem. mineralog. Beob. Th. I. S. 4. ff.

§. 1614.

Der Wein, welchem durch die Destillation der brennbare Geist entzogen ist, hat alle berauschende Kraft und alle Annehmlichkeit verlohren, und ersterer ist in dem erhaltenen Weingeiste allein concentrirt. Aus der Verbindung des Weingeistes mit dem Rückstande des Weines, woraus er erhalten worden ist, läßt sich aber der Wein nicht wieder in der vorigen Beschaffenheit darstellen. Je besser übrigens der Wein ist, um desto mehr Weingeist giebt er bey der Destillation, und umgekehrt. Die Weine der unterschiedenen Gegenden und von verschiedenen Jahren und Alter unterscheiden sich

sehr

sehr in der Menge dieses Geistigen, das aber immer bey weitem weniger als das Wässerigte auch im besten Weine beträgt.

Neumann fand bey der chemischen Untersuchung

In einem Quart von 2 Pfund 24 Loth mediz. Gew.	wasserfreyen Weingeist.		Wasser.			klebricht resinöses Wesen.		zuckerartig weinsteimigt gummichtes Wesen.	
	L.	Qu.	Pf.	L.	Qu.	Loth.	Qu.	Loth.	Qu.
Alicantwein	6	—	2	5	2	12	$\frac{1}{3}$	—	$1\frac{2}{3}$
Bourgogne Wein	4	2	2	18	$\frac{1}{3}$	1		—	$1\frac{2}{3}$
Carcassone Wein	5	2	2	17	$\frac{1}{2}$	1	$\frac{1}{6}$	—	$1\frac{1}{2}$
Champagne Wein	5	$1\frac{1}{3}$	2	16	3	1	$\frac{2}{3}$	—	1
Vin d'Ermitage	5	3	2	15	$1\frac{1}{3}$	2	2	1	$\frac{2}{3}$
Ordinairen Franzwein	6	—	2	16	$\frac{1}{3}$	1	$2\frac{2}{3}$	—	1
Frontignac	6	—	2	9	$2\frac{1}{3}$	7	—	1	$1\frac{1}{3}$
Vin Grave	4	—	2	18	—	1	2	—	2
Rothen Landwein	3	2	2	18	$3\frac{1}{3}$	1	$\frac{2}{3}$	—	2
Weißen Landwein	3	2	2	10	3	6	2	3	1
Madera Sect	4	3	2	8	3	6	2	4	—
Malvasier	8	—	2	2	2	8	3	4	3
vino de Monte Pulciano	5	2	2	16	$\frac{1}{3}$	—	3	2	$3\frac{1}{3}$
Moselwein	4	2	2	18	$\frac{1}{8}$	1	$\frac{1}{3}$	—	$1\frac{1}{2}$
Muscatenwein	6	—	2	11	—	5	—	2	—
Neufchateler	6	2	2	5	3	8	—	3	3
Palm-Sect	4	3	2	5	1	5	—	9	—
Pontac	4	—	2	18	$\frac{2}{3}$	1	$1\frac{2}{3}$	—	2
Alten Rheinwein	4	—	2	17	$1\frac{2}{3}$	2	—	1	$\frac{1}{3}$
Ordin. Rheinwein	4	2	2	18	1	3	$\frac{1}{3}$	—	$1\frac{1}{2}$
				u. 6 Gr.				u. 4 Gr.	
Salamanca Wein	6	—	2	7	—	7	—	4	—
Ordin. spanischer Wein	2	2	1	21	2	5	—	19	—
Vino Tinto	6	—	2	1	2	13	—	3	2
Tokaier Wein	4	2	2	—	3	8	3	10	—
Rothen Tyroler Wein	3	—	2	17	2	2	2	2	—
Xereser Sect	6	—	2	1	2	12	—	4	2

Neu=

Neumanns medizin. Chemie, Th. I. S. 1255. f. *Fridr. Hoffmanni* anatomia vinorum chymica, in seinen *obf. phyf. chym.* L. I. obf. XXV. S. 88. ff.

§. 1615.

Alle gegohrne weinartige Getränke geben bey der Destillation diesen brennbaren Geist, und zwar immer um desto mehr, je besser sie sind. Die mehresten im Handel vorkommende, oder zum Bedürfniß verwandte Branntweine werden auch nicht aus Weine, sondern aus andern, oft in der Absicht bloß zur Gährung gebrachten, weinartigen Flüssigkeiten gezogen. So verwendet man in Weinländern die Weinhefen, zur Verfertigung eines brennbaren Geistes, des Weinhefenspiritus oder rheinischen Branntweins (spiritus e faecibus vini), den sie wegen der damit vermengten Weintheile geben. Man destillirt sie, um das Anbrennen zu verhüten, mit Wasser wohl zusammengerührt aus großen Blasen, so lange, als sich brennbarer Geist in dem Uebergehenden zeigt, und verstärkt das Uebergegangene durch wiederholtes läutern oder Rectificiren.

§. 1616.

Auf eine ähnliche Weise destillirt man den Franzbranntwein (spiritus vini gallici) aus den in Gährung gesetzten Weintrestern. Diese werden in große Fässer eingestampft, und so lange hingestellt, bis sich durch einen weinartigen Geruch der brennbare Geist zu erkennen giebt, da man ihn dann durch eine Destillation mit Wasser daraus absondert und durch wiederholtes Rectificiren entwässert und läutert. Die ihm anhängende gelbe Farbe rührt gewöhnlich von den frischen eichenen Fässern her, worin man ihn verfährt.

§. 1617.

In den nördlichern Gegenden verwendet man das Getreide zur Gewinnung eines brennbaren Geistes,

stes, des Kornbranntweins (spiritus frumenti). Den
meisten brennt man aus Roggen, welcher geschroten,
und für sich allein, oder besser bey einem Zusatz von ge-
schrotenem Malze, mit immer wärmern Wasser in der
stets reinlich erhaltenen Möschbütte ganz genau einge-
mengt oder eingeseigt, hierauf mit kochendem Wasser zu einem dünnen Brey stark zusammengerührt,
und dann mit einem hölzernen Deckel zugedeckt wird.
Man läßt es hierauf einige Stunden stehen, rührt es
zuweilen um, und gießt dann unter beständigen Umrühren so viel kaltes, im Winter laues, Wasser zu, daß
es milchwarm wird. Die Masse würde wegen des dazu angewendeten ungemalzten Getraides und der starken
Verdünnung mit Wasser zu langsam in Gährung gehen, und dabey nach und nach sauer werden. Man
muß daher durch Zusatz von Hefen die Gährung beför-
dern, in deren Ermangelung nach Henry's Beobachtung auch die Anschwängerung der Maische mit luftsäure dienen könnte. Gewöhnlich nimmt man auf 100
Pf. Schrot drey Pf. Gäsch vom Braunbier, oder 6
Pf. vom Weißbier, oder 12 Pfund Bodenhefen. Man
bringt sie zur Maische, wenn diese eine Temperatur von
50 bis 60 Grad Fahrenh. erhalten hat, rührt sie damit wohl unter einander, und läßt nun alles zugedeckt
ruhig in einer mäßig warmen Temperatur stehen.
Nach einigen Stunden fängt die Gährung an, merklich zu werden, die Masse schwillt auf, kömmt in Bewegung, und es entwickeln sich eine Menge von luftblasen, die mit Geräusch hervorbrechen. Wenn die Masse
keine Blasen mehr wirft, ruhig wird, und sich unter
dem Gäsch klar zeigt, so wird sie wohl durchgerührt in
die große Brennblase gebracht, die man bis zu Zweydrittel anfüllt, bey abgenommenem Helme sogleich
stark erhitzt, um die Flüssigkeit so bald als möglich zum
Kochen zu bringen, und nachdem man die letztere noch-

U 4   mals

mals umgerührt hat, bey aufgeſetztem Helme, verklebten Fugen, und gleichförmiger Regierung des Feuers
ſo deſtillirt, daß der übergehende Geiſt beſtändig kalt
und ohne Dampf in die Vorlage läuft. Man ſetzt die
Deſtillation ſo lange fort, bis das Uebergehende keinen
brennbaren Geiſt mehr hat. Das Flüſſige des Rückſtandes läßt ſich noch ſehr gut auf Eſſig nutzen, wie ich
in der Folge anführen werde. Der überdeſtillirte Branntwein iſt noch ſehr wäſſerig und auch wol ſäuerlich und
widerlich von Geſchmack und Geruch. Er heißt Brannt-
waſſer, Laur oder Luterwaſſer. Um ihn zu entwäſſern
und zu reinigen, deſtillirt man ihn nochmals, hebt auch
wol das zuerſt Uebergehende unter dem Namen Vor-
lauf als einen ſtärkern Geiſt beſonders auf.

> Einige Anmerkungen vom Branntweinbrennen, in Juſti's
> Ökon. Schriften, B. I. S. 34. ff. *Car. à Linné*, reſp.
> *P. Bergio* de ſpiritu frumenti, Upſal. 1764. 4. Unter-
> richt vom Branntweinbrennen, von Joh. Chriſt. Simon,
> Dresd. 1765. 8. Joh. Georg Models Gedanken über
> das Branntweinbrennen; in ſeinen kleinen Schriften
> S. 47. und im Stralſund. Magazin, B. I. S. 89.
> Beckmanns Technologie, S. 148. ff. Gmelins techni-
> ſche Chemie, S. 609. ff.

§. 1618.

Gewöhnlich hat der Kornbranntwein einen üblen
und unangenehmen Geruch und Geſchmack, die theils
von der ſorgloſen Regierung des Feuers bey der erſten
Deſtillation und bey der Läuterung herrühren, wobey
ein Antheil Säure übergeht, oder ein Theil des Korns
anbrennt, theils in einer Zerſetzung der thieriſch-vegetabiliſchen Materie des Korns ihren Grund haben. Der
Zuſatz von Aſche oder Kreide beym Läutern, und die gehörige und ſorgfältige Regierung des Feuers dabey ſind
die beſten Mittel ihn größtentheils davon zu befreyen.
Der Zuſatz von Holzkohlenpulver in die Läuterungsblaſe
ſoll auch hierbey ſehr große Dienſte leiſten.

§. 1619.

§. 1619.

Beyspiele von Branntweinen, die aus andern zur Gährung geschickten und gehörig gegohrnen Pflanzenstoffen durch Destillation gezogen sind, geben der Arack, der zum Theil aus Reiß, zum Theil aus dem Safte der Kokosnüsse und anderer Palmenarten erhalten wird; der Rum und die Taffia, aus dem Safte des Zuckerrohrs, oder wie in Zuckerraffinerien, aus dem Zuckerwasser und Syrup; der Honigbranntwein aus Meth; der Quetschenbranntwein; Kirschenbranntwein; Wachholderbranntwein, u. d. gl. m. Viele andere Pflanzenstoffe sind zur Bereitung eines Branntweins fähig, wenn sie gehörig in Gährung gesetzt worden sind, wie gelbe Möhren, Angelikwurzel, rothe Rüben, Johannisbeeren, Heidelbeeren, Hollunderbeeren, Bärlapp (Heracleum Sphondylium), Quitten, Holzäpfel, Holzbirnen, Kartoffeln, Heidekorn, u. a.

H. C. Skytte Versuch aus den Potatoes Branntwein zu brennen, in den schwed. Abh. B. IX. S. 252. Nachricht von dem ökonomischen Gebrauch des wilden Bärenklaues bey den Kamtschadalen, im Stralf. Magaz. B. I. S. 411. Schwedische Materiale zum Branntwein, von Pet. Jon. Bergius, in den schwed. Abh. B. XXXVII. S. 257.

§. 1620.

Auch selbst die thierische Milch ist wegen des darin enthaltenen Milchzuckers, und nur deswegen allein, zur weinigten Gährung geschickt, wenn sie in größern Massen durch anhaltendes Rütteln und Schlagen erst in Bewegung gesetzt wird, um die Scheidung ihrer Theile zu verhindern, und dann in der gehörigen Wärme steht. Unter den Tartarn war es schon längst gebräuchlich, aus der gegohrnen Milch, besonders der Pferde, Milchbranntwein (Arki oder Ariki) zu destilliren.

Marc.

Marc. Paulus de regionib. orientl. L. I. c. 57. Gmelin's
Reiſe durch Sibirien, B. I. S. 272. Pallas Reiſe, B.
I. S. 315. Lepechin Tagebuch, Th. I. S. 135. Ni-
col. Oſeretſkowsky diſſ. de ſpiritu ardente ex lacte bubu-
lo, Argentor. 1780. 4. Leonhardi in Macquers
chym. Wörterb. Th. III. S. 569. ff.

§. 1621.

Die Unterſchiede zwiſchen den verſchiedenen Gat-
tungen von Branntweinen beruhen theils auf der Stärke und Schwäche, theils in der Beſchaffenheit, der ihnen anklebenden frembartigen Theile, die aber alle darin mehr zufällig, als weſentlich ſind. Sie unterſcheiden ſich daher merklich von einander durch ſpezifiſchen
Geruch und Geſchmack, der entweder von anhängenden
ätheriſch-öligten oder empyreumatiſchen Theilen herrührt. Je mehr ſie durch ſorgfältiges Deſtilliren über
feuerbeſtändiges mildes Laugenſalz gereiniget worden
ſind, deſto mehr kommen ſie auch einander gleich. Der
von ſeinem überflüſſigen Waſſer ziemlich genau gereinigte Branntwein heißt rectificirter Weingeiſt (ſpiritus
vini rectificatus, ♒ VR), wenn er auch ſchon eben
nicht vom Weine, ſondern wie in unſern Gegenden von
Kornbranntwein, verfertigt worden iſt. Den allerrein-
ſten, und von allen anklebenden außerweſentlichen Waſ-
ſertheilen durch die gelindeſte und mit Vorſicht angeſtell-
te Deſtillation befreyeten, nennt man Alkohol oder
höchſtrectificirten Weingeiſt (ſpiritus vini rectifica-
tiſſimus).

§. 1622.

Dieſer reinſte Weingeiſt oder Alkohol iſt völlig
farbenlos, waſſerhelle und klar, ſtark und durchdringend vom Geruche und Geſchmacke, läßt ſich ohne
Docht anzünden, und brennt mit einer bläulichten Flamme ohne Rauch und Ruß, und ohne Rückſtand oder
Kohle zu hinterlaſſen. Er iſt leichter als Waſſer,

gegen

gegen welches er sich nach Muschenbröck wie 0,815:1, nach Bergmann wie 0,820:1, und nach Brisson, wie 0,837:1 verhält. Der Weingeist ist flüchtig, verdunstet leicht, bewirkt dabey ansehnliche Kälte, und siedet bey einer geringern Hitze, als das Wasser, nämlich bey 165 Grad Fahrenheits. Dieß ist eben der Grund, warum er sich durch gelinde Destillation entwässern läßt. Bey der Destillation giebt er eigene, gleichsam fett aussehende Streifen in der Vorlage. Gegen das Wasser hat er sonst eine starke Verwandtschaft, und läßt sich damit in allen Verhältnissen vermischen. Er erzeugt damit Wärme und beyde nehmen nach der Vermischung einen etwas geringern Raum ein, als sie der Summe ihrer einzelnen Räume nach einnehmen sollten. Die größte Verminderung des Raumes, nämlich $\frac{1}{14}$ desselben, findet bey gleichen Maassen Alkohol und Wasser, die kleinste bey einem Theile des erstern und zwey Theilen des letztern statt.

Mémoire sur le rapport des differentes densités de l'esprit de vin avec ses differens degrées de force, par Mr. *Brisson*, aus den *Mem. de l'ac. roy. des sc. de Paris*, 1768. S. 433. ff.

§. 1623.

Der Alkohol gefriert nicht, wenigstens nicht in den uns bekannten Graden von Kälte; ja er kann selbst einen andern wässerigen Körper, dem er beygemischt ist, am Gefriern hindern, oder machen, daß dazu eine größere Kälte erfordert wird, als sonst dazu nöthig gewesen seyn würde. Gleiche Theile Alkohol und Wasser gefrieren erst bey 6 Gr. unter 0 Fahrenh. Aus dieser Ursach gefriert auch der Wein nicht so leicht als Wasser, wozu freylich auch die andern ihm beygemischten Theile beytragen, die der Wein enthält; und wenn er gefriert, so wird nur hauptsächlich ein Theil des Wässerichten von ihm in Eis verwandelt, und die geistigen Theile treten näher zusam-

zusammen, die nun nach Absonderung des Gefrornen mehr concentrirt sind.

Heinr. Sander vom Gefrieren des Weines; in den neuesten Mannigfaltigkeiten 1780. Quart. III. S. 481.

§. 1624.

Der Weingeist ist keiner weitern Veränderung seiner Mischung durch Gährung, und keines Verderbens fähig. Er ist auch, wenn er im Weine in der gehörigen Menge bey der Gährung entstanden ist, die Ursach, daß die bemerkbare Gährung darin nicht mehr statt hat, und daß in den süßen Weinen der überflüssige Zuckerstoff nicht weiter zersetzt wird. Er ist ferner, sowol wegen seiner Mischung, als dadurch, daß er den organischen Körpern das Wässerigte entzieht, und sie, wenn sie damit übergossen werden, vor dem Zugange der Luft schützt, ein sehr starkes fäulnißwidriges Mittel derselben.

§. 1625.

Der Weingeist ist ein Auflösungsmittel für sehr viele Substanzen. Er nimmt mehrere Neutral- und Mittelsalze auf, viele aber greift er entweder gar nicht an, oder löst sie nur in unmerklicher Menge auf. Zu diesen im Weingeist unauflösbaren Neutral- und Mittelsalzen gehören der vitriolisirte Weinstein, das Glaubersalz, der geheime Salmiak, der Gyps, das Bittersalz, der gemeine Alaun, der Schwerspath, also alle vitriolische Neutral- und Mittelsalze; ferner der schwererdigte Salpeter, das Kochsalz, die salzsaure Schwererde, der Flußspath, das flußspathsaure Gewächs- und Mineralalkali, die flußspathsaure Schwererde und Bittersalzerde, der gemeine Borax, der Gewächsborax, Kalkborax, boraxsaure Bittersalzerde und Schwererde, das Gewächsphosphorsalz, das phosphorsaure Mineralalkali,

alkali, der Phosphorsalmiak, der Phosphorselenit, die phosphorsaure Bittersalzerde, Alaunerde und Schwererde, also alle phosphorsaure Neutral = und Mittelsalze; das Seignettesalz, das weinsteinsaure Mineralalkali, der Weinsteinselenit, die weinsteinsaure Bittersalzerde und Schwererde; das zuckersaure Gewächs = und Mineralalkali, der Zuckersalmiak, der Zuckerselenit, die zuckersaure Bittersalzerde und Schwererde. Ferner löst der Weingeist den gereinigten Weinstein und die Blutlaugensalze nicht auf.

§. 1626.

Da der Weingeist gegen das Wasser einen so grossen Hang hat, so kann man durch denselben die vorher (§. 1625.) genannten Neutral = und Mittelsalze aus ihren gesättigten Auflösungen im Wasser scheiden, wenn man reinen Alkohol in gehöriger Menge behut am zumischt. Durch dieses Mittel kann man auch mehrere in einer wässerigen Auflösung befindliche und im Weingeiste auflösbare Salze von den vorhergehenden unauflösbaren trennen.

§. 1627.

Zu denen im Weingeist mehr oder weniger auflösbaren Neutral = und Mittelsalze gehören: der prismatische Salpeter (wovon er nach Macquer $\frac{4}{288}$, nach Wenzel $\frac{1}{240}$ seines Gewichtes auflöst), der Rhomboidalsalpeter ($\frac{15}{288}$ M. $\frac{21}{240}$ W.), der flammende Salpeter ($\frac{108}{288}$ M. $\frac{214}{240}$ W.), der Kalksalpeter ($\frac{288}{288}$ M.), der bittersalzerdigte Salpeter ($\frac{224}{240}$ W.); der alaunerdigte Salpeter ($\frac{248}{240}$ W.); Digestivsalz ($\frac{1}{288}$ M. $\frac{1}{240}$ W.); gemeiner Salmiak ($\frac{64}{288}$ M. $\frac{17}{240}$ W.); salzsaurer Kalk ($\frac{288}{288}$ M. und W.); salzsaure Bittersalzerde ($\frac{1111}{240}$ W.); Flußspathsalmiak; flußspathsaure Alaunerde; Borarsalmiak; der tartarisirte Weinstein ($\frac{1}{240}$ W.);

W.); auflöslicher Weinstein; Weinsteinsalmiak; wein= steinsaure Alaunerde; zuckersaure Alaunerde; ferner das Sauerkleesalz ($\frac{1}{140}$ W.)

Hrn. Macquers Abhandlung von der unterschiedenen Auflös= barkeit der Mittelsalze im Weingeiste, übers. von Joh. Ge. Krünitz, im neuen hamb. Magaz. B. VII. S. 195. ff. ingleichen in Crells neuesten Entd. in der Chemie, Th. VIII. S. 217. Wenzels Lehre von der Verwandtschaft, S. 428. ff.

§. 1628.

Der Weingeist löst den Zucker auf, und nimmt nach Wenzel $\frac{17}{40}$ Theile davon in sich. Da er aber die reinen Gummi's und Schleime nicht in sich nimmt, sondern vielmehr aus dem Wasser niederschlägt, so kann man sich desselben auch bedienen, um aus den Pflan= zenstoffen die zuckerartige Materie frey von den schlei= migten Theilen auszuziehen, obgleich dieß Mittel nicht zum ökonomischen Gebrauch taugen möchte. Man trocknet nämlich die Pflanzentheile, welche den Zucker= stoff enthalten, erst gelinde, um das überflüssige Wasser zu verjagen, zerstückt sie gehörig, und digerirt sie mit dem reinen und wasserfreyen Weingeiste in einem Kol= ben im Sandbade bis zum Kochen, seihet und preßt alsdann alles durch, und läßt es gelinde abrauchen. Durch Hülfe der Aneignung lösen sich aber doch einige schleimigte Theile mit auf, die nebst harzigten Theilen den Zucker braun färben. Sonst kann man auch die süßen Pflanzentheile erst mit Wasser abkochen, und die= se Abkochung, oder auch die süßen ausgepreßten Säfte, im Wasserbade eindicken, und dann mit Weingeist extrahiren.

§. 1629.

Reiner Alkohol löst die Erden nicht auf, sondern schlägt sie vielmehr aus der gesättigten Auflösung im

Wasser nieder. Aus dem Kalkwasser präcipitirt er die Kalkerde sogleich in ätzender Gestalt.

§. 1630.

Die luftsauren Alkalien löst der Alkohol ebenfalls nicht auf, und fällt sie zum Theil aus ihren wässerigen und gesättigten Auflösungen. Hieher gehört die offa alba Helmontii, die man auch wol, obgleich sehr mit Unrecht, chemische Seife (sapo chemicus) genannt hat. Man erhält sie, wenn man zu dem stärksten milden Salmiakgeist (§. 951.), oder der gesättigten Auflösung des luftsauren flüchtigen Laugensalzes im Wasser wasserfreyen Weingeist setzt. Die Gerinnung, welche hier entsteht, ist nichts anders, als die schnelle Krystallisirung des flüchtigen Alkali, welche durch die Entziehung des Wassers vermittelst des Alkohols bewürkt wird. Mit dem ätzenden Salmiakgeiste läßt sie sich nicht hervorbringen.

§. 1631.

Da sich die luftsauren feuerbeständigen Alkalien nicht im Weingeiste auflösen lassen, und hingegen eine starke Verwandtschaft zum Wasser und den übrigen, den gemeinen Weingeist verunreinigenden, sauren Theilen haben, so kann man dadurch, daß man dem unreinen Weingeiste ein solches feuerbeständiges Laugensalz zusetzt, das Wässerigte und die Säure gleichsam daraus niederschlagen, und den Weingeist also entwässern und reinigen, der dann tartarisirter Weingeist (spiritus vini tartarisatus) heißt. Man trocknet zu dem Ende reines mildes Laugensalz durch ein mäßiges Glühefeuer völlig aus, und schüttet es heiß zerstoßen zum Weingeiste in einem Kolben, schüttelt alles wohl um, und läßt es eine Zeitlang stehen. Man findet dann nachher den Weingeist über der wässerigen, trüben, alkalischen Auflösung schwim-

ſchwimmend, von welcher man ihn behutſam abgießen kann. Man wiederholt hierauf die Arbeit mit
friſchem Laugenſalze, bis dieß nicht mehr darin zerfließt.
Dieſer Weingeiſt enthält aber immer einige Laugenſalz-
theile durch Hülfe des Wäſſerichten aufgelöſt, und
kann ſolchergeſtalt nicht als ein äußeres Mittel in der
Chirurgie, auch nicht gut zu Firniſſen gebraucht werden.
Durch eine Deſtillation läßt er ſich aber leicht davon
ſcheiden. — Sollte nicht zerfallenes und ausgetrock-
netes, heißes Glauberſalz, oder Bitterſalz zu eben dieſem Behuf, ſtatt des Laugenſalzes, angewendet werden
können?

> *Frid. Hoffmanni* obſervatio, qua docetur ſeparatio omnis
> phlegmatis a ſpiritu ſine igne, in ſeinen *obſ. phyſ. chem.*
> L. I. S. 86.

§. 1632.

Man bedient ſich auch der trocknen, milden, feuerbeſtändigen Laugenſalze, um die Stärke des Weingeiſtes
zu prüfen. Reiner Alkohol macht nämlich trocknes Gewächsalkali nicht zerfließend, wie wäſſeriger Weingeiſt
thut (§. 1631.) Indeſſen muß man doch dabey Behutſamkeit anwenden, und nur wenig Laugenſalz zu vielem zu prüfenden Alkohol ſchütten. Dieſe Probe iſt wenigſtens zuverläßiger, als die gewöhnlichen Merkmale,
woraus man erkennen will, daß der Weingeiſt gehörig
entwäſſert ſey, nämlich, daß er angezündet rein abbren-
ne, ohne Waſſer zu hinterlaſſen, oder daß er damit ange-
feuchtetes Schießpulver oder Baumwolle nach dem Abbrennen entzünde. Denn beym Abbrennen eines noch
waſſerhaltigen Weingeiſtes wird das Waſſer durch die
Erhitzung mit verdunſten, und eben dieſer kann zu einer größern Menge Schießpulver oder Baumwolle in
geringer Quantität geſchüttet ihre Entzündung nicht
verhindern. Am richtigſten iſt zur Prüfung des
Alkohols die hydroſtatiſche Probe durch die Glasperle
oder

oder durch Areometer. Der Weingeist ist immer um
desto stärker, je geringer sein eigenthümliches Gewicht
gegen das Wasser bey gleicher Temperatur ist. — Zur
Prüfung der Stärke der Branntweine ist indessen auch
diese Probe nicht ganz zuverläßig, weil säuerliche Theile
dieselben manchmal spezifisch schwerer machen könne, ob
sie gleich übrigens mehr Alkohol enthalten, als andere
spezifisch-leichtere. Nach Bergmann läßt sich die Stärke der Branntweine einigermaßen, und verhältnißmäßig ziemlich genau, durch das zurückbleibende Wasser
beym Abbrennen finden, wenn man dieß in einer metallenen walzenförmigen Dose unternimmt, die man
bis zu einer bestimmten Höhe anfüllt, und während
dem Verbrennen des Geistes in kaltes fließendes Wasser hält. Guter Franzbranntwein enthält gewöhnlich
0,56, und guter Kornbranntwein 0,65 Theile Wasser.

Methode pour connoitre et determiner au juste la qualité
des liqueurs spiritueuses, qui portent le nom d'eau de
vie et d'esprit de vin, in den *Mém. de l'acad. roy. des
sc. Paris*, 1718. Bergmann in Scheffers chem. Vorles.
§. 210. Anm.

Weinsteintinctur.

§. 1633.

Ohngeachtet sich das luftsaure feuerbeständige laugensalz im Weingeiste nicht auflöst (§. 1630.), so thut
es doch das ätzende, und der Weingeist erhält davon
eine röthliche Farbe, einen eigenthümlichen Geruch und
einen scharfen Geschmack. Die Weinsteintinctur
(tinctura tartari, salis tartari Helmontiana, TR. ♀ri)
ist eine solche Auflösung des ätzenden Gewächsalkali im
Alkohol. Die gewöhnliche Vorschrift, sie zu bereiten,
ist, daß man Weinsteinsalz oder ein anderes eines vegetabilisches laugensalz erst recht stark glühet und dann

mit Alkohol übergießt und digerirt. Aber da nur das
luftleere oder ätzende Alkali in reinem Alkohol auflösbar
iſt, die Calcination der Laugenſalze allein ſie aber nicht
ganz von der Luftſäure befreyen kann; ſo erhält man
eine weit ſtärkere und kräftigere Tinctur, wenn man
das mit ungelöſchtem Kalk vollkommen ätzend gemachte
Laugenſalz (§. 263.) anwendet. Man übergießt zu
dem Ende nach Meyers Vorſchrift zwey Unzen eines
aus 3 Theilen lebendigen Kalk und einem Theile gereinigten Gewächsalkali bereiteten, trocknen und noch heiſ-
ſen cauſtiſchen Salzes in einem Kolben behutſam mit
acht Unzen Alkohol. Das Salz erhitzt ſich damit, und
färbt den Weingeiſt in kurzer Zeit gelb, dann bräunlich,
und zuletzt nach dem Digeriren ganz dunkelroth. Man
gießt die erhaltene Tinctur klar ab, wieder friſchen Weingeiſt auf, ſchüttelt alles wieder unter einander und digerirt das Gemenge wieder, da dann der Weingeiſt nochmals eine Tinctur giebt, die man mit der vorigen vermiſcht. Durch wiederholtes Aufgießen läßt ſich das
Laugenſalz endlich gänzlich auflöſen, wenn es rein iſt.
Man ſieht leicht ein, daß dieſe Weinſteintinctur die
Auflöſung des ätzenden Gewächsalkali im Weingeiſte
iſt, daß ſie immer um deſto ſtärker iſt, je ätzender das
Laugenſalz war, und je weniger Weingeiſt angewendet
wurde, und kann daraus ihre Kräfte und Würkungen
beurtheilen. Der ſtärkſte Alkohol nimmt vom reinen
ätzenden Alkali 0,187 Theile in der Wärme in ſich.

Meyers chym. Verſuche, S. 84. ff.

§. 1634.

Der Weingeiſt wird aber auch durch die Verbindung mit dem ätzenden Laugenſalze beträchtlich verändert, zum Theil ganz aus ſeiner Miſchung geſetzt, und
man erhält ihn beym Abziehen darüber nicht in der vorigen Menge und Beſchaffenheit wieder; es ſcheidet ſich
immer.

immer ein Antheil Wässerigtes ab, das zuletzt überdestillirt, und der Weingeist wird durch öfteres und wiederholtes Abziehen über ätzendes Laugensalz endlich ganz zerstört, und sein wesentliches Wasser aus ihm geschieden. Mangold erhielt durch öfteres Abziehen des Weingeistes über ein und eben dasselbe Laugensalz eine Art von essigsaurem Neutralsalze, und Meyer fand beym unmerklichen Verdunsten der Weinsteintinctur ansehnliche Krystalle des Laugensalzes. Es scheiden sich auch mit der Zeit aus der wohl verwahrten Weinsteintinctur in der Standflasche ein Bodensatz und kleine Krystallisirungen ab. Diese Krystalle sind wirkliches luftsaures Alkali, und geben zu wichtigen Folgerungen und Schlüssen auf die Bestandtheile des Weingeistes Anlaß, von denen wir nachher reden wollen. Meyer erhielt außerdem aus der abgerauchten Weinsteintinctur ein rothes extractförmiges Wesen, das sich im Wasser leicht auflösen ließ, mit Flamme und vielem Rauch und Ruß verbrannte, und beym Brennen den Geruch des gebrannten Weinsteins gab. Bey der Destillation dieses Wesens erhielt er ein wässeriges Phlegma, ein empyreumatisches braunes Oel, und eine Kohle, die Laugensalz enthielt. Helmonts balsamus Samech kömmt damit überein.

Christoph Andr. Mangold's Fortsetzung der chym. Erfahrungen, Erfurt 1749. S. 20. f. Meyer a. a. D.

§. 1635.

Durch öfteres Abziehen des Alkohols über ungelöschten Kalk wird ersterer ebenfalls aus seiner Mischung gesetzt, wässerigt, und eckelhaft von Geruch und Geschmack, und der Kalk wird luftsauer.

X 2

Geiſtige Tincturen und Ausziehungen der Pflanzen und ihrer Theile durch Weingeiſt
oder Wein.

§. 1636.

Der Weingeiſt iſt das eigentliche Auflöſungsmittel der Harze (§. 377.); aus den Gummiharzen zieht
er nur die harzigten Theile aus. Einige Harze löſen
ſich indeſſen ſchwer oder gar nicht im Weingeiſte auf,
und dieſe ſcheinen mehr verhärtete milde Oele zu ſeyn,
als wahre Harze. Die natürlichen Balſame löſt der
Weingeiſt ebenfalls auf. Das Waſſer ſchlägt die Harze aus dem Weingeiſte als eine milchigte Gerinnung,
ſonſt aber unverändert nieder.

Ein Beyſpiel hiervon giebt die ſogenannte Lac virginum aus
der Auflöſung des Benzoeharzes im Weingeiſte und Roſen-
waſſer.

§. 1637.

Beyſpiele von Auflöſung der Harze im Weingeiſte
geben auch verſchiedene Arten der Lackfirniſſe, bey denen überhaupt das Weſentliche iſt, daß die Harze in
einer Flüſſigkeit aufgelöſt ſind, die beym Auftragen
leicht verdunſtet, und alſo dabey das Harz als einen
durchſichtigen Ueberzug zurückläßt. Sie laſſen ſich daher auch aus Harzen und ätheriſchen Oelen bereiten (§.
469.). Die mit Alkohol und Harzen gemachte Firniſſe
trocknen zwar ſehr ſchnell und glänzen ſchön, allein ſie
ſind doch ſehr ſpröde und bekommen leicht Riſſe, welches aber durch den Zuſatz von etwas Terpenthin leicht
verhütet werden kann. Zu dieſen Firniſſen nimmt man
den reinſten Alkohol und klare, durchſichtige, und harte
Harze, als Maſtix, Gummilac, Sandarac, Drachenblut, Elemiharz, Weihrauch. Der Kopal löſt
ſich im Weingeiſt äußerſt ſchwer auf; doch befördert der
Zuſatz

Zusatz von Kampher, mit welchem man den Kopal zusammengerieben, nach und nach unter beständigem Umrühren in den erwärmten, und höchst entwässerten Alkohol trägt, die Auflösung darin; allein der Firniß verliert dadurch zugleich von seiner Güte. Er läßt sich besser durch ätherisches Rosmarinöl nach der oben angezeigten Art (§. 469.), mit oder ohne Weingeist, bereiten. Um das Zusammenbacken einiger Harze zu verhüten, kann man ihnen auch vorher ausgewaschenen feinen Sand beymengen. Die Auflösung nimmt man in gläsernen Kolben vor, die man mit nasser Blase verschließt, im Sandbade digerirt, und um der Luft Ausgang zu verschaffen, mit einer Nadel durchsticht. Am vollkommensten lassen sich die Firnisse in der papinianischen Maschine bereiten.

Vorschriften zu einigen Lackfirnissen mit Weingeist sind folgende, 1) zum weißen Firniß: 8 Unzen Sandarac, 2 Unzen venetianischen Terpenthin, 2 Pfund Alkohol; oder, 2½ Unze Sandarac, 1 Unze Mastix, 3½ Unze Terpenthinöl, 24 Unzen Alkohol; oder 6 Unzen Sandarac, 1 Unze Mastix, ⅓ Unze Weihrauch, 2 Unzen venetianischen Terpenthin, 2 Pfund Alkohol; oder 4 Unzen Sandarac, 1 Unze Elemiharz, 1 Pf. Alkohol und ⅓ Unze venetianischen Terpenthin; 2) zum braungelben Lack: 1 Unze Tafellack, 1 Loth Sandarac, ½ Loth Bernstein, 8 Unzen Weingeist, 4 Unzen Terpenthinöl; oder 6 Unzen Körnerlack, 2 Unzen Sandarac, 1½ Unze Mastix, 2 Pfund Alkohol; oder 3 Unzen Sandarac, 2 Unzen Schellack, 2 Unzen Colophonium, 3 Unzen venetianischen Terpenthin, und 2 Pfund Weingeist; 3) zum Goldlack: 1 Unze Körnerlack, ½ Unze Mastix, 3 Quentch. Kurkumawurzel, 10 Gran Drachenblut, 8 Unzen Alkohol; oder 8 Unzen Körnerlack, 2 Unzen Sandarac, 1 Unze Mastix, 1 Unze Gummigutte, 2 Quentchen Safran, 2 Pfund Alkohol.

Der Stafirmaler, oder die Kunst, anzustreichen, zu vergolden und zu lackiren — von Watin aus dem Franz. Leipz. 1779. 8. Macquers chem. Wörterb. Th. II, S. 270. ff.

X 3   §. 1638.

§. 1638.

Man verwendet den Weingeiſt zur Ausziehung und Scheidung der harzigten Theile aus Pflanzentheilen und andern Stoffen. Dieſe ſpiritubſen Aueziehungen enthalten aber außer den Harztheilen auch noch ätheriſch = bligte Theile oder den zuſammenziehenden Grundſtoff, wenn dieſe Beſtandtheile in dem auszuziehenden Körper gegenwärtig waren. Weingeiſt, mit welchem man die in einem oder mehrern Körpern befindliche, in demſelben auflösbare Theile ausgezogen hat, erhält den Namen einer Tinctur (TR.), Eſſenz (eſſentia), oder eines Elixiers (elixir), nach den verſchiedenen Graden der Durchſichtigkeit, Helligkeit und Conſiſtenz, auch wol nach der einmal eingeführten Gewohnheit. Sonſt giebt man auch verſchiedenen andern mit Waſſer und Salzauflöſung gemachten Ausziehungen von Körpern die oben angeführten Namen, wovon auch ſchon im Vorhergehenden einige Beyſpiele vorgekommen ſind (§. 445. Anm.).

§. 1639.

Bey der Bereitung dieſer geiſtigen Ausziehungen, Tincturen, u. d. gl., die gewöhnlich zum Arzneygebrauch verwendet werden, iſt zu merken, 1) daß man die auszuziehende Materie durch gelindes Trocknen von ihrem überflüſſigen Waſſer befreyet, und dann zerſtückt; 2) in einem Kolben mit der nöthigen Menge Weingeiſt übergießt, das Gefäß mit naſſer Blaſe verſchließt, und um der Luft und den Dünſten einigen Ausgang zu verſtatten, die Blaſe mit einer Nadel durchſticht; 3) nach der verſchiedenen Härte eine längere oder kürzere Zeit warm digerirt und öfters umſchüttelt; hierauf 4) das Klare abgießt, den Rückſtand ausprest, alles zuſammen vermiſcht, durch Setzen klärt und durchſeihet. Nach Hrn. Tibbel laſſen ſich ſolche Tincturen weit kräftiger

in

in der papinianischen Maschine bereiten. Der Zusatz von milden Laugensalzen bey der geistigen Ausziehung der Körper kann ganz und gar nichts helfen, wenn man Alkohol anwendet, indem er das milde Alkali nicht auflöst, und dieses mit dem Harz auch keine Seife giebt.

Leonhardi in Macquers chym. Wörterb. Th. V. S. 335. Abhandlung über die Bereitung der Tincturen — nebst einigen Beyspielen, sie nach einer neuen Art sowol vortheilhafter und in kürzerer Zeit, als auch noch kräftiger zu bereiten, von Boudewyn Tiboel; aus den Schriften der seeländ. Gesellsch. der Wissensch. übers. in Crells chem. Journal, Th. VI. S. 103. ff.

§. 1640.

Die mit Weingeist verfertigten Tincturen oder Essenzen geben bis zur gänzlichen Dicke oder Härte abgeraucht, die spirituösen Extracte (extracta spirituosa), die von den wässerigten Extracten (§. 381.) wohl zu unterscheiden sind. Sie sind zwar größtentheils harzigt, enthalten aber doch gewöhnlich auch gummigte Theile, zumal wenn der Weingeist nicht ganz rein und wasserfrey ist, oder auch durch Hülfe der Aneignung (§. 46.). Wenn sie nicht im Wasserbade eingedickt sind, so sind sie fast immer brandigt.

§. 1641.

Reiner erhält man die Pflanzenharze aus den spirituösen Ausziehungen, oder Tincturen, dadurch, daß man die darin aufgelösten Harztheile durch Wasser niederschlägt (§. 1636.), wobey die gummigten und salzigten Theile im Wasser aufgelöst bleiben. Der Weingeist wird hierauf entweder gelinde abgeraucht, oder, wie bey der Bereitung der Harze im Großen, aus einer Blase abdestillirt, das im zurückbleibenden Wasser befindliche Harz von allen ihm anklebenden gummigten

X 4   Thei

Theilen durch Waſchen mit reinem Waſſer über gelindem Feuer befreyet, und dann gelinde ausgetrocknet.

Beyſpiele von Ausziehung der Harze geben: das Jalappen-
harz (reſina Jalappae), das Franzoſenholzharz (reſina
Guaiaci), das Coloquintenharz (reſina colocynthidis),
u. a. zum Arzneygebrauch beſtimmte Harze.

§. 1642.

Aus den wäſſerigten Extracten der Pflanzen erhält man durchs Digeriren mit Alkohol gewöhnlich etwas Harz, das durch die Aneignung ihn Waſſer mit
aufgelöſt war. Zur Beſtimmung des Harzgehaltes und
der Menge des wäſſerigten Auszugs einer vegetabiliſchen
Subſtanz muß man alſo dieſe nach dem gelinden und
gehörigen Austrocknen und Abwägen erſt mit Alkohol
gänzlich ausziehen, die Ausziehung mit Waſſer niederſchlagen, den Weingeiſt verdunſten laſſen, den harzigen Niederſchlag mit warmen Waſſer ausſüßen, die
abgegoſſenen klaren wäſſerigen Laugen zum Abkochen und
zum wäſſerigen Auszug, der mit Weingeiſt ſchon extra-
hirten Pflanze verwenden, die von allem gummigten
Extract befreyte Pflanzenſubſtanz wieder gelinde austrocknen, und ihr Gewicht mit dem Gewicht des behal-
tenen getrockneten Harzes vergleichen, um die Menge
des durchs Waſſer allein Ausgezogenen ſicher zu beſtimmen.

§. 1643.

Wegen der dem Weine und den gegohrnen Materien beywohnenden Weingeiſttheilchen ziehen jene aus
dem damit digerirten Pflanzenſtoffen weit mehr harzigte
und aromatiſche Theile aus, als bloßes Waſſer thun
kann. So verfertiget man zum Arzneygebrauch durchs
Aufgießen und Digeriren des Weines oder anderer weinartigen Getränke mit verſchiedenen vegetabiliſchen u. a.
Körpern die ſogenannten Gewürzweine (clareta),
Kräu-

Kräuterweine (vina medicata), die mit Wein bereitete Elixire (elixiria vinosa) und die Kräuterbiere
(cerevisiae medicatae).

§. 1644.

So bereitet man auch aus den mit Wein bereiteten Pflanzenausziehungen die weinigten Extracte
(extracta vinosa) durchs Eindicken, welche mehrentheils gummigte und harzigte Theile zugleich, aber auch
die salzigten und schleimichtharzigten Theile des Weines
enthalten, der dazu angewendet worden ist. Mit ihnen
kommen zum Theil die gemischten Extracte verschiedener Apothekerbücher überein, welche man dadurch erhält, daß man die Körper erst durch Kochen mit Wasser und hernach durch Digeriren mit Weingeist, oder
auch umgekehrt, auszieht, und dann beyde Ausziehungen zusammen vermischt und eindickt.

Weingeist und ätherische Oele.

§. 1645.

Die ätherischen Oele der Pflanzen löst der Alkohol auf (§. 447.), jedoch einige eher, als andere. —
Wenn man Wein oder Weingeist über solche Körper
aus dem Pflanzenreiche abzieht, welche ätherisches Oel
in sich enthalten, so gehen diese Oeltheile in Verbindung
mit dem Weingeiste über, und ertheilen ihm Geruch
und Geschmack. So entstehen die weinigten oder spirituösen Wässer oder abgezogenen Geister (aquae vi-
nosae, spirituosae, spiritus abstractitii) zum Arzneygebrauch oder Parfumiren. Man theilt sie in der Phar-
macie in einfache und zusammengesetzte ein. Die letztere heißen auch wol Balsame.

Fridr. Hoffmanni solutio oleorum destillatorum in alcohol
vini, in seinen *obs. phys. chem.* L. I. S. 39. ff. Sur la

cau-

cause de la differente diſſolubilité des huiles dans l'eſprit de vin, in den *Mém. de l'acad. roy. des ſc. de Paris,* 1748.

§. 1646.

Bey der Verfertigung dieſer ſpirituöſen abgezogenen Wäſſer ſetzt man dem Weingeiſte oder Weine, wenn man ihn zum ätheriſch = öligten Pflanzenſtoff gießt, noch Waſſer zu, um gegen das Ende der Deſtillation das Anbrennen deſto beſſer zu verhüten, oder bedient ſich eben ſo gut eines reinen Kornbranntweins. Die Deſtillation ſelbſt ſtellt man im Kleinen im Kolben und Helm, im Großen in der Blaſe an, und unterhält ein gelindes Feuer ſo lange, bis die übergehende Flüſſigkeit auf Papier getröpfelt, nicht mehr entzündbar iſt. Eine vor der Deſtillation vorhergehende warme Digerirung iſt unnöthig und nachtheilig. So bereitet man auch aus dem über Körper, welche ätheriſches Oel enthalten, abgezogenen Weingeiſt, bey einer Verſetzung mit Zuckerwaſſer und auch wol mit Gewürzen, die verſchiedenen Liqueurs und Aquavite.

Demachy a. a. O.

§. 1647.

Auch von den deſtillirten riechenden Wäſſern (§. 453. ff.) nimmt der Weingeiſt, wenn er gelinde darüber abdeſtillirt wird, den Geruch völlig in ſich, und macht ſie geruchlos, indem er mit dem ätheriſchen Oele leichter übergeht, als Waſſer.

§. 1648.

Weil ſich die ätheriſchen Oele, mit welchen der Weingeiſt ſtark angeſchwängert iſt, durch den Zuſatz von Waſſer abſondern und niederſchlagen, indem der Weingeiſt mit dem Waſſer näher verwandt iſt, als mit jenen, und das Waſſer ſie nicht in ſo großer Menge auf-

auflöst, so scheiden einige diese Oele, anstatt sie nach dem gewöhnlichen Verfahren mit Wasser zu destilliren (§. 458—461.), durch eine Destillation mit Weingeist aus den Pflanzenkörpern, und aus dem Weingeiste wieder durch Wasser ab. Allein diese Methode ist nicht allein kostbarer, als die gewöhnliche, sondern gewährt auch nicht so viel Oel, als diese. Denn zu wenig Wasser scheidet nicht alles Oel aus dem Weingeiste ab, und zu vieles löst es in zu großer Menge wieder auf. Ein Niederschlagungsmittel, das den niederzuschlagenden Körper selbst auflöst, ist nie zuträglich. Bey der Wiederabscheidung des Weingeistes aus dem Wasser durch Destillation bleibt jener auch immer mit Oeltheilen verbunden, die ihm Geruch und Geschmack geben, und die sich durch kein bekanntes Mittel davon wieder trennen lassen.

Obſervations ſur les huſles eſſentielles et ſur differentes manieres de les extraire et rectifier, par Mr. *Genfroy* le cadet, in den *Mém. de l'acad. roy. des ſc. de Paris* 1721. S. 147. ff. Suite d'obſervations ſur les huſles eſſentielles par le même, ebendaſ. 1728. S. 88. *Fridr. Hoffmanni* deſtillatio oleorum in ſpiritu vini rectificatiſſimo ſolutorum, in ſeinen *obf. phyſ. chym.* L. I. S. 42.

§. 1649.

Wegen dieser Absonderung der ätherischen Oele aus dem Weingeiste durch Wasser, läßt sich auch eine Verfälschung der erstern, die in einer Verdünnung derselben mit Weingeist besteht, entdecken, wenn man ihnen etwas Wasser zusetzt. Sie werden dann trübe und milchigt, da die unverfälschten helle bleiben. Doch ist auch hierbey Vorsicht nöthig, da vieles Wasser zu wenigem Oele gegossen allerdings etwas von letzterm in sich nehmen und getrübt werden kann.

Weinichs

Weinigter und öligter Salmiakgeist.

§. 1650.

Da der wasserhaltige Weingeist wegen des Wassers das milde flüchtige Laugensalz auflöst, so ist dieß
Veranlassung gewesen, den milden Salmiakgeist auch
mit Weingeist zu bereiten. Man gießt nämlich bey der
Destillation des gewöhnlichen oder tartarisirten Salmiakgeistes (§. 951.) zugleich Weingeist zu, und nimmt
weniger Wasser, oder schlägt auch den Weingeist in
der Vorlage vor. Diese Auflösung des milden flüchtigen Alkali im wässerigten Weingeiste heißt **weinichter
Salmiakgeist** (spiritus salis ammoniaci vinosus), un-
eigentlich aber **versüßter Salmiakgeist** (spiritus salis
ammoniaci dulcis), indem das Laugensalz noch immer
roh darin ist.

§. 1651.

Durch Hülfe dieses weinhaften Salmiakgeistes entstehen die **öligten Salmiakspiritus** (spiritus salis ammoniaci oleosi), die man dadurch verfertiget, daß man den
erstern entweder mit ätherischen Oelen in wohl verschlossenen Gefäßen gelinde digerirt, oder daß man bey der
Bereitung desselben zu dem übrigen Gemenge ätherisches
Oel oder auch die damit versehene vegetabilische Substanzen setzt und zusammen destillirt.

Hieher gehört das Sal volatile oleosum oder spiritus oleosus
Sylvii, der spiritus bezoardicus *Bußii*, der spiritus salis
ammoniaci aromaticus *Edimb.*, der spiritus salis ammoniaci anisatus, die guttae anglicanae cephalicae
u. a. m.

Das berühmte Eau de luce ist auch hieher zu rechnen, das
aus caustischem weinigten Salmiakgeiste mit etwas wenigem
gereinigten Bernsteinöl durch die Destillation genau verbunden besteht; sonst aber auch bequemer so gemacht werden
kann, daß man in vier Unzen höchstrectificirten Weingeiste

10

10 bis 12 Gran weiße Seife auflöst, und dann noch 1 bis
2 Quentchen weißes Bernsteinöl zusetzt, nach der Auflösung
durchseihet, und mit viermal so viel caustischem Salmiak:
geist unter einander schüttelt, bis es eine matte, welße Milch:
farbe hat.

Weingeist und einige andere Körper.

§. 1652.

Weder die milden Oele, noch die thierischen
Fettigkeiten löst der Weingeist auf. Den schmierigten
stark riechenden Oelen entzieht er aber den Geruch, und
das färbende Wesen. Die brandigten Oele nimmt er
in sich, wenigstens dann, wenn sie durch wiederholtes
Rectificiren verfeinert worden, so wie er deswegen auch
das thierische Oel auflöst. Weil sich nun die ätheri:
schen Oele, nicht aber die schmierigten im Alkohol auf:
lösen lassen, so kann man die Verfälschung der theurern
ätherischen Oele durch wohlfeilere milde nicht riechende
Oele (§. 470.) auch dadurch entdecken, ob das ver:
dächtige Oel sich gänzlich im reinen Weingeiste auflöst
oder nicht. Indessen ist diese Probe nicht so sicher, als
die oben (§. 470.) angeführte, weil sich einige ätheri:
sche Oele schwerer im Weingeiste auflösen lassen (§.
1645.); und erfordert einen ganz wasserfreyen Wein:
geist, wenn sie nicht trüglich ausfallen soll.

§. 1653.

Die unterschiedenen Arten der Seifen (§. 442.)
nimmt der Weingeist leicht in sich, wenn sie gut ge:
macht sind, und keine überflüssige Fettigkeit enthalten.
Darauf gründet sich die Verfertigung des Seifenspiritus
(Spiritus saponatus), den man erhält, wenn man ge:
schabte weiße und getrocknete Seife im reinsten Alkohol
durch Digeriren in einem Kolben auflöst, und durch:
seihet.

seihet. Er ist völlig klar und durchsichtig, und dient
sehr gut als Prüfungsmittel für die Wässer (§. 440.),
anstatt der Seife selbst. Der stärkste Weingeist löst
über den dritten Theil seines Gewichts von der guten
Seife auf. Das ätzende feuerbeständige Laugensalz dient
auch bey diesem Seifenspiritus zum aneignenden Verwandtschaftsmittel zwischen mildem Oele und Weingeiste.

§. 1654.

Den zusammenziehenden Grundstoff der Pflanzen löst der Weingeist auf, wie wir schon gemeldet haben (§. 412. 1434.), und auch das principium acre
derselben (§. 483.). Den Kampher löst der Weingeist leicht und in Menge auf, in der Wärme mehr, als
in der Kälte. Der Kampherspiritus (spiritus vini
camphoratus) ist eine solche Auflösung des Kamphers
im Weingeiste. Durch die Kälte scheidet sich der Kampher aus der in der Wärme gesättigten Auflösung im
Weingeist in schönen Krystallen wieder heraus. Das
Wasser schlägt den Kampher aus dem Weingeiste als
eine weiße Gerinnung nieder. Bey der Erhitzung giebt
der Kampherspiritus einen sehr entzündbaren Dunst.

§. 1655.

Weder die thierisch-vegetabilische Materie, noch
die Stärke des Mehls kann der Weingeist auflösen.
Auf die thierische Gallerte zeigt er aber allerdings auflösende Kraft, und wässeriger Weingeist löst z. B. die
reine Hausenblase in der Wärme gänzlich auf. Hieher
gehört die Bereitung des englischen Pflasters (empla-
strum adhaesivum Wodstoockii). Man übergießt dazu in einem Glase 1 loth klein geschnittene Hausenblase,
und 1 Qu. Benzoeharz mit einem Pfunde rectificirten
Weingeiste oder reinem Kornbranntweine, und stellt es

zur

zur Digestion ins Sandbad. Man seihet die Auflösung heiß durch, stellt sie in einem irdenen Gefäße in einem Kessel mit heißem Wasser, und trägt sie warm auf ausgespannten schwarzen Tasseent mit einem breiten Haarpinsel dünn auf, und wiederholt dieß Auftragen nach dem Trockenwerden mehrere Male.

§. 1656.

Die Milch bringt starker Weingeist zum Gerinnen; den Käse löst er nicht auf, eben so wenig das Blutwasser und den fibrösen Theil, die er vielmehr aus dem Blute wegen seiner Verwandtschaft zum Wasser absondert und zum Gerinnen bringt. Eyweiß gerinnt vom Alkohol gleich.

§. 1657.

Auf den Schwefel hat der Weingeist so geradezu keine Würkung, auch selbst bey der Digerithitze nicht. Nach dem Graf von Lauraguais verbinden sich aber beyde Substanzen, wenn sie sich in Dampfgestalt antreffen, und sein Verfahren besteht darin, in einem Kolben, worin Schwefelblumen gethan worden sind, noch ein Gefäß mit Weingeist zu stellen, und nach aufgesetztem Helm und verklebten Fugen im Sandbade zu erhitzen, wo beyde Stoffe bey der Verflüchtigung sich auflösen. Die Auflösung hat einen etwas unangenehmen Geruch. Der Weingeist enthält kaum den 100sten Theil Schwefel. Nach Fourcroy erhält man eine ähnliche Verbindung, wenn man Weingeist von hepatischem Wasser abdestillirt.

Mémoire sur la dissolution du soufre dans l'esprit de vin, par Mr. le comte de *Lauraguais*, in den *Mem. de l'acad. roy. des sc. de Paris*, 1758. S. 9. ff. *Fourcroy* Elem. de chymie T. IV. S. 193.

§. 1658.

ſeihet. Er iſt völlig-klar und durchſichtig, und dient
ſehr gut als Prüfungsmittel für die Wäſſer (§. 440.),
anſtatt der Seife ſelbſt. Der ſtärkſte Weingeiſt löſt
über den dritten Theil ſeines Gewichts von der guten
Seife auf. Das ätzende feuerbeſtändige laugenſalz dient
auch bey dieſem Seifenſpiritus zum aneignenden Ver-
wandtſchaftsmittel zwiſchen mildem Oele und Weingeiſte.

§. 1654.

Den zuſammenziehenden Grundſtoff der Pflanzen löſt der Weingeiſt auf, wie wir ſchon gemeldet haben (§. 412. 1434.), und auch das principium acre
derſelben (§. 483.). · Den Kampher löſt der Weingeiſt leicht und in Menge auf, in der Wärme mehr, als
in der Kälte. Der Kampherſpiritus (spiritus vini
camphoratus) iſt eine ſolche Auflöſung des Kamphers
im Weingeiſte. Durch die Kälte ſcheidet ſich der Kampher aus der in der Wärme geſättigten Auflöſung im
Weingeiſt in ſchönen Kryſtallen wieder heraus. Das
Waſſer ſchlägt den Kampher aus dem Weingeiſte als
eine weiße Gerinnung nieder. Bey der Erhitzung giebt
der Kampherſpiritus einen ſehr entzündbaren Dunſt.

§. 1655.

Weder die thieriſch-vegetabiliſche Materie, noch
die Stärke des Mehls kann der Weingeiſt auflöſen.
Auf die thieriſche Gallerte zeigt er aber allerdings auflöſende Kraft, und wäſſeriger Weingeiſt löſt z. B. die
reine Hauſenblaſe in der Wärme gänzlich auf. Hieher
gehört die Bereitung des engliſchen Pflaſters (empla-
ſtrum adhaeſivum Wodſtoockii). Man übergießt dazu in einem Glaſe 1 loth klein geſchnittene Hauſenblaſe,
und 1 Qu. Benzoeharz mit einem Pfunde rectificirten
Weingeiſte oder reinem Kornbranntweine, und ſtellt es
zur

zur Digestion ins Sandbad. Man siehet die Auflösung heiß durch, stellt sie in einem irdenen Gefäße in einem Kessel mit heißem Wasser, und trägt sie warm auf ausgespannten schwarzen Taffent mit einem breiten Haarpinsel dünn auf, und wiederholt dieß Auftragen nach dem Trockenwerden mehrere Male.

§. 1656.

Die Milch bringt starker Weingeist zum Gerinnen; den Käse löst er nicht auf, eben so wenig das Blutwasser und den fibrösen Theil, die er vielmehr aus dem Blute wegen seiner Verwandtschaft zum Wasser absondert und zum Gerinnen bringt. Eyweis gerinnt vom Alkohol gleich.

§. 1657.

Auf den Schwefel hat der Weingeist so geradezu keine Würkung, auch selbst bey der Digerirhitze nicht. Nach dem Graf von Lauraguais verbinden sich aber beyde Substanzen, wenn sie sich in Dampfgestalt antreffen, und sein Verfahren besteht darin, in einem Kolben, worin Schwefelblumen gethan worden sind, noch ein Gefäß mit Weingeist zu stellen, und nach aufgesetztem Helm und verklebten Fugen im Sandbade zu erhitzen, wo beyde Stoffe bey der Verflüchtigung sich auflösen. Die Auflösung hat einen etwas unangenehmen Geruch. Der Weingeist enthält kaum den 100sten Theil Schwefel. Nach Fourcroy erhält man eine ähnliche Verbindung, wenn man Weingeist von hepatischem Wasser abdestillirt.

Mémoire sur la dissolution du soufre dans l'esprit de vin, par Mr. le comte de *Lauraguais*, in den *Mém. de l'acad. roy. des sc. de Paris*, 1758. S. 9. ff. *Fourcroy* Elem. de chymie T. IV. S. 193.

§. 1658.

§. 1658.

Vom reinen Berlinerblau nimmt der Weingeiſt nichts in ſich. Den Phosphorus verwandelt er, beym Digeriren damit, zu einer Art von weißem durchſichtigen Oele, ohne ihn aufzulöſen. Er erhält davon den Geruch des Phosphorus, und leuchtet etwas, wenn man ihn zum Waſſer ſchüttet. Der Phosphorus bekömmt nach dem Waſchen mit Waſſer ſeine vorige Feſtigkeit wieder; iſt aber nach Morveau nicht mehr ſo leicht entzündbar, ſoll nicht mehr im Dunkeln leuchten, und das gelbe Anſehen verlieren.

Morveau, Maret, Durande Anfangsgr. der Chemie, Th. III. S. 219.

Verſüßte Säuren. Aether.

§. 1659.

Am merkwürdigſten iſt die Verbindung des Weingeiſtes mit denjenigen Säuren, welche das Brennbare ſtark anziehen. Der Weingeiſt wird durch ſelbige in ſeiner Grundmiſchung geändert, und zu einer Flüſſigkeit gemacht, die nicht mehr die weſentlichen Eigenſchaften des Weingeiſts beſitzt, zugleich werden aber auch die Säuren durch ihn zum Theil dergeſtalt abgeſtumpft, daß man nicht mehr die Würkungen derſelben in ihnen wahrnehmen kann; ſie werden milde und angenehmer von Geſchmack und durchdringend von Geruch. Man nennt ſie verſüßte Säuren (acida dulcificata). Verſüßung (dulcificatio) heißt man aber überhaupt in der Chemie die Behandlung ätzender oder ſcharfer Subſtanzen, wodurch ſie milder gemacht werden. Zur beſſern Beurtheilung der Veränderungen, welche der Weingeiſt und die Säuren bey ihrer Einwürkung auf einander erleiden, wollen wir hier einige dieſer Verbindungen weitläufiger durchgehen.

§. 1660.

§. 1660.

Wenn man zu dem so stark als möglich entwässerten Alkohol gleiche Theile oder auch die Hälfte sehr starkes Vitriolöl schüttet, so entsteht ein starkes Geräusch, ein Aufwallen, eine beträchtliche Hitze und eine dunkle Farbe; und das Gemisch erhält einen Geruch, wie Mallagawein. Die dunkle Farbe kömmt zum Vorschein, wenn man auch weißes Vitriolöl anwendet. Eben wegen der Erhitzung muß das Zumischen der Säure zum Weingeiste nur tropfenweise und nach und nach in Zwischenzeiten geschehen, damit die Erhitzung nicht zu groß werde. Am besten verrichtet man das Zusammenmischen in einer langhälsigten Phiole.

§. 1661.

Die Veränderung des Geruches und der Farbe, so wie die starke Erhitzung geben schon zu erkennen, daß durch die Würkung der sauren Theile auf das Brennbare des Weingeistes eine Veränderung der Mischung in beyden erfolge. Das Gemisch aus gleichen Theilen Weingeist und Alkohol heißt Hallers saures Elixir (elixir acidum Halleri); Rabels Wasser (aqua Rabelii) hingegen, wenn es aus 3 Theilen Alkohol, und Dippels saures Elixir (elixir acidum Dippelii), wenn es aus 6 Theilen Alkohol gegen einen Theil Vitriolöl gemacht worden ist.

§. 1662.

Wenn man das (§. 1660.) erwähnte Gemisch entweder sogleich, oder nach einiger Zeit aus einer gläsernen Retorte im Sandbade bey ganz gelindem Feuer destillirt, nachdem die Fugen der Destillirgefäße mit Blase wohl verwahrt worden sind, so geht ganz zuerst, ehe das Gemisch zum Kochen kömmt, fast reiner Alkohol über; aber bald während dem gelinden Sieden eine

Flüſſigkeit von einem eigenen ſehr angenehmen Geruch, die ſich durch dünne, fettig ansiehende Streifen, welche an der Wölbung und im Halſe der Retorte bemerkt werden, zu erkennen giebt, ſich nicht recht mit Waſſer vermiſchen, aber ſehr leicht anzünden läßt, alſo eine Art von Oel, die man Aether oder Naphtha ($\frac{\circ}{\circ\circ}$) und zum Unterſchiede von andern ähnlichen Flüſſigkeiten Vitriolnaptha oder Vitrioläther (aether, naphtha vitrioli, aether Frobenii) nennt. Man unterhält das gelindeſte Feuer, und wechſelt auch wohl die Vorlage, ehe ſchweflichte Dämpfe durch die Fugen gerochen werden können.

§. 1663.

Der in der Vorlage geſammlete Aether läßt ſich durch etwas weniges Waſſer von dem damit vereinigten Weingeiſte leicht trennen und ſchwimmt oben auf. Man gießt ihn durch einen Scheidetrichter behutſam ab, und in ein Glas mit eingeriebenem Stöpſel, das man noch überdem mit Blaſe gehörig verwahrt. Sollte die Vorlage zu ſpät verwechſelt ſeyn, und der Aether dadurch einen Schwefelgeruch erhalten haben, ſo tröpfelt man in einem enghalſigten Glaſe etwas aufgelöſtes ätzendes Laugenſalz oder auch Kalkmilch dazu, und gießt ihn ab, oder zieht ihn nochmals bey ganz gelindem Feuer über. Das iſt vortheilhafter, als ihn mit Waſſer zu waſchen, wodurch man allemal einen großen Verluſt an ihn erleidet.

§. 1664.

Dieſer Aether, deſſen Bereitung zuerſt Valerius Cordus ziemlich deutlich beſchreibt, und von welchem man auch ſchon bey ältern Chemiſten, z. B. beym Baſilius Valentinus Spuren antrifft, wurde erſt durch Froben (einen deutſchen Chemiſten, mit dieſem unter-

geſcho-

geschobenen Namen) 1730 mehr bekannt. Er ist eine
angemein leichte Flüssigkeit; die leichteste unter allen
tropfbaren Flüssigkeiten, die wir kennen. Sein eigenthümliches Gewicht ist in Vergleichung mit dem Wasser 0,732. Seine gewöhnliche Farbe ist die weiße.
Er ist sehr angenehm, aber dabey auch durchbringend
und stark vom Geruch und Geschmack, und gehört zu
den flüchtigsten von allen tropfbaren flüssigen Materien.
Er verdunstet daher schnell und verursacht dabey eine
ansehnliche Kälte. Er brennt ohne Docht, selbst schon
wenn man ihm eine Flamme nur von Ferne nähert.
Seine Flamme ist der Flamme des Weingeists ähnlich,
nur heller und weißer, und führt außerdem eine leichte
rußichte Substanz bey sich, welche die Flamme des
Weingeistes nicht besitzt. Der Aether vermischt sich
nicht, wie der Weingeist, in allen Verhältnissen mit
dem Wasser, sondern 10 Theile Wasser nehmen ohngefähr einen Theil Aether in sich auf. In warmes Wasser getröpfelt zischt er.

A. S Frobenius of a spiritus aethereus, in den *philof. Tranf.*
no. 413. und 428. Recherches chymiques sur la com-
position d'une liqueur très volatile connue sous le nom
d'éther par M. M. *du Hamel* et *Grosse*, in den *Mém. de
l'acad. roy. des sc. de Paris* 1734. S. 41. ff. Sur la liqueur aetherée de Mr. *Frobenius*, par Mr. *Hellot*, ebend-
daf. 1739. Extract out of the original Papers *S. H. Frobenii* concerning his Spiritus vini aethereus by *Croom
Mortimer*, in den *philof. Tranf.* n. 461. — — Mémoire sur le refroidissement, que les liqueurs produi-
sent en s'evaporant par Mr. *Beaumé*, in den *Mém. des
sc. etrang.* T. V. S. 405. ff. — Experiences sur les
melanges, qui donnent l'éther, sur l'éther lui même et
sur la miscibilité dans l'eau, par Mr. *le comte de Lauraguais*, in den *Mém. de l'acad. roy. des sc.* 1753.

§. 1665.

Der Dunst, welcher bey der Verflüchtigung des
Aethers aufsteigt, ist eine wirkliche luftförmige Flüssig-

keit,

keit, elaſtiſch, farbenlos und unſichtbar. Sie entſteht
zwar auch mit Ausſchluß der atmosphäriſchen Luft, iſt
aber dann in der Kälte nicht permanentelaſtiſch, ſon‐
dern gerinnt zum tropfbaren Aether. Sie iſt eine
wahre entzündbare Luft. Sie löſt ſich aber, wie
der Aether nach und nach im Waſſer auf, und kann
daher am beſten durch den Queckſilberapparat entbun‐
den werden, indem man Aether in einer Retorte erhizt.
Sonſt hat dieſe Luft, die nichts anders als luftförmiger
Aether iſt, den Geruch deſſelben und die übrigen Eigen‐
ſchaften der brennbaren Luft. Mit dephlogiſtiſirter
und atmosphäriſcher Luft giebt ſie Knallluft. Sie kann
am beſten den falſchen Satz von Kirvan widerlegen, daß
brennbare Luft luftförmiges Phlogiſton ſey. Man er‐
hält dieſe Luft auch, wenn man aus einem Gefäße durch
Erhitzung erſt die atmosphäriſche Luft austreibt, und
dann einige Tropfen Aether hineinthut und zuſtopft.
So kann man ſie bequem zur electriſchen Piſtole anwen‐
den. Der Raum über dem Aether in den Standflaſchen
iſt dieſe entzündbare Luft, und daher zeigen ſich auch
bey der Annäherung eines Lichtes zur Flaſche die Erſchei‐
nung derſelben. Ueberhaupt läſt ſich aus dieſer Ver‐
wandlung des Aethers bey ſeiner Verdunſtung in Luft
die ſtarke Erkältung leicht erklären, die er dabey be‐
würkt, ferner warum er ſchon in der Entfernung ange‐
zündet werden kann, und warum die Luftblaſen ſich ent‐
zünden laſſen, die aus dem Waſſer aufſteigen, worin
man ein Stück Zucker, worauf Aether getröpfelt war,
geworfen hatte.

> Eine neue Art der brennbaren Luft, welche in einem Augen‐
> blicke und ohne einige Vorrichtung bereitet wird, und zum
> Schießen ſo geſchickt iſt, als ein jedes andere hierzu gebräuch‐
> liche brennbare Gas; nebſt einer neuen Knallluft, von Joh.
> Ingenhouß; in ſeinen vermiſchten Schriften, B. I.
> S. 235. ff. Aler. Volta Briefe über die Sumpfluft,
> S. 93. ſ. Anm.

§. 1666.

§. 1666.

Der Aether löst den Weingeist auf, und läßt sich in allen Verhältnissen mit ihm vermischen.   Die Auflösung hat noch den Geruch und Geschmack des Aethers, und dieser läßt sich, wenn des Weingeistes nicht zu viel in der Auflösung ist, durch zugesetztes Wasser, obgleich mit Verlust, wieder abscheiden. Er ist ferner ein Auflösungsmittel für die ätherischen Oele.   Hr. Müller hat ihn deswegen auch zur Ausziehung derselben aus den Körpern, in welchen sie enthalten sind, empfohlen; wiewol er doch nicht alles darin befindliches Oel, und noch weniger ganz rein von Harztheilen in sich nimmt.

Gerb. Andr. Müller, resp. *Io. Conr. Fridr. Schwitzer* de oleis essentialibus sive aethereis vegetabilibus absque destillatione parandis. Giess. 1756. 4.

§. 1667.

Der Aether ist ferner ein Auflösungsmittel für die Harze, auch für solche, die der Weingeist nicht, oder nur sehr schwer in sich nehmen kann.   Das elastische Harz löst der sattsam rectificirte Aether vollkommen auf, und läßt es nach seiner Verdunstung mit aller vorigen Schnellkraft zurück.

Sur un moyen de dissoudre la resine Coutchouc et de la faire reparaitre avec toutes ses qualités, par Mr. *Macquer*, in den *Mém. de l'acad. roy. des sc. de Paris*, 1768. S. 209. ff.   Thedens Sendschreiben an den Hrn. Prof. Richter in Göttingen, Berl. 1777. 8.

§. 1668.

Die milden Oele und thierischen Fettigkeiten, so wie das Wachs, nimmt der Aether ebenfalls in sich. Deswegen löst er auch die Gallensteine (§. 1537.) auf, und dient sehr gut zum Ausmachen der Fettflecke aus seidnen und andern Zeugen.   Mit dem Kampher verbindet er sich leicht, nicht aber mit dem Schleime und Gummi.   Auf die Neutral= und Mittelsalze, die thierisch=vegetabilische Materie, die Lymphe, den Käse,

den

den faserigten Theil des Blutes hat er keine auflösende
Kraft. Aeßendes flüchtiges Laugensalz verbindet sich
aber mit ihm. 'Der Phosphorus löst sich im Aether
auf, und die Auflösung leuchtet im Dunkeln. Dieß
leuchten nimmt sich schön aus, wenn man mit der Auflösung Zucker tränkt, und diesen in eine Schaale mit
kochendem Wasser wirft, das man durch Schlagen in
Bewegung setzt.

§. 1669.

Wenn man das Vitriolöl, statt mit gleichen oder
2 Theilen Alkohol zu versetzen (§. 1660.) mit 5 bis 6
Theilen Alkohol vermischt, und auf die oben erwähnte
Weise destillirt, so erhält man wenig oder nichts von
Aether, aber dagegen während dem gelinden Sieden
des Gemisches desto mehr von einem, wie eine Auflösung
von Aether in Alkohol riechenden und schmeckenden,
Geist, den man versüßten Vitriolspiritus (spiritus
vitrioli dulcis, liquor anodynus mineralis Hoffmanni)
nennt. Auch bey dieser Destillation ist die gehörige
Regierung des Feuers die Hauptsache, und der Geist
wird um desto angenehmer vom Geruch und desto schö-
ner, je gelinder die Hitze ist, die man anwendet. Man
setzt die Destillation ebenfalls fort, bis schweflichte Dünste kommen, und wechselt deswegen die Vorlage öfters.
Sollte er aber schweflicht geworden seyn, so muß man
ihn nochmals über etwas Pottasche oder Kalkmilch rectificiren.

Fr. Hoffmann ist eigentlich nicht der Erfinder dieses nach ihm
genannten Geistes, sondern bekam die erste Anleitung dazu
durch einen Apotheker, Namens Martincyer.

Frider. Hoffmanni, resp. Car. Hoffmann diatribe de acido
vitrioli vinoso, Halae 1732. 4. Notae in praepara-
tionem liquoris anodyni mineralis, in dem Commerc.
litterar. Norimb. 1738. hebd. 8. S. 46. ff. Io. Cobausen
notae de liquore anodyno minerali Hoffmanni gratiori
reddendo, ebendas. 1742. hebd. 14. S. 112. ff. Io.
Henr. Pott. de acido vitrioli vinoso, in seinen exercit.
                                                      eben.

chem. S. 161. und 172. *Gottfr. S. buster* de liquore anodyno minerali circumspecte parando, monita quaedam,
in den *act. acad. nat. curios.* Vol. X. obs. 56.

§. 1670.

Daß dieser versüßte Vitriolgeist nichts anders als
eine Auflösung des Aethers in dem bey seiner Verfertigung (§. 1669.) überflüssig zugesetzten Alkohol sey, erhellet daraus, daß man ihn auch erhalten kann, wenn
man zu einem Theile Vitriolnaphthe 6 Theile Alkohol
mischt, oder dieß Gemisch auch destillirt; ferner, daß
man aus dem starken versüßten Vitriolgeiste durch Zusatz von Wasser die Naphthe abscheiden kann.

§. 1671.

Wenn man die Destillation des Aethers (§. 1662.)
und des versüßten Vitriolgeistes (§. 1669.) länger fortsetzt, so verliert das Uebergehende die Fähigkeit zu Brennen immer mehr und mehr. Es gehen weißlichte Dämpfe über, die einen starken Schwefelgeruch besitzen, und zu
einem immer saurer werdenden Wasser zusammentreten. Damit geht zugleich etwas von einem gelben Oele
über, das man Weinöl (oleum vini, oleum vitrioli
dulce, quinta essentia vegetabilis) nennt, und welches einige mit dem Aether verwechselt haben, dessen
Flüchtigkeit, Auflösbarkeit im Wasser, eigenthümliche
Schwere, Annehmlichkeit im Geruche es nicht besitzt.
Es ist gelb von Farbe, wird aber durch öfteres Waschen mit aufgelösten feuerbeständigem Laugensalze oder
Kalkwasser weiß. Es schwimmt dann auf dem Wasser,
brennt mit einer weit stärker rußichten Flamme, als der
Aether, und hinterläßt beym Brennen eine Kohle. Es
ist einem ätherischen Pflanzenöle sehr ähnlich. Aus
Aether und Vitriolöl erhält man es durch Destillation
in vorzüglicher Menge.

Y 4

Fr.

Fr. Hoffmanni obs. de vero oleo vitrioli dulci, *in seinen*
obs phys. chem. L. II. S. 157. *Io. Henr. Schulze* resp.
Wolfg. Henr. Schroeter diss. de oleo vitrioli dulci, Hal
1735. 4. *Io. Ant. Ios. Scrinci* resp. *Geo. Ios. Claus's* diss.
de oleo vitrioli dulci, Prag. 1753. 4.

§ 1672.

Die Materie in dem Destillirgefäße wird endlich
immer dunkler und zäher, die aufsteigenden Blasen
bleiben lange stehen, daher man sich wohl in Acht nehmen muß, daß bey zu starker Hitze die Masse nicht ganz
übersteige. Die Säure, welche jetzt noch übergeht,
wird immer schweflichter, erstickender und stärker; zuletzt
sublimirt sich bey vorsichtiger Regierung des Feuers wahrer Schwefel, und in der Retorte bleibt eine schwarze,
kohligte, pechartige, saure Substanz, deren Untersuchung in der Folge weiter vorkommen wird.

Mémoire sur l'æther vitriolique par Mr. *Baumé*, in den
Mém. présent. T. III. S. 209. ff Dissertation sur l'æ-
ther par Mr. *Baumé*, à Paris 1757. 12. Boudewyn
Tiboel vom süßen Vitriolöl, Hoffmanns liquor anodynus
und dem vitriolischen Aether, aus den *harlem. Maatsch.*
Verh. D. XIV S. 131. übers. in Crells neuesten Entdeckungen, Th. IV. S. 172.

§. 1673.

Wenn man aber die Destillation des Aethers nicht
so weit, sondern nur bis zur Entwickelung des Schwe-
felgeistes, fortsetzt, so kann man den Rückstand mit vielem Vortheile wieder zur Verfertigung des Aethers oder
des versüßten Vitriolgeistes nutzen, wenn man frischen
Alkohol in der gehörigen Menge zusetzt, und wie zuvor
destillirt. Und dieß kann sehr oft nach einander wiederholt werden. Schon Ludolf hat dieß Verfahren bekannt gemacht. Cadet erhielt auf diese Art aus 3 Pf.
Vitriolöl durch zehn nach einander angestellte Destillationen mit 16 Pfund Weingeist 10 Pfund 2 Unzen
der

der besten Naphthe. Der zur wiederholten Naphthe-
bereitung angewendete Rückstand wird aber endlich zu
wässerig, und deswegen auch dazu ungeschickt.

Methode pour faire l'éther vitriolique en plus grande abondance, plus facilement et avec moins de depense, qu'on
ne l'a fait jusqu'ici, par Mr. *Cadet*, in dem *Mém. de
l'acad. roy. des sc. de Paris*, 1774. S. 524. ff. Ueber
die Vitriolnaphthe und die Art, sie in großer Menge zu bereiten, in Crells chem. Journal, Th. III. S. 108. ff.

§. 1674.

Die concentrirte Salpetersäure wirkt noch weit
heftiger auf den Weingeist, als die Vitriolsäure, und
liefert damit schon ohne Destillation einen Aether, den
Salpeteräther oder die Salpeternaphthe (naphtha,
aether nitri). Hr. du Hamel, Navier und nachher
Sebastiani waren die ersten, welche die Bereitung desselben bekannt machten. Man thut nämlich 2 Theile
Weingeist in ein geräumiges und starkes Glas, stelle
dieses in kaltes Wasser, oder noch besser in Schnee
oder Eis, und läßt es recht durchkälten. Man gießt
alsdann anderthalb Theile rauchenden Salpetergeist,
aber nur immer in sehr kleinen Portionen und hinlänglichen Zwischenzeiten zu, damit die Erhitzung nicht zu
groß werde, und die Mischung erst immer wieder gehörig erkälte. Man verstopft das Gefäß nach jedesmali-
gen Hinzugießen und Umrütteln, und läßt alles in der
Kälte an einem wohl verwahrten Orte ruhig stehen.
Die Mischung wird sehr bald durch die Dazwischenkunft
sehr vieler Luftblasen trübe scheinen, grünlich werden,
und es wird sich eine gelbe, durchsichtige Naphtha oben
auf absondern. Man läßt alles einige Tage stehen.
Man lüftet den Stöpsel sorgfältig und sondert den
Aether durch einen Scheidetrichter von der übrigen Säure ab. Es hänget ihm aber doch noch immer zu viele

Y 5   freye

freye Säure an, und man muß ihn daher, um ihn rein zu erhalten, über etwas Kalkmilch rectificiren. Je stärker die Kälte der Atmosphäre ist, desto mehr Aether erhält man auch, wenn anders die übrigen Umstände dieselbigen sind. Die kleinen Perlen, die zuletzt bey der tropfenweisen Zumischung des rauchenden Salpeter= spiritus zum Weingeist entstehen, sind nach Hrn. Deh= ne ein Beweis, daß die Mischung gesättiget ist, und sich kein Aether weiter erzeugen kann. Um das Ver= fliegen des erhaltenen Aethers desto besser zu verhüten und ihn aufzufangen, kann man auch die Mischung in einer gläsernen im Eise oder Schnee liegenden Tubulat= retorte vornehmen, an welche man eine recht geräumige Vorlage vorgeküttet hat.

Deux procedés nouveaux pour obtenir sans la secours du feu une liqueur étherée par Mr. *du Hamel*, in den *Mém. de l'acad. roy. des sc. de Paris* 1742. S. 379. Geo. Henr. *Sabastiani* diss. de nitro, eius relationibus et modo cum eius acido oleum Naphthae parandi, Erford. 1746. 4. *Io. Phil. Nonne* de naphtha vitrioli et nitri, Erford. 1765. 4. Einige Bemerkungen über die Salpeternaphthe vom Hrn. D. Dehne, in Crells chem. Journ. Th. I. S. 44.

§. 1675.

Der Salpeteräther ist gelb, und wenn ihm viele freye Säure anhängt, auch wohl grünlich, von Farbe. Er riecht fast wie Borstorferäpfel. Sein Geschmack ist etwas bitterlich. Er entwickelt sehr viele Luftblasen, wenn man ihn schüttelt. Die Flamme dieses Aethers leuchtet mehr, als die vom Vitrioläther, und ist mehr rußicht, ja er hinterläßt sogar beym Abbrennen etwas kohlichten Rückstand. Das Wasser nimmt eine größere Menge von ihm in sich, als vom Vitrioläther. Sonst besitzt er eben die Flüssigkeit, liefert beym Verdunsten entzündbare Luft, und zeigt eben die auflösende Kräfte als jener.

§. 1676.

§. 1676.

Bey der Einwürkung der Salpetersäure auf den Weingeist wird eine große Menge luftartiger Stoffe entbunden, welche theils Salpeterluft theils Luftsäure sind, theils aber brennbare Aetherluft, die sich durch die entstehende Erhitzung des Gemisches aus dem sich eben erzeugten Aether bildet. Eben deswegen ist bey der Vermischung beyder Substanzen so viel Vorsicht und Behutsamkeit nothwendig; besonders aber muß man sich mit dem Zugießen der Säure zum Weingeist nicht übereilen. Gleiche Theile von beyden können kaum bey der größesten Behutsamkeit mit einander vermischt werden.

§. 1677.

Sicherheit bey der Arbeit, baldige Beendigung und gewisse reichliche Darstellung des gesuchten Producets haben zu mehrern abgeänderten Bereitungsarten des Salpeteräthers Anlaß gegeben. Nach Herrn Rouelle, Bogues und Mitouard erhält man durch Destillation einen Aether, wenn man gleiche Theile Weingeist und etwas schwächere Salpetersäure, oder 3 Theile Weingeist und einen Theil rauchenden Salpetergeist, letztern nur tropfenweise, in einer Retorte vermischt und bey dem gelindesten Feuer im Sandbade und einer recht geräumigen Vorlage destillirt. Wegen der im Anfange sich entwickelnden Dämpfe muß man die Fugen so verkleben, daß man durch einen darin angebrachten Federkiel zu Zeiten etwas Luft zu geben im Stande ist. Um auch die Wärme mehr in seiner Gewalt zu haben, legt man die Retorte nur auf eine dünne Schicht Sand, und umschüttet sie nicht damit. Das Lampenfeuer ist hierbey am besten anzubringen. Der in der Vorlage übergehende Aether ist immer mit Säure verunreiniget, von der man ihn, wie vorher (§. 1674.) gemeldet ist, befreyet. Schon Henkel kann-

te

te diese Bereitungsart, die übrigens ebenfalls Behut=
samkeit bey der Ausübung erfordert.

Geo. Mich. Ger. Henkel de naphtha nitri etiam per ignem
elaboranda, Erford. 1761. 4. Ueber die Verfahrungs=
art, nach welcher Hr. Bogues zu Toulouse Salpeteräther
destillirt, übers. in den Samml. brauchb. Abhandl.
aus Roziers Beob. B. II. S. 352. ff. ingl. in Crells
neuest. Entd. Th. XI. S. 174 ff. *Fourcroy* Elem. de
chymie, T. IV. S. 184.

§. 1678.

Das vom Hrn. Woulfe angegebene Verfahren,
den Salpeteräther zu destilliren, ist doch sehr unbequem.
Der Apparat dazu nimmt nicht allein vielen Raum ein,
sondern ist auch kostbar und leicht zerbrechlich, und der
Prozeß selbst bleibt doch immer gefahrvoll. Besonders
merkwürdig, sicher und leicht ausführbar ist die Berei=
tung des Salpeteräthers nach Hrn. Black's Methode,
die Hr. Fischer zuerst bekannt gemacht hat. Man
gießt nämlich in ein starkes Glas, das mit einem glä=
sernen eingeriebenen Stöpsel versehen ist, und im Schnee,
Eis oder kaltem Wasser unbeweglich steht, rauchenden
Salpeterspiritus, so, daß der vierte bis fünfte Theil
des Raums im Glase damit angefüllt werden kann;
auf diese bringt man nach und nach halb so viel dem
Raum nach reines destillirtes Wasser dergestalt, daß es
nur an den Wänden des Glases hinabläuft, ohne eine
Bewegung zu verursachen, und, ohne sich mit dem Sal=
peterspiritus zu vereinigen, oben auf schwimmt. Hier=
auf läßt man mit eben der Behutsamkeit zu 5 Theilen
des Salpeterspiritus dem Gewicht nach 6 Theile Alko=
hol an der Seite des Glases hineinlaufen, so daß auch
dieser obenauf schwimmt, verschließt das Gefäß genau
und läßt alles ruhig stehen. Jetzt wirkt nun die Säure
durch das Wasser in den Weingeist, unter einem merkli=
chen Geräusch; der rauchende Salpeterspiritus verändert
seine

seine Farbe zuerst in die grüne, und nachher in eine blaue, endlich verliert er sie bey dem Ende der Arbeit ganz und vermischt sich mit dem Wasser, wobey sich die erzeugte Naphtha oben auf absondert, oder wobey vielmehr der Alkohol mehrentheils in Naphtha umgeändert wird, die man ebenfalls durch einen Scheidetrichter absondern muß. Bequemer läßt sich die Arbeit in einer Tubulatretorte mit einer geräumigen genau daran gekütteten Vorlage vornehmen, da man den abgesonderten Aether nachher bey dem gelindesten Feuer übertreiben kann.

Woulfe in den philos. Transf. Vol. 57. s. auch Macquers. chym. Wörterb. Th. I. S. 32. Anm. Fischer in den neuern Schriften der churbayerschen Acad. der Wiss. B. I. S. 391. Bemerkung über die Bereitung der Salpeternaphthe ohne Feuer; im Almanach für Scheidek. 1781. S. 82. Salpeternaphtha nach der Fischerschen Methode von J. G. H. in Crells neuest. Entd. der Chem. Th. V. S. 51.

§. 1679.

Die vom Hrn. Tielebein empfohlne Bereitungsart der Salpeternaphthe ist zu gefahrvoll, als daß sie nachgeahmt zu werden verdiente; und wenn sie auch einige, ja mehrere male glücket, so ist doch die Möglichkeit einer großen Gefahr für den Arbeiter immer dabey. Das Verfahren ist folgendes: Man gießt in eine runde, starke, 5 bis 6 Pfund haltende gläserne Flasche, die im Schnee oder Eise steht, 12 Unzen Alkohol, und läßt sie recht durchkälten. Man gießt dann 9 Unzen rauchenden Salpetergeist, der ebenfalls vorher im Schnee oder Eise recht durchkältet war, auf einmal hinzu, verstopft und bindet die Flasche sogleich fest zu, läßt alles noch einige Stunden im Schnee und hierauf an einem gemäßigten Orte stehen, da sich dann die Naphtha oben auf abgesondert hat, welche abgenommen und durch Rectificiren gereinigt werden soll. — Ich bin selbst
Zeu-

Zeuge von einem unglücklichen Ausgang dieser Berei=
tung gewesen, die auch allen chemischen Grundsätzen
schnurstracks und dem zuwider ist, was wir von der
Entwickelung der Luftarten bey dieser Bereitung und der
permanenten Elasticität derselben wissen. Hr. Ballen hat
die angeführte Methode dadurch etwas weniger gefahrvoll
gemacht, daß nur kleine Portionen von Weingeist und
Salpetersäure in mehrern Gläsern auf einmal vermischt
werden. Das Verfahren ist aber doch immer noch unsicher.

C. F. Tielebein kürzeste Bereitungsart der Salpeternaphthe;
in Crells neuesten Entd. Th. VII. S. 65. Wiegleb's
Bemerkungen darüber, ebendas. Th. XI. S. 102. Samm=
lungen mannichfaltiger Versuche und Bemerkungen über die
kürzeste Bereitungsart der Salpeternaphthe, in Crells
chem. Annalen, J. 1784. B. II. S. 219. ss. Fortse=
tzung, ebendas. S. 302. Nachtrag zur kürzesten Bereitungs=
art der Salpeternaphthe, vom Hrn. Tielebein, in den chem.
Annal. 1786. B. I. S. 37. Gesammlete Bemerkungen meh=
rerer Scheidekünstler über den guten Erfolg von der Methode
des Hrn. Tielebeins, die Salpeternaphthe zu machen, und
über die Ursach von der Zersprengung der Gefäße, ebendas.
S. 150. Bereitungsart der Salpeternaphthe, von J. v. d.
Ballen, ebendas. J. 1787. B. I. S. 531. und B. II.
S. 324. Anm.

§. 1680.

Nach Hrn. Crell erhält man auch die Salpeter=
naphtha, wenn man 3 Theile reinen, trocknen und ge=
pulverten Salpeter in einer gläsernen Retorte mit $1\frac{1}{2}$
Theilen starkem Vitriolöl unter den oben (§. 819.) ge=
meldeten Handgriffen übergießt, eine Vorlage an=
kittet, worin $2\frac{1}{2}$ Theile Alkohol vorgeschlagen sind, und
dann bey gehöriger Regierung des Feuers im Sand=
bade die Destillation anstellt. Die übergehende Sal=
petersäure verbindet sich mit dem Weingeiste theils in
dampfförmiger, theils in tropfbarer Gestalt, und die
Tropfen erregen allemal ein Geräusch oder Knarren.
Nach geendigter Arbeit findet man den Aether in der

Vorla=

Vorlage auf der grünlichen Flüssigkeit schwimmend, den man nochmals rectificirt.   Daß dieß Verfahren aber doch auch nicht ohne Gefahr sey, hat schon Bernhard erfahren.   Ich rathe daher diese Bereitungsart keinem angehenden Chemisten an.   Das Verfahren des Hrn. de la Planche ist dem erwähnten ziemlich ähnlich.

Lor. Crell über die kürzeste Bereitungsart der Salpeternaph; the, in den neuesten Entdeck. Th. XI. S. 90. Dollfuß pharmac. chem Erfahrung. S. 91. §. 6. *Fourcroy* elem. de chymie, T. IV. S. 185. f.

§. 1681.

Sicherer ist eine andere vom Hrn. Crell empfohlne Bereitungsart.   Man gießt nämlich auf vier Theile wohl getrockneten, gepulverten, reinen Salpeter unter der gehörigen Vorsicht eine Mischung aus 2 Theilen Vitriolöl und 3$\frac{1}{2}$ bis 4 Theilen Weingeist, klebt eine Vorlage vor und destillirt ganz gelinde im Sandbade. Das zuerst Uebergehende enthält noch rohen Weingeist, aber bald nachher folgt wirkliche Salpeternaphtha, die man nach Endigung der Destillation abnimmt, und, wie schon gemeldet ist, rectificirt.   In diesem Prozesse greift die Vitriolsäure in den Salpeter, entbindet die Salpetersäure, die mit dem Weingeiste zusammen über geht und die Naphtha constituiret.

Crell a. a. O. S. 86.   Dollfuß a. a. O. S. 87. §. 1.

§. 1682.

Sollte man nicht dadurch auch eine Salpeternaphtha erzeugen können, wenn man Salpeterluft in einem schicklichen Gefäße mit Weingeist sperrt, und dann atmosphärische oder reine Luft nach und nach zur Zersetzung der Salpeterluft hinzuläßt, und die Arbeit mit frischer Salpeterluft und respirabeler Luft wiederholt?

§. 1683.

Die beste, wohlfeilste und gefahrloseste Art, den Salpeteräther zu verfertigen, ist nach Hrn. Westrumb folgen-

folgende: Man gießt 5 Pfund vom beſten Alkohol aus
Franzbranntwein in eine Retorte von 6 Maaß Inn=
hält, legt ſie in kalt Waſſer, um ſie kühle zu erhalten,
und trägt nun nach und nach 1 Pfund der ſtärkſten
Salpeterſäure bey kleinen Antheilen hinein. Iſt dieß
geſchehen, ſo ſpült man den Hals mit einem Pfunde
Alkohol nach, legt die Retorte in eine Kapelle auf eine
dünne Lage von Sand, küttet die Vorlage mit dem mög=
lichſten Fleiß an, und läßt durch ein, kaum die Retor=
te erwärmendes, Feuer 2 Pfund Flüſſigkeit übergehen.
Von dieſem ſcheidet nachher das doppelte Gewicht Kalk=
waſſer (oder beſſer etwas Kalkmilch) ¼, oft auch nur
die Hälfte der beſten Salpeternaphtha ab. Der Ueber=
reſt in der Retorte giebt immer noch, wenn man nach
und nach Alkohol zuſetzt, 12 bis 15 Pfund ſehr guter,
verſüßter Salpeterſäure.

Die wohlfeilſte und gefahrloſeſte Art, den Salpeteräther zu
verfertigen, in Weſtrumbs kleinen phyſ. chem. Abhandl.
B. II. H. II. S. 263.

§. 1684.

Verſüßten Salpetergeiſt (ſpiritus nitri dulcis)
deſtillirt man, wie den verſüßten Vitriolgeiſt (§. 1669.)
aus der Verbindung einer größern Menge Alkohol mit
der Salpeterſäure, und er iſt ebenfalls eine Auflöſung
des Salpeteräthers in dem bey der Arbeit überflüſſig
zugeſetzten Weingeiſte. Man kann zu dem Ende einen
Theil rauchenden Salpetergeiſt behutſam in einem ge=
räumigen Gefäße zu zwölf Theilen Alkohol tröpfeln,
oder auch einen Theil ſtarkes Scheidewaſſer mit ſechs
Theilen Alkohol vermiſchen, und von dem Gemiſch aus
einer Retorte im Sandbade die Hälfte bey ſehr gelin=
dem Feuer überdeſtilliren. Ueberhaupt iſt es nöthig,
die Deſtillation nicht zu lange und bey zu ſtarker Hitze
fortzuſetzen, weil die Flüchtigkeit der Salpeterſäure
leicht

leicht zur Verunreinigung des versüßten Salpeterspiritus Gelegenheit giebt. Nach Hrn. Crell erhält man einen sehr guten versüßten Salpetergeist, wenn man ein Gemenge aus 2 Theilen gereinigten Salpeter und 1 Theile Braunstein in einer Retorte mit einem Gemische von 1 Theile Vitriolöl und 3 Theilen Weingeist übergießt, und behutsam destillirt.

Verbesserte Bereitung des versüßten Salpetergeistes vermittelst des Braunsteins; in Crells neuesten Entd. Th. IX. S. 3. ff.

§. 1685.

Der versüßte Salpetergeist hat eben den Geruch und Geschmack, als der Salpeteräther, nur schwächer. Wenn er recht stark ist, so läßt sich aus ihm durch Zusatz von Wasser wirklicher Salpeteräther abscheiden. Die sichersten Zeichen seiner vollkommenen Versüßung sind, daß er mit milden Alkalien nicht braust und das an der Luft zerflossene essigsaure Gewächsalkali nicht trübt. Da aber bey der Destillation desselben gar zu leicht freye Salpetersäure mit übergeht; da sich mit der Zeit selbst diese aus ihm entwickelt, wie das Anfressen der Korkstöpsel in den Standflaschen beweist; die rohe Salpetersäure aber, auch bey der Verdünnung mit Weingeist, immer ein unsicheres Medicament bleibt; so sollte man diese Zubereitung billig aus den Officinen proscribiren, mit der man ohnedem so äußerst sorglos zu verfahren gewohnt ist.

§. 1686.

Der Alkohol wird durch die Salpetersäure ebenfalls in seiner Mischung verändert, und es wird ihm dadurch ein Theil seines wesentlichen Wassers entzogen, wie die nähere Untersuchung des Rückstandes von der Destillation des Salpeteräthers in der Folge zeigen wird.

St. Chem. 2. Th.   Z   §. 1687.

§. 1687.

Die Küchenſalzſäure giebt mit dem Weingeiſte
auf eben die Art behandelt, als die Vitriolſäure und
Salpeterſäure, keinen Salzäther. Der Grund davon
liegt nicht in dem Mangel der gehörigen Concentrirung
und Entwäſſerung, ſondern in der großen Menge Phlogiſton, die ſchon mit ihr vereiniget iſt, und die ſie hindert, auf den Brennſtoff des Weingeiſtes ſo zu würken,
als zu Bildung der Naphthe erforderlich iſt. Da nun
die kochſalzſaure Luft (§. 987.) mit dem Weingeiſte
verbunden und deſtillirt keine Naphthe erzeugt, ſo kann
der Mangel der gehörigen Entwäſſerung nicht Schuld
ſeyn. Indeſſen läßt ſich doch die Küchenſalzſäure
durch den Weingeiſt wirklich verſüßen, oder ein verſüßter Küchenſalzſpiritus (ſpiritus ſalis dulcis) verfertigen, obgleich dieß einige mit Hoffmann leugnen.

Fridr. Hoffmanni obſ. de ſumma ſubtilitate et ſpecifica
virtute ſpiritus ſalis, in ſeinen obſ. phyſ. chem. L. II.
obſ. 17. S. 193.

§. 1688.

Um dieſen verſüßten Salzgeiſt zu machen, ſchrei-
ben die Diſpenſatorien ein verſchiedenes Verhältniß des
Alkohols gegen die concentrirte Salzſäure vor, von gleichen Theilen bis zu zwölf Theilen des erſtern gegen die
letztere. Das von Boerhave angegebene aus drey Theilen Alkohol und einem Theile rauchenden Salzgeiſte
ſcheint der Sache am angemeſſenſten zu ſeyn. Bey
dem Zuſammenmiſchen beyder Stoffe entſteht keine beträchtliche Hitze und Bewegung, und es bedarf alſo hier
der Vorſicht nicht, die bey der Vermiſchung des Alkohols mit Salpeterſäure und Vitriolſäure erforderlich
iſt. Das Gemiſch wird mehrere Tage lang digerirt,
bis zur Häſfte bey gelindem Feuer aus einer Retorte im

Sand

Sandbade abgezogen und einige male cohobirt. Nach Potts Vorschlage kann man ihn auch so erhalten, daß man in eine Tubulatretorte 2 Theile Kochsalz schüttet, in der angekütteten Vorlage 3 Theile Weingeist vorschlägt, und dann unter der gehörigen Vorsicht 1 Theil Vitriolöl aufs Kochsalz gießt, so die Dämpfe der Kochsalzsäure an den Weingeist treten läßt, und diesen nochmals destillirt und cohobirt. Diese Methode ist besser, als die von Maëts schon vorgeschlagene; ein Gemenge aus Kochsalz und Weingeist mit Vitriolöl zu übergießen und zu destilliren, oder auf das Kochsalz das Gemisch aus Weingeist und Vitriolöl zu schütten und die Destillation anzustellen. In beyden Fällen wird die versüßte Salzsäure mit versüßter Vitriolsäure verbunden erhalten.

Boerhave elem. chem. T. II. S. 357. *Is. Hoar. Pott* de acido salis vinoso, in seinen *obs. chym* coll. I. S. 109. ff. Ludolfs siegende Chemie St. 6. S. 36, und Einleitung in die Chemie S. 1074. Tielebein über die Salznaphtha, in Crells neuesten Entd. Th. VII. S. 67. ff. Dehne Beschreibung einiger Versuche wegen der Salznaphtha, ebendas. Th. IX. S. 68. ff. Hahnemann in Demachys Labor. im Großen B. I. S. 236.

§. 1689.

Der versüßte Salzgeist hat, wenn er gehörig bereitet ist, einen angenehmen Geruch, aber immer einen säuerlichen Geschmack, auch wenn er noch so behutsam destillirt worden ist. Durch Rectificiren über Kalkmilch läßt er sich zwar davon befreyen; allein diese freye, ihm anhängende, Säure hindert nicht, ihm alle Vorzüge zum Arzneygebrauch vor dem versüßten Salpeterspiritus zu geben, da die phlogistisirte Salzsäure nicht corrosisch ist.

B 2   §. 1690.

§. 1690.

Da man sonst glaubte, daß bloß der Mangel der nöthigen Entwässerung der gewöhnlichen Salzsäure das Hinderniß zur Hervorbringung eines Küchensalzäthers und einer völligen Versüßung der Säure wäre, so fiel man darauf, solche Substanzen anzuwenden, in welchen die Salzsäure in dem höchsten Grade der Concentration mit einem andern Körper vereiniget enthalten ist. Es gelang auch mehrern, auf diesem Wege eine Versüßung zu bewürken, und einigen, ein künstliches Salzöl darzustellen, dem man den Namen der Küchensalznaphtha gab. So bediente sich Pott, und nachher Wenzel nach einer verbesserten Bereitungsart, der Spiesglasbutter, die schon Basilius Valentinus anrieth; Neumann der concentrirten Auflösung des Zinks in Salzsäure, und später hin de Bormes der eingedickten Auflösung der Zinkblumen in Salzsäure; Rouelle und von Courtanvaux des salzsauren Zinnes oder des libavischen Geistes; andere haben noch den ätzenden Quecksilbersublimat, die Arsenikbutter, das salzsaure Eisensalz vorgeschlagen. Diese und andere mühsamen Versuche gewährten zwar dem Chemisten lehrreiche Thatsachen, blieben aber für die Arzneykunst größtentheils unbrauchbar, weil der auf diese Weise erhaltene versüßte Geist mit metallischen Theilen verbunden, verdächtig und also unbrauchbar ist.

Pott a a. O. S. 125. *Neumanni* praelectiones chemicae im Zimmermannischen Ausz. S. 1599. *Rouelle* journaux des sçavans 1759. S. 405. *De Bormes* in den *Mémoires des Sçavans etrangeres* Th. VI. S. 612. Wenzel Lehre von der Verwandtschaft S. 148 ff. *Marx, Maass* diss. sistens analecta circa destillationem acidi salis eiusque Naphtham, Argentor. 1772 4. Hr. Prof. Gmelin über die Versüßung der Salzsäure, in Crells chem. Journ. Th. IV. S. 11.

§. 1691.

§. 1691.

Die Scheelische Entdeckung der dephlogistisirten Küchensalzsäure (§. 991.) bewieß, daß nicht die mindere Concentrirung der Salzsäure, sondern allein ihre phlogistische Beschaffenheit, und also ihr geringes Bestreben, sich mit mehrerem Phlogiston zu verbinden, Schuld an ihrer unvollkommenen Versüßung wäre. Dieß veranlaßte Hr. Westrumb, die dephlogistisirte Küchensalzsäure zu diesem Behuf anzuwenden, und der Erfolg hat seine Erwartung völlig bestätiget. Das Verfahren ist folgendes: Es werden acht Theile trocknes Kochsalz oder Digestivsalz und vier Theile Braunstein mit einander genau gemengt, und in einer Retorte mit einem Gemisch von zwölf Theilen Weingeist und vier Theilen Vitriolöl übergossen, eine Vorlage angeklebt, und bey gelindem Feuer destillirt. Man erhält hierbey erst einen sehr angenehmen versüßten Salzgeist, der noch besser wird, wenn man ihn nochmals cohobirt; und zuletzt erhält man etwas von einer öligten Flüssigkeit, von einer gelben Farbe, die im Wasser zu Boden sinkt, sehr angenehm riecht und gewürzhaft schmeckt. Sie löst sich nicht wie der Aether im Wasser auf, sondern hat ganz die Natur eines ätherischen Oeles, verdunstet nicht so leicht, als jene, und hinterläßt beym Abbrennen weit mehr kohligten Rückstand, giebt auch eine weit stärkere rußichte Flamme. Eben dieß Oel läßt sich auch aus dem erhaltenen Salzgeiste durch Wasser abscheiden. Beyde erhält man auch, wenn man eine Mischung aus starker Salzsäure und Weingeist über Braunstein abzieht, folglich trägt die Vitriolsäure zur Versüßung der Salzsäure und der Entstehung des Oeles nichts bey. Wenn der Braunstein rein von metallischen Theilen war, so ist auch der damit erhaltene versüßte Salzgeist frey davon.

3 3   Westrumb

Weſtrumb über die Verſüßung der Salzſäure durch Weingeiſt und eine beſondere daraus zu erhaltende Naphtha, in
Crells neueſten Entd. Th. IV. S. 56. ff.   L. Crell
einige Verſuche mit dem neuen verſüßten Salzgeiſte, ebendaſ. Th. V. S. 84. ff.   Weſtrumb fernere Verſuche über
die Verbindung der Salzſäure und des Weingeiſtes durch
Hülfe des Braunſteins, ebendaſ. Th. VI. S. 101. ff.
Die Verſüßung der Salzſäure durch die Verſetzung mit
Braunſtein, von J. C. H., ebendaſ. Th. VII. S. 17.
Laur. Crell reſp. *Jo. Fridr. Hausbrand* diſſ. de acidorum
inprimis nitroſi et muriatici dulcificatione. Helmſt.
1782. 4   Dehne Verſuche wegen der Salznaphthe, in
Crells neueſten Entdeck. Th. VIII. S. 28. ff.   Weſtrumb Verſuche über die Würkung des Braunſteins auf die
Salzſäure; über die Verſüßung einiger andern Säuren und
über den Beſtandtheil des Braunſteines, welcher die Verſüßung bewürkt; ebendaſ. S. 82.   Weſtrumb chemiſche
Verſuche mit der Salzſäure, in Rückſicht auf ihre Verſüßung
durch Weingeiſt und einer dadurch zu bewirkenden Naphtha,
nebſt vorausgeſchickter kurzer Geſchichte der dahin gehörigen
Entdeckungen, in ſeinen kl. phyſ. chem. Abh. B. I. H. II.
S. 3. ff.   Ebenderſ. vom verſüßten Salzgeiſte, ebendaſ.
B. II. H. I. S. 260. ff.   Ebendeſſelben chemiſche Verſuche zur Beantwortung der Frage: läßt ſich ein leichter,
auf dem Waſſer ſchwimmender Aether Salis bereiten oder
nicht? in Crells chem. Annal. 1786. B. I. S. 118.
Dollfuß a. a. O. S. 93. ff.

§. 1692.

Es läßt ſich alſo gar nicht mehr an der künſtlichen
Hervorbringung einer öligten Flüſſigkeit aus dem Weingeiſte durch Hülfe der Salzſäure zweifeln; allein es
hängt von der Beſtimmung des Wortes Aether ab, ob
wir jener dieſen Namen geben wollen. Wenn die große
Flüchtigkeit, Leichtigkeit und die Auflösbarkeit im Waſſer weſentliche Eigenſchaften des Aethers ſind, und alſo
ein Unterſchied zwiſchen dem Weinöl und der Vitriolnaphthe (§. 1670.) gemacht werden muß, ſo müſſen
wir mit Hrn. Weſtrumb jenem künſtlichen Salzöl freylich

lich den Namen Aether absprechen; will man aber jede durch Hülfe einer Säure aus dem Weingeist hervorgebrachte öligte Flüssigkeit Aether nennen, so kömmt dem Salzöle freylich der Name des Küchensalzäthers zu. Allein ich denke, daß auch bey künstlichen Substanzen so gut eine genaue Bestimmung in der Benennung statt finden muß, als bey natürlichen Körpern. Einige Chemisten haben indessen doch ein leichtes, auf dem Wasser schwimmendes, Salzöl erhalten.

Hr. Heyer in Crells chem. Annal. 1787. B. I. S. 54. f.

§. 1693.

Auch andere Säuren hat man durch Hülfe des Weingeistes zur Versüßung gebracht, und durch einige auch Aether erhalten. Die Flußspathsäure läßt sich zwar mit dem Weingeist versüßen, und riecht dann ganz wie versüßte Salzsäure; allein keinen eigentlichen Aether konnte Hr. Buchholz nach der gewöhnlichen Art doch nicht daraus erhalten. Die Bemerkung eben dieses Chemisten, daß versüßte Flußspathsäure auch das Glas anfraß, läßt schließen, daß noch rohe Flußspathsäure darin enthalten war. Durch Hülfe des Braunsteins erhielt aber Scheele aus der Flußspathsäure und dem Weingeist einen wirklichen Aether, der nach Salpeteräther roch. Die Boraxsäure hat man bis jetzt noch nicht mit Weingeist versüßen und noch weniger daraus einen Aether hervorbringen können.

Buchholz Beytrag zu den Versuchen über die Flußspathsäure, in Crells neusten Entd. Th. III. S. 60. ff. Scheele Versuche mit Anmerkungen über den Aether, aus den neuen schwed. Abh. J. 1782. Th. III. S. 35. ff. übers. in Crells chem. Annalen, J. 1784. S. 336. 341.

§. 1694.

Ob die Phosphorsäure durch den Weingeist wirklich versüßt, und ein Phosphoräther damit erhalten werden könne, ist noch nicht ausgemacht. Daß der Weingeist bey der Destillation mit Phosphorsäure diese letztere selbst mit übernehme, wie Hr. von Morveau behauptet, ist Hrn. Scheele nicht gelungen. Auch Hr. Lavoisier konnte keinen Aether durch das Abziehen des Weingeistes über Phosphorsäure erhalten. Durch das Ueberziehen von Phosphorsäure, Braunstein und Weingeist gewann aber Hr. Westrumb einen versüßten Geist, der fast wie Quitten roch, aber doch keine Naphthe beym Zusatz des Wassers gab. Diese Versüßung bemerkte auch Cornette durch öfteres Abziehen des Weingeistes über bloße Phosphorsäure allein. Hr. Günthers Harnäther oder Harnnaphthe aus der bis zur Trockniß eingedickten Mutterlauge des Harns, Weingeist und Vitriolöl möchte wol kaum etwas von wahrer Phosphornaphthe enthalten. — Die Phosphorsäure löst sich übrigens nicht im Weingeist auf, sondern dieser fällt jene vielmehr aus dem Wasser.

de Morveau Anfangsgr. der Chemie, Th. III. S. 251. f. Scheele a. a. O. §. 7. Lavoisier über verschiedene Verbindungen der Phosphorsäure, aus den *Mém. de l'acad. roy. des sc. de Paris* 1780. S. 343. ff. übers. in Crells chem. Annalen, J. 1787. B. I. S. 255. Westrumb Versuche über die Würkung des Braunsteins ec., in Crells neuesten Entd. Th. VIII. S. 88. 89. Cornette über die Würkung der Phosphorsäure auf Oele, und ihre Verbindung mit Weingeist, aus den *Mém. de l'acad roy. des sc. de Paris* 1782. S. 219. ff. übers. in Crells chem. Annal. J. 1788. B. II. S. 242. f. Günther Bereitung der Harnnaphtha, in Crells neuesten Entd. Th. III. S. 40. f. Crell über die Beschaffenheit der Säure, welche mit Weingeist verbunden die Harnnaphtha giebt, ebendas. S. 266. ff.

§. 1695.

Die reine Weinsteinsäure löst sich zwar im Weingeiste auf, läßt sich aber als solche durch Weingeist nicht

nicht versüßen und daraus kein Aether machen. Durch
wiederholte Destillation von 2 Theilen des letztern über
ein Gemisch aus 1 Theil Weinsteinsäure und eben so
viel Braunstein erhielt aber Hr. Westrumb einen wirklich versüßten Geist, der wie versüßter Essig roch, zwar
keinen Aether beym Zumischen des Wassers absetzte,
aber wahrscheinlich dahin gebracht werden kann, wenn
man ihn in größern Massen bearbeitet.   Allein diese
versüßte Weinsteinsäure und der Weinsteinäther führen mit Unrecht diesen Namen, weil die Weinsteinsäure durch die Behandlung mit Braunstein oder durch die
Dephlogistisirung zur Essigsäure, welche also, und
nicht die Weinsteinsäure, eigentlich hier versüßt wird,
und den Aether bilden hilft.   Das ist auch der Fall,
wenn man den rectificirten und concentrirten Weinsteinspiritus anwendet.   Verschiedene andere von mehrern
Chemisten aufgeführte versüßte Säuren und Aether arten sind von der versüßten Essigsäure und dem Essigäther, dessen Zubereitung erst in der Folge vorgetragen
werden kann, nicht wesentlich verschieden, da die angewandten Säuren entweder wahre Essigsäure schon waren, oder es erst bey der Destillation wurden.   Dahin
gehört: Arvidsons und Buchholz versüßte Ameisensäure und Ameisenäther; Crells versüßte Citronensäure und der daraus erhaltene Aether, ebendesselben versüßte Fettsäure und der Fettäther, ebendesselben Reißnaphthe; Göttlings versüßte Holzsäure
und der damit bereitete Aether; Savarys Aether aus
Sauerkleesalzsäure, und endlich auch Bergmanns
Zuckeräther aus Zuckersäure.

Westrumb a. a. O. S. 89. ff.   Arvidson's oben (§. 577.)
angef. Schrift.   Die Bereitung des Ameisenäthers vom
Hrn. D. Buchholz, in Crells neuesten Entd. Th. VI.
S. 55. ff.   Crell im Vorbericht zu den neuesten Entd.

Th. V. Ebenderf. von der Fettsäure, im chem. Journal
Th. I. S. 93. Ebenderf. von der Säure des Reißes,
in den neuesten Entd. Th. III. S. 71. Savary diss.
de sale essentiali acetosellae, §. XII. Göttling chymische Versuche mit der Holzsäure, in Absicht vermittelst derselben eine Naphtha zu verfertigen, in Crells chem. Journ.
Th. II. S. 39. ff. *Bergmann* de acido sacchari, in seinen *opusc. phys. chem.* Vol. I. S. 256.

§. 1696.

Die Zuckersäure löst sich übrigens im Weingeiste
auf. Bey dem 50° der Wärme nach Fahrenheit erfordert die krystallinische Zuckersäure 2,500 Theile, in
der Siedhitze aber 1,714 Theile vom Alkohol zur Auflösung.

§. 1697.

Die Benzoesäure löst sich im Weingeiste ebenfalls
auf. Scheele erhielt aus beyden allein keine Aether.
Da er aber 1 Theil Benzoesalz, 3 Theile Weingeist
und ⅓ Theil gewöhnliche Salzsäure mit einander destillirte, so kam zuerst reiner Weingeist, aber nachher erhielt er eine Art Aether, von welchem ein Theil auf dem
Wasser schwamm, der größte Theil aber am Boden
lag. Dieser Aether roch nach Benzoesalz, war nicht
flüchtiger, als der Essigäther, und brannte mit heller
Flamme und einem Rauche.

Scheele a. a. O. §. 8.

Zergliederung des Weingeistes.

§. 1698.

Es würde zu weitläuftig seyn, die mancherley
Meynungen der Chemisten über die Natur und Mischung des Weingeistes hier durchzugehen und zu beweisen, was er nicht sey. Das letztere wird von selbst folgen, wenn wir aus richtig angestellten Erfahrungen durch
eben

eben so richtige Vernunftschlüsse die wahren Bestandtheile des Weingeistes ins Licht zu setzen uns bemühen
werden.   Die Verschiedenheit in den Meynungen der
geschicktesten Chemisten lassen sich in drey Hauptclassen
bringen. 1) Die mehresten glauben nämlich mit Stahl,
der Weingeist bestehe aus einem subtilen Oele, welches
vermittelst einer Säure mit einer großen Menge Wasser innigst und genau vereiniget sey; 2) andere nehmen
mit Junker an, daß kein Oel, sondern reines Phlogiston durch eine Säure mit dem Wasser vereiniget den
Weingeist constituire; und andere behaupten endlich
3) mit Cartheuser, der reinste Weingeist sey bloß
Wasser und brennbares Wesen.   Die Meynungen
derer, welche eine der beyden ersteren Theorien annehmen, waren und sind nun selbst wieder in Absicht der
Natur der Säure des Weingeistes verschieden.

Stahlii opusc. chym. phys. med. S. 145. s.   *Junker* con-
spectus chemiae theoreticae practicae, nach der Ueber-
setzung Th. III. S. 675.   *Cartheuser* Elem. Chemiae
Sect. I. Cap. V. §. 2.

§ 1699.

Wir wollen erst auf die Phänomene Acht geben,
und die Stoffe untersuchen, die der Weingeist bey der
Zerstörung durchs Verbrennen liefert, und dann die
Zersetzung und Scheidung desselben durch schickliche
Mittel auf nassem Wege betrachten.   Es versteht sich,
daß hier nur von ganz reinem Alkohol die Rede ist.
Wenn dieser in einer Schaale an der freyen Luft angezündet und abgebrannt wird, so zeigt seine Flamme keine Spur von einem sichtbaren Rauche oder Ruße, und
ein darüber gehaltener weißer porzelläner Teller wird
nicht im mindesten schwarz oder gefärbt, wie beym Abbrennen eines Oeles oder des Aethers. — Unternimmt
man das Abbrennen des Weingeistes in einem einge-
schlosse-

schlossenen Raum von atmosphärischer Luft, z. B. so,
daß man denselben in einer auf dem Wasser einer
Schüssel schwimmenden, tiefen, dünnen, metallenen
Schaale abbrennt, und dann die Klocke darüber stürzt,
so findet man, daß, wenn man auch die Vorsicht brauch=
te, daß keine, oder nur sehr wenige Luft entwischen
konnte, nach dem Verlöschen des Weingeistes und dem
Erkalten die eingeschlossene Luft am Umfange und Ge=
wicht vermindert, und phlogistisirt ist.   Wenn man
bey diesem Versuche, die Luft, worin man den Wein=
geist verbrennt, mit Quecksilber sperrt, so ist die rück=
ständige Luft nicht allein phlogistisirt, sondern auch mit
Luftsäure beladen, und das Quecksilber so wie das In=
wendige der Klocke mit einer merklichen Menge Wasser
bedeckt, auch wenn man den aufs höchste entwässerten
Alkohol angewendet hat.   Wenn man diesen Versuch
endlich so abändert, daß die Glasklocke mit Kalkwasser
gesperrt ist, so wird dieß während dem Verbrennen des
Weingeistes sogleich getrübt, und der darin befindliche
gebrannte Kalk wird in rohen verwandelt, was also die
Entwickelung der Luftsäure aus dem Weingeiste unwi=
dersprechlich beweist.

§. 1700.

Daß der Weingeist bey seinem Verbrennen einen
wässerichten Dunst gebe, und dieser beym Abkühlen
eine große Menge Wasser absetze, zeigten schon Geofroy
der jüngere, Boerhave und Neumann sehr umständ=
lich.   Sie erhielten durch das Verbrennen des Alkohols
unter einer Klocke über die Hälfte Wasser, und letzterer
versichert, in einer eigenen dazu ausgesonnenen Maschine
noch weit mehr erhalten zu haben.   Hr. Lavoisier ent=
deckte endlich, daß wenn man das Verbrennen des Al=
kohols in einer solchen Vorrichtung unternehme, wor=

in

in nichts von den Dämpfen des Weingeistes verlohren
gehen könne, dergleichen ihm Hr. Meunier vorschlug,
daß man mehr Wasser erhalte, als man Weingeist
dazu angewendet habe, und er erhielt aus 16 Unzen
Weingeist 18 Unzen Wasser; hierbey ist nun die luftsäure noch nicht gerechnet, die sich entwickelte.

Geofroy Methode, die Beschaffenheit der geistigen Flüssigkeiten, als Branntwein und Weingeist, genau zu erkennen
und zu bestimmen; aus den *Mem. de l'acad. roy. des sc.
de Paris* 1718. S. 46. übers. in Crells neuen chem.
Archiv, B. I S 193. ff. *Buerhave* elem. chemiae edit.
Lipf. T. I. S. 275. f. Neumanns medicinische Chemie,
B. I S. 1111. Neue Versuche über das Wasser, das
während dem Verbrennen des Weingeistes erzeugt wird, von
Hrn. Lavoisier, im Auszug in Lichtenbergs Magaz.
für die Physik, B. III. St. 1. S. 71. f.

§. 1701.

Wenn man Weingeist in eine gläserne Retorte
gießt, an die Mündung derselben eine lange irdene, gla-
surte, Röhre anküttet, den mittleren Theil dieser Röhre
durch glühende Kohlen gehen und glühen läßt, ihre Mündung aber unter den Trichter der mit heißem Wasser
gefüllten Wanne des pneumatisch-chemischen Apparats
bringt, und nun den Weingeist im Sandbade bis zum
Kochen erhitzt und so feine Dämpfe durch den glühenden Theil treibt, so erhält man in den Vorlagen eine
sehr beträchtliche Menge brennbarer Luft, die mit fixer
Luft vermischt ist. Letztere zeigt sich durchs Kalkwasser.
Eben so giebt er auch entzündbare Luft, wenn man ihn
in der Dampfkugel stark erhitzt.

§. 1702.

Der reine Weingeist hinterläßt nach seinem Verbrennen keine Spur einer Kohle, wie ölige Substanzen thun.

§. 1703.

§. 1703.

Aus diesen Versuchen (§. 1699 — 1702.) ließe sich nun erweisen, daß die entferntern Bestandtheile des reinsten Weingeistes Brennstoff, Luftsäure und Wasser wären, wenn die Zergliederung der Stoffe durchs Feuer allein hinreichend wären, die Mischung derselben mit Zuverlässigkeit darzuthun. Wir müssen daher erst noch die Würkungen der gegenwürkenden und Scheidungsmittel auf nassem Wege auf ihn prüfen, und die Resultate, die sie gewähren, mit jenen vergleichen.

§. 1704.

Der reinste Weingeist hat keine Spur einer freyen Säure an sich. Er röthet die lackmustinctur nicht, und zeigt keine von den Würkungen, welche die Säuren auf ihre Reagentia äußern. Eben so wenig färbt er auch das Curcumapapier braun, oder den Veilchensaft grün.

§. 1705.

Der Weingeist perlt zwar sehr stark, wenn man ihn schüttelt, aber dieß rührt nicht von freyer luftsäure her, die im reinen Alkohol nicht erwiesen werden kann. Er schlägt das gesättigte Kalkwasser freylich nieder (§. 1629.), aber nicht als rohen und luftsauren Kalk, sondern als lebendigen durch Entziehung des Wassers, worin dieser aufgelöst war. Wenn man den Alkohol mit destillirtem Wasser verdünnt, so schlägt er das Kalkwasser auch keinesweges nieder, wie er doch thun müßte, wenn er freye luftsäure enthielte.

§. 1706.

Hieraus folgt also ungezweifelt gewiß, daß der reine Weingeist keine freye luftsäure enthält, und eben so folgt auch, daß die bey seinem Verbrennen zum Vorschein

schein kommende luftsäure (§. 1699.) kein näherer, sondern ein entfernter Bestandtheil desselben seyn müsse.
Ein abermaliger Beweis, wie unzulänglich die Zergliederung der Körper durch das Feuer allein zur Bestimmung ihrer wahren Mischung sey!

§. 1707.

Bergmann prüfte zuerst die Würkungen der Salpetersäure auf den Weingeist genauer.   Zwar hatte
man schon seit langen Zeiten versüßten Salpetergeist
(§. 1684.) bereitet, aber es schien den Chemisten mehr
um die Gewinnung dieses Products, als um die Untersuchung des Rückstandes zu thun zu seyn.   Schon
Hiärne hatte Salzkrystalle in demselben bemerkt, und
Pott und Beaumé fanden, daß die Säure dieses Rückstandes, wenn er gehörig eingedickt sey, der Salpetersäure nicht mehr ähnle, und daß er bis zur Trockniß
abgeraucht einen kohligten Rückstand lasse, was doch
sonst weder der Weingeist, noch die Salpetersäure für
sich allein thun.   Bergmann aber bewieß zuerst, daß
sich wahre Zuckersäure aus diesem Rückstande scheiden
lasse, und erhielt aus 8 Theilen Weingeist mit 24 Theilen Salpetersäure 3 Theile dieser Zuckersäure.

Bergmann opusc. phys. chem. Vol. I. S. 253. *Fourcroy*
elemens de chymi, T. IV. S. 188.

§. 1708.

Um die Erscheinungen, die sich bey dieser Zerlegung
des Weingeistes zeigen, besser wahrnehmen zu können,
gieße man 1 Pfund Weingeist in eine Tubulatretorte
mit einem langen gekrümmten Halse, dessen Mündung
unter dem Trichter der mit warmem Wasser gefüllten
Wanne des pneumatisch-chemischen Apparats gesteckt
ist.   Man lege die Retorte ins Sandbad und trage
mit der gehörigen Vorsicht 8 loth rauchende Salpetersäure

säure hinein. Es entwickelt sich bey gelinder Erwärmung eine Menge Luftsäure und Salpeterluft, die sich durch Kalkwasser von einander scheiden lassen. Bey fortgesetzter Arbeit kömmt auch brennbare Aetherluft, die aber in der Kälte nicht permanent=elastisch ist. Wenn keine Luftblasen mehr zum Vorschein kommen, so gießt man von neuem wieder 6 loth rauchende Salpetersäure zum Rückstande, und destillirt wie vorher, da sich dann wieder dieselbigen Erscheinungen zeigen. Man gießt den Rückstand aus, läßt ihn unmerklich abbunsten, worauf die Zuckersäure in schönen Krystallen anschießt. Man behandelt die rückständige Flüssigkeit wieder, wie vorher, und scheidet noch mehr Zuckersäure ab.

§. 1709.

Niemand zweifelt jetzt wol mehr daran, daß diese Zuckersäure aus dem Weingeiste geschieden sey, und Hr. Wiegleb selbst hat seine Meynung von der Entstehung derselben aus der Salpetersäure aufgegeben. Nur darin sind die Chemisten noch nicht einig, ob die Zuckersäure als solche, oder als Weinsteinsäure, oder als Essig im Weingeiste sey. — Ich glaube, daß die Verschiedenheit dieser Meynungen auf einen Wortstreit hinausläuft. Denn wenn man zugiebt, daß Weinsteinsäure und Zuckersäure Essigsäure sind, jene mit mehrerem Phlogiston verbunden als diese; der Weingeist aber weit mehr Phlogiston besitzt, als zur Bildung der Weinsteinsäure oder Zuckersäure aus Essigsäure nothwendig ist, so kann ich auch nicht eigentlich sagen, die Säure ist im Weingeiste als Weinsteinsäure, oder, als Zuckersäure, und ich könnte eben so gut sagen: sie ist als Zucker darin. Die Zuckersäure erhält man nur dann aus dem Weingeiste, wenn man ihm nur so viel Brennstoff entzieht, daß die Essigsäure in ihm noch genug davon zurückbehält, um als Zuckersäure erscheinen

zu können. Da wir aber doch einverstanden sind, daß die
Essigsäure die einfachere Pflanzensäure sey, worin sich
Weinsteinsäure, Zuckersäure, u. s. w. endlich resolviren
lassen; und da wir bey ihr endlich stehen bleiben, so müs-
sen wir auch die Säure des Weingeistes, als entfernten
Bestandtheil desselben betrachtet, für Essigsäure erklären.

Joh. Chrift. Wiegleb chemische Versuche und Betrachtungen
über die Natur der sogenannten Zuckersäure, in Crells
chem. Annalen 1784. B. II. S. 12 ff. Fortsetzung
ebendas. S. 100. ff. (Meine) Betrachtungen über die Gährung und ihre Producte und Educte, von J. v. P. Halle 1784.
S. 45—65. Westrumb chemische Versuche, die Entstehung
der Zuckersäure, die Natur derselben und die Bestandtheile
des Weingeistes betreffend, in seinen kl. phys. chem. Abh.
B. I. H. I. S. 3. ff.

§. 1710.

Darin liegt auch der Grund, warum die Angaben
der Schriftsteller über die aus dem Weingeiste erhaltene
Menge der Zuckersäure so verschieden sind. Allemal
wird ein Antheil der letztern durch die Einwürkung der
Salpetersäure in Essigsäure zerlegt, und zwar um desto
mehr, je mehr Salpetersäure angewendet wird, je stärker und concentrirter sie ist, und je stärkere Destillations-
hitze gegeben wurde. Diese Essigsäure läßt sich in der
beym Salpeteräther mit überdestillirten Flüssigkeit finden. — Manchmal habe ich auch in dem eine Zeitlang
aufbewahrten versüßten Salpetergeiste Zuckersäure gefunden, die nun gewiß nicht mit überdestillirt war, sondern von der Einwürkung der mit übergezogenen rohen
Salpetersäure auf den Weingeist herrührte. — Daß
sich übrigens die Säure des Weingeistes durch mindere
Dephlogistisirung vermittelst der Salpetersäure auch
als wahre Weinsteinsäure scheiden lasse, hat Herr
Westrumb und Hermbstädt bewiesen.

Westrumb a. a. O. Hermbstädt phys. chem. Versf. B. I.
S. 205. und S. 89. ff.

§. 1711.

Vermittelſt der concentrirten Vitriolſäure läßt ſich keine Zuckerſäure aus dem Weingeiſt ſcheiden. Sie dephlogiſtiſirt dieſen zu ſtark, und die Säure deſſelben wird als Eſſigſäure ausgeſchieden, die nach Hrn. Scheele auch bey der Deſtillation des Vitrioläthers zuletzt mit der Schwefelſäure übergeht. Wenn man aber nach dem Vorſchlag eben dieſes Chemiſten in einer Retorte eine Unze gepulverten Braunſtein mit einer halben Unze Vitriolſäure und einer Unze ſtarkem Weingeiſt vermengt, und die Retorte in warmen Sand ſetzt, ſo wird dieß Ge=menge nach einigen Minuten von ſelbſt heiß und geräth ins Sieden. Während deſſelben geht ein vortrefflich riechender Aether in die Vorlage über; verſtärkt man das Feuer, ſo folgt Eſſigſäure, die völlig rein und ohne eine Spur von Schwefelſäure iſt, und zugleich Luft=ſäure. Der Rückſtand in der Retorte iſt vitriolgeſäuer=ter Braunſtein.

Verſuche mit Anmerkungen über den Aether, von Carl Wil=helm Scheele, aus den ſchwed. neuen Abh. Th. III. J. 1782. S. 35. überſ. in Crells chem. Annal, J. 1784. B. II. S. 336. §. 1.

§. 1712.

Hierdurch wird es nun noch mehr beſtätigt, daß die Zuckerſäure des Weingeiſtes Eſſigſäure mit Phlo=giſton verbunden ſey, und nach der Abſcheidung des letztern durch Hülfe des Braunſteins als Eſſigſäure er=ſcheine.

§. 1713.

Das harzigte Weſen, das bey der Deſtillation des Vitrioläthers zuletzt zurückbleibt (§. 1672.) hat wol größtentheils der Zerſtörung und Verkohlung der phlo=giſtiſirten Eſſigſäure des Weingeiſtes durch die Vitriol=
ſäure,

säure, oder, wenn man lieber will, der Zuckersäure
oder Weinsteinsäure desselben seinen Ursprung zu verdan=
ken, wie auch Hr. Hermbstädt annimmt. Noch ist die Mi=
schung desselben nicht gehörig ins Licht gesetzt, ob es gleich
auch wahr ist, daß die verschiedenen fremdartigen Thei=
le des Vitriolöles und des Weingeistes eine Verschie=
denheit seiner Mischung hervorbringen können.   So
fand Beaume' darin Eisenvitriol, Berlinerblau, eine
salzigte Substanz und eine Erde, deren Natur er nicht
bestimmt; Bergmann Schwefel, Kalk und Kieselerde;
Hr. Westrumb Vitriolsäure, Pflanzensäure, brennba=
res Wesen, Wundersalz, Selenit, Kalkerde, Kie=
selerde, Eisen und etwas, das wahrscheinlich Phos=
phorsäure ist.

Fourcroy elem. de chymie, T. IV. S. 177. Bergmann
in Scheffers chem. Vorles. S. 386. Westrumb chemi=
sche Untersuchung des Harzes, welches bey der Verfertigung
des vitriolischen Aethers entsteht, in seinen kl. phys. chem.
Abh. B. I. H. I. S. 103. ff.

§. 1714.

Daß der Weingeist durch öfteres Abziehen über
ätzendes Laugensalz und Kalk ebenfalls aus seiner Mi=
schung gesetzt werde, haben wir oben (§. 1634. 1635.)
schon angeführt.   Die Säure des Weingeistes wird
dadurch angezogen, der Weingeist solchergestalt zer=
setzt, und das Bindemittel zwischen dem brennbaren
Wesen und dem Wasser desselben weggenommen.

§. 1715.

Dem bisher Vorgetragenen zu Folge glaube ich
berechtigt zu seyn, folgern zu können: daß der reinste
Alkohol aus Brennstoff, Pflanzensäure oder Essigsäu=
re, Luftsäure und vielem Wasser bestehe und zusam=
mengesetzt sey. Die Luftsäure ist aber kein näherer, son=

dern

dern ein entfernter Beſtandtheil der Pflanzenſåure, wie
ſie es bey der Zuckerſåure, Weinſteinſåure, u. ſ. w. iſt.
Doch wåre ich nach mehrern Beobachtungen beynahe
geneigt, anzunehmen, daß die Eſſigſåure ſich endlich
ganz in luftſåure reſolviren laſſe.

§. 1716.

Eigentliche Oeltheile kann ich im reinſten Wein=
geiſt nicht finden, und ſie laſſen ſich auch darin durch
keinen einzigen überzeugenden Verſuch darthun. Alles
Oel, welches Barner, und nachher Weſtendorf, daraus
durch wiederholte Deſtillation des Weingeiſtes abgeſon=
dert haben wollen, war entweder bloß zufållig darin,
oder wurde erſt durch die Verbindung einer Såure des
Rückſtandes mit dem Brennbaren erzeugt. Hr. Weſt=
rumb konnte auch durch eine ſieben und dreyßigmalige
wiederholte Deſtillation des reinen Alkohols keinen Tro=
pfen Oel aus ihm ſcheiden. Weingeiſt und åtheriſche
Oele enthalten zwar einerley entferntere Beſtandtheile
(§. 1424.), aber in ganz verſchiedenen Verhåltniſſen.
Enthielte reiner Weingeiſt wirkliches Oel, als nåheren
Beſtandtheil, ſo müßte er beym Abbrennen auch die
Erſcheinungen des Oeles geben, was doch nicht iſt. Man
beruft ſich zwar auf die Feinheit dieſes Oeles, aber war=
um ſollte es auch da nicht eine Spur der Erſcheinungen
geben, die ſonſt weſentlich zu den Eigenſchaften eines
Oeles gehören? Ueberhaupt ſcheint man hier wider die
Natur der Sache dem bloßen Brennſtoff den Namen
eines feinen Oeles beyzulegen, und beyde offenbar mit
einander zu verwechſeln.

Barner chymia philoſophica, Norimb. 1689. S. 254.
Weſtendorf de optima acetum vini concentrandi metho-
do, S. 14. Weſtrumb a. a. O. über die Entſtehung der
Zuckerſåure ꝛc. S. 76.

§. 1717.

Aus diesen Bestandtheilen des Weingeistes lassen sich nun auch leicht die Erscheinungen erklären, die er beym Verbrennen zeigt, besonders warum das aus ihm erhaltene Wasser mehr am Gewicht betrage, als der dazu angewandte Weingeist (§. 1700.). Auch hier finden wir die Bestätigung unserer Behauptung, daß ein phlogistischer Körper in seinem absoluten Gewicht zunehme, in dem Maaße, als sein Phlogiston abnimmt. Würde beym Verbrennen des Weingeistes der Stoff der wirklich schweren Luftsäure nicht noch auch abgeschieden, so würde der gesammlete Rückstand gewiß noch weit mehr wiegen. Die brennbare Luft, die man aus dem Weingeist erhalten kann (§. 1701.), ist nicht das reine Phlogiston desselben, wie uns Hr. Kirwan ohne hinlängliche Gründe überreden will, sondern ist Weingeist in luftförmiger Gestalt, die er durch den Beytritt einer ansehnlichen Menge Wärmestoff erlangt. Bey dem Abbrennen dieser Luft mit respirabeler ist es nicht zu verwundern, daß Wasser zum Vorschein kömmt. Dieß Wasser war aber ein Bestandtheil der brennbaren Luft, oder des luftförmigen Weingeistes, und wir brauchen also auch hier gar nicht anzunehmen, daß das brennbare Wesen und die reine Luft zusammen Wasser erzeugen. Daß dieß Wasser mehr wiegen kann, als die brennbare Luft allein, folgt ganz natürlich aus der absoluten Leichtigkeit des Phlogistons.

Zergliederung des Aethers. Theorie seiner Erzeugung.

§. 1718.

Die Verschiedenheit der Meynungen über die Bestandtheile des Weingeistes (§. 1698.) ist auch Ursach von der Verschiedenheit und dem Abweichenden in den

Theo=

Theorien des Aethers. Ein großer Theil der Chemisten sieht die Verfertigung desselben für eine Befreyung des Alkohols vom Wasser an, welche durch die concentrirten und mit dem Wasser so nahe verwandten Säuren bewirkt werde. Es ist zwar wahr, daß bey der Bereitung des Aethers immer ein beträchtlicher Antheil Wasser aus dem Alkohol abgeschieden werde; aber es bleibt dabey immer die Frage unbeantwortet, warum nur diejenigen Säuren, die gegen das Phlogiston Verwandtschaft genug besitzen, und nicht alle, welche das Wasser stark anziehen, mit Weingeist Aether geben? Allein, was jene Meynung ganz widerlegt, ist, daß der Aether sich zu sehr vom Alkohol unterscheidet, als daß man ihn nur für Alkohol, dem das Wasser genauer entzogen wäre, halten könne. Er zeigt beym Verbrennen ganz andere Erscheinungen, als Alkohol, verbrennt mit Rauch und Ruß, was Alkohol nicht thut, und verwandelt Weingeist, worin er aufgelöst worden ist, in etwas ganz anders, als in höchstentwässerten Alkohol. Mit Wasser macht er auch keinesweges wiederum Weingeist. Aetzendes feuerbeständiges Alkali entzieht dem Weingeiste, wenn er darüber zu wiederholtenmalen abgezogen wird, ebenfalls sein Wasser (§. 1634.); dem ohngeachtet wird dabey kein Aether abgeschieden. Jede Säure bringt ferner mit dem Alkohol eine andere Art von Aether hervor, und durch den Zusatz von einer concentrirten Säure zu einer Art von Aether, die aus einer andern Säure gemacht ist, läßt sich dieser in einen solchen umändern, als sonst aus dem Alkohol und dieser Säure entspringt.

Macquers chym. Wörterb. Th. I. S. 17. Beobachtungen bey der Vermischung einiger Naphthen mit den entgegengesetzten Säuren, von Lor. Crell; in dessen chem. Journal, Th. II. S. 62. ff.

§. 1719.

§. 1719.

Andere Chemisten sehen den Aether als das ver=
meynte feine Oel des Weingeistes an, das durch die
Entziehung seines Wässerigten abgeschieden und mit
einem Theil der angewandten Säure in Verbindung ge=
treten sey.   Allein das Daseyn der Oeltheile im rein=
sten Alkohol ist schlechterdings nicht zu erweisen, und
schon im vorhergehenden (§. 1716.) widerlegt wor=
den.   Es muß also auch die ganze Theorie einfallen,
wenn ihre Hauptstütze sinkt.

> Wiegleb= Handbuch der Chemie, B. II. S. 548. ff. Ver=
> suche mit Anmerkungen über den Aether, von Carl Wilh.
> Scheele, in Crells chem. Annal. J. 1784. B. II. S.
> 336. ff. Sigism. Friedr. Hermbstädt chemische Unter=
> suchung über die Entstehung des Aethers und die Ursa=
> chen von der Versüßung der Säuren, in seinen phys. chem.
> Vers. und Beob. B. I. S. 45. ff.

§. 1720.

Wir wollen erst die Bestandtheile des Aethers
selbst untersuchen, und dann aus ihnen und den schon
vorgetragenen Grundstoffen des Weingeistes seine Ent=
stehung nach richtigen Grundsätzen folgern. — Wenn
man Vitrioläther, der über Alkali rectificirt worden ist,
in einem eingeschlossenen Raume von atmosphärischer
Luft, unter einer Glasklocke verbrennt, die man mit
Quecksilber gesperrt hat, so findet man, daß er die
Luft nicht allein phlogistisirt und vermindert, sondern
auch Luftsäure entwickelt.   Das Inwendige der Klocke
sowol, als die Oberfläche des Quecksilbers, wird mit ei=
nem feuchten Dunst bedeckt, und man kann, wenn
man die Arbeit mit frischem Aether und erneuerter Luft
öfters wiederholt, eine saure Feuchtigkeit sammlen, in
welcher die salzsaure Schwererde sehr bald die Vitriol=
säure entdeckt. Wenn man die Klocke, statt mit Queck=

silber,

ſilber, mit Kalkwaſſer ſperrt, ſo wird dieſes beym Abbrennen des Aethers niedergeſchlagen. — Wenn man vermittelſt des pneumatiſch = chemiſchen Apparats reine concentrirte Salpeterſäure in genugſamer Menge über rectificirten vitrioliſchen Aether abzieht, ſo geht Salpeterluft
und Luftſäure über; nach Hrn. Hermbſtädt wird hierbey zugleich Eſſigſäure ausgeſchieden, und der Rückſtand
enthält Vitriolſäure, wie die ſalzſaure Schwererde beweiſt. — Wenn man in ſtarker und rectificirter verſüßter Vitriolſäure ätzendes Laugenſalz auflöſt, reine Salpeterſäure darauf gießt, und bis auf einigen Rückſtand
abraucht, ſo kann man in dieſem durch ſalpeterſaure
oder ſalzſaure Schwererde die Vitriolſäure leicht
finden.-

§. 1721.

Es folgt alſo hieraus, daß der reine vitrioliſche
Aether Brennſtoff, Waſſer, Luftſäure, Vitriolſäure, Pflanzenſäure oder Eſſigſäure zu ſeinen ungleichartigen Beſtandtheilen habe. Iſt die Luftſäure
hier ein Beſtandtheil der Pflanzenſäure, oder wird dieſe, wie wir ſchon gemuthmaßt haben, endlich bey der
letzten Zerlegung zur Luftſäure?

§. 1722.

Der rectificirte Salpeteräther zeigt bey ſeinem
Verbrennen, wenn dieß eben ſo veranſtaltet wird, als
beym vitrioliſchen Aether (§. 1720.), Luftſäure, Waſſer und Brennſtoff, aber keine freye Salpeterſäure.
Daraus folgt aber nicht, daß dieſe keinen Beſtandtheil
von ihm ausmache; denn auch beym Verpuffen der
ſalpeterſauren Salze verſchwindet ja die Salpeterſäure
(§. 904.) ebenfalls, ohne daß wir wiſſen, was aus
ihr wird. Die Entwickelung der freyen Salpeterſäure
aus

aus dem aufs beste versüßten Salpetergeist (§. 1685.)
und dem rectificirten Salpeteräther mit der Zeit läßt gar
keinen Zweifel weiter, daß auch die Salpetersäure wesentlich in die Mischung des Salpeteräthers eingehe. Wenn
man nach Hrn. Hermbstädt ein Gemisch aus 3 Theilen
Salpeteräther und 2 Theilen concentrirter Vitriolsäure
mit 2 Theilen Braunstein destillirt, so läßt sich aus dem
Uebergegangenen wahre Essigsäure ausscheiden.

Sig. Fr. Hermbstädt neue Versuche und Beobachtungen über
die Würkung der Säuren auf den Weingeist, und die Bildung des Aethers, in seinen phys. chem. Verf. und Beob.
B. I. (S. 116. ff.) S. 126. ff.

§. 1723.

Der Salpeteräther ist diesemnach zusammengesetzt
aus Brennstoff, Wasser, Luftsäure, Salpetersäure
und Pflanzensäure oder Essigsäure.

§. 1724.

Das Salzöl liefert bey seinem Abbrennen nach
der vorher beym vitriolischen Aether angezeigten Art §.
1720.) Brennstoff, Wasser, Luftsäure und Salzsäure. letztere zeigt sich in dem Rückstande des ver-
brannten Salzöls am besten durch salpetersaures Silber,
das daburch, wie Scheele auch fand, zum salzsauren
oder Horn-Silber wird. Noch besser läßt nach Hrn.
Hermbstädt sich die Salzsäure darin darthun, wenn
man das Salzöl mit etwas salpetersaurem Silber versetzt, und dann anzündet. Durch Zerlegung des Salz-
öles mit concentrirter Salpetersäure erhielt Hr. Hermbstädt auch Essigsäure.

Scheele a. a. O. §. 4. Hermbstädt a. a. O. §. 125 —
127.

§. 1725.

§. 1725.

Alle Erſcheinungen des Aethers zeigen alſo offen=
bar, daß die zu ſeiner Bereitung angewandten Säuren
in ſeine Miſchung eingehen, und beweiſen die künſt=
liche Zuſammenſetzung und Entſtehung deſſelbigen. Der
Aether iſt ein neu erzeugtes Product, und kein Educt
des Weingeiſtes; iſt eine Art von künſtlichem Oel, das
ſich durch die größere Menge von Brennſtoff von den
ätheriſchen Pflanzenölen unterſcheidet. Die verſchie=
dene Arten des Aethers ſelbſt unterſcheiden ſich aber durch
die Säure, die weſentlich in ihre Miſchung eingeht,
und nicht zufällig anklebt. Wenn der Aether ein Educt
aus dem Alkohol wäre, ſo könnte keine Verſchiedenheit
unter den verſchiedenen Aetherarten ſtatt finden. In
allen ätheriſchen Oelen laſſen ſich brennbares Weſen,
luftſäure, Waſſer und Pflanzenſäure als ungleichartige
Beſtandtheile erweiſen (§. 1418. ff.), warum ſollte es
nun unmöglich ſeyn, und einen Widerſpruch in ſich
ſelbſt enthalten, daß der Aether als ein künſtliches Oel
aus jenen Beſtandtheilen zuſammengeſetzt und alſo ganz
neu erzeugt werde? Der Unterſchied des Aethers vom
Alkohol aber beruhet theils auf der viel geringern Quan=
tität des Wäſſerigten, theils und hauptſächlich auf der
innigen Verbindung mit der zu ſeiner Bereitung ange=
wandten Säure.

§. 1726.

Damit ſich aber die Säure mit dem Alkohol zum
Aether verbinden könne, ſo iſt es nöthig, daß ſie brenn=
barleer ſey; oder wenigſtens eine große Neigung zum
brennbaren Grundſtoff habe. Daher gelingt die Aether=
erzeugung nicht mit der gewöhnlichen Salzſäure (§.
1687.), Phosphorſäure (§. 1694.), Weinſteinſäure
u. a. Die mit dem Brennſtoff nahe genug verwandte
Säuren, als Vitriolſäure, Salpeterſäure, dephlogiſti=
ſirte

firte Küchensalzsäure verbinden sich nun mit dem Phlogiston und etwas Säure und Wasser des zugesetzten
Alkohols innigst und genau zum Aether. Der Alkohol
wird dabey natürlicherweise aus seiner Mischung gesetzt
und ein Theil seines Wassers und seiner Säure ausgeschieden. Daher wird die nach dem Aether übergehende
Säure immer wässerigt, auch wenn man den stärksten
Alkohol und die concentrirteste Säure dazu anwandte.
Wegen des noch dabey befindlichen Phlogistons ist sie
aber immer sehr phlogistisirt. Der Theil der Pflanzensäure des Alkohols, der nicht mit in die Mischung des
Aethers eingeht, wird nach der Verschiedenheit seiner
Dephlogistisirung entweder wie bey der Vitriolsäure und
dephlogistisirten Salzsäure als Essigsäure, oder wie bey
der Salpetersäure als Zuckersäure oder Weinsteinsäure,
abgeschieden. — In dem bey der Arbeit überflüssigen
Alkohol aufgelöst, macht der Aether die versüßte Säure
aus. Das Weinöl (§. 1671.) und das Salzöl
(§. 1692.) sind vollkommenere Oele, als der wahre
Aether, und entstehen durch noch innigere Verbindung
mit noch mehrerer Säure. Das Schweflichte, das
endlich bey der Destillation des vitriolischen Aethers
entsteht, kömmt deswegen nicht eher zum Vorschein,
weil die zu große Menge des abgeschiedenen Wässerigten aus dem Weingeist, die innige Verbindung der Vitriolsäure mit dem Phlogiston zur Schwefelsäure, und
endlich zum wirklichen Schwefel verhindert, die nur
erst durch stärkere Hitze und Entwässerung bewirkt werden kann.

S. meine Betrachtungen über die Gährung und die dadurch erhaltene Producte und Educte, Halle 1784. 8.
S. 40. ff.

Von

Von ſelbſt erfolgende Veränderung des Weins. Eſſiggährung.

§. 1727.

Nachdem wir nun die Beſtandtheile des durch die Weingährung entſtandenen Weines und die Eigenſchaften und Verhältniſſe des Weingeiſtes unterſucht haben, ſo kehren wir wieder zu den Erſcheinungen zurück, die ſich in den fertigen weinartigen Getränken ereignen, wenn ſie den Bedingungen fernerhin unterworfen werden, unter welchen der Wein und die weinartigen Getränke entſtanden (§. 1583.).

§. 1728.

Wenn die vorher beſchriebene Gährung des Weines oder der weinartigen Getränke (§. 1583 — 1606.) zu lange unterhalten wird, d. h., wenn der Wein der dazu erforderlichen Wärme und dem Zugange der Luft noch ferner ausgeſetzt iſt; nachdem die bemerkbare Gährung ſchon vollendet iſt, ſo geht er leicht in eine zweyte über, die man auch als eine Fortſetzung der erſtern anſehen kann, wobey endlich alle Eigenſchaften, die dem Weine als weinartiges Getränke zukommen, verlohren gehen, und er offenbar ſauer wird. Dieſe zweyte Gährung nennt man daher auch die Eſſiggährung (fermentatio acetoſa), im Gegenſatz der erſtern, welche die Weingährung heißt (§. 1583.).

§. 1729.

Dieſe zweyte Gährung ereignet ſich, nachdem ſie einmal angefangen hat, oder der Wein ſchon übergohren iſt, nur langſam und nach und nach in dem Weine, wenn der Zugang der Luft zum Weine verhindert, oder nur

nur sehr wenig Luft in dem Gefäße über dem Weine
eingeschlossen ist, und der Wein an einem kühlen Orte
liegt. Sie geht aber demohngeachtet ununterbrochen
fort, und reißt den Wein endlich ganz und gar in das
Verderben. Der Wein wird bey diesem Verderben
erst trübe und kahnigt, und fängt auch wol wieder an
merklich zu brausen, wenn er noch unzersetzten Zuckerstoff enthält. Jetzt ist ihm noch dadurch zu helfen, daß
man ihn auf frische gereinigte und geschwefelte Fässer
von den Hefen abzieht, genau an einem kühlen Orte
verwahrt, und mit gutem frischen Weine nachfüllt.
Ist aber der Wein bloß schaal geworden, ohne offen-
bare Säure zu zeigen, so kann der Zusatz von reinem
Franzbranntwein und etwas Zucker, das Abziehen des
Weines auf frische geschwefelte Fässer, der völlige Ausschluß der Luft und das Aufbewahren an einem kühlen
Orte noch etwas nutzen, und das völlige Verderben
zurückhalten; allein wenn sich schon merkliche entwickelte freye Säure zeigt, so ist dieß Mittel vergeblich, und
der Zusatz von Alkalien, absorbirenden Erden, als Kalk,
u. d. gl. der zwar gewöhnlich angewendet wird, nur
eine Zeitlang zureichend, die Säure zu verstecken, ohne
das gänzliche Verderben des Weines abhalten zu können. Der Zusatz von Bleykalk aber ist höchst strafbar
und unmenschlich. — Rechtschaffene Weinhändler
verwenden einen solchen übergohrnen Wein zum Essigbrauen.

§. 1730.

Um die Erscheinungen der Essiggährung besser
wahrnehmen zu können, wollen wir einen guten, hellen, gehörig ausgegohrnen Wein zum Beyspiel wählen. Wenn man diesen in einer leicht bedeckten Flasche
bey einer Wärme von 75 bis 85 Grad Fahrenheits ruhig hinstellt, so findet man nach einiger Zeit, daß er

von

von neuem wieder in eine innerliche Bewegung kömmt.
Er wird trübe. Es entſteht in ihm ein Blaſenwerfen,
ein Ziſchen; aber in einem weit geringern Maaſſe,
als bey der erſten Gährung, wodurch er aus Moſt zu
Wein wurde. Es wird kein eigentlicher Gäſch gebildet, ſondern der Wein wird auf der Oberfläche mit einer fahnigen Haut bedeckt. Die Luft über dem Weine
wird phlogiſtiſirt, und eben dadurch vermindert, wenn
ſie eingeſchloſſen iſt. Luftſäure entbindet ſich nur denn
und gleich Anfangs aus dem Weine, wenn er noch un-
zerſetzten Zuckerſtoff enthält, oder in der bemerkbaren
Weingährung unterdrückt worden war. Der Wein
wird endlich etwas wärmer, als die Atmoſphäre, die
ihn umgiebt, und eine gewiſſe Menge fadenartiger Materie trennt ſich von ihm los, die ſich nach und nach zu
Boden ſetzt, und eine Art Hefen bildet, die ſogenannte
Eſſigmutter. Allmählig hört dieſe Bewegung auf, und
die Flüſſigkeit wird wieder klar und durchſichtig.

§. 1731.

Man findet aber nun die Natur und Beſchaffenheit dieſer ſo gegohrnen Flüſſigkeit völlig geändert. Sie
hat allen geiſtigen und weinartigen Geruch und Geſchmack verlohren, nebſt der berauſchenden Kraft, und
es hat ſich eine neue flüſſige Materie daraus entwickelt,
die offenbar ſauer vom Geruch und Geſchmack, durchſichtig, klar und helle iſt, und Eſſig (acetum, ✠)
heißt.

§. 1732.

Dieſe Eſſiggährung des Weines ereignet ſich um
deſto ſchneller, je kleiner die Maſſe des Weines iſt, und
je mehr die Luft Zugang hat. Allein der entſtandene Eſſig
iſt dann auch um deſto ſchlechter. Er wird immer um
deſto beſſer, je gelinder die Gährung betrieben wird.

§. 1733.

§. 1733.

Die Hefen, welche sich bey der Essiggährung ab=
scheiden, sind nie ein wahrer Weinstein zu nennen, und
ihm nicht ähnlich, auch selbst dann nicht, wenn der
Wein vorher seinen Weinstein noch nicht abgesetzt hät=
te; vielmehr vermindert sich der Weinstein in den Fäs=
sern, worauf der Wein zu Essig gährt, nach und nach,
und verschwindet endlich ganz. Die Essighefen gehen
in der Wärme leicht in Fäulniß, liefern durch trockne
Destillation flüchtiges Laugensalz und empyreumatisches
Oel, und scheinen mir von der Natur der thierisch=ve=
getabilischen Materie des Pflanzenreiches zu seyn, und
auch davon herzurühren. Uebrigens dienen sie gewöhn=
lich als Ferment zur Essiggährung.

§. 1734.

Jedes gegohrne weinartige Getränk, und nicht
bloß der Wein, ist für sich selbst und nothwendigerwei=
se zur sauren Gährung geschickt, und wird zu Essig, so
bald die Bedingungen da sind, nämlich der Zugang der
Luft, ein hinlänglicher Grad der Wärme und der Feuch=
tigkeit. Alle Säfte der Pflanzen und ihre Theile, wel=
che den Zuckerstoff in sich haben, und daher in die
Weingährung gehen können, werden daher auch zu
Essig, nachdem sie die Weingährung überstanden haben,
und diese geht auch allemal vorher, ehe die eigentliche
Essiggährung oder das Sauerwerden anhebt. Sie ist
freylich um desto schneller vorübergehend und desto we=
niger bemerkbar, je weniger der Gehalt des Zuckerstof=
fes ist, und je mehr die Luft Zugang hat und die Wär=
me darauf würken kann, oder je mehr die Flüssigkeit
durch Wasser verdünnt ist. So kann schlechter Most,
Würze zum Bier, Honigwasser, u. d. gl. sauer und zu
Essig werden, ohne daß man sonderlich eine vorherge=
gangene

gangene Weingährung ſpürt. Außer den gegohrnen
Getränken, oder eigentlicher, außer dem Zuckerſtoff des
Pflanzenreichs ſind auch der Schleim, die Stärke, die
weſentlichen ſauren Pflanzenſalze, die Fleiſchbrühen
und alſo der reine gallertartige Theil, ſo wie die thieriſche Milch der Eſſiggährung und des Sauerwerdens
fähig. Fehlt ihnen aber der Zuckerſtoff in der gehörigen Menge, ſo werden ſie zu Eſſig, ohne daß eine weinigte Gährung vorher durch die Sinne bemerkt werden
kann. Es fehlt ihnen nun der Stoff, aus dem bey der
weinigten Gährung der brennbare Geiſt erzeugt wird,
und Weingährung ohne brennbaren Geiſt iſt nicht ge-
denkbar.

§. 1735.

Bey ſolchen Dingen, die an und für ſich nicht ſehr
geneigt zur Eſſiggährung ſind, befördert man dieſelbe
ebenfalls durch Eſſigfermente. Dahin gehören alle
Subſtanzen, die entweder ſchon ſelbſt darin begriffen
ſind, oder ſehr leicht darein gerathen mit oder ohne vorhergehende Weingährung, z. B. Hefen von ſaurem
Weine, ſaurer Wein mit ſeinen Hefen ſelbſt, Eſſigmutter, Weinſtein, unreifer Moſt, Weinrebenzwei-
ge, Kämme von Trauben, Sauerteig, Roſinenſtiele,
Fäſſer, worin Eſſig ſchon erzeugt worden iſt, und die
von den abgeſetzten Hefen abgeſpült ſind, Zucker, Honig u. d. gl. Viele Dinge werden fälſchlich aus Vorurtheil oder aus Unwiſſenheit zu den Eſſigfermenten gerechnet, als Pfeffer, Ingwer, geröſtete Erbſen, und
ſind manchmal nachtheilig für die mediziniſche Anwendung des Eſſigs, als Capſicum, Kellerhals u. d. gl.

§. 1736.

Je mehr Weinſteinſäure, Zuckerſäure, oder überhaupt je mehr Pflanzenſäure die zum Eſſigmachen beſtimmten

stimmten Stoffe in sich haben, desto besser wird auch der daraus erzeugte Essig, wenn anders die übrigen Umstände bey der Gährung gehörig beobachtet werden.

Essigbereitung.

§. 1737.

In Ländern, wo der Wein häufig und wohlfeil genug ist, verwendet man denselben zur Bereitung des Essigs, und dieser heißt dann auch besonders Weinessig (acetum vini). Es ist ausgemacht, und folgt aus dem eben Gesagten (§. 1736.), daß der Essig um desto besser aus dem Weine werden müsse, je besser der Wein war, und je mehr Zuckerstoff und Geist dieser gegen sein Wasser enthielte; allein man nimmt doch dazu gewöhnlich entweder einen umgeschlagenen, kahnig gewordenen Wein, den man nicht für Wein verkaufen kann, oder der von sehr schlechten Jahren und schlechtem Gewächse ist, wo die Menge des Zuckerstoffs zu geringe ist, um einen geistreichen Wein zu geben.

Becheri phyſ. ſubterranea, Lipſ. 1703. 8. S. 367. *Boerbave* element. chemiae, T. II. proc. 50. *Cartheuſer* fundamenta materiae medicae T. I. S. 122. Weber Abh. von der Gährung. Tübingen 1779. 8. S. 333.

§. 1738.

Der Weingeist geht zwar nicht als Weingeist in die Mischung des Essigs mit ein, wol aber sein saurer Grundtheil, und er hilft solchergestalt die Essigsäure wirklich vermehren. Daher erhält man aus schlechterm Weine auch bessern Essig, wenn man ihm bey der Essiggährung von Zeit zu Zeit Branntwein zusetzt. Der Essig aus Wein wird ferner auch um so besser, je weniger man sich bey der Essiggährung übereilt, und je gelinder man sie betreibt, und deshalb von Zeit zu Zeit unterbricht. Der Grund hievon ist ohne Zweifel, weil dann weit weniger brennbarer Geist unzersetzt verfliegt.

§. 1739.

Um aus dem Weine Essig zu machen, ist Boer=
have's Vorschlag sehr gut anwendbar: Man nimmt
nämlich zwey eichene Tonnenfässer, die aufrecht gestellt
werden, oben offen, und einen Schuh von dem Bo=
den mit einem hölzernen Roste, unten aber mit einem
Hahn versehen sind. Auf den Rost des Fasses legt
man eine Schicht von grünen Weinreben und oben dar=
auf bis zu oberst des Fasses Kämme von Weintrauben.
Man stellt diese Fässer an einem hinlänglichen warmen
Ort, der ohngefähr 75 Grad Fahrenh. hat. Wenn
sie hinlänglich durchwärmt sind, so gießt man den Wein
in beyde Fässer, so, daß das eine ganz, das andere
nur halb damit angefüllt ist, und deckt das letztere mit
einem Deckel zu. Wenn die Gährung den andern oder
dritten Tag in dem halbvollen Fasse anfängt, so läßt
man nach 24 Stunden den Wein aus dem vollen Faß
herüber in das halbvolle und füllt dieß ganz an. Nach
24 Stunden füllt man das halbausgeleerte wieder aus
dem vollgemachten ganz an, und fährt so wechselseitig
alle 24 Stunden fort, bedeckt aber jedesmal das halb=
volle Faß, und läßt das andere offen, bis die Gäh=
rung vollbracht ist, oder die innere Bewegung aufhört,
welches bey der angezeigten Wärme gewöhnlich in 14
Tagen geschiehet. Ist die Wärme größer, so läßt man
das eine Faß nur 12 Stunden lang halbvoll, und un=
terbricht also die Gährung öfter.

Boerhave. elem. chemiae, T. II. P. I. proc. 50. no. 4.
Macquers chym. Wörterb. Th. II. S. 101.

§. 1740.

Nach einem ähnlichen Verfahren macht man in
Frankreich den Weinessig, indem man aus den Wein=
hefen den Wein auspreßt, diesen in große Fässer von
ohngefähr anderthalb Ohmen füllt, ein Drittheil des
Faſ=

Fasses leer, und das Spundloch offen läßt, die Fässer
an einem warmen Ort stellt, und hier die Gährung
vor sich gehen läßt, doch aber sie zu Zeiten dadurch unterbricht, daß man neuen Wein hinzugießt. Auf diese
Art läßt sich auch aus jedem andern Weine Essig bereiten, und zum Nachfüllen und zur Unterbrechung der
Gährung, statt des Weins selbst, Branntwein mit Vortheil anwenden. Wenn man das erwägt, was in dem
Vorhergehenden, besonders §. 1735 — 1738. gesagt
worden ist, so weiß man die Geheimnisse der Essig-
brauer.

Macquers chym. Wörterb. Th. II. S. 102.

§. 1741.

Wenn der Essig fertig ist, so darf er nicht auf
den Hefen liegen bleiben, weil er sonst leicht verdirbt;
sondern wird auf frische und gehörig gereinigte Fässer
abgezapft und vor dem Zugang der Luft in einem kühlen
Keller wohl verwahrt.

§. 1742.

Auf eine ähnliche Art bereitet man nun auch aus
andern gegohrnen weinartigen Getränken, wie aus Bier
den Bieressig, aus Obstwein den Cideressig (acetum
pomaceum), aus Meth den Honigessig, u. s. w.
besonders mit einem Zusatze von den oben erwähnten
Fermenten (§. 1735.). Zum Bieressig schickt sich
Weißbier am besten, weil im braunen der Zusatz von
Hopfen und das Empyreumatische dem Essig einen mehr
oder weniger bittern Geschmack ertheilt.

§. 1743.

In nördlichern Ländern bereitet man den Essig zum
ökonomischen Gebrauche auch absichtlich aus solchen
Stoffen, die noch nicht in die Weingährung gegangen

Bb 2   sind.

ſind. So z. B. aus der Würze (§. 1604.) oder der Abkochung des Malzes, die noch nicht gehopft worden iſt. Man läßt ſie abkühlen, und ſtellt ſie nach der oben (§. 1605.) angezeigten Art mit Hefen in Gährung, nimmt den entſtehenden Gäſch ſorgfältig ab, und füllt nach vollkommener Klärung die Flüſſigkeit in Gefäße, auf welche entweder ſchon Eſſig gelegen hat, oder die mit heißem Eſſig ausgeſchwenkt worden ſind. Man gießt die Fäſſer nicht ganz voll, ſtellt ſie offen in ein warmes Zimmer von ohngefähr 75 bis 80 Grad Fahrenh., ſetzt ein Eſſigferment (§. 1735.), beſonders etwas Sauerteig, den man mit Waſſer dünn gerührt hat, oder etwas Eſſighefen hinzu, zieht nach vollendeter Gährung, (was man aus dem Klarwerden ſchließt,) den entſtandenen Eſſig von den Hefen auf Fäſſer, die man gereinigt und mit Eſſig ausgebrühet hat, und in einem kühlen Keller zugeſpundet verwahrt, und füllt dieſe von Zeit zu Zeit mit gutem Eſſig nach.

Beckmanns Technologie, S. 144. ff.

§. 1744.

Aus der Flüſſigkeit, die beym Branntweinbrennen in der Blaſe (Seihwaſſer), oder beym läutern des Branntweins (läuterwaſſer) zurückbleibt (§. 1617.) läßt ſich ein vortrefflicher Eſſig bereiten. Man füllt eine Tonne bis ⅔ damit an, und miſcht entweder etwas Sauerteig bey, den man vorher mit heißem Waſſer verdünnt hat; oder beſſer, man läßt auf jede zehn Kannen der Flüſſigkeit ein Pfund zerſtoſſenen rohen Weinſtein, ein halbes Pfund Honig oder Mehlzucker und etwas Hefen darin zergehen; ſtellt das Gefäß, mit genau zugemachtem Spundloch in eine Wärme von 70 bis 75 Grad Fahrenh., und rührt es täglich einmal um. Wenn nach einigen Wochen die Gährung

vollen:

vollendet ist, so zieht man den entstandenen Essig
klar ab.

Gmelins technische Chemie, §. 1106.

§. 1745.

Aus dem Obste läßt sich ein Essig bereiten, wenn
man den durchgeseiheten Saft der zerquetschten Früchte
auf ein stark von Essig durchdrungenes oder mit kochendem Essig ausgebrühetes Faß füllt, und die Gährung
so veranstaltet, als im Vorhergehenden (§. 1743.) angegeben worden ist.

Leonhardi in Macquers chym. Wörterb. Th. III. S. 468.
und Th. II. S. 104. Anm.

§. 1746.

Häufig bereitet man auch Essig aus Honig und
Weinsteln. Zu dem Ende wird zu einem Oxhoft heißem
Wasser 50 Pfund Honig und 30 Pfund roher fein gepulverter Weinstein gethan, die Fässer werden bis ¾ damit angefüllt, auch wol noch Rosinenstengel, Trauben-
kämme, u. d. gl. hinzugesetzt, bey offenem Spundloch
an einem gehörig warmen Orte erst in die weinigte Gährung gebracht, und dann bey zugedeckter Oeffnung der
sauren Gährung überlassen, zu Zeiten umgerührt, und
der entstandene Essig wird klar abgezogen.

§. 1747.

Auch die bloße Weinsteinsäure und Zuckersäure
ist beym Zusatz vom Wasser und Weingeist einer unmerklichen Essiggährung, oder einer innern Veränderung in Essig fähig, ohne daß sie vorher eine weinigte
Gährung erlitte. Zwar ist diese Entdeckung für die
Oeconomie von keinem Nutzen, allein von beträchtlich
großem für die Wissenschaft. Man stelle zu dem Ende
einen Theil krystallinische Weinsteinsäure oder Zucker-

Bb 3   säure

ſäure mit acht Theilen Waſſer und 4 Theilen Weingeiſt vermiſcht in einem Kolben, den man mit Blaſe
verwahrt, welche mit einer Nadel durchlöchert iſt, in
eine anhaltende ganz gelinde Digeſtionswärme von 70
Grad Fahr., ſo wird man nach einigen Monaten einen
ſehr ſchönen Eſſig daraus erhalten.

Bergmann opuſc. phyſ. chem. Vol. III. S. 376. Weſtrumb El. phyſ. chem. Abh. B. I. H. I. S. 67.

§. 1748.

Die thieriſche Milch iſt ebenfalls einer wahren
Eſſiggährung fähig, und dazu trägt wol hauptſächlich
ihr zuckerartiger Beſtandtheil bey. Man erhält den
Milcheſſig am beſten, wenn man zu einer ſchwediſchen
Kanne Milch 6 Löffel guten Branntwein miſcht, die
Milch in einer Flaſche gut vermacht, doch ſo, in die
Wärme ſtellt, daß man der Gährungsluft dann und
wann einen geringen Ausgang verſtattet. Nach Verlauf ohngefähr eines Monates findet man die Molke zu
einem guten Eſſig verwandelt, der dann durch ein Tuch
geſeihet und in Flaſchen aufbewahrt werden kann.

Ueber die Milch und deren Säure von Carl Wilh. Scheele,
aus den neuen ſchwed. Abh. vom J. 1780. S. 116.
überſ. in Crells neueſten Entd. Th. VIII. S. 146.
§. 10.
De Machy Art du Vinaigrier, in der Deſcription des arts
et Metiers, à Neuchatel. T. XII. Simons oben (§. 1606.)
angef. Schrift. Weber vollſtändige Abhandl. vom Salpeter, Tübingen 1779. 8. Io. Lepechin ſpecimen de
acetificatione, Argentorat. 1766. 4.

* * *

Verhalten des Eſſigs.

§. 1749.

Der gut bereitete Eſſig iſt völlig klar und helle,
geiſtig, ſäuerlich und angenehm vom Geruch, und ſauer

vom

vom Geschmack.   Seine Farbe ist gewöhnlich eine blaßgelbe, sonst sieht er von rothen Weinen auch roth aus.
Der verkäufliche Essig wird hin und wieder mit Vitriolsäure verfälscht.   Man entdeckt diesen Zusatz am besten
durch salpetersaure Schwererde, die mit der Vitriolsäure einen Schwerspath macht.   Dieß Mittel ist sicherer, als die essigsaure oder salpetersaure Kalkerde.   Oft
enthält guter und unverfälschter Essig unzersetzte Weinsteinsäure, und da muß man dann den weinsteinsauren Niederschlag nicht für vitriolsauren halten, sondern ihm weiter prüfen, ob er im Feuer zerlegt wird,
oder nicht.   Nachtheiliger für die Gesundheit ist die
Verfälschung des Essigs mit scharfen Pflanzenstoffen,
als spanischem Pfeffer, Kellerhals, Seidelbast u. d. gl.
Noch kennen wir bis jetzt kein Reagens, um dieß principium acre zu entdecken, und der Geschmack muß also dabey allein entscheiden.

§. 1750.

Außer den zu einem Essig wesentlich nothwendigen
sauren Salztheilen enthält jeder Essig immer noch viel
Wasser, und mehr oder weniger erdigte und schleimigte
Theile, die sich zum Theil auch mit der Zeit durch die Ruhe aus ihm abscheiden, und die sogenannte Essigmutter
bilden helfen.   Diese schleimigten Theile sind auch der
Grund, warum der Essig in der Wärme und in nicht
wohl verwahrten Gefäßen einer fernern Verwandlung
seiner Mischung und eines Verderbens fähig ist, wobey
er schimmlich, trübe und endlich faulicht von Geruch
und Geschmack wird, und seine Säure immer mehr
verlohren geht.   Scheele hat gegen dieses Verderben
empfohlen, den Essig einige Augenblicke über raschem
Feuer sieden zu lassen, und dann vorsichtig auf Flaschen zu ziehen.

Bb 4   Anmer:

Anmerkungen über die Weise, Essig aufzubewahren, von C.
W. Scheele; aus den neuen schwed. Abh. vom Jahr
1782. Th. III. S. 126. übers. in Crells chem. Journal,
1784. B. II. S. 348. ff.

§. 1751.

Die Säure des Essigs ist ziemlich flüchtig, und
daher läßt sich der Essig von den erdigt-schleimigten und
andern feuerbeständigen Theilen durch eine Destillation
reinigen.   Zum chemischen und auch zum Arzneygebrauch ist es sicherer, den Essig aus gläsernen Gefäßen,
am besten aus einer Retorte im Sandbade, an welche
eine Vorlage mit Blase oder Papier und Mehlkleister
angekittet ist, zu destilliren.   Da die zuletzt zurückbleibenden Theile wegen der Entwässerung sehr leicht brenzlicht werden,   so muß man sich mit der Regierung des
Feuers wohl vorsehen, die Vorlage öfters wechseln, und
die Destillation so lange fortsetzen, bis man ohngefähr
Zweydrittel abdestillirt hat. Sonst kann man den Essig
auch aus irdenen, besonders aus steingutenen Gefäßen
destilliren, und im Großen auch aus der kupfernen
Blase, mit einem gläsernen oder irdenen, oder einem
Helme von ganz reinem Zinne.   Es versteht sich, daß
die Röhre des Kühlfasses ebenfalls von reinem Zinne
seyn müsse.   Das Brenzlichtwerden kann man nach
Stahls Vorschlag ziemlich verhüten,   wenn man gegen
die letzte wieder reines Wasser zugießt, und überhaupt
das Feuer nur behutsam anbringt.   Am sichersten verhütet man es durch Destillation des Essigs im Wasserbade, das sich nach Demachys Vorschlag auch im
Großen bey der Blase anbringen läßt.   Aus Blasen
mit kupfernen Helmen und Röhren muß der Essig nie
destillirt werden, besonders zum Arzneygebrauch.

Stahl opusc. chem. phys. S. 419. Io. Adolphi Wedelii pro-
gramma de aceto, per veficam cupream rite deftillato
nec vomitum, nec aliud quid mali excitante, sed viri-
bus

bus iisdem, ac ſi per vaſa vitrea vel terrea paratum eſſet, gaudente, Ien. 1743, 4. Von der Deſtillirung des Weinseſſigs, in Demachy's Labor. im Großen, B. I. S. 116. ff.

§. 1752.

Der gut verfertigte deſtillirte Eſſig (acetum deſtillatum) iſt weiß von Farbe, völlig klar und durchſichtig, angenehm vom Geruche und Geſchmacke, und ein wenig ſchwerer als Waſſer. Das zuerſt Uebergehende iſt weniger ſauer, als das nachfolgende. Das Zurückbleibende iſt höchſt ſauer, dunkel von Farbe, dick von Conſiſtenz, und brandigt vom Geruche. Daher läßt ſich der Eſſig keinesweges durch Deſtillation concentriren, ſondern die Waſſertheile erheben ſich immer mit.

§. 1753.

Dieſer Rückſtand von der Deſtillirung des Weinseſſigs (ſapa aceti) ſetzt eine beträchtliche Quantität Weinſtein ab, den der Eſſig noch aufgelöſt enthielte. Wenn er noch weiter abgeraucht wird, ſo nimmt er die Form eines Extractes an, und liefert bey der trocknen Deſtillation einen ſauren empyreumatiſchen Geiſt, ein brenzlichtes Oel, und auch etwas flüchtiges Laugenſalz. Die Kohle giebt nach dem Einäſchern ziemlich viel Gewächsalkali. Durch Salpeterſäure läßt ſich aus dieſem Rückſtande eine reichliche Menge Zuckerſäure, ſonſt aber nach dem oben (§. 1275.) angegebenen Verfahren, viele Weinſteinſäure ſcheiden. Nach meinen Unterſuchungen enthält dieſer Rückſtand vom Weineſſig freye Weinſteinſäure, Weinſtein, etwas ſchleimigte und thieriſch-vegetabiliſche Materie. Schon Blaiſe de Vigenere bemerkte die Weinſteinkryſtalle im Weineſſig.

Blaiſe de Vigenere du feu et ſel. 1608. cap. 35. ſ. *Bergmann* opuſc. phyſ. chem. Vol. III. S. 376.

§. 1754.

Undestillirter Essig ist solchergestalt nicht für reine Essigsäure zu halten, sondern diese ist nur im destillir-ten, wenn er mit Vorsicht gemacht ist. Zinnhaltiger destillirter Essig hat ein schielendes Ansehen; kupferhal-tiger ist entweder bläulich von Farbe, oder wird es beym Zusatz des flüchtigen Laugensalzes, und macht auch ein darin gehängtes polirtes Stahl kupferfarben anlaufend. Bleyhaltiger destillirter Essig wird durch Zusatz vom ätzenden Alkali, Vitriolsäure und Salzsäure getrübt.

§. 1755.

Weingeistige Theilchen finden sich nur dann im destillirten Essig, in sofern der zur Destillation ange-wandte sie noch enthielte oder nicht ganz Essig war. Aus vollkommenen Essige erhält man nichts dergleichen, und der Essiggeist (spiritus aceti, ⚴ ☿) desselben ist reine Essigsäure.

§. 1756.

Die sauren Salztheile des destillirten Essigs ha-ben eine so starke Verwandtschaft zum Wasser, daß sie für sich allein nie in eine feste Gestalt gebracht werden kön-nen. Gleichwol kann man den Essig sehr viel schärfer machen, und ihn entwässern, wozu die Chemisten ver-schiedene Mittel aufgesucht haben. Dahin gehört be-sonders nach Stahls Vorschlag der Frost. Da näm-lich die aufgelösten Salztheile weit mehr dem Ge-frieren widerstehen, als das Wasser, so gefriert bey einer hinlänglichen Kälte nur der Ueberfluß des Wassers, und kann von dem übrigen, dadurch concen-trirten Essig (acetum concentratum) weggenommen werden. Man stellt zu dem Ende in einem offenen ir-denen Geschirre den Essig in eine Kälte von 15 bis 10 Grad Fahrenheits, und läßt ihn frieren. Man durch-sticht

sticht die Eisrinde und läßt das übrige Flüssige ganz
herauslaufen, das nun die sauren Salztheile mehr in
die Enge gebracht enthält, und durch weiteres Gefrieren noch mehr concentrirt werden kann. Man leidet
hierbey aber immer viel Verlust selbst an den sauren
Salztheilen, weil das zum zweytenmale oder später entstehende Eis keine feste Consistenz hat, und also immer
viele saure Salztheile an ihm kleben bleiben. Doch
kann man freylich auch dasselbe immer noch nützen. —
Bey undestillirtem Essig ist die Concentrirung durch den
Frost keinesweges als ein Reinigungsmittel anzuwenden, weil die in ihm enthaltenen fremdartigen und schleimigten Theile zurückbleiben. Ein Theil des Weinsteines wird aber doch daburch geschieden. Der Essig wird
dunkeler von Farbe und ist nunmehro nicht so leicht dem
Verderben ausgesetzt.

    Geo. Ern. Stablii concentratio five dephlegmatio vini alio-
      rumque fermentatorum et falinorum liquorum, falvis
      univerfis eorum viribus, in seinen *opusc.* S. 398. ff. Exa-
      men du vinaigre concentré par la gelée, par Mr.
      Geofroy le cadet, in den *Mém. de l'acad. roy. des fc. de*
      Paris, 1729. S. 68. ff.

§. 1757.

Durch die Verbindung der Säuren mit den Alkalien, Erden und Metallen zu festen und trocknen
Neutral- Mittel- und metallischen Salzen werden jene
zu der höchsten Stufe der Entwässerung gebracht, und
man sieht leicht ein, daß sie, wenn man sie nun von ihrer
Basis wieder durch eine andere stärkere und concentrirte
Säure entbindet, sehr wasserfrey sind. Die so aufs höchste concentrirte Essigsäure heißt alsdann radicaler Essig
(acetum radicale), auch Essigalkohol (alcohol aceti).

§. 1758.

Am besten erhält man diese concentrirte Essigsäure
auf die Westendorfische Weise, indem man reines mi-
nerali-

neraliſches Laugenſalz mit beſtillirtem reinen Eſſige ſättiget, die Lauge durchſeihet, abdunſtet, das eſſigſaure Neutralſalz kryſtalliſiren läßt, das erhaltene weiße
und reine Salz trocknet, pulvert, in einer Tubulatretorte, die im erwärmten Sandbade liegt, und an
welche man eine geräumige Vorlage angefüttet hat, mit
halb ſo viel ſtarkem, nicht ſchwefelichten Vitriolöl übergießt, und behutſam deſtillirt. Sollte die übergegangene Säure noch mit Vitriolſäure oder Schwefelſäure
verunreiniget ſeyn, ſo rectificirt man ſie nach Herrn
Leonhardi am beſten über reine Alaunerde. Das eſſigſaure Gewächsalkali ſchickt ſich nicht ſo gut zur Bereitung dieſer concentrirten Eſſigſäure, weil es die Vitriolſäure eher phlogiſtifirt. Von der concentrirten Eſſigſäure aus metalliſchen Salzen werde ich in der Folge
bey den Metallen handeln.

> Io. Chriſtoph. Weſtendorff diſſ. de optima acetum concen-
> tratum eiusdemque naphtham conficiendi ratione.
> Goetting. 1772. 4. Leonhardi in Macquers chym.
> Wörterb. Th. II. S. 111. Anm.

§. 1759.

Die auf dieſe Art erhaltene concentrirte Eſſigſäure
iſt ungemein ſcharf, flüchtig und durchdringend vom
Geruch, völlig klar und helle, und trübt, wenn ſie rein
iſt, weder die ſalzſaure oder ſalpeterſaure Schwererde,
noch die ſauren metalliſchen Solutionen.

§. 1760.

Daß dieſe reine Eſſigſäure die allgemeinere
Grundſäure des Pflanzenreiches ſey, daß die Weinſteinſäure, Zuckerſäure, Aepfelſäure und Zitronenſäure
durch Dephlogiſtiſirung darin verwandelt werden können,
daß die branſtigen Pflanzenſäuren, die Fettſäure, und
die Ameiſenſäure ebenfalls größtentheils daraus beſtehen,
habe

habe ich schon in dem Vorhergehenden angeführt. Meine Westendorfische Essigsäure liefert mit Salpetersäure noch so viel behandelt, keine Spur von Zuckersäure oder Weinsteinsäure; daß aber aus dem gemeinen gewöhnlichen Essig durch Salpetersäure Zuckersäure geschieden werden kann, ist wahr; allein dieser ist auch nicht reine Essigsäure, sondern enthält Weinsteinsäure und schleimigte Theile, welche durch Dephlogistisirung allerdings Zuckersäure geben, und es folgt daraus gar kein Schluß mit Hrn. Amburger gegen Hrn. Westrumb und Hermbstädt, daß die Essigsäure nicht die einfache Pflanzensäure und die Grundlage der Weinsteinsäure, Zuckersäure u. a. wäre. Freylich hat bis jetzt noch kein Scheidekünstler aus Essigsäure und Phlogiston wieder Zuckersäure oder Weinsteinsäure machen können; wir können aber wol die Natur oft in ihren Zersetzungen, aber sehr selten in ihren Zusammensetzungen nachahmen.

Essigsäure in Krystallen, mit Alkali übersetzt, vom Hrn. Amburger, in Crells chem. Annal. J. 1785. B. I. S. 122. Bemerkungen und Versuche mit dem Essig und einigen Pflanzensäuren, von Ebendemselben; ebendas. J. 1787. B. II. S. 396. Fortsetzung, ebendas. S. 486. Joh. Friedr. Westrumb Versuche zur Beantwortung der Frage: enthält der Essig Zuckersäure? in seinen kl. phys. chem. Abh. B. I. H. II. S. 189. Fernere Bemerkungen desselben in Crells chem. Annal. J. 1788. B. I. S. 526. II. S. 53. 144.

§. 1761.

Bey dem allen können wir doch die Säure des Essigs noch nicht für einfach und elementarisch halten. Die concentrirte Salpetersäure entwickelt aus der reinsten Westendorfischen Essigsäure luftsäure und giebt damit Salpeterluft. Ferner die Neutral= und Mittelsalze aus Essigsäure liefern durch trockne Destillation fixe und brennbare Luft, und kaum merkliche Spur von Essig=

Essigsäure, lassen sich verkohlen, und geben nach dem Einäschern luftsaures Laugensalz. Woher also hier die Luftsäure? Doch gewiß aus der zersetzten Essigsäure. Daß diese aber Brennstoff noch genug enthalte, folgt offenbar aus diesen Versuchen. Sollte man daher wol nicht mit Scheelen auf die Vermuthung kommen, daß die Luftsäure die Grundlage der Essigsäure wäre, und daß diese durch ihre endliche Dephlogistisirung nun zur Luftsäure werde?

Essigsaure Neutralsalze. Blättererde.

§. 1762.

Der Unterschied der Essigsäure von andern Säuren zeigt sich besonders in ihrem Verhalten gegen die Laugensalze und Erden. — Sie treibt aus allen die Luftsäure und braust daher mit ihnen auf, wenn sie die letztere enthalten. Sie sind folglich näher mit ihr verwandt, als mit der Luftsäure.

§. 1763.

Mit dem feuerbeständigen Laugensalze des Gewächsreiches giebt die Essigsäure ein Neutralsalz, das den unschicklichen Namen, blätterige Weinsteinerde, Blättererde, blätteriges Weinsteinsalz (terra foliata tartari, arcanum tartari, tartarus regeneratus *Boerhav.*, oxytartarus, alcali vegetabile acetatum) erhalten hat. Um es zum Medicinalgebrauch zu verfertigen, kann man recht wohl einen guten, rohen Weinessig anwenden, mit welchem man in einem irdenen Topfe gereinigtes Gewächsalkali so lange übergießt, bis die Sättigung geschehen ist. Wenn man das in Wasser aufgelöste milde Laugensalz mit der Essigsäure sättiget, so spürt man im Anfange nur wenig Aufbrausen, weil die schon der schwachen Säure nur im geringen

Maaße

Maaſſe entbundene luftſäure von der Flüſſigkeit in ſich
genommen wird. Das Aufbrauſen wird aber immer
ſtärker, je mehr ſich die Sättigung ihrer Vollkommenheit nähert. Die geſättigte lauge wird hierauf in glaſ-
ſurten irbenen, oder auch in reinen eiſernen Pfannen
bey gelindem Feuer bis zur Trockene abgeraucht. Man
erhält ein graues oder bräunliches Salz, das bey dem
Abrauchen gern dünne glimmerartige Blätter bildet.
Reiner erhält man dieß Salz aus dem beſtillirten Eſſige,
und ſo muß man es auch nur zum chemiſchen Gebrauche anwenden.

§. 1764.

Man hat übrigens viele Vorſchriften gegeben, um
das eſſigſaure Gewächsalkali weiß zu erhalten. Spielmann räth an, über das trockene Salz Weingeiſt ab-
zuziehen, der die färbenden Oeltheile mit übernehme;
allein dieß Mittel hilft nichts, ſondern ſchadet vielmehr.
Nach Neumanns und Wieglebs Vorſchlage ſoll
man das eingetrocknete Salz über etwas ſtarkem Kohlenfeuer ſo geſchwind als möglich fließen laſſen, und ſobald dieß geſchehen iſt, es vom Feuer abnehmen. Hierdurch verbrennen die öligten Theile, das Salz wird
kohligt; beym wiederholten Auflöſen bleiben jene
im Filtrum zurück, und die lauge, der wieder Eſſig
vom Neuem bis zur Sättigung zugeſetzt wird, giebt
beym Abrauchen ein weißes Salz. Bey dieſem Verfahren wird aber offenbar das Salz aus ſeiner Miſchung geſetzt, die Eſſigſäure zerſtört, und der Zuſatz
von friſchem Eſſige bringt doch wieder etwas Farbe im
Salze hervor. Beaumé räth in dieſer Rückſicht an,
nur den bey der Deſtillation zuerſt übergehenden Eſſig
zur Bereitung des Salzes anzuwenden, aus welchem
man auch daſſelbe ſehr weiß erhält, wenn man nach
Hrn. Heyers Erfahrungen die geſättigte reine abgerauch-

te und durchgeseihete lauge in einem reinlichen Gefäße, ohne sie zu rühren, gelinde abdunstet, bis sie mit einer blätterigen Haut überzogen ist. Diese schiebt man mit einem silbernen löffel zur Seite, da dann sogleich eine neue entsteht, mit der man eben so verfährt, bis alles Salz in Blätter verwandelt worden ist. Das vortheilhafteste Mittel aber, um das Braunwerden der Blättererde zu verhüten, ist nach des Hrn. Lowitz Entdeckung der Zusatz des Kohlenstaubes zur lauge desselben, — und dann das Eindicken im Wasserbade.

Dollfuß pharmaceutisch-chem. Erfahrungen S. 112. ff. Lowitz oben (§. 1130.) angeführte Abhandlung.

§. 1765.

Die Blättererde hat einen lebhaften, etwas stechenden Geschmack. Krystallisiren läßt sie sich nicht. Sie braucht nach Spielmann beym 50 Grade der Wärme nach dem Fahrenheitischen Thermometer nur 1,021 Wasser zur Auflösung. An der luft zieht sie die Feuchtigkeiten derselben sehr schnell an, und zerfließt. Man muß sie deswegen, um sie trocken zu erhalten, noch ganz warm in eine wohl zu verstopfende Flasche thun. An der luft zerflossen giebt sie den liquor terrae folia-tartari, den man bequemer und reinlicher dadurch verfertigt, daß man einen Theil des Salzes in 3 Theilen Wasser auflöst und durchseihet. Sehr nutzbar und doch nicht so theuer könnte man zum clinischen Gebrauche die gesättigte Vermischung des Essigs mit dem Gewächsalfa'i etwa bis zum vierten oder sechsten Theile abrauchen lassen. Nach Bergmann ist die zerflossene Blättererde zu luftbeständigen Krystallen zu bringen, wenn man ihr luftsäure in hinreichender Menge beymischt. Die Blättererde löst sich auch im Weingeiste auf, von dem sie beym Sieden nur 2,142 Theile erforbert.

§. 1766.

§. 1766.

Wie viel Eſſig zur Sättigung eines beſtimmten Gewichtes von Gewächsalkali nothwendig ſey, das läßt ſich wegen des verſchiedenen Waſſergehaltes des erſtern nicht im Allgemeinen beſtimmen. In der ganz trocknen reinen Blättererde verhält ſich aber nach Hrn. Wenzel das reine Gewächsalkali zu den von allem Waſſer befreyeten ſauren Salztheilen des Eſſigs beynahe wie 1:0,996.

Wenzel von der Verwandtſch. S. 183.

§ 1767.

Die Blättererde wird durch die bloße Würkung des Feuers aus ihrer Miſchung geſetzt und zerſtört; ſie verkohlt ſich und das Laugenſalz wird frey. Bey der trocknen Deſtillation derſelben erhält man eine beträchtliche Menge Luftſäure, brennbare Luft, ein ſäuerliches Phlegma, und etwas empyreumatiſches Oel. Cadet, Baume u. a. erhielten daraus auch einen urinöſen Geiſt, und den erhält man wol immer, wenn die Blättererde aus rohem Weineſſig bereitet iſt. Indeſſen könnte auch der deſtillirte Eſſig flüchtiges Alkali enthalten, und es würde alſo daraus noch gar nicht folgen, daß hierbey eine Verwandlung der Salze vorgehe.

Baume erläuterte Experimentalchemie, Th. II. S. 23. Mémoire ſur la terre foliée du tartre par Mr. Cadet, in den Mém. preſent. T. IV. S. 578. Hrn. Cadet Abhandlung von der blätterigten Weinſteinerde, im neuen hamb. Magazin, B. II. S. 15. Wiegleb Verſ. über die alkaliſchen Salze, S. 227.

Eſſigſaures Mineralalkali.

§. 1768.

Mit dem mineraliſchen Laugenſalze geſättigt, giebt die deſtillirte Eſſigſäure die ſogenannte kryſtalliſirbare

Blättererde (terra foliata tartari cryſtalliſabilis), wel=
che beſſer eſſigſaures Mineralalkali (alcali minerale
acetata, ſoda acetata) genannt wird. Dieß Neutral=
ſalz ſchießt zu ſchönen, langen, ſpießigten oder auch ge=
ſtreiften ſäulenförmigen Kryſtallen an. Um die Lauge
deſſelben beſſer zum Anſchießen zu bringen, räth
Baumé an, ſie etwas alkaliſch bleiben zu laſſen. Das
Salz läßt ſich durchs Abkühlen kryſtalliſiren, und Hr.
Wenzel hat bemerkt, daß, wenn man die Lauge deſſel=
ben bis zu einem gewiſſen Punkt hat verdunſten, und
ganz ruhig abkühlen laſſen, die Flüſſigkeit, ſobald man
ſie mit dem Finger berührt, ſich erhitzt und in dem Au=
genblicke kryſtalliſirt; eine Erſcheinung, die ſehr ſchön
die Entbindung des Wärmeſtoffs bey dem Uebergang
der flüſſigen Körper in den feſten Aggregatzuſtand er=
klärt. Das eſſigſaure Mineralalkali zerfällt in der
Wärme und an der Luft zu einen weißen Staub, und
zerfließt nicht. In dieſem waſſerfreyen Salze verhält
ſich das Mineralalkali zur Eſſigſäure nach Wenzel wie
1:1,528. Das kryſtalliniſche enthält nach Wenzel
0,454 Theile Waſſer. Der Weingeiſt löſt dieſes Salz
ebenfalls auf, und nimmt beym Sieden $\frac{143}{8}$ Theile
davon in ſich. Im Feuer wird es, wie die Blätterer=
de, zerſtört. Ob die Eſſigſäure näher mit dem vegeta=
biliſchen, als mit dem mineraliſchen Laugenſalze ver=
wandt ſey, weiß man noch nicht.

Wenzel a. a. O. S. 190. Baumé a. a. O. S. 83.

Eſſigſalmiak.

§. 1769.

Mit dem flüchtigen Laugenſalze geſättiget, bildet
die Eſſigſäure ein Ammoniakſalſalz, das in flüſſiger Ge=
ſtalt unter dem Namen, Minderers Geiſt (ſpiritus
Minde-

Mindereri, spiritus ophthalmicus Mindereri, sal
ammoniacum liquidum) bekannt ist, und besser Essigsalmiak (sal ammoniacus aceti, alcali volatile acetatum) heißt. Dieß Salz hat einen stechenden, etwas
urinösen, Geschmack, ist flüchtig, und seine Lauge läßt
sich daher ohne großen Verlust durchs Abrauchen nicht
entwässern. Doch erhält man davon wirklich spießige
Krystalle, freylich mit vielem Verlust des Salzes, wenn
man die Lauge ganz gelinde bis zur Syrupsdicke abbun-
stet, und dann in die Kälte stellt. Sie ziehen aber
sehr bald wieder Feuchtigkeiten an und zerfließen. Auch
der Weingeist löst dieß Salz auf.

Scheffers chem. Vorles. S. 136. Morveau Anfangsgr.
der theor. und pract. Chemie, Th. III. S. 13.

§. 1770.

Nach der Vorschrift unserer Dispensatorien wird
dieß Salz zum Arzneygebrauch so verfertigt, daß man
flüchtiges Laugensalz in trockner Gestalt mit destillirtem
Essig sättiget, und dann aufbewahrt. Allein man
wird leicht einsehen, daß man hiernach den Mindererschen Geist nicht gleichförmig erhält, weil der destillirte
Essig ein gar veränderliches Verhältniß an Wasser bey
sich führt; und daß jener überhaupt gar sehr mit Wasser
verdünnt wird. Hr. Löwe hat daher vorgeschlagen, dieß
Arzneymittel durch den Weg der doppelten Wahlverwandtschaft aus Blättererde und Salmiak zu gewinnen. Man sättigt zu dem Ende vier Unzen Pottaschen-
laugensalz mit destillirtem Essig, und dampft die Feuchtigkeit bis auf 36 Unzen ab. Mit dieser Flüssigkeit
übergießt man zwey Unzen Salmiak in einer Retorte,
und destillirt den Mindererschen Geist bey gelindem
Feuer über. Nur muß man überhaupt, und besonders gegen das Ende der Destillation, kein zu starkes

Feuer

Feuer geben, weil ſonſt die Flüſſigkeit branſtig wird; doch muß man auch alle Feuchtigkeit übertreiben.

A. E. L. Löwe über die beſte und gleichförmigſte Bereitung von Minderers Geiſte, in Crells chem. Annalen, Jahr 1785. B. II. S. 509. Dollfuß a. a. O. S. 103.

§. 1771.

Der Eſſigſalmiak wird durch beyde feuerbeſtändige Laugenſalze zerlegt, und das flüchtige Laugenſalz daraus entbunden, weil die Eſſigſäure mit jenen näher verwandt iſt, als mit dieſem.

Eſſigſaure Mittelſalze.

§. 1772.

Die Kalkerde wird von der reinen Eſſigſäure zwar langſam, aber doch vollkommen aufgelöſt. Die Auflöſung hat einen bitterlich ſcharfen Geſchmack, und läßt ſich, wenn ſie keine überflüſſige Eſſigſäure enthält, durch gelindes Abdunſten und Abkühlen zu ſehr feinen, nadelförmigen, gewiſſermaßen ſeidenartigen, Kryſtallen bringen, die an der Luft nicht zerfließen, ſondern vielmehr zerfallen. Der Weingeiſt löſt die eſſigſaure Kalkerde (calx acetata, ſal ammoniacus fixus vegetabilis Schaeff.) etwas ſchwer, das Waſſer aber ſehr leicht auf;

Hieher gehören: das Kreidenſalz, Krebsaugenſalz, Korallenſalz, Perlenmutterſalz der Alten.

§. 1773.

Im Feuer wird die eſſigſaure Kalkerde wie die Blättererde (§. 1767.) zerſetzt. Die milden Laugenſalze ſchlagen ſämmtlich die Kalkerde roh daraus nieder; wenn ſie aber luftleer oder ätzend ſind, ſo fällen nur die beyden feuerbeſtändigen, nicht das flüchtige, die ätzende Kalkerde. Die gebrannte Kalkerde zerſetzt auch ſogleich

den

den Essigsalmiak, nnd entbindet das flüchtige Laugen=
salz.   Folglich ist die Essigsäure zwar mit den feuerbe=
ständigen Alkalien näher,   als mit der Kalkerde,   aber
mit dieser doch näher,   als mit dem flüchtigen Laugen=
salze verwandt.

§. 1774.

Die Bittersalzerde wird von der Essigsäure sehr
leicht aufgelöst.   Die Auflösung schmeckt bitterlich, und
läßt sich nicht krystallisiren,   sondern giebt beym Eindi=
cken eine schmierige,   zerfließbare Masse,   die sich auch
im Weingeist leicht auflösen läßt.   Die essigsaure Bit=
tersalzerde (magnesia acetata) wird,   wie die Blätter=
erde (§. 1767.), im Feuer zerstört.   Die luftsauren so=
wol,   als die ätzenden Alkalien,   auch das flüchtige, und
die gebrannte Kalkerde zerlegen dieß Salz, und fällen
die Bittersalzerde.

§. 1775.

Die Alaunerde wird von der Essigsäure in nicht
sehr beträchtlicher Menge aufgelöst.   Diese essigsaure
Alaunerde (argilla acetata) läßt sich nicht krystallisiren.
Nach dem gänzlichen Austrocknen bleibt eine weißlich=
te,   an der Luft nicht zerfließende,   Salzmasse übrig, die
im Feuer ihre Säure, wie die Blättererde (§. 1767.),
fahren läßt.   Die Alkalien und die gebrannte Kalkerde,
sondern die Alaunerde auf nassem Wege daraus ab.

§. 1776.

Die mit Schwererde gesättigte Essigsäure läßt sich
nach Bergmann nicht krystallisiren,   sondern giebt eine
an der Luft zerfließende Salzmasse.   Durchs Feuer wird
die essigsaure Schwererde (terra ponderosa acetata)
auch zerstört. Die Verwandtschaftsfolge der Essigsäure
gegen die Schwererde in Rücksicht der andern alkalischen

Sub=

Subſtanzen iſt noch nicht beſtimmt. Bergmann ſtelle nur muthmaßlich die Schwererde vor die feuerbeſtändigen laugenſalze.

Bergmann de attr. elect. in ſeinen opuſc. phyſ. chem. Vol. III. S. 377.

Eſſigſaure Neutral = und Mittelſalze und Vitriolſäure.

§. 1777.

Die Eſſigſäure ſteht in der Stufenfolge der Verwandtſchaft der Alkalien und Erden der Vitriolſäure weit nach, und ſie wird daher auch aus allen Neutral = und Mittelſalzen durch dieſe entbunden, wovon ſchon im Vorhergehenden (§. 1758.) ein Beyſpiel vorgekommen iſt.

§. 1778.

Aus der Vergleichung der Stufenfolge der einfachen Wahlverwandtſchaft der Vitriolſäure gegen die laugenſalze und Erden mit der, welche die Eſſigſäure dagegen hat, laſſen ſich theoretiſch folgende doppelte Wahlverwandtſchaften zwiſchen eſſigſauren und vitriolſauren Neutral = und Mittelſalzen annehmen: zwiſchen Blättererde und Glauberſalz, geheimem Salmiak, Bitterſalz, Alaun, nicht zwiſchen vitrioliſirtem Weinſtein, Gyps imd Schwerſpath; zwiſchen eſſigſaurem Mineralalkali und geheimem Salmiak, Bitterſalz und Alaun, nicht zwiſchen vitrioliſirtem Weinſtein, Glauberſalz, Gyps und Schwerſpath; zwiſchen Eſſigſalmiak und Bitterſalz? und Alaun? nicht zwiſchen vitrioliſirtem Weinſtein, Glauberſalz, geheimem Salmiak, Gyps und Schwerſpath; zwiſchen eſſigſaurem Kalk und vitrioliſirtem Weinſtein, Glauberſalz, geheimem

Sal=

Salmiak, Bitterfalz, Alaun, nicht Gyps und Schwerfpath; zwifchen effigfaurer Bitterfalzerde und Alaun?
nicht den übrigen vitriolfauren Neutral= und Mittel-
falzen. Zwifchen effigfaurer Alaunerde und allen vitriolifchen Neutralfalzen würde keine doppelte Zerlegung
ftatt finden; zwifchen effigfaurer Schwererde hingegen
und allen vitriolifchen Salzen, nur Schwerfpath freylich ausgenommen.

§. 1779.

Hieraus ließe fich vielleicht auch eine nützliche Anwendung zur wohlfeilern Bereitung des effigfauren Mineralalkalis machen, wenn man Glauberfalz und effigfauren Kalk in richtigen Verhältniffen zufammen brächte,
den entftehenden Gyps abfonderte, und die übrige
lauge reinlich kryftallifiren ließe. Indeffen ift dieß Verfahren doch nicht zur Gewinnung des mineralifchen Laugenfalzes, durch Verjagung der Effigfäure aus dem ent-
ftandenen effigfauren Mineralalkali vermittelft des Cal-
cinirens im Feuer, wie Hr. Crell vorgefchlagen hat,
zum ökonomifchen Gebrauch anwendbar, fondern viel
zu koftbar.

Lor. Crell Verfuche ein reines mineralifches Laugenfalz zu erhalten, in feinem chem. Journal, Th. I. S. 101. ff.

Effigfaure Neutral= und Mittelfalze
und Salpeterfäure.

§. 1780.

Auch die Salpeterfäure zerlegt durch einfache
Wahlverwandtfchaft alle effigfauren Neutral= und Mittelfalze und treibt die fchwächere Effigfäure aus; nur
daß fie wegen entftehender Phlogiftifirung zum Theil
auch felbft mit fortgeht.

§. 1781.

Zwischen den essigsauren Neutral- und Mittelsalzen und den salpetersauren würden nach der Vergleichung der Verwandtschaftsfolge beyder Säuren folgende doppelte Zersetzungen statt haben: zwischen **Blättererde** und **Rhomboidalsalpeter**, **Salpetersalmiak**, **Kalksalpeter**, **Bittersalpeter** und **Alaunsalpeter**, nicht zwischen prismatischem und schwererdigtem Salpeter; zwischen **essigsaurem Mineralalkali** und Salpetersalmiak, kalkerdigtem, bittersalzerdigtem und alaunerdigtem Salpeter, nicht zwischen prismatischen, rhomboidalischen und schwererdigtem Salpeter; zwischen **Essigsalmiak** und bittersalzerdigtem? und alaunerdigtem Salpeter; nicht den übrigen salpetersauren Salzen; zwischen essigsaurer **Kalkerde** und Salpetersalmiak, bittersalzerdigtem und alaunerdigtem Salpeter, nicht den übrigen; zwischen essigsaurer Bittersalzerde und alaunerdigtem Salpeter, nicht den übrigen salpetersauren Neutral- und Mittelsalzen. Essigsaure Alaunerde würde durch keines derselben; essigsaure Schwererde aber durch alle salpetersaure Neutral- und Mittelsalze, ausgenommen die salpetersaure Schwererde, zersetzt werden.

Essigsaure Neutral- und Mittelsalze und Küchensalzsäure.

§. 1782.

Die Küchensalzsäure zersetzt alle essigsauren Neutral- und Mittelsalze, und ist allen Alkalien und Erden näher verwandt, als die Essigsäure. Wenn die bey der Kochsalzsäure angegebene Stufenfolge derselben gegen die Alkalien und Erden ihre Richtigkeit hat, so wird der Theorie nach zersetzt: Blättererde durch Kochsalz, salzsaure Kalkerde, Bittersalzerde, Sal-

Salmiak und salzsaure Thonerde, nicht durch Digestivsalz und salzsaure Schwererde; essigsaures Mineralalkali durch Salmiak, salzsaure Kalkerde, Bittersalzerde und Thonerde, nicht durch Digestivsalz, Kochsalz
und salzsaure Schwererde; Essigsalmiak durch salzsaure
Bittersalzerde und Alaunerde, nicht durch die übrigen
salzsauren Neutral- und Mittelsalze; essigsaure Kalkerde durch Salmiak, essigsaure Bittersalzerde und Thonerde, nicht durch Digestivsalz, Kochsalz, salzsaure
Kalk- und Schwererde; essigsaure Bittersalzerde nur
durch salzsaure Alaunerde, nicht durch die übrigen; essigsaure Schwererde aber durch alle salzsaure Neutral-
und Mittelsalze, salzsaure Schwererde natürlicherweise
ausgenommen.

§. 1783.

Auf diese Zerlegung durch doppelte Wahlverwandtschaft gründet sich eben das oben (§. 1770.) angegebene
Verfahren, aus Blättererde und Salmiak den Mindererschen Geist zu erhalten; und es ließe sich eben
dieß Verfahren vielleicht auch mit Vortheil anwenden,
um aus Blättererde und Kochsalze das essigsaure Mineralalkali zu gewinnen, wenn die Abscheidung des
Digestivsalzes nicht zu mühsam ist.

Essigsaure Neutral- und Mittelsalze und Flußspathsäure.

§. 1784.

Die Flußspathsäure steht der Essigsäure in der
Stufenfolge der Verwandtschaft der Laugensalze und
Erden ebenfalls vor. Aus der essigsauren Kalkerde
schlägt sie daher sogleich einen wiederhergestellten Flußspath nieder. Wenn die bey der Flußspathsäure ange-

Cc 5   gebene

gebene Verwandtschaftsfolge derselben gegen laugensalze und Erden richtig ist, so wird zersetzt: Blättererde durch flußspathsaures Mineralalkali, Flußspathsalmiak, und flußspathsaure Thonerde, nicht durch die
übrigen flußspathsauren Salze; essigsaures Mineralalkali durch Flußspathsalmiak und flußspathsaure Thonerde; Essigsalmiak nur durch flußspathsaure Alaunerde;
essigsaure Kalkerde durch alle flußspathsaure Neutral-
und Mittelsalze, Flußspath freylich ausgenommen;
essigsaure Bittersalzerde, durch flußspathsaures Gewächsalkali, Mineralalkali, Flußspathsalmiak und flußspathsaure Alaunerde; essigsaure Thonerde durch kein
flußspathsaures Neutral- und Mittelsalz; essigsaure
Schwererde durch flußspathsaures Gewächsalkali, flußspathsaures Mineralalkali, Flußspathsalmiak, spathsaure Bittersalzerde und Alaunerde.

Essigsaure Neutral- und Mittelsalze und Borarsäure.

§. 1785.

Die Borarsäure steht der Essigsäure in der Verwandtschaft der laugensalze und Erden nach, und wird
aus diesen durch die Essigsäure getrennt. Man kann
daher auch durch reine Essigsäure das Sedativsalz aus
dem Borar abscheiden (§. 1037.). — Wenn die oben
(§. 1045 — 1054.) angegebene Verwandtschaftsfolge
der Borarsäure und die der Essigsäure (§. 1768—1776.)
ihre Richtigkeit hat, so werden durch doppelte Verwandtschaft zerlegt: Blättererde durch borarsaure
Schwererde, nicht durch die übrigen; essigsaures Mineralalkali durch Gewächsborar und borarsaure Schwererde; Essigsalmiak durch borarsaures Gewächsalkali,
Mine-

Mineralalkali und boraxsaure Schwererde; essigsaure
Bittersalzerde durch boraxsaure Schwererde, und
Kalkerde, Gewächsborax, gemeinen Borax und Borax-
salmiak; essigsaure Thonerde durch alle boraxsauren
Neutral- und Mittelsalze, nur Boraxalaun ausgenommen; essigsaure Schwererde durch kein boraxsaures
Neutral- und Mittelsalz. — Die Erfahrung muß
aber hier in Zukunft entscheiden, und sie möchte vielleicht manches anders finden.

Essigsaure Neutral- und Mittelsalze und Phosphorsäure.

§. 1786.

Die Phosphorsäure treibt auf nassem und trocknem Wege die Essigsäure aus ihren Neutral- und Mittelsalzen aus, und ist den Alkalien und Erden näher
verwandt, als diese. Dem phosphorsauren Gewächs-
und Mineralalkali kann die Essigsäure zwar einen Theil
des Laugensalzes entziehen (§. 1555. 1556.), allein nur
dann, wenn sie im Uebermaaß angewendet wird. Diese scheinbare Anomalie der Verwandtschaft läßt sich wie
die oben (§. 861.) bey der Salpetersäure angeführte
erklären.

§. 1787.

Nach der oben (§. 1191 — 1206.) angeführten
Verwandtschaftsfolge der Phosphorsäure gegen die Laugensalze und Erden würde zersetzt werden: Blättererde
durch phosphorsaures Mineralalkali, Phosphorsalmiak,
und phosphorsaure Alaunerde, nicht durch phosphorsaures Gewächsalkali, phosphorsaure Kalkerde, Schwererde und Bittersalzerde; essigsaures Mineralalkali nur
durch Phosphorsalmiak und phosphorsaure Thonerde;

Essig-

Eſſigſalmiak durch phosphorſaure Thonerde allein; eſſig=
ſaure Kalkerde aber durch alle phosphorſaure Neutral=
und Mittelſalze, nur freylich Phosphorſelenit ausge=
nommen: eſſigſaure Bitterſalzerde durch alle phos=
phorſaure Neutralſalze und phosphorſaure Thonerde;
eſſigſaure Thonerde durch gar kein phosphorſaures Neu=
tral= und Mittelſalz; eſſigſaure Schwererde wieder
durch alle phosphorſaure Neutralſalze und phosphorſau=
re Bitterſalzerde und Thonerde.

Eſſigſaure Neutral= und Mittelſalze und Weinſteinſäure.

§. 1788.

Die reine Weinſteinſäure ſchlägt aus der Auflö=
ſung der Blättererde ſogleich einen wiederhergeſtellten
Weinſteinrahm, aus dem eſſigſauren Kalke aber einen
Weinſteinſelenit nieder. So trennt ſie auch die Eſſig=
ſäure von andern Alkalien und Erden, und verbindet
ſich dagegen mit dieſen. Es iſt alſo ohne Zweifel die
Weinſteinſäure den alkaliſchen Subſtanzen näher ver=
wandt, als die Eſſigſäure. Wenn man aber zu der
Auflöſung des Tartarus tartariſatus im Waſſer Eſſig=
ſäure ſchüttet, ſo ſchlägt ſich ein ordentlicher Wein=
ſteinrahm nieder; eben ſo aus dem Seignetteſalz und
dem Tartarus ſolubilis. Es ſcheint alſo hier eine reci=
proke Affinität zu ſeyn. Allein dieſe Anomalie der Ver=
wandtſchaft rührt von der Neigung der Weinſteinſäure,
ſich mit einem Antheile Gewächsſalkali zu verbinden,
und damit Weinſteinrahm zu bilden, her, und läßt
ſich wie oben (§. 1299.) erklären. Es wird daher auch
durch die Eſſigſäure aus dem tartariſirten Weinſteine
nicht die reine Weinſteinſäure, ſondern Weinſteinrahm
entbunden. Aus andern weinſteinſauren Doppelſalzen

kann

kann durch Essigsäure die Weinsteinsäure von ihrer alkalischen Basis nicht getrennt werden.

§. 1789.

Der Verwandtschaftsfolge der Weinsteinsäure gegen Alkalien und Erden gemäß (§. 1284 — 1297.) würden also durch doppelte Wahlverwandtschaft zerlegt werden: Blättererde durch weinsteinsaures Mineralalkali, Weinsteinsalmiak und weinsteinsaure Thonerde; essigsaures Mineralalkali durch Weinsteinsalmiak und weinsteinsaure Thonerde; Essigsalmiak durch weinsteinsaure Thonerde; essigsaure Kalkerde durch alle weinsteinsaure Neutral- und Mittelsalze, nur Weinsteinselenit ausgenommen; essigsaure Bittersalzerde durch Tartarus tartarisatus, weinsteinsaures Mineralalkali, Weinsteinsalmiak, und weinsteinsaure Thonerde; essigsaure Thonerde durch kein weinsteinsaures Neutral- und Mittelsalz, und endlich essigsaure Schwererde durch alle weinsteinsaure Neutralsalze und weinsteinsaure Bittersalzerde und Thonerde.

Essigsaure Neutral- und Mittelsalze und Zuckersäure.

§. 1790.

Die Zuckersäure treibt auf nassem Wege die Essigsäure aus ihren Verbindungen mit laugensalzen und alkalischen Erden aus, und verbindet sich mit diesen. Daß aber die concentrirte Essigsäure aus der Auflösung des zuckersauren Gewächsalkali in wenigem Wasser Säuerkleesalz präcipitirt, läßt sich auch aus der Neigung der Zuckersäure, sich wie die Weinsteinsäure (§. 1788.) mit etwas Alkali zu vereinigen, erklären.

§. 1791.

§. 1791.

Durch doppelte Wahlverwandtſchaft werden au
naſſem Wege zerſetzt: Blättererde durch zuckerſaures
Mineralalkali, Zuckerſalmiak, und zuckerſaure Thonerde; eſſigſaures Mineralalkali und zuckerſaure Thonerde; Eſſigſalmiak durch zuckerſaure Thonerde; eſſigſaure Kalkerde durch alle zuckerſauren Neutral- und
Mittelſalze, freylich Zuckerſelenit ausgenommen; eſſigſaure Bitterſalzerde durch zuckerſaures Gewächsalkali
und Mineralalkali, Zuckerſalmiak und zuckerſaure Thonerde; eſſigſaure Thonerde durch kein zuckerſaures Neu-
tral- und Mittelſalz; eſſigſaure Schwererde durch alle
zuckerſaure Neutralſalze und zuckerſaure Bitterſalzerde
und Thonerde.

Eſſigſaure Neutral- und Mittelſalze
und Benzoeſäure.

§. 1792.

Nach Bergmann haben die laugenſalze ſowol als
die Erden eine entferntere Verwandtſchaft gegen
die Eſſigſäure, als gegen die Benzoeſäure. Indeſſen
iſt der Unterſchied des Grades dieſer Verwandtſchaften
nicht ſehr groß, und erfordert überhaupt noch nähere
Beſtimmungen durch anderweitige Erfahrungen.

Eſſigſäure und vegetabiliſche oder thieriſche
Körper. Kräutereſſige.

§. 1793.

Der Eſſig iſt, hauptſächlich wegen ſeiner vielen
wäſſerigten Theile, ein Auflöſungsmittel für die Schleime der Pflanzen, für die ätheriſch-öligten Theile, für
den zuſammenziehenden Grundſtoff, und für das principium

cipium acre. Er zieht daher aus verschiedenen Pflan=
zenstoffen und andern Dingen, mit welchen er in Di=
gestion gesetzt wird, allerley Theilchen aus, welches
Anlaß zur Bereitung verschiedener Kräuteressige (aceta
medicata) zum Arzneygebrauche giebt. Die ganze Ver=
fertigungsart derselben besteht darin, daß man auf einen
Theil dieser Substanzen 10 bis 12 Theile Essig gießt,
damit digerirt oder macerirt, und dann durchseihet. Mit
gemeinen oder rohen Essig werden sie würksamer, mit
destillirtem halten sie sich länger. Doch kann man durch
einen Zusatz von etwas Weingeist das Schimmeln ver=
hüten.

§. 1794.

Die reinen Harze löst der Essig nicht auf; die
Gummiharze erweicht er. Die süßen wesentlichen Sal=
ze nimmt er in sich. Die Colla des Mehls löst concen=
trirter Essig, wiewol nur in geringer Menge, auf. Auf
die Stärke des Mehls hat er keine auflösende Kraft.
Die milden Oele verdickt er, und die Seifen werden
durch ihn zersetzt. Auf den Kampher hat der gemeine
Essig nicht viel mehr auflösende Kraft, als das Was=
ser; der concentrirte Essig löst ihn aber auf, wird da=
durch entzündlich, und brennt größtentheils ab. Durch
Wasser läßt sich der Kampher unverändert daraus nie=
derschlagen. Die Gallerte bringt er zur Gerinnung,
doch im Uebermaaße zugegossen, löst er sie endlich wie=
der auf. Auf das thierische Fett hat er keine Wirkung.
Die Milch macht er gerinnen, so wie auch das Blut
und das Blutwasser, ob er gleich in größerer Menge
angewendet, von dem käsigten Theil der Milch, der
gerinnbaren Lymphe und dem fadenartigen Theile des
Bluts wieder etwas auflöst.

Versüßte

Verſüßte Eſſigſäure. Eſſigäther.

§. 1795.

Die concentrirte Eſſigſäure verbindet ſich mit dem Weingeiſte, und iſt nicht allein fähig, durch ihn verſüßt zu werden, ſondern bildet auch damit einen wirklichen Eſſigäther (naphtha aceti). Der Erfinder dieſes Eſſiaäthers iſt der Graf von Lauraguais. Er bediente ſich dazu des aus dem eſſigſaurem Kupfer durch Deſtillation erhaltenen concentrirten Eſſigs, den er mit gleichen Theilen Alkohol vermiſchte. Das Gemiſch erhitzt ſich. Man unterwirft es ſogleich oder nach einiger Digeſtion einer Deſtillation aus einer gläſernen Retorte mit der Vorlage, die in kaltem Waſſer oder in Schnee oder Eiſe liegt, und bringt es ſchnell zum Sieden. Anfänglich geht bloßer Weingeiſt über, dann aber folgt der Aether, und zuletzt Eſſigſäure, die immer um ſo ſtärker iſt, je länger man die Deſtillation fortſetzt. Man muß deswegen die Vorlage eher wechſeln. In der Retorte bleibt eine braune harzigte Materie zurück. Der in der Vorlage geſammlete Aether wird durch etwas Kalkwaſſer von dem Weingeiſte geſchieden, und um ihn von der anhängenden Säure zu befreyen, über etwas laugenſalz gelinde rectificirt, wobey man aber viel Verluſt an ihm leidet.

Mémoire ſur l'aether aceteux ou du vinaigre et ſur l'aether marin, par Mr. *le comte de Lauraguais*, im *Journ. des ſçav.* Jouillet. 1759. S. 318. ff. *Jo. Junker*, reſp. *Fr. Gottl. Schiffel* de acidis concentratis et dulcificatis, ſpeciatim de vegetabili fumante et dulcificato. Hal. 1759. 4.

§. 1796.

Hr. Poerner und Scheele behaupten, auf dieſe Art keinen Eſſigäther erhalten zu haben, und der letztere ſagt, man gewinne ihn nur alsdann, wenn

man

man etwas von einer Mineralsäure zusetze. Indessen
ist es doch mehrern Chemisten, wie Hrn. Fourcroy, und
Hrn. Reuß gelungen, aus bloßem Grünspanessig Aether
zu erhalten. Nach letzterm ist es aber erforderlich, das
Ueberdestillirte mehrere male zu cohobiren.

Versuche mit Anmerkungen über den Aether, von Carl Wilh.
Scheele, in Crells chem. Annal. J. 1784. B. II §. 6.
Reuß ebendas. J 1786. B. II. S. 325. *Fourcroy*
elem. de chimie, T. IV. S. 239.

§. 1797.

Spielmann erhielt auch einen Essigäther vermit=
telst der aus der Blättererde durch Vitriolsäure ausge=
triebenen concentrirten Essigsäure; allein dieß Verfah=
ren ist wegen der Verunreinigung durch Schwefelsäure
nicht so gut, als das von Hrn. Westendorf vorgeschlagene,
den Aether aus dem, nach der oben (§. 1645.) angege=
benen Methode erhaltenen, concentrirten Essig zu verfer=
tigen. Man vermischt damit eine gleiche Menge Alko=
hol, digerirt das Gemisch in einem wohl verstopften
Glase einige Tage lang, bis es weder nach Alkohol,
noch nach Essig riecht, und destillirt es dann aus einer
Retorte im Sandbade bey sehr gelindem Feuer bis zur
Hälfte ab. Von der übergegangenen Flüssigkeit scheidet
man mit $\frac{1}{18}$ Weinsteinsalz, das in seinem vierfachen
Gewichte Wasser aufgelöst ist, den Aether ab, und
nimmt ihn sogleich von der unter ihm stehenden Flüssig=
keit weg. Die Naphthe beträgt beynahe die Hälfte des
angewandten Weingeistes.

Spielmann institut. chem. S. 193. Westendorfs oben (§.
1111.) angeführte Schrift.

§. 1798.

Eine andere Bereitungsart des Essigäthers hat
Hr. Fiedler beschrieben, die auch Scheele schon nebst

mehrern andern Methoden angegeben hatte. Man gießt nämlich auf 4 Theile essiggesäuertes Bley oder Bleyzucker, (den man zuvor in einem steinernen Gefäße so lange der Wärme ausgesetzt hatte, bis er sich nicht mehr aufblähete,) in einer erwärmten und im Sandbade liegenden Tubulatretorte, an welche man eine Vorlage gehörig angefüttet hat, nach und nach ein Gemisch aus 2 Theilen concentrirtem Vitriolöle und 3 Theilen aufs höchste rectificirtem Weingeiste, und destillirt es bis zur völligen Trockniß. Es geht mit dem Aether zugleich viele freye Säure über. Man rectificirt daher die übergegangene Flüssigkeit nochmals bey dem gelindesten Feuer bis ohngefähr zur Hälfte, und scheidet aus dem Ueberdestillirten durch Kalkwasser die Naphthe ab.

Carl Wilh. Fiedler verbefferte Bereitungsart des Effigäthers, in Crells chem. Annalen, J. 1784. B. II. S. 502. Dollfuß a. a. O. S. 101.

§. 1799.

Am sichersten und ergiebigsten ist die vom Herrn Voigt empfohlne Methode, zur Bereitung des Essigäthers. Man gießt in einer Retorte auf 8 Theile essigsaures feuerbeständiges laugensalz ein Gemisch von 3 Theilen starkem Vitriolöle und 6 Theilen Alkohol behutsam und nach und nach, und destillirt davon 6 Theile Flüssigkeit bey gelindem Feuer im Sandbade über, die beynahe lauter Essignaphthe sind, welche man mit Wasser, worin etwas Weinsteinsalz aufgelöst ist, von der anhängenden Säure befreyet.

§. 1800.

Der gereinigte Essigäther hat einen angenehmen Geruch, der doch dem Geruche des Essigs noch etwas ähnelt. Er kömmt an Flüchtigkeit, Leichtigkeit, Entzündlichkeit, Auflösungskraft und in übrigen Eigenschaften

ten andern Aethern bey. Im Waſſer iſt er noch aufs
lösbarer, als der Vitrioläther. Er brennt mit einer
ſehr lebhaften Flamme, und hinterläßt etwas Spur
von Kohle. Das ätzende Laugenſalz und der ungelöſch-
te Kalk zerſtören ihn weit leichter, als andere Aethers
arten.

Guil. Henr. Seb. Buchholz de naphtha aceti; in den *Nov.*
act. acad. nat. Curioſ. T. VI. S. 238. Ueber die Eſſignaphthe, von D. Wilh. Heinr. Seb. Buchholz; überſ.
im I. B. des phyſ. chem. Mancherl. S. 205.

§. 1801.

Bey der Zerlegung durchs Verbrennen (§. 1720.)
liefert der Eſſigäther Brennſtoff, Luftſäure, Waſſer,
Pflanzenſäure oder Eſſigſäure. letztere läßt ſich nach
Scheelen daraus erhalten, wenn man 1 Theil Eſſigäther in ſo vielem Waſſer auflöſt, als erforderlich iſt,
dann 3 Theile ätzendes Alkali zuſetzt, bey gelindem Feuer
deſtillirt, da der Aether größtentheils verſchwindet; das
Zurückbleibſel in der Retorte mit Vitriolſäure überſättiget, und es übertreibt, da man Eſſigſäure erhält.

Scheele a. a. O. §. 6. g.

§. 1802.

Der Eſſigäther hat alſo ganz die Beſtandtheile des
Weingeiſtes (§. 1715.), nur in einem andern Verhältniſſe, nämlich bey mehrerer Säure weniger Waſſer;
und beweiſt uns noch mehr, daß Körperarten bey einerley Qualität der Beſtandtheile in ihren Eigenſchaften und
Verhältniſſen ſehr weit von einander abſtehen können,
wenn die Quantität dieſer Beſtandtheile verſchieden iſt.

§. 1803.

Hr. Lowitz hat gefunden, daß ohne Zuſatz vom
Weingeiſt aus dem ſo ſtark als möglich durch den Froſt

concentrirten deſtillirten Eſſig eine Eſſignaphthe erhalten
werden könne, wenn man das bey der Deſtillation deſſelben zuerſt Uebergehende wiederholt überziehet. ——
Sollte aber wol nicht das dem Eſſige noch beygemiſcht
geweſene Spirituöſe dazu etwas beygetragen haben?

Einen ſehr angenehmen verſüßten Eſſig und Eſſigäther ohne
Beyhülfe eines fremden Körpers zu bereiten, von Lowitz,
in Crells chem. Annalen, J. 1787. B. l. S. 307. ff.

§. 1804.

Wie man verſüßten Eſſiggeiſt (acetum dulcifi-
catum, liquor anodynus vegetabilis) machen könne,
iſt leicht einzuſehen, wenn man weiß, daß er die Auflöſung der Eſſignaphthe in Alkohol iſt.

Theorie der Wein- und Eſſiggährung.

§. 1805.

Die Erfahrung lehrt, daß nur der Zuckerſtoff, oder
auch die ſchleimigt-zuckerartige Materien der innern Veränderung ihrer Miſchung zum weinartigen Getränke fähig
ſind (§. 1587.), und daß ein gehöriger Grad der Feuchtigkeit und der Wärme, und der Zugang der Luft dazu
erfordert werden (§. 1583.). Daß Weinſtein zur
weinigten Gährung unumgänglich nothwendig ſey, wie
der Marquis de Bouillon behauptet, widerlegt die Erfahrung beym Meth und Bier. Um alſo die Veränderungen der Stoffe bey der Weingährung zu erklären,
d. h. die Urſachen aufzuſuchen, die den Grund der
Veränderungen in ſich enthalten, müſſen wir die Beſtandtheile des Zuckerſtoffes mit den Beſtandtheilen des
durch Gährung hervorgebrachten Weines vergleichen,
und auf die Phänomene in und bey der Gährung, und
die dabey entwickelten Stoffe zugleich Acht geben.

Ueber

Ueber die Ursachen der geistigen Gährung und ihre Vervoll-
kommnung, vom Hrn. Marquis de Bouillon, in Crells
chem. Annal. J. 1786. B. II. S. 403. ff.

§. 1806.

Brennbares Wesen, luftsäure, Essigsäure und
Wasser sind die Bestandtheile des zur Weingährung
fähigen flüssigen schleimigt = zuckerartigen Stoffes (§.
1320.). Das durch die Gährung hervorgebrachte Spi-
rituöse aber unterscheidet sich davon nur durch eine weit
geringere Menge luftsäure und Pflanzensäure(§.1715.).
Die Ausscheidung und Entwickelung des Stoffes der
luftsäure, und die genaue und innige Verbindung der andern ungleichartigen Stoffe des Zuckerartigen sind also
das Hauptgeschäfte der Weingährung.

§. 1807.

Der Grund des ganzen Erfolgs der Gährung liegt
wol unstreitig in der Anziehungskraft jener verschiedenen
ungleichartigen Bestandtheile und in dem bestimmten
Verhältniß derselben gegen einander.   Wenn nämlich
das Gleichgewicht dieser Kraft oder der ruhige Zustand
der Theile gehoben wird, so befinden sich diese in einem
neuen Verhältnisse, in einer neuen lage gegen einander,
und äußern nun auch andere Anziehungskräfte.   Es
entstehen dann neue Verbindungen, neue Auflösungen,
neue Trennungen, welche die Entstehung des Spirituösen, die Abscheidung des Weinsteines, des Schleimigten u. b. gl. zur Folge haben, wie die weitere Betrachtung uns lehren wird.

§. 1808.

Die Haupturfach dieses gehobenen Gleichgewichts
ist die Wärme, das Haupterforderniß bey jeder Gährung (§. 1583.), und eine Bedingung dazu ist der gehörige Grad der Feuchtigkeit.   Denn trockener Zucker-

stoff

ſtoff iſt keiner Weingährung, auch bey der Wärme
nicht, fähig. Ohne Auflöſung iſt keine Verwandt-
ſchaftskraft, iſt keine innige Verbindung ungleichartiger
Theile möglich. Durch die Wärme wird nun zuerſt in
der zur Gährung beſtimmten und durch die gehörige
Menge Waſſer extendirten ſchleimigtzuckerartigen Subſtanz der Stoff der luftſäure luftförmig, und dieſe entwickelt ſich vermöge ihrer Elaſtizität mehr oder weniger
gewaltſam, je nachdem ſie durch größere oder geringere
Wärme zur Entwickelung gebracht wird. Durch das
Hervorbrechen dieſes luftförmigen Stoffes entſteht das
Geräuſch und das Brauſen der in der Gährung begriffenen Stoffe (§. 1584). Die größere oder geringere Zähigkeit oder Viſcidität der gährenden Maſſe hemmt die freye
Entwickelung eines Theils dieſer luftſäure, und dieſe
bildet daher eine mehr oder weniger dicke Schicht auf
der gährenden Maſſe, den Gäſch.

§. 1809.

Bey der Ausſcheidung dieſer luftſäure, eines weſentlichen Beſtandtheiles der gährenden Subſtanzen vor
der Gährung, wird nothwendigerweiſe die vorige Verbindung aller Theile zerſtört, wird die Miſchung, d. h.
das beſtimmte Verhältniß der ungleichartigen Beſtandtheile, geändert. Es iſt nämlich eine ganz natürliche
Folge, daß die übrigen Beſtandtheile durch ihre Vereinigung unter einander ein anderes Reſultat der Miſchung, ein von den vorigen verſchiedenes Gemiſch, ausmachen müſſen, und ſo bilden dann, nach der Abſcheidung der luftſäure, der Brennſtoff und die Pflanzenſäure der zuckerartigen Materie mit dem Waſſer durch
ihre innige Vereinigung unter einander das Spirituöſe
oder den brennbaren Geiſt. So wie aber ſchon bey der
anfangenden Entwickelung der luftſäure die allmählige
Erzeugung deſſelben anfängt, ſo können durch die Veränderung

Änderung des Auflösungsmittels die vorher aufgelöst ge-
wesenen fremdartigen Bestandtheile es nicht mehr bleiben. Daher trübt sich jetzt die Mischung, die vorher
klar war (§. 1584.), und es sondern sich die schleimig-
ten Theile, so wie der Weinstein, aus der gährenden
Materie immer mehr und mehr ab, je größer die Menge des Spiritudsen und je vollkommener es wird (§.
1586.), weil der Weingeist kein Auflösungsmittel mehr
dafür abgeben kann.

§. 1810.

Wenn, wie im guten Moste, die Menge des
Zuckerstoffes sehr groß ist, so bleibt nach der Entstehung des Spiritudsen doch noch eine merkliche Menge
desselben unzersetzt oder roh, welche bey der unmerklichen Gährung nur nach und nach zersetzt wird, und die
Güte des Weines daher immer mehr und mehr erhöhet,
oder bey einem sehr großen Uebermaaße auch der Grund
von der Süßigkeit des Weines oder des weinartigen
Getränkes wird (§. 1593.).

§. 1811.

Der bey der Gährung des Weines nach und nach
sich abscheidende Weinstein präexistirte schon offenbar
im Moste, wie die Zergliederung desselben beweist. Das
Wässerigte, das jeder Wein außer dem Spiritudsen
oder dem brennbaren Geiste enthält, hält freylich noch
immer nach seiner verschiedenen Menge eine größere oder
geringere Quantität Weinstein und Schleim zurück,
wie die Destillation des Weines zeigt, wobey diese Theile zurückbleiben (§. 1608.), indem der brennbare Geist
übergezogen wird.

§. 1812.

Je geringer die Menge des Zuckerstoffes in der zur
Weingährung bestimmten Materie ist, desto geringer ist

auch)

auch die Menge des Spirituöſen, die ſich erzeugen kann.
Wenn das Verhältniß der freyen Säure der zur Gährung beſtimmten Flüſſigkeit gegen den Zuckerſtoff nicht
zu groß iſt, ſo wird ſie durch den aus letzterm entſtandenen brennbaren Geiſt dergeſtalt umwickelt und verſüßt, daß man ſie nicht erheblich wahrnehmen kann,
und der Wein iſt ſo wirklich als eine verſüßte Eſſigſäure
anzuſehen. Iſt aber die Menge der freyen Säure im
Moſte oder in andern der Weingährung fähigen Flüſſigkeiten gegen den Zuckerſtoff überwiegend, ſo wird der
Wein herbe, ein Theil der Säure bleibt roh, und iſt
durch den brennbaren Geiſt nicht gehörig verſüßt, wie
die Erfahrung auch an den Weinen ſchlechter Jahre
oder nördlicher Gegenden beweiſt, wo der Mangel des
Spirituöſen eben macht, daß ſich die Säure durch ihren herben und ſauren Geſchmack mehr äußern kann.
Dieſer Mangel des brennbaren Geiſtes rührt aber eben
von der geringen Menge des Zuckerſtoffes vor der Gährung her.

§. 1813.

Die Erſcheinungen der bemerkbaren Gährung hö-
ren allmählig auf (§. 1586.), wenn die hinreichende
Menge des Spirituöſen aus dem Zuckerſtoff erzeugt iſt,
oder wenn, wie bey ſchlechterm Weine, dieſer letztere
ganz zerſetzt iſt. Der brennbare Geiſt ſelbſt iſt an und
für ſich allein keiner weitern Gährung fähig, und hemmt
in Verbindung mit andern ſchleimigten ſauren oder
ſauerſüßen Theilen die ſchnelle und ſchleunige Zerſetzung
durch fernere Veränderung der Miſchung. Die erſte
Periode der Weingährung iſt nun vorüber; man entfernt daher die Bedingungen, unter welchen die zweyte,
oder die Eſſiggährung allmählig, aber unfehlbar, wieder
anheben würde. Wird die Weingährung mitten in ihrer Stärke unterdrückt, ſo bleibt natürlicherweiſe ein
Theil

Theil der freyen luftsäure in der gegohrnen Flüssigkeit eingeschlossen, und ein Theil gährungsfähiger Stoffe unzersetzt. Jene bricht bey der gegebenen Freyheit mit Gewalt hervor, und macht eben das Moußirende des Champagnerweines und des Bouteillenbieres.

§. 1814.

Nach dieser naturgemäßen Darstellung der Erscheinungen der weinigten Gährung scheint es also in Hinsicht auf die Bestandtheile der hieher gehörigen Stoffe vor und nach der Gährung keinem Zweifel weiter unterworfen zu seyn, daß das Hauptproduct der weinigten Gährung, der brennbare Geist, erst in und durch die Gährung aus den zu seiner Mischung nöthigen ungleichartigen Bestandtheilen ganz neu erzeugt und hervorgebracht, und so wenig dadurch bloß ausgeschieden, bloß enthüllt sey, so wenig man vorher im Moste oder im Zucker berauschende Kraft wahrnahm. Es ist auch kein einziger positiver Beweis, keine einzige Erfahrung für die Präexistenz des Weingeistes in den noch nicht gegohrnen, und zur Weingährung geschickten, Substanzen, anzuführen, und der Streit, ob der Weingeist ein Product oder nur ein Educt der Weingährung sey, möchte überhaupt wol jetzt zum Vortheil der erstern Meynung so gut wie beygelegt seyn.

§. 1815.

Die Würkungen der Fermente bey der Weingährung bestehen in der Entwickelung der luftsäure (§. 1600.), wie Hr. Henry sehr schön bewiesen hat. Die luftsäure, welche sie entweder schon ziemlich frey bey sich führen, wie die Hefen, oder bey ihrer große Neigung zum Gähren leicht entwickeln, trennt bey ihrem losreissen aus der Masse die Aggregation der Grundmassen, und giebt durch Verwandtschaft der Zusammenhäufung

(§. 44.) zur Entbindung und zum losreiſſen der weſentlichen Luftſäure in der zur Gährung beſtimmten Subſtanz, und folglich dann zur weitern Veränderung derſelben zum weinartigen Stoffe Gelegenheit.

§. 1816.

Wenn nun die Bedingungen der Weingährung, Zugang der reſpirabeln Luft und Wärme, abſichtlich oder zufällig, fortdauernd auf den ſchon fertigen Wein würken, ſo erfährt er abermals eine fernere innere Veränderung ſeiner Miſchung und wird zu Eſſig. Die reſpirabele Luft nämlich entzieht dem Weine, oder vielmehr dem Spirituöſen darin, allmählich den Brennſtoff, der die Pflanzenſäure umhüllte, und damit eben und dem Waſſer den brennbaren Geiſt ausmachte. Dieſer wird ſolchergeſtalt zerſetzt, und ſeine Säure immer mehr und mehr bephlogiſtiſirt. So gehen mit der Veränderung der Miſchung auch die vorigen Eigenſchaften und Kräfte verlohren. Der Wein verliert ſein Geiſtiges, ſein Sprudelndes, ſeine berauſchende Kraft, ſeinen weinartigen Geruch und Geſchmack, kurz alles das, was von dem Daſeyn des brennbaren Geiſtes abhängig war. Die eigene Säure des Weines, die vorher im guten Weine durch das Spirituöſe gewiſſermaßen verſüßt und eingehüllt war, wird durch die Zerſetzung des letztern ebenfalls frey, und ſo wird der ganze Wein ſauer und zu Eſſig. Wenn in dem Weine noch unzerſetzter Zuckerſtoff übrig war, ſo hat dieſer nun, bey und nach der Zerſtörung eines Antheils des brennbaren Geiſtes wieder Freyheit, in Weingährung zu gehen, und ſo entſteht dann auch wieder etwas Brauſen und Ziſchen (C. 1730.).

§. 1817.

Die Ausſcheidung des Brennſtoffes iſt alſo das Hauptgeſchäfte der Eſſiggährung, und die Hauptur-

ſach

sach derselben die Verwandtschaft der respirabeln luft zum Phlogiston, nachdem durch die Beyhülfe der Wärme und den gehörigen Grad der Wässerigkeit der Zusammenhang des leßtern mit den übrigen Grundstoffen lockerer gemacht worden ist.   Die luft wird daher bey der Essiggährung wirklich phlogistisirt und dadurch im Umfange und Gewichte vermindert.   Fälschlich schließt man aus dieser Verminderung auf die Einsaugung der luft in den Essig.   Die Ausscheidung des phlogistischen Antheils geschiehet aber nur allmählig und langsam.

§. 1818.

Hieraus läßt sich zugleich sehr schön erklären, was das Schwefeln der Fässer,   auf welchen man Wein aufbewahren will,   zur Verhinderung der Essiggährung thut (§. 1588.).   Es wird nämlich dadurch die respirabele luft theils zu phlogistisirter,   theils mit Schwefelluft beladen,   die beyde keine Anziehung zum neuen Phlogiston mehr haben.   Wenn also auch ja etwas luft im Fasse über dem Weine stehen bleibt, so ist diese nicht fähig, den Brennstoff des Spiritudsen anzuziehen, und so zur Essiggährung Gelegenheit zu geben. Die Schwefelsäure, die sich im Wein mit einzieht, vermehrt auch noch mehr die Menge des Brennbaren, phlogistisirt sehr bald die luft, die sich etwa im Fasse sammlet, und macht diese zur Bewürkung der Essiggährung untüchtig. — Völlige Ausschließung der respirabelen luft, und Aufbewahrung an kühlen Orten sind die kräftigsten Mittel gegen das Essigwerden des Weines.

§. 1819.

Durch die Veränderung der Natur des Menstruums muß nun auch natürlicherweise die Auflösbarkeit desselben verändert werden; daher trübt sich bey der Essiggährung der vorher klare Wein wieder (§. 1730.§.

und

und es ſcheidet ſich die harzigtſchleimigte und thieriſch=
vegetabiliſche Materie daraus ab ; ſo wie ſich der
vorher abgeſchiedene Weinſtein wieder auflöſt, und ſei=
ne Säure durch fortgeſetzte Dephlogiſtiſirung ebenfalls
zu Eſſig wird.

§. 1820.

Dem Angeführten zufolge glaube ich alſo, daß
bey der Eſſiggährung des Weines der brennbare Geiſt
deſſelben nicht in Subſtanz, ſondern nur ſein Brenn=
ſtoff abgeſchieden werde; daß alſo ſeine Säure weſent=
lich mit in den Eſſig eingehe, und ſo die rückſtändige
Säure des Weines noch vermehren helfe. Bey einer
übereilten Eſſiggährung kann freylich auch von dem Spi=
rituöſen in Subſtanz verfliegen; allein dann wird der
Eſſig auch um deſto ſchlechter. Der Zuſatz des Brann=
tenweines zum Weine bey der Eſſiggährung nützt nicht
ſowol dadurch, daß die Eſſiggährung verzögert wird, ſon=
dern vielmehr, daß ſeine weſentliche Säure nach der Ent=
wickelung des Brennſtoffes zurückbleibt. Man könnte
freylich hier einwenden, daß der reine Alkohol doch für
ſich nie zu Eſſig werde, und überhaupt keiner Gährung
weiter unterworfen ſey (§. 1624.). Es iſt wahr, an
der Luft und in der Wärme wird ſich derſelbe in Sub=
ſtanz verflüchtigen. Es iſt aber anders, wenn im Al=
kohol durch die Dazwiſchenkunft von freyer Säure und
mehrerem Waſſer, wie im Weine, ſeine Flüchtigkeit
mehr gemindert iſt, und er alſo bey der Einwürkung
der Luft und der Wärme dem Verdunſten mehr Wi=
derſtand leiſten, folglich ſein Phlogiſton auch durch die
reſpirabele Luft nach und nach frey gemacht werden kann,
ohne daß er ſelbſt entwiche.

§. 1821.

Wenn die zur Eſſiggährung beſtimmten Subſtan=
zen wenig oder gar keinen Zuckerſtoff enthalten, ſo können
sie

sie ohne vorhergegangene eigentliche Weingåhrung zu
Essig werden, und es ist keinesweges wahr, daß jede
Essiggåhrung die Weingåhrung voraussetze.   Beym
Sauerwerden der Fleischbrühen, der Milch, des Buch-
binderkleisters u. d. gl. bemerken wir vorher keine Weingåhrung.   Es ist nämlich hier das brennbare Wesen
nicht in der erforderlichen Menge da, um mit der
Pflanzensäure Weingeist geben zu können, wenigstens
nicht in der Menge, daß es den Namen einer bemerkbaren Weingåhrung verdiente.   Bey der Verbünnung,
z. B. eines bloßen Schleimes mit Wasser wird also nach
der Entbindung der Luftsäure in der Wärme durch die
Anziehung der respirabeln Luft gegen das Phlogiston
dieses von der Pflanzensäure nach und nach getrennt,
und die letztere bleibt solchergestalt mehr dephlogistisirt
als Essig zurück.

§. 1822.

Der Essig ist also nur ausgeschieden, nicht hervorgebracht bey der Essiggåhrung, so wie es der brennbare Geist bey der Weingåhrung ist; und die Essiggåhrung ist also eine von der Natur durch die Anziehungskraft der respirabeln Luft gegen das Phlogiston bewürkte
Dephlogistisirung der wesentlichen Pflanzensäure. Alle
zur Essiggåhrung geschickte Substanzen (§. 1734-1736.)
geben bey ihrer Zerlegung in ihre einfachern Bestandtheile, wie wir im vorhergehenden gesehen haben, Essigsäure, und die Dinge, welche diese nicht als Bestandtheil in sich haben, oder wo dieselbe zu genau und innig
mit dem Brennstoffe vereinigt ist, sind daher auch keiner Essiggåhrung fähig.   Die Weinsteinsäure, der
Weinstein, die Zuckersäure ist allerdings der Essiggåhrung fähig (§. 1746. 1747.), und die Natur bewürkte
hierbey das durch reine Luft, obgleich nur langsam und alle-

måhlig,

mählig, was die Kunst schneller und gewaltsamer, aber auch mit mehrerem Verluste, durch Vitriolsäure und Salpetersäure ausrichtet, indem sie dadurch jene Säuren mehr dephlogistisirt und in Essigsäure umändert.

§. 1823.

Der Satz in der Crawfordschen Theorie der Wärme: daß die Fähigkeit der Körper, Wärme zu binden, wachse, in dem Maaße, wie sie phlogistisirt werden, und umgekehrt, oder daß das Phlogiston die Wärme austreibe; läßt sich nun freylich nicht mit der Entstehung der freyen Wärme bey der Essiggährung vereinbaren, wobey nicht an der Oberfläche der gährenden Substanz, sondern im innern selbst Wärme entbunden und frey wird, indem das Phlogiston entweicht; — allein die Natur richtet sich nach keiner Theorie, und viele vorgegebene Naturgesetze sind nur in den Systemen, nicht in der Natur selbst anzutreffen; jene sind oft falsch, eben weil sie so allgemein seyn sollen. Gewiß ist es, daß durch die Veränderung der Mischung des gährenden Körpers seine Anziehung zum Stoffe der Wärme abgeändert, daß sie vermindert wird; allein da wir die Gesetze nicht alle wissen, nach welchen diese Abänderung der Capacität der Körper gegen den Wärmestoff erfolgt, so läßt sich auch hierin nichts bestimmtes sagen.

§. 1824.

Es sind noch eine Menge anderer Theorien über die Gährung, die den verschiedenen Vorstellungen der Chemisten von den Bestandtheilen des Weines, des Weingeistes, des Essigs u. d. gl. oder den Zeiten und den dermaligen Erfahrungen und Kenntnissen gemäß sind. Manchen sieht man es offenbar an, daß es ihren Verfassern an der Uebersicht des Ganzen der Gährung,

rung, und auch wol an allgemeinern physikalischen
Kenntnissen fehlte. Es würde zu weitläuftig seyn,
mich hier in eine nähere Geschichte derselben einzu-
lassen.

Raymundi Vieussen de natura, differentiis, subjectis, con-
ditionibus et caussis fermentationis. Lugd. 1688. 4.
Jac. le Mort idea actionis corporum motum intestinum
praesertim fermentationis delineans. Lugd. 1693. 8.
Geo Ern. Stahlii zymotechnia fundamentalis. Hal. 1697.
8. und in seinem opusc. S. 65. Georg Ernst Stahls
zymotechnia fundamentalis, oder allgemeine Grunder-
kenntniß der Gährungskunst. Stettin und Leipz. 1748. 8.
Mich. Alberti et auct. *Car. Frid. Kock* diss. de fermentatione vinosa. Hal. 1736. 4. *Car. Fridr. Guil. Struve*
resp. *Car. Car. Foertsch* diss. theoriam fermentationis
naturalem exhibens. Ien. 1753. 4. *Christoph. Weber*
diss. sistens examen corporum quorumdam ad fermen-
tationem spirituosam pertinentium. Goett. 1758. 4.
Ios. Ant. Carl resp. *Io. Ant. Kerres* diss. sistens zymotech-
niam vindicatam et applicatam. Ingolst. 1759 4. J.
P. Brinkmann Beyträge zu einer neuen Theorie der Gährung. Cleve 1774. 8. Joh. Christ. Wiegleb neuer Be-
griff von der Gährung und den ihr unterwürfigen Körpern. Weimar 1776. 8. J. A. Weber vollständige Abhandlung von dem Salpeter, nebst einer Abhandlung von
der Gährung. Tübingen 1779. 8. Marchands neue
Theorie der Gährung. Mannheim 1787. 8. Sig. Fr.
Hermbstädt physikalisch-chemische Abhandlungen über die
Gährung und ihre Producte, in seinen phys. chem. Vers.
und Beob. B. I. S. 3. ff. Etwas von der Gährung
in Westrumbs El. phys. chem. Abh. B. II. H. II. S.
266. ff. Macquers chym. Wörterb. Th. II. S. 308.
Th. V. S. 590.

Andere hierher gehörige Arten der Gährung.

§. 1825.

Es ist in der That für die Wissenschaft nachtheilig, daß man das Wort Gährung nur auf diejenige innere

nerr und von ſelbſt erfolgende Veränderung der Miſchung der Körper, wodurch gewiſſe Producte, nämlich Wein und Eſſig, erhalten werden, eingeſchränkt hat. Billig ſollte man jede natürliche und von ſelbſt erfolgende innere Veränderung der Miſchung der Körper darunter verſtehen, wo man dann durch ſchickliche Beynamen, die verſchiedenen Arten dieſer Gährung doch unterſcheiden könnte. Wenn man, nach Hrn. Leonhardi, bey Beſtimmung des Begriffs der Gährung mehr auf das, was bey derſelben vorgeht, als auf die Producte, die ſie liefert, ſieht, ſo muß man auch behaupten, daß ſowol beym Keimen und Wachsthume der Pflanzen, als bey den mancherley Bereitungen und Veränderungen der Säfte des thieriſchen Körpers ſowol im geſunden, als kranken Zuſtande, eine gährungsartige Bewegung ſtatt hat, und daß ſie die Natur ſowol bey der Bildung und Ernährung, als der Vernichtung der organiſchen Weſen anwendet.

§. 1826.

So gehört noch zu dieſer von ſelbſt erfolgenden Miſchungsveränderung der Körper, als Gährungsart hieher, das Reifen des Obſtes und das Zeitigwerden deſſelben, nachdem es ſchon vom Stamme abgenommen iſt, wo auf eine bis jetzt noch nicht gehörig ins Licht geſetzte Art, der Zuckerſtoff gegen den ſauren Beſtandtheil vermehrt wird, wenn man es nach dem Einſammlen eine gewiſſe Zeitlang an einem trocknen Orte aufbehält und vor der Kälte ſchützt. Dieſe Veränderung der Früchte erfolgt bey einigen merklicher und geſchminder, bey andern unmerklicher und langſamer; nach dem völligen Austrocknen aber gar nicht mehr. Die äußere Luft ſcheint an dieſer Veränderung doch nicht ſehr viel Antheil zu haben; ſo wie es auch gewiß iſt, daß in vielen Fällen nicht ſowol eine wirkliche Vermehrung des

Zucker=

Zuckerstoffes, als vielmehr eine mehrere Concentrirung desselbizen durch Verminderung des Wässerigten statt habe.

Brodgährung.

§. 1827.

Die Gährung des Brodteiges ist ebenfalls hieher zu rechnen; so wie die wichtige Arbeit des Brodbackens überhaupt ganz auf chemischen Grundsätzen beruhet. In dem Mehle des Getrandes sind die drey Bestandtheile desselben (§. 388 — 390.) nur sehr lose und mechanisch mit einander verbunden, und lassen sich daher durch kaltes Wasser leicht von einander scheiden. Mit heissem Wasser angerührt giebt es einen kleistrigen Brey, der keine gesunde und leicht verdauliche Nahrung abgeben kann. Die aus diesem ungegohrnen Teige gebackene Mehlkuchen sind von eben dieser Beschaffenheit, zähe, schwer und ziemlich unverdaulich. Einem Ohngefähr; und nicht sowol dem wissenschaftlichen Nachdenken, muß man vielleicht hier, wie in den mehresten dem Menschen äußerst wichtigen Künsten, die glückliche Erfindung zuschreiben, die vielleicht keiner unserer scharfsinnigsten Chemisten durch Nachsinnen würde gefunden haben, dem Brode die grösseste Vollkommenheit zu geben, ihm die Fehler des bloßen Mehltetges zu nehmen, es schmackhaft und leicht verdaulich zu machen, dadurch, daß man das Mehl erst gähren ließ.

§. 1828.

Wenn man nämlich das Mehl mit lauen Wasser zu einem Teige macht, und an einem warmen Orte aufhebt, so schwellt es an, wird locker, und mit vielen Luftblasen angefüllt; es entwickelt einen offenbar säuerlichen, stechenden, zugleich aber etwas geistigen Geruch; der Teig kömmt endlich in eine wirkliche Essiggährung, erlangt einen sauren Geschmack, und heißt nun Sauer-

Ee

teig (fermentum panis). Diese Gährung wird ohne
Zweifel durch den Zuckerstoff und den stärkenartigen
Theil des Mehles veranlaßt; nur daß wegen der geringen Menge des erstern die weinigte Gährung dabey
nicht sehr bemerkbar ist. Dieser Sauerteig würde durch
das Backen ein sehr saures, unangenehm schmeckendes
Brod geben. Man knetet deswegen etwas von diesem
Sauerteige unter eine Menge von anderem Mehlteige,
der nun durch Beyhülfe einer gelinden Wärme bald dahin gebracht wird, daß er selbst in eine ähnliche Gährung geräth, welche man aber nicht so weit und so vollkommen werden läßt, sondern ihr durch das Austrocknen im Backofen, oder durchs Backen in der gehörigen
Hitze, Gränzen setzt. Durch diese Gährung wird eine
Menge von luftsäure aus dem Mehle losgemacht, die
aber wegen der Zähigkeit der Masse in derselben eingeschlossen bleibt, durch die Wärme sich ausdehnt und dadurch den ganzen Teig aufschwellt, oder zum Gehen
bringt. Durch das Kneten und Würken des Teiges,
welches man nachher vornimmt, werden die Theile desselben innigst gemengt, zugleich noch mehr luft von aus-
sen hineingebracht, und so wird bey dem Backen wegen
der Ausdehnung der eingeschlossenen lufttheilchen das
Ganze noch mehr ausgebreitet, voller Augen oder Blasen, locker, und dadurch von dem schweren, dichten,
klebrichten, ungesäuerten Mehlkuchen verschieden. —
Statt des Sauerteiges bedient man sich auch der
Hefen oder des Gäsches der in Weingährung begriffenen Substanzen, deren luftsäure bey der Einwickelung
in den Mehlteig diesen ebenfalls in der Wärme expandirt,
und eine anfangende Gährung bewirkt, die aber doch
nicht in eben der Zeit bis zur anfangenden sauren Gährung geht, wie die vermittelst des Sauerteiges, und
daher dem Brode auch keinen säuerlichen Geschmack zu
ertheilen fähig ist. Man bereitet dadurch das zartere

und

und weißere Brod, Lockerbrod oder Loßbeckerbrod. Sonst seßt man dem Teige zum Aufschwellen und zur Bewürkung einer anfangenden Gährung auch andere gährungsfähige Substanzen bey der Bereitung der Backwerke zu, als Zucker, Eyweiß, Eygelb, Milch u. d. gl. und nach einem nicht sehr zu billigenden Verfahren auch wol Pottasche. — Für sich allein würde der Mehlteig zu langsam, zu schwach, und nicht gleichförmig in Gährung kommen.

§. 1829.

Das gut zubereitete und gehörig gebackene Brod unterscheidet sich von dem Mehle sehr auffallend. Es macht mit Wasser angerührt keinen zähen Leim mehr und die oben (§. 388. ff.) angeführten Bestandtheile des Mehls lassen sich daraus nicht mehr absondern. Diese sind im Mehle nur gemengt, im Brode scheinen sie gemischt zu seyn. Der Grund hievon liegt wol nicht in der Auflockerung durch die Luftblasen bey der Gährung, sondern in der wirklichen Zersetzung der Mischung, in der Auflösungskraft der sich entwickelten Säure auf die Colla oder den leimigten Theil des Mehls.

Avis aux bonnes ménagères des villes et des campagnes sur la meilleure manière de faire leur pain, par Mr. *Parmentier*, à Paris 1777. 8 Macquers chym. Wörterb. Th. I. S. 525. ff. Th. III. S. 462. ff.

Stärke.

§. 1830.

Die Stärke des Mehles läßt sich zwar aus demselben durch das Abspühlen mit kaltem Wasser scheiden (§. 389.); allein dieß Verfahren würde im Großen nicht ökonomisch=anwendbar seyn, so wie die daburch erhaltene Stärke nicht von dem Glanze und der Weiße ist, als wenn durch eine anfangende Gährung der zuckerartige Theil des Getraydes zersetzt wird. Man weicht zu dem Ende den ungeschroteten Waizen, aus

wel-

welchem man Stärke bereiten will, (nicht so gut ge=
schrotenen) in kaltem Wasser so lange ein, bis die Hül=
se den Kern fahren läßt, und die Körner durchaus weich
sind und beym Zerdrücken einen milchigten Saft von
sich geben. Man sammlet diese hierauf vermittelst ei=
nes Siebes aus dem Wasser, bringt sie in einen Sack von
grober Leinwand, und läßt sie mit kaltem Wasser über=
gossen im Tretfasse treten, wodurch sich der stärkenar=
tige Theil ausspühlt, und mit dem Wasser des Tret=
fasses vermengt. Man zapft dieß milchigte Stärkwas=
ser durch ein Sieb in die Setzwanne ab; gießt wieder
frisches Wasser auf die Körner, und wiederholt die Ar=
beit so lange, bis keine Stärke weiter erfolgt, oder das
Wasser im Tretfasse nicht mehr milchigt wird. Aus
dem Stärkewasser scheidet sich hierauf durch die Ruhe
die Stärke ab, und setzt sich zu Boden, indem die im
Wasser aufgelöste zuckerartige Materie des Mehls in
eine wirkliche weinigte, und bald darauf in eine saure
Gährung kommt, wodurch die der Stärke etwa anhän=
genden klebrigten Theile des Mehls aufgelöst werden, und
jene dadurch reiner und weißer wird. Man zapft das
Wasser von der Stärke klar ab, wäscht diese noch
zu wiederholtenmalen mit frischem Wasser, bis sich
aller unangenehme Geruch verlohren hat, bringt die
Stärke auf Horden, die mit groben Tuch und Lein=
wand bedeckt sind, drückt oder preßt sie, wenn sie sich
gesetzt hat, zwischen Leinwand stark aus, zerschneidet
sie in ziegelsteinförmige Stücke, die man an schattigen
luftigen Orten zur Sommerszeit, Winters aber in ge=
heitzen Zimmern trocknet, schabt die äußere Rinde ab,
zerbricht sie in kleinere Stücke, die man auf Horden
mit Leinwand bedeckt vollends austrocknet, und dann
verpackt. — Die beym Stärkemachen zurückbleiben=
den klebrigten Theile des Getrandes dienen sehr gut als
Nahrung für Schweine.

Io.

Io. Fr. *Cartheuser* de amylo. Frft. 1763. 4. Practisch-öko-
nomische Abhandlung von Zubereitung der weißen Stärke.
Frapff. 1769. 8. La fabrique de l'amidon, par Mr.
du Hamel de Monceau. à Paris 1775. fol. Beckmanns
Technologie S. 160. ff.

§. 1831.

Auch mehrere andere Saamen, so wie verschiedene
mehligte Früchte und Wurzeln, haben den stärkeartigen
Theil in sich, der sich auf eine ähnliche Art, aber nicht immer mit gleichem Vortheil und in eben der Menge und
Reinigkeit, als aus dem Wanzen absondern läßt. Die
faecula der Alten zum Arzneygebrauch aus den Arons-
wurzeln, der Gichtrübe, den Wurzeln der Wasserschwerd-
lilie, der Zeitlose, der Orchis, der Päonie, der Esels-
kürbisse gehören hieher, und man kann leicht ihre me-
dizinischen Kräfte beurtheilen. Das Sago ist ebenfalls
ein Setzmehl aus dem Mark der palmähnlichen Far-
renstaude (Cycas circinalis), welches dadurch bereitet
wird, daß man dieß Mark mit Wasser anknetet, und
letzteres immer wieder ablaufen und dann ruhig stehen läßt, da sich das mit abgespühlte Setzmehl abscheidet, welches, nachdem es halb trocken ist, durch
ein Sieb gerieben und getrocknet wird.

Vorläufige Betrachtungen über die in der schleimigen Grund-
mischung vieler Gewächse als ein besonderer Bestandtheil befindliche mehlige Erde von J. G. Gleditsch; in den
Besch. der berl. Ges. naturf. Freunde, B. I. S. 181.
Abhandlung von den Kartuffeln, wie aus denselben auf eine
kurze und leichte Art das feinste Stärk- oder Kraftmehl zu-
zubereiten; in den physik. ökon. Auszügen, B. III. S. 1,
Recherches sur les végétaux nourrissans, qui dans le
tems de disette peuvent remplacer les alimens ordinai-
res — par Mr. *Parmentier.* à Paris 1781. 8.

Indig.

J n d i g.

§. 1832.

Eine andere und ganz beſondere Art von Satzmehl iſt der Indig (pigmentum Indicum, color indi-
cus), ein bekanntes blaues Pigment aus der in Oſt-
und Weſtindien wachſenden Anil und Indigpflanze
(Indigofera tinctoria). Den Nachrichten zufolge werden
vor der Blüthe der Pflanze die Stengel mit den Blättern abgeſchnitten, und ſogleich nach dem Reinigen von
Erde und Sande durch Abſpühlen in die Weichküpe gethan, mit befeſtigten Querhölzern darin niedergedrückt,
mit Waſſer übergoſſen, und an einem Orte im Schatten ruhig hingeſtellt. Es entſteht dann in kurzer Zeit eine
Art von Gährung unter einer merklichen Erwärmung; es
ſteigen eine Menge Luftblaſen hervor, und die Oberfläche des Waſſers wird nach und nach gänzlich mit einer
blauen, ins kupferfarbene ſpielenden Haut überzogen.
Es würde nun alles bald in die anfangende Fäulniß
und ins gänzliche Verderben übergehen; zu dem Ende
eilt man die grün gefärbte Brühe in die Rührküpe klar
abzulaſſen, und darin mit Krücken und Schaufeln ſo
lange in eine ziemlich heftige Bewegung zu ſetzen, bis
ſich ein blauer Satz von der nunmehro goldgelb gewordenen Brühe ſcheidet. Nachdem ſich hierauf der Satz
durch die Ruhe völlig zu Boden gegeben hat, ſo läßt
man das darüber ſtehende klare gelbe Waſſer durch Hähne
ab, bringt den Satz in leinene Spitzbeutel, ſpühlt ihn
mit kaltem Waſſer aus, läßt ihn ablaufen, in hölzernen Käſten im Schatten feſt werden, und hernach in
der Sonne völlig austrocknen, worauf man ihn zerbricht und verpackt.

Geo. Wolfg. Wedel diſſ. de anil, indigo, glaſtp. Ien. 1689.
4. Diſcription de l'indigotier par Mr. *Marchand*,
in den *Mém. de l'acad. roy. des ſc. de Paris*, 1718. Lo
par-

parfait indigotier ou description de l'indigo, par Mr.
El. Monnerau. à Marsaille 1765. 12. Nachricht von
dem Indigo, dessen Erbauung und Zubereitung, nach dem
Verfahren des Pater Maillards in Louisiana, im gemein=
nützigen Natur= und Kunst=Magaz. B. I. S. 555.
L'art de l'indigotier, faisant suite aux arts. à Paris.
1770. fol.

§. 1833.

Die verschiedenen Sorten des Indigs, welche im
Handel vorkommen, sind nicht von gleicher Güte. Der
beste ist recht schwarzblau, spielt auf dem Nagel gerie=
ben ins kupferfarbene, ist so leicht, daß er auf dem
Wasser schwimmt, und äußerlich nicht weiß beschlagen.

§. 1834.

Auch einige andere frische grüne Pflanzen geben
bey einer ähnlichen Behandlung einen solchen blauen
Bodensatz. Dahin gehört besonders der Wayd (Isatis
tinctoria), dessen man sich schon lange vor der Entde=
ckung des Indigs in der Färberey zur blauen Farbe zu
bedienen pflegte, und noch jetzt mit dem Zusatz von In=
dig bedient. Die Blätter des Waydkrautes werden zu
dem Ende bey trocknem Wetter gesammlet, abgespühlt,
an der Luft abgewelkt, zerquetscht, in Klumpen ge=
ballt, getrocknet, und so unter dem Namen des
Wayds verkauft. Die Abkochung dieses getrockneten
Waydkrautes liefert zwar keine blaue, sondern eine gelb=
braune Farbe. Der Wayd giebt aber die erstere, wenn er
durch Gährung in der sogenannten Waydküpe aufge=
schlossen wird, von deren Anstellung in den Büchern,
die von diesem Gegenstande umständlicher handeln,
nachgesehen werden muß.

S. Hellots Färbekunst S. 37. J. A. Hoffmanns ökonomi=
sche Chemie, §. 417—428. Scheffers chem. Vorlesun=
gen S. 697. Quatremere D'Isjonvals chemische Zer=

gliede=

gliederung des Waids, nebſt einer Unterſuchung der innern
Bewegung der Blauäßen; aus dem Franz. überſ. in ſeinen vermiſchten chem. und phyſ. Abh. Th. I. Leipz.
1785. u. 8. S. 87. ff.

§. 1835.

Es läßt ſich aber aus dem Waidkraute der darin
befindliche blaufärbende Theil, der Waidindig, wirklich mit Vortheil ausſcheiden. Man muß zu dem Ende die friſchen, grünen, abgeſpühlten Blätter ſo in
Waſſer einweichen, wie beym Indig gemeldet iſt (§.
1832.), und an einen warmen Ort im Schatten
hinſtellen. Es entſteht eine, wiewol ſchwache, Gährung, die ſich durch Luftblaſen zu erkennen giebt; und
nach und nach wird die Oberfläche des Waſſers mit
einer blauen, ins kupferfarbene ſpielenden, Haut überzogen. Man läßt hierauf die grüne Brühe klar ab.
Um den darin befindlichen blauen Satz zu ſcheiden,
iſt der Zuſatz von Kalkwaſſer oder von etwas friſcher
Kalkmilch der vortheilhafteſte Handgriff, womit man
jene ſo lange in eine anhaltende Bewegung durch Rütteln und Schlägen ſetzt, bis ſich in der zur Probe aus-
geſchöpften Flüſſigkeit der blaue Bodenſatz aus der nunmehro gelb gewordenen Brühe abſondert. Man läßt
alsdann alles ſich ruhig ſetzen, zapft die gelbe Brühe
klar ab, und verfährt, wie beym Indig gemeldet worden iſt (§. 1832.). Zu viel Kalk vermehrt freylich die
Menge des Bodenſatzes, macht aber die Farbe ſchlechter. Eine zu lange anhaltende Gährung löſt auch den
abgeſchiedenen Indig wieder auf. Dieß geſchieht auch
mit der Brühe ſelbſt, wenn man ſie hinſtellt. Die ge-
quetſchten Pflanzen oder der ausgepreßte Saft gehen
zwar ſchneller in Gährung, aber der Niederſchlag wird
ſchmutzig blau. Der noch feuchte Teig des blauen Satzes verliert in der Sonne ſeine Farbe, und muß deswegen im Schatten in leinenen Säcken getrocknet werden.

den. — Es ist sehr wahrscheinlich, daß die grüne Brühe des Wayds, bey der Bereitung des Indigs daraus, ihre Farbe von der blauen des darin befindlichen Indiges, und von der gelben des Auszugartigen habe, und daß jener mit diesem durch Hülfe einer Säure verbunden sey, und es wäre wol der Mühe werth, mehrere Pflanzen darauf zu untersuchen. — Vielleicht bedient man sich bey der Bereitung des eigentlichen Indigs noch einiger Zusätze, als z. B. Kalkerde, zur Ausscheidung aus der Brühe.

Andr. El. Büchner resp. *Io. Christoph. Eibel* de indo germano sive colore coeruleo solido e glasto. Hal. 1768. 4. Joh. Christoph Eibels Abh. vom teutschen Indigo, oder einer festen blauen Farbe aus dem Wayd, a. d. Lat. mit Anm. von C. L. Neuenhahn. Braunschw. 1757. 8. Joh. Heinr. Gottl. von Justi von einem Indig aus Wayd; in seinen neuen Wahrh. B. I. S. 68. Anmerkungen von den Bemühungen, den Indigo in Europa nachzuahmen, in Schrebers Samml. Th. I. S. 30. Nachricht von einer aus dem Wayd herausgebrachten dem Indigo ähnlichen Farbe, ebendas. Th. II. S. 346. und 436. Nic. Kulenkamps Preisschrift, von der Art und Weise, aus dem Wayd eine dem Indigo nahekommende Farbe zu bereiten. ebendas. Th. VIII. S. 448. F. A. C. Gren Bereitung des Waydindigs, in Crells neuesten Entd. Th. VIII. S. 74. Hrn. Vogelers Bemerkungen, in Crells chem. Annalen J. 1785. B. II. S. 42.

§. 1836.

Das Verhalten des Indigs läßt nicht zu, ihn für einen Schleim, oder für ein Harz, oder für ein Schleimharz, oder für einerley mit dem stärkeartigen Bodensatze, oder für eine eigene Erde zu halten; er scheint mir vielmehr mit der thierisch-vegetabilischen Materie am meisten übereinzukommen, ob er gleich in einigen Stücken sich davon verschieden zeigt. D'Isjonvall und Bergmann haben uns Untersuchungen darüber ge-

liefert,

liefert, die bey aller Genauigkeit, mit der ſie angeſtellt
ſind, doch manches noch zweifelhaft laſſen.

Quatremere D'Jsjonvall chymiſche Unterſuchung und Auflöſung des Indigs, aus dem Franz. überſ. herausgegeben
von D. Wilh. Heinr. Sebaſt. Buchholz. Weimar 1778.
8. und in des Verf. überſ. vermiſchten chem. und phyſ.
Abh. Th. I. S. 5. ff. *Torb. Bergmann* analyſis chemica
pigmenti indici; in ſeinen *opuſ. phyſ. chem.* Vol. V. S.
1. ff. und in den *Mémoires preſentés*, T. IX. 1780.
S. 121. ff.

§. 1837.

Dem verkäuflichen Indig, auch dem beſten, ſind
fremdartige Subſtanzen beygemengt, die nicht weſentlich zu ſeiner Miſchung gehören, ſondern die ihm von
ſeiner Zubereitung ankleben. Das Waſſer zieht nämlich bey dem Kochen damit einen gelblichen Extractivſtoff
aus, der nach **Bergmann** 0,12 Theile betrug; der
Weingeiſt zog 0,06 Theile Harzigtes aus. Der Indig
bleibt nun deſto ſchöner von Farbe zurück, und weder
das Waſſer, noch der Weingeiſt haben weitere Würkung auf ihn. Der deſtillirte Eſſig zieht ferner beym
Digeriren aus dem fein geriebenen Indig Kalkerde und
Schwererde aus, die nach **Bergmann** 0,22 Theile
ausmachten; an die Salzſäure aber, womit der Indig
digerirt wird, giebt er noch 0,13 Theile Eiſen ab. Alſo nach dem Auskochen des geriebenen Indigs mit Waſſer, dem Digeriren mit Weingeiſt, dem Auszziehen
mit Eſſig, und zuletzt mit reiner Salzſäure bleibt erſt
der reine Indig übrig, der im beſten verkäuflichen Indig nur 0,47 Theile ausmachte. — Mit Unrecht
ſchreibt man alſo dieſe fremdartigen, bey der Bereitung erſt hinzugekommenen, Beſtandtheile, dem Indig
ſelbſt zu.

§. 1838.

§. 1838.

Dieser reine Indig liefert nach **Bergmann** bey der trocknen Destillation 0,042 fixe Luft, (wirklich keine brennbare?) 0,17 flüchtig alkalinischen Geist, und 0,19 Theile emppreumatisches Oel. Es blieben 0,48 Theile von einer Kohle übrig, die nach **D'Jsjonvall** schwammigt und schwer einzuäschern ist. Die beym Einäschern zurückbleibende Asche ist nach **Bergmann** röthlich von Farbe, beträgt 0,085 Theile des angewandten reinen Indigs (§. 1836.), und besteht zur Hälfte aus Eisen, zur Hälfte aus feiner Kieselerde. Sollte **Bergmann** wol die Phosphorsäure übersehen haben? Sollte diese kein Bestandtheil des Indigs seyn?

§. 1839.

Der Indig giebt beym Calciniren einen röthlichen, etwas ins Bläuliche fallenden, Rauch, und ist keineswegs im Feuer ganz flüchtig. Bey einem nur mäßigen Feuer glimmt er, ohne mit Flamme zu brennen. Der gewöhnliche, nicht gereinigte Indig (§. 1836.), läßt nach **Bergmann** 0,33 bis 0,34 Theile an rostfarbener Asche zurück, die keine Spur von firem Laugensalz enthält. Schlechter Indig giebt eine graue Asche. Mit dem Salpeter verpufft der Indig lebhaft.

§. 1840.

Das Wasser, der Weingeist, die milden und die ätherischen Oele, der Aether, die Salzsäure, die Phosphorsäure, die Essigsäure, die Weinsteinsäure, die Zuckersäure, die milden und selbst die ätzenden feuerbeständigen und flüchtigen Alkalien, das Kalkwasser, haben auf den reinen Indig keine Würkung. Aus dem verkäuflichen nehmen sie freylich frembartige Theile (§. 1837.) in sich. Uebrigens ändern die Laugensalze die blaue

blaue Farbe des Indigs in keine grüne, und die Säuren
in keine rothe um (§. 207. 211.).

§. 1841.

Das eigentliche Auflösungsmittel des Indigs ist
die concentrirte reine Vitriolsäure, die ihn mit Erhitzung
und mit Aufbrausen angreift.   Die Mischung stößt
Schwefeldämpfe aus, sieht schwärzlich aus, wird aber
mit Wasser verdünnt schön blau.   Phlogistisirte Vitriolsäure wirkt weit schwächer auf den Indig.   Verdünnte Vitriolsäure löst den Indig nicht auf, sondern
zieht nur die fremdartigen erdigten Theile aus.

§. 1842.

Das reine Wasser schlägt aus der vitriolsauren
Auflösung des Indigs nichts nieder.   Die milden Laugensalze sondern aus der mit Wasser verdünnten Auflösung nur langsam einen blauen Niederschlag ab, der
sich nun in allen Säuren und auch in den alkalischen
Feuchtigkeiten ziemlich leicht auflöst.   Eben diesen Niederschlag bewürkt auch der Alkohol, die gesättigte Auflösung des Alaunes, des Glaubersalzes, oder eines
andern vitriolischen Salzes. Die mit Wasser verdünnte Auflösung des Indigs in Vitriolsäure verliert mit
der Zeit alle ihre Farbe, und es scheidet sich ein braun-
rother Bodensatz daraus ab.

§. 1843.

Die rauchende Salpetersäure wirkt noch lebhafter
auf den Indig.   Nach Woulfe's Erfahrung entzündet
sie sich gar damit.   Die minder starke giebt mit dem
Indig keine blaue Auflösung, sondern zerstört seine Farbe ganz, wird bräunlich, und läßt eine flockige, bräunliche Materie übrig.   Die dephlogistisirte Salzsäure
zerstört die Farbe des Indigs ebenfalls.

§. 1844.

§. 1844.

Mit Wasser verdünnt geht der Indig in der Wärme weder in Weingährung, noch in Essiggährung, sondern in Fäulniß; noch leichter, wenn man ihn mit
Wasser nur zu einem Brey gemacht und innigst damit
vermengt hat.   Für die Färbereyen schließt man den
Indig entweder mit Vitriolsäure oder durch Gährung
auf, wie in der Indigküpe; wovon auch die Schriftsteller, welche umständlicher von diesem Gegenstande
gehandelt haben, nachgelesen werden müssen.

S. Poerner chemische Versuche zum Nutzen der Färbekunst,
    Th. II. S. 343. ff. S. 363. ff.   Bergmann a. a. O.
    S. 48. ff. Hellots Färbekunst S. 80. ff.   Hoffmanns
    Chymie, §. 417—425.

Lackmus.

§. 1845.

Auch das Lackmus wird durch eine Art von Gährung gewonnen.   Zwar sind alle bey der Fabricirung
desselbigen vorkommenden Umstände noch nicht genau
bekannt; es ist aber doch nach Hrn. Ferber sehr wahrscheinlich, daß es entweder aus dem Roccellmoos
(Lichen Rocella), oder dem Perellmoos (Lichen
Parellus), oder aus beyden zusammen bereitet werde,
dadurch, daß man das Moos in großen hölzernen, sehr
dichten, Kästen mit Harn, Kalkwasser, gelöschtem Kalke, und etwas Pottasche eingeweicht stehen läßt, und
von Zeit zu Zeit umrührt, bis es in eine Art Gährung
kömmt, die jedoch nicht in Fäulung ausbrechen darf,
bis das Moos ganz blau und zu einem Brey erweicht
worden ist, den man auf einer eigenen Mühle fein
macht, durch ein Haartuch drückt, vermittelst eigener
Form in kleine bekannte länglichte Vierecke schneidet
oder formt und im Schatten trocknet.

Ferbers

Ferbers Beyträge zur Mineralgeschichte verschiedener Länder,
B. I. S. 380 — 382. Demachys Laborant im Großen,
B. II. S. 276. ff.

§. 1846.

Ob man das Lackmus auch noch von der Maurelle
(Croton tinctorium) gewinne, ist nicht recht bekannt.
Jetzt macht man wenigstens die blauen Tournesoltücher
(Tournesol en Draps) zu Grand-Galargues in Lan-
guedock aus dieser Pflanze. Man preßt nach Montet
aus dem frischen gemahlnen Kraute den Saft, taucht
gewaschene und gereinigte Leinwand hinein, nachdem
man auch wol etwas Harn zum Safte gesetzt hat, reibt
das Zeug mit den Händen wohl durch, läßt es an der
Luft trocken werden, thut hierauf gefaulten Harn in
eine Kufe, setzt ungelöschten Kalk hinzu, breitet die
Tücher über der Kufe auf Reisern oder Hölzern aus,
bedeckt alles mit einer Decke und läßt die Tücher so von
dem Dunste des aus dem Harne losgemachten flüchtigen
Laugensalzes mehrere Stunden lang durchziehen, und
wendet sie zu Zeiten um. Die grünlichblaue oder gelbgrüne
Farbe der Tücher verwandelt sich dadurch in eine blaue.
Die Tücher werden hierauf wieder in den Maurellen-
saft getaucht, nach dem Trocknen dem flüchtigen
alkalischen Dunste des Harnes ausgesetzt; und es wird
auch wohl zum drittenmale wiederholt, bis die Tücher
dunkel und stark genug gefärbt sind. — Der Zusatz
des Alaunes zum Harne scheint wol ganz überflüssig zu
seyn; so wie es wahrscheinlich ist, daß die blaue Farbe
schon wesentlich in dem Safte der Maurelle ist, und
nur durch das flüchtige Alkali davon abgesondert wird.
Nach Hrn. Wiegleb ist es glaublich, daß man in Holland aus diesen gröbern languedockschen Tüchern die
Farbe wieder auszieht und zärtere weiße Leinwandsläpp-
gen damit färbt, die unter dem Namen der blauen
Bezet-

Bezetta oder der Tournefolläppgen im Handel vorkommen.

Montet, in den *Mém. de l'acad. roy. des fc. de Paris* 1754.
Bereitungsart der blauen Tücher, woraus man in Holland
den blauen Tournefol bereitet, in Demachys Labor. im
Großen, B. II. S. 317. ff.
Sollte man nicht durchs Lackmus eben so gut die Leinwand
blau färben können?

Orlean.

§. 1847.

Aus den Saamenkapseln eines amerikanifchen
Baumes (Bixa Orellana), bereitet man auch durch
eine Art von Gährung eine pomeranzengelbe Farbe,
den Orlean. Man weicht nämlich die Saamen nebft
der rothen, fie umgebenden, zähen Materie in einem
hölzernen Troge fo lange mit Waffer ein, bis fich durch
Gährung, die mit einem fehr üblen Geruche begleitet
ift, unter fleißigem Umrühren und Stoßen die Farbe
von den Kernen fattfam abgefondert hat. Die durch-
gefeihete Feuchtigkeit wird hierauf in einem Keffel zum
Sieden gebracht, wobey fich ein dicker, rother Schaum
abfondert, den man abnimmt, fammlet, und in einem
andern Keffel gehörig eindickt, nach dem Erkalten zu-
fammenballt, mit Baumblättern umwickelt und verpackt.

Leonhardi in Macquers chym. Wörterb. Th. III. S. 722. f.

Ranzichtwerden der Oele.

§. 1848.

Die Veränderung der ausgepreßten, milden Pflanzenöle und der thierifchen Fettigkeiten durch das Alter,
in der Wärme und beym forglofen Aufbewahren, wodurch

durch ſie ranzicht werden (§. 426.), ihren milden Geſchmack verlieren, und dagegen eine eigene Schärfe
und einen unangenehmen Geruch annehmen, iſt gewiß
eine Art der Gährung, die nicht ſehr mit Unrecht zu
der ſauren Gährung gerechnet werden könnte. Sie
hat ohne Zweifel ihrem Grund in den bey den Oelen
oder dem Fette befindlichen ſchleimigten oder gallertartigen Theilen, die zuerſt dieſe Gährung erfahren, und
das Oel mit hineinreiſſen; da aber auch die reinſten, und
auf das ſorgfältigſte gewaſchene Oele und Fettarten dieſem Verderben unterworfen ſind, ſo ſcheint mir die
Urſach davon auch in dem Oele ſelbſt zu liegen, deſſen
brennbarer Grundtheil allmählich losgemacht wird, wodurch ſich die weſentliche Säure des Oeles mehr entwickelt und frey wird. Geröſtete und zu heiß gepreßte
Oele und Fette ſind daher auch dem Ranzichtwerden
weit eher unterworfen.

Eiter.

§. 1849.

Ich glaube hier bey der Lehre von der von ſelbſt erfolgenden Miſchungsveränderung der Körper dem Eiter
(pus) eine Stelle geben zu müſſen, da ich ihn nicht unter die nähern, in dem thieriſchen Körper natürlich und
weſentlich befindlichen, Beſtandtheile aufnehmen konnte, ſondern derſelbe vielmehr durch eine widernatürliche Veränderung aus gewiſſen Säften zubereitet
und erzeugt wird. Es iſt zwar bis jetzt nicht gewöhnlich geweſen, in den chemiſchen Lehrbüchern von
ihm zu handeln; allein er verdient darin mit dem
größten Rechte einen Platz, da man ohne die Kenntniß ſeiner Miſchung die Eigenſchaften und die
Diagnoſis deſſelben nicht gehörig zu beurtheilen, im
Stande iſt, und die Wichtigkeit des Gegenſtandes uns

billig

billig dazu berechtigt. — Die vollständigste Untersuchung der Mischung und des Verhaltens des Eiters hat Hr. Brugmanns geliefert, auf den ich hier auch baue.

Sebald. Justin. Brugmanns dissert. de puogenia, sive mediis, quibus natura utitur in creando pure. Groening. 1785. 8. Sebald Justin Brugmanns Abhandlung von der Erzeugung des Eiters und von der Art, wie die Natur dasselbe bereitet; übers. in der neuen Sammlung der auserlesensten und neuern Abhandl. für Wundärzte, St XIII. Leipz. 1786. S. 99. ff.

§. 1850.

Ein gutartiger frischer Eiter ist ein schmieriger, undurchsichtiger, weißgelblichter, gleichartiger Saft, von einer dicklichen Consistenz, von einem milden Geschmacke, und wenn er erkaltet ist, ohne Geruch. Er färbt weder die Lackmustinctur roth, noch den Violensyrup grün, und hat weder eine freye Säure, noch ein flüchtiges Laugensalz bey sich.

§. 1851.

Das Wasser löst den Eiter nicht auf, sondern giebt, damit zusammengeschüttelt, eine milchigte Flüssigkeit. Durch die bloße Ruhe scheidet sich der Eiter daraus wieder ab, und fällt zu Boden. Er läßt sich aber durchs Schütteln so innig mit dem Wasser vermengen, daß er mit demselben zugleich durchs Filtrum geht.

§. 1852.

Auf glühende Kohlen geworfen fängt der Eiter Flamme, und brennt unter dem gewöhnlichen unangenehmen Geruche thierischer Theile, als des Horns, der Haare u. d. gl. Aus 8 Unzen völlig gutem, nicht sehr dünnen, etwas gelblichten, in der Kälte geruch- und geschmacklosen, Eiter erhielt Hr. Brugmanns durch die

Deſtillation in der Hitze des Waſſerbades 2 Unzen, 2 Dr. und 9 Gr. wäſſeriger Feuchtigkeit, die weder durch den Geſchmack, noch durch Reagentien eine Spur von freyer Säure oder vom flüchtigen Laugenſalze zeigte. Der Eiter gerinnt hierbey nicht eigentlich, ſondern wird zu einer dicklichen, bräunlichen Materie. Bey verſtärktem Feuer ſtiegen nunmehro ein flüchtigalkaliſcher Geiſt, viel luftförmiger Stoff, etwas flüchtiges Laugenſalz in concreter Geſtalt, nebſt einem brenzlichten Oele auf, und die zurückbleibende Kohle war ſchwärzlich, ſehr leichte glänzend, und betrug 3 Quentchen und 5 Gr. Sie ließ ſich äußerſt ſchwer einäſchern, und gab nur 8 Gran ſchwarzröthliche Aſche, aus welcher der Magnet Eiſentheile herauszog, welche aber wegen ihrer geringen Menge keine weitere Unterſuchung zuließ.

§. 1853.

Vitriolöl auf Eiter gegoſſen giebt damit eine Auflöſung von einer ſchwärzlichen Purpurfarbe. Wenn man dazu reines Waſſer gießt, ſo verſchwindet die dunkele Farbe wieder; das Gemenge wird weißlich, und es ſcheidet ſich ein lockerer Niederſchlag, der ſich zum Theil auf den Boden legt, zum Theil oben auf ſchwimmt, und die völlige Natur des Eiters ab. Das Vitriolöl verbindet ſich hierbey wegen ſeiner nähern Verwandtſchaft mit dem Waſſer, und die verdünnte Säure kann das Eiter nicht mehr aufgelöſt erhalten.

§. 1854.

Die concentrirte Salpeterſäure macht mit dem Eiter ein heftiges Aufbrauſen, und löſt es völlig auf. Die Auflöſung hat eine zitronengelbe Farbe. Das Waſſer trübt dieſelbe ebenfalls gleich, und der Eiter ſchlägt ſich nach und nach wieder mit einer aſchgrauen Farbe nieder. Die verdünnte Salpeterſäure löſt vom Eiter nur wenig auf.

§. 1855.

§. 1855.

Rauchende Salzsäure vereiniget sich durchs Digeriren mit dem Eiter, und giebt eine gleichartige, aschgraue Solution, aus welcher durch das Wasser der Eiter wieder unverändert präcipitirt wird. Schwache Salzsäure löst in der Kälte nichts, in der Wärme wenig vom Eiter auf.

§. 1856.

Die milden Alkalien lösen auf nassem Wege das Eiter nicht auf. Die lauge vom ätzenden Alkali hingegen giebt damit eine gleichartige, weißlichte, zähe Flüssigkeit, die sich in Fäden ziehen läßt. Beym Zusatz von reinem Wasser fällt aller Eiter wieder daraus nieder; eben so auch durch Säuren. Die Neutral- und Mittelsalze haben keine auflösende Kraft auf das Eiter.

§. 1857.

Der Alkohol zieht die wässerigten Theile des Eiters an, und verursacht dahero eine starke Verdickung des Eiters; doch löst er nichts davon auf. Mildes Oel macht mit dem Eiter ein dickliches Gemenge, aber keine eigentliche Auflösung, und das Wasser trennt beyde wieder. Mit der thierischen Gallerte aber verbindet sich das Eiter sehr genau.

§. 1858.

Wenn man gutes Eiter in ein laues Dampfbad setzt, oder auch nur einer mäßigen atmosphärischen Wärme aussetzt, so verändert es in kurzem seine Farbe. Es erhält einen eigenen Geruch und Geschmack, färbt die lackmustinctur und den Violensyrup roth, und geht in die saure Gährung. So sagt auch Haller, daß man bisweilen ein Eiter gefunden habe, welches die lackmustinctur roth färbte. Dieß ist aber keine gutar-

tige

tige Eigenschaft des Eiters, wie Haller will, sondern
setzt schon eine anfangende Verderbniß desselben voraus

Heller elem. physiol. T. I. S. 32.

§. 1859.

Läßt man das Eiter noch länger in Digestion stehen, so verliert sich der säuerliche Geruch, und es kömmt
ein fauligter zum Vorschein. Hierauf erfolgt eine wahre Fäulniß, das Eiter entwickelt flüchtiges Laugensalz,
sein Zusammenhang wird allmählig aufgelöst, und es
zerfließt zu einer stinkenden Jauche.

§. 1860.

Diese Erfahrungen reichen nun freylich noch nicht
hin, um die Mischung und die entferntern Bestandtheile des Eiters ins Licht zu setzen. Indessen lassen sich
doch daraus schon die Meynungen verschiedener Aerzte
über die Entstehung und den Ursprung desselben beurtheilen. Schon Hippokrates, Galen und die mehresten unter den alten Aerzten nahmen an, daß das Eiter durch eine gewisse Umwandlung der Säfte gebildet
werde; der letztere bestimmte es näher dahin, daß die
Erzeugung des Eiter weder für eine natürliche, noch
für eine widernatürliche, sondern für eine vermischte
Art zu halten sey, und daß das Blut durch eine Kochung, oder durch eine warme und feuchte Auflösung,
in Eiter übergehe. Boerhave glaubte, daß das Eiter
nicht nur aus ergossenen Flüssigkeiten, sondern auch
aus abgeriebenen festen Theilen durch eine Mischungsveränderung entstehen könne; Grashuis aber leitet die
Entstehung des Eiters von einem durch die Entzün-
dungshitze gewissermaßen aufgelösten und einigermaßen
verdorbenen Fette her, mit dem das Eiter doch gar keine Aehnlichkeit hat. Pringle, welcher wahrnahm, daß

das

das Serum des Blutes, wenn es ruhig in die Dige-
stionswärme gestellt werde, einen weißichen zähen Bodensatz bildet, bauete darauf seine Theorie von der Erzeugung des Eiters: daß dasselbe aus dem ergossenen
Serum durch Stockung und Wärme niedergeschlagen
werde, eine Meynung, die hernach Gaber noch weiter durch Versuche zu bestätigen suchte. Alle diese Meynungen kommen also darin überein, daß das Eiter auf-
serhalb den Gefäßen durch eine von selbst erfolgende
Veränderung der Säfte bey der Stockung und Wärme
gebildet werde. De Haen hingegen behauptet, und vor
ihm schon Quesnay, daß das Eiter auch ohne ein wirklich vorhandenes Geschwür schon selbst in den Blutge-
fäßen entstehen, und an den Orten abgesetzt werden könne,
in welchen sich ein geringerer Widerstand befindet; und
seiner Meynung nach ist das Eiter nichts anders, als
die vom Blute abgesetzte Entzündungsrinde (§. 526.).
Hr. Brugmanns scheint einen mittlern Weg einzuschla-
gen, indem er annimmt, daß durch die veränderte
Würkung des Systems der leidenden Gefäße auch die
Natur der in ihnen enthaltenen Säfte verändert, daß
das Eiter nicht durch die Verderbniß einer ausgetrete-
nen gewissen Flüssigkeit, sondern innerhalb den leidenden Gefäßen erst hervorgebracht, und in einer wässerigen Feuchtigkeit aufgelöst, ausgeworfen werden, wo es
sich durch die Verdunstung der letztern verdicke. Die Beobachtungen, welche Hr. Brugmanns zur Widerlegung
der Pringlischen Meynung von der Entstehung des Eiters aus dem Blutwasser anführt, scheinen mir doch noch
nicht ganz befriedigend zu seyn, und der Unterschied
zwischen dem Verhalten des aus Serum durch Ruhe
in gelinder Digestion entstandenen Bodensatzes und dem
Eiter ist in der That nicht so groß, wenn nur die Fäulniß nicht schon im erstern angefangen hat. Dieß ist aber

bey

bey der Digestion desselben mit eingeschlossener Luft kaum zu verhüten, wo alle Theile des Serums auch nicht zu gleicher Zeit jene Veränderung gleichförmig erleiden. Man müßte nothwendig, wenn die Versuche richtig ausfallen sollen, das Serum in verschlossenen Gefäßen mit Ausschluß der Luft digeriren und dasselbe nicht in sehr großen Massen anwenden, und dann die Aehnlichkeit des Bodensatzes mit dem Eiter prüfen. Die Feuchtigkeit der eigentlichen lymphatischen Gefäße scheint mir doch sehr viel zur Eitererzeugung beyzutragen, und mit ihr müßte man besonders auch die Versuche wiederholen. — So lange es uns noch an wirklichen Beyspielen und hinlänglich bestätigten Beobachtungen von dem Daseyn des Eiters in den circulirenden Flüssigkeiten mangelt, so müssen wir dasselbe für eine durch Veränderung der Mischung bey der Stockung und Ruhe in der Wärme oder durch Kochung aus der lymphatischen und serösen Feuchtigkeiten hervorgebrachte Substanz halten; und so lange man noch nicht gezeigt hat, daß das schon zubereitete Eiter aus den Gefäßen wirklich secernirt werde, so bin ich noch immer geneigt, seine Entstehung außerhalb den Gefäßen anzunehmen.

Galeni in prognostica Hippocratis commentarius 1, prognost. 42. *Boerhave* aphorismi de cognoscendis et curandis morbis, aphorism. 387. *Io. Grashuis* de generatione puris Amstelod. 1747. 8. Pringle, in den appendix of the diseases of the army. Verzeichniß der Schriften von der Erzeugung und chemischen Untersuchung des Eiters, im neuen hamburgischen Magazin B. VI. S. 507. f. Joh. Bapt. Gaber Nachricht von angestellten Versuchen über die Fäulniß thierischer Säfte, aus den *Miscellan. Taurin.* übers. von D. Krünitz, im neuen hamb. Magaz. B. VI. S. 484. ff. Ebendesselben neue Erfahrungen über die Fäulung der thierischen Säfte, vornehmlich über den eiterartigen Bodensatz, über das Blutwasser und die Speckhaut, aus Roziers *observations*

vations *sur la physique* T. V. übersetzt in Crells neuesten Entdeckungen, Th. IX. S. 203. De Haen ratio
medendi T. I. S. 60. T. II. cap. 2. T. IV. S. 40. ff.
Quesnay sur les vices des humeurs, in den *Mémoires
de l'acad. de Chirurgie*, T. I. S. 193. ff. *Ph. G. Schroe-
der.* resp. *I. C. Grimm*, de puris absque praegressa in-
flammatione origine. Goett. 1766. 4. *Io. Cunr. Petri*
tentamina circa generationem puris. Argentorat. 1775.
4. Brugmanns a. a. O. §. 116 — 148.

§. 1861.

Der Unterschied zwischen Eiter und Schleim ist
nicht so leicht zu bestimmen, als es zum Behuf der
practischen Arzneykunde zu wünschen wäre. Die gemeine Meynung ist, daß der Eiter im Wasser zu Boden
sinke, der Schleim aber schwimme. Allein diese Probe ist unsicher und falsch, da der Mucus für sich allein
niemals auf dem Wasser schwimmt, sondern vielmehr
spezifisch schwerer ist, und nur, wenn er mit Luftbläs-
chen vermengt ist, schwimmend wird, auch dann mit
Eiter vermischt, diesen zum Schwimmen bringen kann.
— Aus der Verschiedenheit der Farbe und der Consistenz läßt sich nichts sicheres schließen. Ein anderes
Unterscheidungszeichen nimmt man von der Leichtigkeit
her, mit dem Wasser gemengt zu werden. Der Schleim
soll sich nämlich, wenn er ins Wasser geworfen wird,
nicht so leicht darin verbreiten, sondern in einförmigen
und runden Massen vereiniget bleiben; der Eiter hingegen soll sich in sehr ungleiche zottige Stücke vertheilen.
Es kömmt aber hierbey sehr auf die Beschaffenheit des
Mucus selber an, welcher allerdings auch darin fase-
richt werden kann. Ferner bey dem Zusammenreiben
mit Wasser soll der Eiter eine milchigte Flüssigkeit geben, der Mucus aber nicht. Letzteres ist falsch;
allein es ist richtig, daß der Eiter sich weit eher aus dem
Wasser wieder niederschlägt und zu Böden setzt. Das
Brennen und der Geruch des Eiters und des Mucus

auf

auf Kohlen ist eben so unsicher zur Diagnosis, da sie
beyde einen unangenehmen, nicht zu unterscheidenden
Geruch geben.   Darwin gab daher das Verhalten des
Eiters und des Mucus gegen die Vitriolsäure, und gegen
das flüchtige Alkali, als Proben an. Das Vitriolöl näm=
lich löse sowol den Schleim, als den Eiter auf, letztern
aber leichter, als den erstern.   Gieße man nun zu dem
mit der Vitriolsäure vermischten Schleime Wasser, so
sondere sich derselbige davon ab, und schwimme entwe=
der auf der Oberfläche des Wassers, oder werde in
Flocken vertheilt in der Feuchtigkeit schwebend erhal=
ten: da hingegen der Eiter aus dem Vitriolöle durch
das Wasser als ein Bodensatz gefällt werde, oder beym
Herumschütteln sich so verbreite, daß das Ganze zu ei=
ner trüben Feuchtigkeit werde.   Hr. Salmuth aber hat
erfahren, daß auch ein reiner Mucus als ein gleichför=
miges Sediment, und nicht immer in Flocken, nieder=
geschlagen werden.   letztere entstehen auch nicht, wenn
man das Gemeng schüttelt, wobey die Flocken zertheilt
werden.   Es ist dieß Criterium auch ganz unsicher,
wenn Mucus und Schleim vermischt sind. — Das
caustische fixe Alkali löst sowol den Schleim, als den
Mucus auf.   Nach Darwin soll sich aber beym Zusatz
des Wassers zwar der Eiter, aber nicht der Schleim
daraus niederschlagen.   letzteres leugnet Hr. Salmuth.
Nach Hrn. Brugmanns wird der Eiter vom Schleime
am sichersten unterschieden, wenn man auf die Verderb=
niß derselben Achtung hat.   Wenn man nämlich den
Schleim in eine mäßige Temperatur setzt, so behält er
seine milde Eigenschaft lange, geht nie in die saure Gäh=
rung und nur sehr langsam in die Fäulniß über; daher
wird nie ein Schleim ausgeworfen, der einen faulen
Geruch hätte: das Eiter wird im Gegentheil in kurzem
offenbar sauer, und dann auch bald sehr faul und stin=
kend, und giebt dann den Geruch des flüchtigen Alka=

lis

lis von sich. Wenn also der Auswurf stinkt, so ist er gewiß eiterhaltig; wenn er sauer wird, so rührt dieß von verdorbenem Eiter her; und wenn er endlich nicht stinkt, so kann man ihn in kurzem vom Schleime durch Digestion distinguiren.

Will. Cullen Anfangsgr. der practischen Arzneywissensch. Th. II. S. 184. ff. *Charles Darwin* experiments establi-shing a criterion between mucaginous and purulent matter. Lichtfield. 1780. 8. und in den *Medical and philosophical commentaries by a society in Edinburgh.* Vol. V. P. III. 1778. S. 329. ff. übers. in den Samml. auserlesener Abhandl. zum Gebrauch practischer Aerzte. B. VI. St. 2. *Io. Christ. Heinr. Salmuth* diss. de diagnosi puris. Goetting. 1783. 4. *Brugmanns* a. a. O. §. 92.

* * *

Fäulniß.

§. 1862.

Die letzte Periode der von selbst erfolgenden Veränderung der Mischung der organischen Wesen, die sich mit der Zerstreuung aller flüchtigen Theile und der gänzlichen Zerstörung derselben endiget, heißt die Fäulniß oder die faulende Gährung (putrefactio, putredo, fermentatio putrida), bey festen Körpern auch Verwesung. Da alle Pflanzen- und thierische Stoffe, welche zur weinigten und sauren Gährung geschickt sind, dieser endlichen Fäulniß unter-worfen sind; so hat man dieselbe auch als eine Fortse-tzung jener erstern Arten der Gährung angesehen; was aber nicht von allen, sondern nur von den Stoffen gilt, welche solche Bestandtheile besitzen, die zur Erzeugung des Spiritußsen, oder zur Entwickelung der Essigsäure fähig sind. Andere Substanzen des Pflanzen- und Thierreiches gehen in Fäulniß, ohne daß man etwas

Ff 5

von den erstern Arten der Gährung bey ihnen wahrnehmen kann.

§. 1863.

Alle organische Wesen sind zwar, unter den gehörigen Bedingungen, der Fäulniß unterworfen; aber man
kann dieß keinesweges von allen ihren nähern Bestandtheilen behaupten. Denn es sind ausgenommen von der
wahren Fäulniß: reines Wasser der Pflanzen und Thiere,
Harze, natürliche Balsame, milde und ätherische Oele,
thierische Fettigkeiten, reine Essigsäure, Weingeist,
Kampher der Pflanzen und reine Knochenerde der Thiere. In der genauen Vermischung und Vermengung
der übrigen zur Fäulniß geschickten Substanz gehen sie
aber mit in die Verwesung und völlige Zersetzung über.

§. 1864.

Die Bedingungen, unter welchen die Fäulniß
statt hat, sind dieselbigen, als bey der Wein- und
Essiggährung. Eine der vorzüglichsten, ist der gehörige Grad der Feuchtigkeit. Völlig trockne und feste
thierische oder vegetabilische Substanzen können daher
nicht faulen, z. B. trocknes Gummi oder Holz, trockne Häute, trockner Leim; sie faulen aber sehr bald, wenn
sie angefeuchtet oder mit Wasser vermengt werden.
Eine zweyte Bedingung ist die Wärme, die aber dabey doch nicht von dem Grade zu seyn braucht, als bey
der Wein- und Essiggährung. Die Frostkälte hält die
Fäulniß zurück, und hemmt sie auch. Eine gar zu
große Hitze kann aber doch auch ein Hinderniß der Fäulung werden, wenn dadurch die Substanzen austrocknen. Drittens ist der Zugang der respirabelen Luft
noch ein Mittel zur Beförderung der Fäulniß; doch
scheint er nicht in allen Graden derselben erforderlich

und

und unumgänglich nothwendig zu seyn. Viertens gehört zur Fäulniß Ruhe.

§. 1865.

Die Erscheinungen der Fäulniß sind unendlich verschieden und mannigfaltig, sowol nach den Substanzen,
als nach der Stärke und Beschaffenheit der zugelassenen
Bedingungen (§. 1864.). Sie sind anders bey den mehresten Pflanzen als bey den Thieren, anders bey den
verschiedenen Producten derselben selbst; sie erfolgen früher oder später, und bey manchen werden Jahre zur völligen Verwesung erfordert; hierin liegt auch der Grund,
warum die Bemühungen und Beobachtungen eines Becher, Hales, Stahl, Boerhave, Pringle, Macbride, Gaber, Baumé, Alexander, Boißieu
u. a. un eachtet, noch eine große Anzahl von Versuchen
nothwendig sind, um eine vollständige Theorie der Fäulniß, dieser großen Operation der Natur, durch die sie
ein Wesen zerstört, um es zu Bestandtheilen eines andern zu machen, entwerfen zu können.

Becher physs. subteran. L. I. Sect. V. Cap. I. n. 8. ff. *Ha-*
les statique des vegetaux, p. 246. *Stahlii* opusc. chym.
physs. med. S. 180. *Boerhave* elementa chemiae, T.
II. proc. 88. S. 251. *Io. Iunker* resp. *Io. Schlaaf* de
fermentatione putredinosa. Hal. 1737. 4. Essai pour
servir à l'histoire de la putrefaction. à Paris 1766. gr. 8.
Io. Pringle some experiments on substances resisting putrefaction, in den *philosp. transact.* n. 495. 496. Einige
Versuche mit Materie, welche der Fäulniß widerstehen, von
J. Pringle, übersp. im neuen hamb. Magaz. B. X. S.
300. ff. Experimental essays, by *Dav. Macbride*, Lond.
1764. gr. 8. Dav. Macbride durch Erfahrungen erläuterte Versuche über verschiedene Vorwürfe, aus dem Engl.
durch Conr. Rahn. Zürich 1766. 8. Joh. Baptist. Gaber Nachricht von angestellten Versuchen über die Fäulniß
thierischer Säfte; im neuen hamb. Magaz. B. IV.
S. 484. *Andr. El. Büchner*, resp. *Io. Gorgolio* Dissp.

qua

qua propoſita a *Cl. Macbride* putredinis theoria examini
ſubjicitur. Hal. 1768. 4.   *Ern Ant. Nicolai* reſp. *Io.
Godofr. Eſſich* de putredine. Ien. 1769. 4.   *Fel. Pirri*
ſtoria della putredine praeceduta d'alcune oſſervazioni
ſopra la reproduzione dei corpi organizati, in Rom.
1776. 8.   William Alexander mediziniſche Verſuche,
Leipz 1773. 8. S. 246. ff.   *Fourcroy* elem. de chimie.
T. IV. S. 242. und 479. ff.

§. 1866.

Die thieriſchen Säfte, und die weichen feſten Theile ſind unter den obigen (§. 1864.) Bedingungen beſonders leicht zur Fäulung geneigt.   Das Fleiſch kann
uns hier zum Beyſpiel dienen.   Wenn man friſches
ſaftiges Fleiſch in einem offenen Zuckerglaſe einer ganz
gelinden Wärme ausſetzt, ſo verändert ſich zuerſt ſeine
Conſiſtenz und ſeine Farbe.   Die erſtere wird vermindert, die letztere wird ein wenig dunkler, und das Fleiſch
erhält einen etwas faden oder dummlichten Geruch,
der aber noch nicht eigentlich faulicht iſt.   Man könnte
dieſe erſte Stufe mit Boißieu die Neigung zur Fäulniß
(tendance a la putrefaction) nennen.   Nicht lange
darauf verändern ſich die Eigenſchaften mehr.   Es
entwickelt ſich ein ſäuerlicher Geruch, der aber kurz vorübergehend iſt, und bey der von dem gallertartigen
Theile durchs Auskochen befreyeten Fleiſchfaſer nicht ſtatt
findet.   Er macht einem unangenehmen, ſtinkenden
Geruche bald Platz.   Die Farbe des Fleiſches wird
bläulich, ſein Geſchmack eckelhaft und widerwärtig, ſein
Zuſammenhang lockerer.   Dieß nennt Boißieu die anfangende Fäulniß (putrefaction commençante).
Nach dem Maaſſe, wie die Fäulniß fortgeht, vermindert ſich der Zuſammenhang, der Umfang und das
Gewicht des Fleiſches immer mehr und mehr; ſeine organiſche Structur wird aufgelöſt; es fängt an zu zer-
ſchmelzen; der Geruch deſſelben wird immer ſtinkender,

faſt

fast unerträglich, zugleich etwas stechend, und mit dem
Urinösen des flüchtigen Laugensalzes verbunden. Unter
diesen Erscheinungen wird das Fleisch endlich ganz aufs
gelöst, und verwandelt sich zuletzt in eine Art von Jauche, die äußerst widerwärtig vom Geruche ist. Diesen Grad nennt Boißieu die fortgesetzte Fäulniß
(putrefaction avancé). Mit der Zeit erfolgt die
Vollendung derselben (putrefaction achevé). Der
eigentlich faule Geruch verliert von seiner Stärke, die
flüssige Consistenz vermindert sich wieder, die Feuchtigkeit verdunstet, es wird alles trocken, zerreiblich, und
es bleibt ganz zuletzt eine sehr geringe Portion von
schwarzgrauer unschmackhafter Erde übrig, in welcher
ganz und gar nichts mehr von dem organischen Gewebe
und der Structur des Fleisches anzutreffen ist.

§. 1867.

Die thierischen Flüssigkeiten, als Blut, Lymphe,
Harn u. d. gl. erleiden diese Stufen der Fäulniß weit
schneller, als die weichen und festen Theile, und wenn
die Massen der letztern groß sind, so gehen oft Jahre
vorüber, ehe die Fäulniß ganz vollendet ist. Die Verminderung der Wärme, und der verhinderte Zugang
der Luft kann diese ebenfalls sehr zurückhalten, und so
können Leichname, in die Erde gescharrt, sehr lange liegen,
ehe die Verwesung völlig geschehen ist, wo eben dann
jene Erscheinungen der Fäulung nur unmerklich erfolgen.

§. 1868.

Wenn weiche, frische, saftige Pflanzen in einem
offenen Fasse zur Sommerszeit fest zusammengedrückt
und an die Luft hingestellt werden; so fangen sie in kurzer Zeit an, sich inwendig zu erhitzen, und diese Erhitzung nimmt manchmal bis zu einem hohen Grade zu:
Die grüne Farbe der Pflanzen verändert sich in eine
schwärz-

schwärzliche, und so wie die Erhitzung allmählich wieder abnimmt, so vermindert sich der Zusammenhang
der Pflanzen immer mehr und mehr, sie werden weich
und brenartig. Dabey verliert sich gleich anfangs der
natürliche Geruch der Pflanze sehr bald, und es folgt
ein säuerlicher, bald vorübergehender; dann ein eigenthümlicher, nauseöser, der zuletzt offenbar faulicht ist,
aber doch nicht ganz das Widerwärtige und das der
menschlichen Natur so Unausstehliche der in der höchsten Stufe der Fäulniß begriffenen thierischen Theile
hat. Dieser Geruch leidet in der Folge der Fäulung
der Pflanzen mancherley nicht zu bestimmende Medifi-
cationen, und ist in einer gewissen Periode derselben
ebenfalls urinös zu nennen. Zuletzt trocknet die bren-
artige Masse immer mehr aus, der unangenehme Geruch verliert sich, und es bleibt endlich auch nach ziemlich langer Zeit ein kleiner Antheil schwarzgrauer Erde
übrig.

§. 1869.

Daß in dem Rückstande der Pflanzen, die eine
vollkommene Fäulung ausgestanden haben, das sonst in
ihnen wesentlich befindliche Pflanzenlaugensalz, nicht
mehr angetroffen werde, leugnet Baumé gegen sehr viele
Chemisten. Allein die Sache verdient noch nähere Untersuchung; denn mir ist es sehr wahrscheinlich, daß Baumé nicht die gänzliche Verwesung abgewartet hat.

Baumé Manuel de chymie, S. 410.

§. 1870.

Aus jedem gänzlich faulen Pflanzen- oder thierischen Körper läßt sich durch eine Destillation oder
Sublimation ein urinöses Salz oder ein solcher Spiritus abscheiden, die sich, wenn sie gehörig gereiniget sind,
in nichts von denen durchs Feuer erhaltenen unterscheiden.

ben. Man hat dieß flüchtige Laugensalz als das Product der Fäulniß angesehen, eben so wie der Weingeist
und der Essig das Product der Wein= und Essiggäh=
rung sind. Indessen muß man dieß nicht unrecht ver=
stehen, als ob das flüchtige Laugensalz erst in der Fäul=
niß ganz neu erzeugt würde, wie es der Weingeist wird;
sondern es läßt sich vielmehr aus den im Vorhergehen=
den angeführten entfernter Bestandtheilen der vegeta=
bilischen und thierischen Stoffe beweisen, daß es, wie
der Essig bey der sauren Gährung, nur durch die Fäul=
niß ausgeschieden und enthüllt werden. — Dennoch
könnte es auch seyn, daß das flüchtige Laugensalz in
der Fäulniß zum Theil auch erst hervorgebracht würde,
da offenbar erwiesen werden kann, daß dasselbe keines=
weges elementarischer Natur ist.

Einige Versuche über die Fäulniß, von D. Crell, aus den
philos. Transact. Vol. 61. P. I. S. 332. übers. in sei=
nem chem. Journal, Th. I. S. 158.

§. 1871.

Der urinöse Geruch der faulenden Substanzen
entwickelt sich bey einigen früher, bey andern später,
als der eigentlich faule Geruch; gewöhnlich ist er unter
diesem versteckt; und bey manchen kann er weder zu An=
fang noch gegen das Ende der Fäulniß wahrgenommen
werden. Die Fäulniß mancher nähern Bestandtheile
der Pflanzen, als des Schleimes, der Weinsteinsäure,
der Stärke, des schleimigtzuckerartigen Theiles, besteht
doch mehr in einem bloßen Schimmeln, ohne bemerk=
baren urinösen Geruch.

§. 1872.

Der eigentlich faule Geruch ist von dem urinö=
sen oder flüchtig alkalischen wohl zu unterscheiden. Es
ist sehr wahrscheinlich, daß er, wie Poerner meynt,

von

von dem fein gewordenen, und durch entwickelte Salztheile flüchtig gemachten, Oele herrührt. Sollte nicht
die mit dem Brennstoff entwickelte und verflüchtigte
Phosphorsäure der faulenden Stoffe zu diesem Geruche
beytragen? Sollte man dieß nicht aus dem eigenthümlichen Geruche der Phosphorluft schließen dürfen? Und
wo bleibt die Phosphorsäure der faulenden thierischen
Theile? Sollte das Leuchten verschiedener faulender
Körper nicht daher zu leiten seyn?

§. 1873.

Dieses faulriechende, flüchtige Wesen der in Fäulniß begriffenen Körper möchte ich eher, als das flüchtige Laugensalz, für das eigentliche Product der faulenden Gährung halten, in dem Sinne, wie es das Spi-
ritusöse für die Weingährung ist. Denn es findet sich
bey jeder wahren Fäulniß; es ist bey keinem andern natürlichen Phänomene zugegen, und hat so große septi-
sche Kraft für andere, zu dieser Verderbniß fähige,
Substanzen.

§. 1874.

Die Luft, in welcher Körper in völliger Fäulniß
begriffen sind, ist in einem hohen Grade zum Athem-
holen und zum Brennen verdorben. Sie ist, zumal
Anfangs, mit vieler Luftsäure beladen, die einen Bestandtheil des faulenden organischen Körpers vorher
ausmachte; manchmal enthält sie auch brennbare Luft.
Immer aber ist sie phlogistisirt, und deswegen kann sie
weder durch Waschen mit Wasser, noch durch Hitze
oder Kälte, noch durchs Zusammenpressen, noch weniger durch Räuchern, noch durch flüchtiges Alkali, noch
durch Essigdämpfe u. d. gl. zum Athmen heilsamer gemacht werden; sondern nur durch Beymischung von
reiner Luft und durchs Wachsen der Pflanzen.

§. 1875.

§. 1875.

Die brennbare Luft, welche nach der Entdeckung
des Hrn. Volta aus jedem Waſſergrunde geſammlet
werden kann, wenn man mit einem Stabe die im
Grunde befindliche Erde und den Schlamm etwas auf-
lockert, iſt eben ein ſolches Product der Fäulniß aus
der Pflanzenſäure, dem Brennſtoff, dem Waſſer
und dem zu jeder Lufterzeugung nöthigen Wärmeſtoff.
Sie hat faſt dieſelbigen Eigenſchaften, als die durch
trockene Deſtillation aus organiſchen Stoffen zu erhaltende (§. 1104.), und iſt auch nichts weniger, als das
Phlogiſton in luftförmiger Geſtalt.

> *Ab ſſ. Volta* lettere al *P. C. G. Campi* ſull'aria inflammabile
> nativa della paludi. Como 1776. 8 1778. 8. Briefe
> über die natürlich entſtehende Sumpfluft von Hrn. Alex.
> Volta, aus dem Ital. Winterthur 1778. 8.

§. 1876.

Bey der Fäulniß wirken übrigens ähnliche Kräfte,
als bey den vorigen Arten der Gährung, und es gehören auch gleiche Erforderniſſe dazu; allein die Phänomene, die ſich nach der Verſchiedenheit der Grundſtoffe
der faulenden Körper bey ihrer Fäulniß zeigen, ſind ſo
ſehr verſchieden, daß ſich doch im Allgemeinen keine
Theorie davon angeben läßt. Aufgehobenes Gleichgewicht zwiſchen den Anziehungskräften der Beſtandtheile
der organiſchen Weſen durch und nach Abſcheidung
eines Theiles des Phlogiſtons vermittelſt der reſpirab-
len Luft, der Luftſäure vermittelſt der Wärme, Entbindung und Freywerden des Wärmeſtoffs durch dieſe
Veränderung der Miſchung, Verflüchtigung der nun-
mehr ſich in andern Verhältniſſen verbindenden flüchtigen Stoffe vermittelſt der Wärme, ſind gewiß die Grund-
urſachen der Erſcheinung der Fäulniß; allein wer ſieht

nicht, wie unvollständig diese Erklärung, und wie viel
hier noch zu bestimmen, und zu untersuchen übrig ist!

§. 1877.

Abgehalten wird die Fäulniß: a) durch die Entfernung der dazu erforderlichen Bedingungen (§. 1864.),
und b) durch solche Körper, welche durch ihre Verbindung mit den zur Fäulniß geneigten Substanzen die
dazu nöthige bestimmte Anziehung der Theile unter einander abändern.   Die sogenannten fäulnißwidrigen
Stoffe (antiseptica) würken auch nur auf diese Art,
und nicht durch eine eigene antiseptische Kraft, die einer verborgenen Kraft der Alten ziemlich ähnlich sieht.
Zu den Mitteln die Fäulniß abzuhalten, gehören:
1) das Austrocknen, wodurch die hauptsächlichste und
erste Bedingung der Fäulniß, die Feuchtigkeit, entfernt
wird; 2) der Frost, oder die Verminderung der Wärme, des andern Bedingungsmittels der Fäulniß.   Er
würkt aber auch dadurch; daß er die Feuchtigkeit in den
festen Aggregatzustand versetzt. 3) Die gänzliche Ausschließung der respirabeln Luft.   So halten sich thierische Theile, wenn sie durchs Uebergießen mit Harzen,
Balsamen, Wachs, Oel u. d. gl. vor dem Zugange der
Luft geschützt werden; aber freylich müssen sie selbst
wenig oder nichts von Luft enthalten.   So bleiben
nach Reaumur die Eyer frisch, wenn man sie mit Firniß überzieht, oder in Oel legt.   So bleibt Holz unter
dem Wasser vor der Fäulniß gesichert.   4) Der Weingeist.   Er würkt hauptsächlich durch Entziehung des
Wässerigten, und durch die dabey verursachte mehrere
Verhärtung der Fasern, dann durch Ausschluß der Luft.
5) Das Einsalzen, ebenfalls hauptsächlich wegen der
Anziehung zum Wasser und zur Feuchtigkeit.   Denn
weniges Salz befördert allerdings die Fäulniß. 6) Das
Räu-

Räuchern, theils wegen des Austrocknens, theils wegen der Salztheile des Rauches und Rußes, die die Anziehungskräfte der Theile unter einander abändern. 7) Die Luftsäure, und alle irrespirabele Luftarten, als Schwefelluft, salzsaure Luft, Salpeterluft, wegen ihrer mangelnden Anziehung zu dem bey jeder Fäulniß sich ausscheidenden Phlogiston, und dann wegen verhinderten Zugangs der respirabeln Luft. Die Luftsäure kann eine angefangene Fäulniß zwar aufhalten, aber doch nicht eigentlich rückgängig machen, wie Macbride sich ausdrückte. 8) Säuren, theils und hauptsächlich, wegen der durch sie bewürkten Entziehung des Wässerigten, theils wegen der Veränderung der bestimmten Mischung. 9) Das Candiren und Uebergießen mit Zucker oder der sehr gesättigten Auflösung desselben, wegen der dabey entstehenden Entwässerung, und dann wegen Ausschlusses der Luft. 10) Zusammenziehende Stoffe, wegen der dadurch bewürkten Verhärtung und Verdichtung der Fasern. Sie sind aber doch nur unzulängliche antiseptische Mittel, weil sie selbst, wenn Feuchtigkeit bey ihnen ist, von dem Verderben nicht geschützt sind. Endlich 11) Bewegung der Theile, durch welche auch die Natur selbst ihre organischen Wesen vor der Zerstörung sichert, die sogleich anfängt, wenn die lebensbewegung derselben aufhört.

Differtation fur les antifeptiques, qui ont concouru pour le prix, proposé de l'academie de Difon. à Dijon et Paris 1768. 8. Pringles und Macbrides oben (§. 1865.) angeführten Schriften. Fr. Cartheufer de remediis antifepticis. Frff. 1774. 8. A. W. Platz de putredine a corporibus arcenda. Lipf. 1775. 4. Wilh. Heinr. Sebaft. Buchholz Versuche über einige der neuesten einheimischen antiseptischen Substanzen, Weimar 1776. 8.

Damm=

Dammerde. Dünger.

§. 1878.

Die nach der Fäulniß und Verwesung organischer Substanzen zurückbleibende öligschleimigte Erde derselben ist wegen ihrer ungemein feinen Zertheilung fähig, mit dem Wasser in den Saftröhren der Pflanzen aufzusteigen, und so wieder zu einem Bestandtheil neuer organischer Wesen zu werden. Die Dammerde (humus) ist solche aus der Verwesung abgestorbener vegetabilischer und thierischer Körper entstandene Erde, und ihre Fruchtbarkeit und ihr Nahrungsstoff für die Gewächse ist eben daraus abzuleiten. Die künstlichen Düngungsmittel sind Nachahmungen dieses Natürlichen, indem man durch verwesende Stoffe, besonders durch Mist von Thieren, die natürliche Fruchtbarkeit der Dammerde zu vermehren, oder die verlohrne wieder zu ersetzen, d. h. das wieder zu geben sucht, was die darin wachsenden Pflanzen zu ihrer Nahrung daraus in sich gesogen hatten. Diejenigen Mittel in der Landwirthschaft, welche zur Verbesserung einer fehlerhaften Beschaffenheit des Bodens, als seiner Zähigkeit, Festigkeit, Nässe, Trockenheit u. d. gl. dienen, können doch wol nicht eigentlich Dünger genannt werden; so wie eine sehr unrichtige Vergleichung der durch Ruhe wieder zu ersetzenden belebten Kraft thierischer Körper zu der Meynung Anlaß gegeben hat, daß die Dammerde durch das bloße Bracheliegen ihre Thätigkeit zum Wachsthume wieder erlange. Sie kann dadurch allerdings fruchtbarer werden, in sofern während dieser Zeit neue Pflanzen darauf verwesen, oder die noch nicht gehörig verwesten Substanzen die völlige Verwesung erhalten; allein ohne dasselbe gewiß nicht durch bloße Ruhe. Indessen haben das Wasser und besonders die Luft und das Licht an dem Wachsthum, wo nicht einen größern, doch einen

einen eben so großen Antheil an dem Wachsthume der
Pflanzen, als die befruchtete Dammerde.

Salpetererzeugung.

§. 1879.

Die aus der Verwesung thierischer und vegetabilischer
Körper zurückbleibende Erde enthält gewöhnlich mehr oder
weniger in die Sinne fallende Salztheile. Bisweilen
wächst eine Art von Salz aus derselben, gleichsam wie zarte Schneeflocken durch eine Krystallisation heraus, und
wenn man nun solche Erde mit einer Lauge von Holz-
asche auslaugt, und dann abraucht, so erhält man gewöhnlich durchs Krystallisiren mehr oder weniger wirklichen Salpeter, dessen Eigenschaften und Verhältnisse
in dem Vorhergehenden (§. 836. ff.) schon angegeben
worden sind. Die ausgelaugte Erde liefert nach einer
längern oder kürzern Zeit, auf eine ähnliche Art behandelt, wieder Salpeter.

§. 1880.

Wenn Glaubers Meynung, die zum Theil auch
Becker wieder aufgewärmt hat, wahr wäre, daß der
Salpeter oder nur die Säure desselben, in Pflanzen,
Thieren und Mineralien schon ganz fertig läge; so ließe
sich die Entstehung und Gewinnung des Salpeters aus
der Erde der verwesenden Substanzen leicht erklären;
es fehlen aber alle Belege und Beweise dazu. Man
findet freylich hin und wieder vollkommen fertigen und
natürlichen Salpeter, und hat ihn auch in dem Safte
einiger Pflanzen angetroffen; allein der allermehreste
Salpeter, welchen man in vielen Ländern gewinnt, wird
aus Erden der verwesenden Stoffe erhalten, in welchen
man vor der Verwesung nicht eine Spur von der Salpetersäure darthun kann. Ehe wir nicht die elementa-

rischen Bestandtheile der Salpetersäure und ihre Zusammensetzung kennen, ehe wir nicht ganz wissen, was eigentlich aus derselben wird, wenn Salpeter verpufft (§. 409.); eher läßt sich auch nichts mit Gewißheit über die Salpetererzeugung sagen, sondern es bleibt alles nur Muthmaßung; und die mancherley Hypothesen, die wir davon haben, die allerneuesten nicht ausgenommen, beweisen eben, daß ein sehr großer Unterschied zwischen der Sache selbst, und den menschlichen Meynungen statt findet. Ich würde die mir vorgesteckten Gränzen überschreiten, wenn ich die mancherley Theorien der unten angeführten Schriftsteller näher in Erwägung ziehen wollte. Viel nützlicher ist es, die bey der Salpetererzeugung durch Erfahrung aufgefundenen, und durch eben so richtige Versuche bestätigten, Thatsachen und die Bedingungen und Gesetze, welche hierbey statt finden, zu beherzigen, welches für das allgemeine Beste sowol, als für die Wissenschaft vortheilhafter ist; und es dann der Nachwelt zu überlassen, aus mehrern Erfahrungen, als wir jetzt haben, eine Theorie zu entwerfen, die naturgemäß und gewiß ist.

§. 1881.

1) Es ist Thatsache, daß der allermehreste Mauersalpeter, den man in den Salpeterplantagen gewinnt, und der aus verwesenden Erden auswittert, Kalksalpeter (§. 851.) ist, den man durch Zusatz von Aschenlauge oder Pottasche in den Salpetersiedereyen erst in gemeinen Salpeter, oder salpetersaures Gewächsalkali verwandelt; und daß die Kalkerde besonders zur Aufnahme und Figirung der erzeugten Salpetersäure fähig ist. 2) Die bloße Kalkerde der Luft exponirt, wird aber nicht zum salpetersauren Kalk, wie uns alle übertünchten Stuben und Mauern lehren. 3) Es sind vielmehr dazu allemal verwesende vegetabilische oder thierische

Substan-

Substanzen nöthig, und auch in der Nachbarschaft derselben erzeugt sich in der kalkhaltigen Erde Kalksalpeter. 4) Die Erfahrung lehrt ferner, daß ohne den gehörigen Grad der Feuchtigkeit die Salpetererzeugung in ganz trocknen Erden nicht geschiehet; und daß 5) hauptsächlich an der Oberfläche derselben und da, wo die Luft Zugang hat, diese Salpetererzeugung statt hat. Noch fand Cavendish, daß aus einem Gemische von 3 Theilen phlogistisirter und 7 Theilen dephlogistisirter Luft beym Durchgang des electrischen Funken; und Lavoisier und de la Place, daß beym Verbrennen der reinen Luft mit brennbarer, Salpetersäure zum Vorschein kam. Folgt wol aus den Versuchen des erstern, daß die phlogistisirte Luft darin verwandelt werde? Oder kann man nicht eben so gut behaupten, daß im electrischen Fluido der Stoff zur Salpetersäure zugegen sey?

§. 1882.

Von diesen angeführten Bedingungen scheint mir indessen der Zugang der Luft und die Feuchtigkeit nicht sowol unmittelbarerweise zur Salpetererzeugung beyzutragen, als vielmehr nur in sofern sie Bedingungen der Verwesung organischer Stoffe sind; die gewiß das hauptsächlichste dabey ausmacht.

§. 1883.

Diesemnach scheint es mir zur vortheilhaftesten Salpetererzeugung am gemäßesten zu seyn: 1) Wände von solchen Materialien locker aufzuführen, in welchen nicht allein Verwesung organischer Producte vor sich geht, sondern wo auch Stoffe zugegen sind, durch welche die erzeugte Salpetersäure figirt werden kann; also Dammerde, Sumpferde, Erde aus Viehställen, mit der hinreichenden Quantität von Kalk vermengt; 2) da

die

die mitten in der Fäulniß begriffenen Subſtanzen keinesweges Salpeterſäure in ſich haben, ſondern dieſe ſich
erſt nach und bey Vollendung der Verweſung zeigt, ſo
iſt es nicht rathſam, faulende, ſondern bereits gefaulte
Körper ſelbſt mit- als Materialien der Wände aufzu-
nehmen; 3) um die Salpeterwände herum und nahe
daran, Gruben anzulegen, in denen vegetabiliſche und
thieriſche Körper bey dem gehörigen Grad der Feuchtigkeit der Fäulniß unterworfen werden, wobey zugleich
noch der Nußen iſt, daß die davon übrigbleibende Erde
wieder zur Aufführung neuer Wände gebraucht werden
kann; 4) die Wände dadurch feucht zu erhalten, daß
man oben auf ihrem Rande Furchen anbringt, in welche man von Zeit zu Zeit Miſtlacke, Harn, Jauche
aus den faulenden Gruben u. d. gl. gießen läßt; 5) die
Wände gegen das Auswaſchen vom Regen vermittelſt
eines Obdaches und eigener Schuppen zu ſchützen.

§. 1884.

Wenn ſich die gehörige Menge des erzeugten Salpeters in den Salpetererden und Wänden durch den
Geſchmack und das Auswittern zu erkennen giebt, ſo
wird er ausgelaugt. Man kraßt zu dem Ende die Fläche der Wände ſo tief ab, als ſich der Salpeter zeigt,
ſchüttet dieſe Erde in hölzerne Aeſcher oder Auslauge-
gefäße, gießt eine hinreichende Menge Waſſer darauf,
läßt es durch einen Hahn ablaufen, gießt das Waſſer
wieder zurück, und wiederholt dieß einigemale, um das
Waſſer zu ſättigen. Da aber faſt aller Mauerſalpeter
Kalkſalpeter iſt, ſo iſt der Zuſatz vom Gewächsalkali
nothwendig, um dieſen in gemeinen Salpeter zu verwandeln und die Kalkerde niederzuſchlagen. Dieß geſchiehet dadurch, daß man die Lauge der Salpetererde auf
Holzaſche gießt, die freylich die gehörige Menge laugenſalz enthalten und in zureichender Quantität angewendet

wendet werden müßte, um allen Kalksalpeter zu zerstören.   Der vitriolisirte Weinstein der Pottasche hilft
doch wirklich zur Zersetzung des Kalksalpeters durch doppelte Wahlverwandtschaft.   Bey den Salpetersiedern
ist es ein gewöhnlicher Fehler, daß sie einen sehr großen
Theil der salpetersauren Kalkerde unzerstört lassen, indem sie nicht genug Laugensalz zusetzen; und dann auch
das Vorurtheil besitzen, daß sie die beym Versieden zurückbleibende, nicht krystallisirbare Mutterlauge oder den
salpetersauren Kalk zur Salpetererzeugung besonders
geschickt halten und die Wände damit übergießen, da
doch die mit Salpetersäure gesättigte Kalkerde keine
neue mehr in sich nehmen kann. — Manchmal enthalten die Salpeterwände auch wol Bittersalzerde, und da
kann dann freylich auch die Salpetersäure damit verbunden in der Mutterlauge seyn. — Die ausgelaugte Salpetererde wird wieder zu neuen Wänden gebraucht.

Ueber die vortheilhafteste Benutzung der Salpetermutterlauge
auf reinen Salpeter, von Hrn. Morveau, übers. in den
Samml. zur Physik und Naturgesch. B. III. St. 5.
S. 576.

§. 1885.

Die Lauge des Salpeters wird hierauf in eisernen
oder kupfernen Kesseln eingesotten, der Schaum, der
besonders von fettigen und öligt-schleimigten Theilen
herrührt, wiederholt abgenommen, und sein Aufsteigen
auch wohl durch Seifensiederlauge, Tischlerleim, etwas
Alaun, Rinderblut u. d. gl. befördert.   Wenn die
Lauge so weit eingedunstet ist, daß sie auf einen kalten
Stein getröpfelt bald anschießt, so schöpft man sie in hölzerne Kübel, auch wol in kupferne Kessel, oder besser,
läßt sie durch einen im Siedkessel angebrachten Hahn,
nach dem Setzen und Abscheiden des Schlammes, darin

Hh 3   ab,

ab, wo ſich dann der Salpeter kryſtalliſiret. Die nach
dem Anſchießen übrigbleibende Lauge ſollte nicht wieder
zur friſchen Salpetererde beym Auslaugen derſelben
zurückgegoſſen werden, weil ſie immer ſo viel Digeſtivſalz und Kochſalz enthält, das in der Salpetererde und
Aſche ſteckte, und welches ſich durch das Zurückgießen der
Lauge darin immer mehr und mehr anhäuft; ſondern
man ſollte alle dieſe Mutterlaugen ſammlen, den etwa
dabey befindlichen erdigten Salpeter durch Gewächsalkali zerſtören, und den guten Salpeter darin gänzlich
durchs wiederholte Abrauchen und Kryſtalliſiren ausſcheiden; aber nie die Mutterlauge wieder beym Ver-
ſieben der friſchen Salpetererden mit anwenden.

§. 1886.

Der angeſchoſſene Salpeter iſt gewöhnlich noch
gelb von Farbe, und mit Digeſtivſalz oder Kochſalz
mehr oder weniger verunreiniget, wovon er durch wiederholtes Auflöſen und behutſames Kryſtalliſiren gereiniget werden kann, weil die letztern Salze weniger Waſſer zur Auflöſung in der Kälte erfordern, als der Salpeter.

D. *Dan. Ludovici* de nitro murario; in den Miſcell. med.
phyſ. n. c. Decad. a. IV. et V. obſ. 203. S. 279. *Geo.
Ern. Stahlii* fragmenta quaedam ad hiſtoriam naturalem
nitri pertinentia; in ſeinem opuſc. S. 532. Hrn.
Georg Ernſt Stahls Schriften von der Natur des Sal-
peters; aus dem Lat. überſ. Stettin und Leipz. 1748. 8.
Berlin 1764. 8. J. G. Pietſch Abhandlungen von Er-
zeugung des Salpeters. Berlin 1750. 4. *Phil. Car.
Prosky* diſſ. de nitro. Vindob. 1765. 8. Memoire abre-
gé et pratique ſur la formation du ſalpetre par Mr.
Bertrand; in den Rec. d'obſ. par une ſoc. à Berne. T. I.
S. 855. Diſſertation ſur la generation du ſalpetre par
Mr. *Th. Sig. Grouner;* ebendaſ. T. II. S. 889. Die
Kunſt, Salpeter zu machen und Scheidewaſſer zu brennen,
von Joh. Chriſt. Simon. Dresd. 1771. Chymiſche Ab-
handl

handlung vom Salpeter. Leipz. 1774. 8. Memoire fur la meilleure methode d'extraire et de raffiner la falpetre par Mr. *Troncon de Coudray*, à Paris 1774. 12. Recceuil de memoires et obfervations fur la formation et fabrications du falpetre, par les Commiſſaires nommées par l'acad. pour le jugement du prix de falpetre. à Paris 1776. 8. Sammlung von Nachrichten und Beobachtungen über die Erzeugung und Verfertigung des Salpeters, herausgegeben von den Hrn. Macquer, Ritter von Arcy, Lavoiſier, Sage und Baume, aus dem Franz. überſ. und als der zwote Theil zu Hrn. Simons Kunſt, Salpeter zu ſieden, eingerichtet von Joh. Herm. Pfingſten. Dresd. 1778. 8. J. A. Webers Anm. über die Samml. von Nachrichten und Beobachtungen über die Erzeugung des Salpeters. Tübing. 1780. 8. Inſtructions fur l'etabliſſement des nitrieres et fur la fabrication du falpetre, publiés par ordre du Roi par les Regiſſeurs generaux des poudres et falpetres. à Paris 1777. 8. Memoires fur la formation du falpetre et fur les moyens d'augmenter en France la production de ce fel, par M. *Cornette*. à Paris 1779. 8. Auf Verſuche beym Salpeterwerk zu Helſingford gegründete Gedanken vom Salpeter, von Joh. Berger; in den Abh. der ſchwed. Akad. der Wiſſ. vom J. 1777. S. 193; überſ. ih Crells neueſten Entd. d. Chem. 4 Th. S. 95. Königl. franzöſiſche Inſtruction zu beſſern Betrieb des Salpeterweſens, nebſt einer Abhandlung über das Salpeterzeugen vom Hrn. Cornette, als der 3te Theil zu Hrn. Simons Kunſt Salpeter zu ſieden, mit Kupf. Dresd. 1781. 8. Vollſtändige theoretiſche und practiſche Abhandlung vom Salpeter und der Zeugung deſſelben, nebſt einer Abhandlung von der Gährung, von J. A. Weber. Tübingen 1779. 8. Deſſelben phyſikaliſch-chemiſche Abhandlung vom Salpeter; in ſeinem phyſ. chem. Mag. 1 Th. S. 168. Salpeter aus Kürbisſtielen; im Almanach für Scheidek. 1782. S. 2. (C. F. Reus) Beobachtungen, Verſuche und Erfahrungen über des Salpeters vortheilhafteſte Verfertigungsarten. Tübing 1783. 8. Erſte Fortſetzung deſſelben 1785. 8. Entdecktes Salpeterſauer in den animaliſchen Ausleerungen, nebſt einer Abhandlung vom Salpeter von Joh. Phil. Becker. Deſſau 1783. 8.

Faſt

Faſt alles hieher gehörige iſt in folgender Schrift begriffen: Receueil de Mémoires et de Pieces ſur la formation et la fabrication du Salpêtre. à Paris 1786. gr. 4. Sie enthält außer den Auszügen einer großen Anzahl der bey der pariſer Akademie der Wiſſenſchaften zur Erlangung des Preiſes eingelaufenen und andern Abhandlungen folgende: Mémoire chimique et economique ſur les principes et la generation du Salpêtre; ouvrage qui a remporté le prix royal, au jugement de l'academie des ſciences; par M. M. *Thouvenell*, S. 55. ff. Recherches ſur la formation et la multiplication des nitres, par Mr. *De Lorgna*, S. 167. ff. Mémoire, qui a partagé le ſecond prix ſur la formation et ſur la fabrication du Salpêtre, par Mr. *Gavinet*, S. 268. ff. Oſervations ſur les moyens d'augmenter la récolte du Salpêtre en france, par Mr. *Chevrand*, S. 323. ff. Diſſertation ſur le Salpêtre, par Mr. *J. B. de Beunie*, S. 371. ff. Eſſai ſur les moyens de faire génércr le Salpêtre en abondance et avec la plus grande économie; Ouvrage qui a remporté le ſecond Acceſſit, par Mr. le Comte *Thomaſſin de Saint-Omer*, S. 399. ff. Mémoire ſur la formation et la fabrication du Salpêtre — par Mr. *Romme*, S. 421. ff. Mémoire ſur des terres naturellement ſalpêtrées, exiſtantes en France, — par Mr. *Clouet* et *Lavoiſier*, S. 503. ff. Mémoires ſur des terres et pierres naturellement ſalpêtrées dans la Touraine et dans la Saintonge, par *les mêmes*, S. 571. ff. Mémoire ſur la generation du Salpêtre dans la craie, par Mr. *le Duc de la Rochefoucauld*, S. 610. ff. Mémoire ſur la fabrication artificielle du Salpêtre, S. 633.

www.ingramcontent.com/pod-product-compliance
Lightning Source LLC
Chambersburg PA
CBHW031810270326
41932CB00008B/366